编译文库

政治

徐明强 著

本书的出版受到南开大学文科发展基金项目资助（项目编号：ZB22BZ0330）

中心工作与政策执行：
精准扶贫中地方政府的组织与行为

Central Work and Policy Implementation:
The Organization and Behavior of Local Governments
in Targeted Poverty Alleviation

图书在版编目（CIP）数据

中心工作与政策执行：精准扶贫中地方政府的组织与行为/徐明强著. —北京：中央编译出版社，2023.7

ISBN 978-7-5117-4373-2

Ⅰ.①中… Ⅱ.①徐… Ⅲ.①扶贫-研究-中国 Ⅳ.①F126

中国国家版本馆CIP数据核字（2023）第045544号

中心工作与政策执行：精准扶贫中地方政府的组织与行为

责任编辑	汪　婷
责任印制	刘　慧
出版发行	中央编译出版社
地　　址	北京市海淀区北四环西路69号（100080）
电　　话	（010）55627391（总编室）　（010）55625176（编辑室） （010）55627320（发行部）　（010）55627377（新技术部）
经　　销	全国新华书店
印　　刷	北京文昌阁彩色印刷有限责任公司
开　　本	710毫米×1000毫米　1/16
字　　数	356千字
印　　张	26.5
版　　次	2023年7月第1版
印　　次	2023年7月第1次印刷
定　　价	138.00元
网　　址	www.cctphome.com　　邮　箱　cctp@cctphome.com
新浪微博	@中央编译出版社　　微　信　中央编译出版社（ID：cctphome）
淘宝店铺	中央编译出版社直销店（http://shop108367160.taobao.com）　（010）55627331

本社常年法律顾问　北京市吴栾赵阎律师事务所律师　闫军　梁勤
凡有印装质量问题，本社负责调换。电话：（010）55626985

序　言

景跃进

徐明强博士的《中心工作与政策执行：精准扶贫中地方政府的组织与行为》以陕南某县精准扶贫实践为案例，从一个特定的角度，对中心工作下地方政府的组织与行为做了颇为详细的考察和缜密的分析。在付梓之际，明强嘱我为书稿写一个序，深感荣幸，欣然而允。

阅读这部书稿，首先想到的一个问题却是"书外"的：一个好的研究应该具备哪些特征？显然，这是一个见仁见智的问题。不过，在研究的问题意识这一点上，人们有着高度的肯定性共识。我愿"凿壁借光"，将这一肯定传递给作者。对于研究的问题意识，书稿是这样表达的："按照既有认识，以政治动员为核心的运动式治理被视为传统的治理模式，具有非制度化、非常规化和非专业化的弊端，应该被常规治理所取代（意即运动式治理的常规化转型）。为何地方政府在此次精准扶贫中采取运动式治理的方式，却依然表现出了较好的贫困治理绩效？"这样的设问表明作者的研究是从经验领域中遭遇的"反例"入手的，此一进路有点猛，偏离了常规性研究的套路和流行的观点。

以这一方式亮相，无疑为书稿的写作增添了挑战的难度，这不但需要相当的学术勇气，也需要智慧的妙用。或许是有所偏心，我认为徐明强博士的这个问号打得好。好在哪里？至少有两点：第一，研究的问题意识源于中国扶贫实践的成功经验，由此展开的学术探讨具有扎实的经验根基。自20世纪80年代政治学专业恢复以来，中国政治学应当如何发展一直是一个具有潜在争议性的议题，它像一把达摩克利斯之剑，高悬于从业者的头顶。经过四十多年的发展之后，应当说这个问题的答案已经越来越明晰了，这便是扎根中国大地，基于改革开放的实践进行理论反思和学术创新。在这部书稿中，我们可以感受到政治学研究因代际更替而带来的活力和新气象。第二，研究的问题意识具有很强的理论对话潜力。具体来说，这一问题意识导入了两个并行的对话空间：一是近年来国内学界围绕着如何看待"运动式治理"而展开的跨学科的广泛讨论。在国家治理体系和治理能力现代化的语境下，对"运动式治理"的不同看法涉及技术和政治的多维思考。作为一部政治学背景的专著，面临的挑战是如何回应在这一讨论中提出的诸种问题，以提供有助益的专业分析。二是比较或国际视野下的学术对话。在发展研究充满悲观失望的情景下，如何解释中国公共政策执行（扶贫项目）的成功？我们知道，斯科特的名著《国家的视角》有一个醒目的副标题——"那些试图改善人类状况的项目是如何失败的"。作为一个有趣的对照，徐明强博士的书稿提供了一个反向陈述："作为一项超级工程，为何此次精准扶贫并没有出现政策执行失败的后果，地方政府何以能够实现精准扶贫的政策目标？"

一个研究议题，两种理论对话，可谓一石两鸟，而且两种对话之间还有联系："运动式治理"作为政策执行工具的成功为其今后的演化（注意：是复杂的演化而不是简单的转型）奠定了现实基础，使国家治理体系和治理能力现代化这一宏观战略在政策工具层面得以不断地具化。与此同时，中国在扶贫项目上取得的成就，使"中国共产党为什么能"这样的表述不只是一种政治正确的话语，也是一个实实在在的、需要进行国际比较和理论反思的学术问题，两者可谓一个硬币的两面。

如果说一个好的选题（问题意识）是论文成功的一半，接下来要做的事便属于技术操作的范畴了。在这另一半方面，书稿处理得如何？希望读者通过亲自阅读来回答这个问题。对于作者所做的努力，我想谈三点阅读体会。

第一，超越运动式治理与官僚制常规治理的二元论。稍微浏览一下有关"运动式治理"的文献便可发现，许多学者以韦伯的理性官僚制为蓝本，建构了运动式治理与官僚制的二元对峙，将运动式治理视为对官僚制常规治理的偏离和否定。无论是从历史经验看，还是从学术角度看，这种二元论自有它的道理。但问题在于，运动式治理作为当代中国的政策工具不只是行政的，也是政治的（这意味着复杂性）；不是固化的，而是历史演进的。因此，我们既不能将改革开放前后的运动式治理简单地画等号，也要看到即便在改革开放阶段，运动式治理的演化进程仍在持续。于是，需要进一步探究的问题是：这种演化带来了哪些新的、值得我们重视的变化？

通过对陕西林县的考察，徐明强博士为我们讲述了运动式治理的新故事：在地方的扶贫实践中，政治动员与官僚制是如何相处的。它们不是分离的两种模式，而是彼此结合，你中有我，我中有你（一如现实生活中，市场经济的根本作用与政府的积极角色紧密联系在一起）。在运动式治理状态下，常规治理作为一种相对独立的政策执行模式确实不复存在，但这不意味着官僚制不发挥作用。这是两个不同的问题，不应混淆。在扶贫实践中，官僚制被嵌入运动式治理模式中，成为其中的一个组成部分，并经由必要的调适来适应新的变化。就此而言，作者所概括的"运动式治理的演化模式"是一个新的品种，既是价值理性、官僚制理性、市场理性和技术理性的综合体，也是政治与行政、理性与情感的结合物。

在这个意义上，徐明强博士的发现为我们打开了观察和认识当代中国政治的一个新窗口。透过这个窗口可以看到不少新的风景，同时也遭遇了相应的问题——如何将政治热情（使命伦理）与官僚制理性结合起来？政治动员与官僚程序是如何结合在一起的？具体机制是什么？是否存在冲突？回答这些问题既是一种智力的挑战，也是新知识的潜在增长点。

第二，超越转型思维，以开放的眼光来看待运动式治理。在中国公共政策执行模式的前景预测方面，学界比较主流的看法是，随着国家治理现代化的推进，运动式治理将逐渐失去生存合理性，最终退出历史舞台，官僚制的常规治理将一统天下。在逻辑上，这种转型思维与二元论相互匹配，通过治理模式的转型来消解二元对立。

涉及未来之事总是争论之所。从本质上说，关于官僚制常规治理的预期是一种单向的线性思维，亦即将西方现代化视为典范和正版，中国需要做的是对标和看齐。在直线发展（进化）的道路上，尽管可能有不同的方法和环节，但最终结果将是趋同。应当承认，20 世纪八九十年代形成的这一认知模式和思维定式依然有很大的能量。然而，从当今中国的改革实践来看，这一前置假设需要认真反思。一般而言，在全球化语境下各国在技术和低阶制度方面的趋同性比较容易达成，但在价值和高阶制度方面，各国的情况会有所不同，差异性可能会更加突出，至少中国的情况是如此。在分层思考的脉络下，作为政策工具的运动式治理居于何种位置？出路如何？有可能继续演化下去吗？

一旦解构了运动式治理与官僚制之间的二元对立，分析视野便豁然开阔，让我们看到更多的可能性。在这方面，书稿提供了富有意义的启发。基于林县的经验发现，作者做出了自己的判断："运动式治理是'党政体制'的构成性要素，在可预期的未来一段时期内，这种政策执行方式并不会消失，很可能会发生进一步的演化，作为政府能动性的体现嵌入'治理体系与治理能力现代化'的目标当中，成为地方政府政策执行的要素之一。"作者所构思的"运动式治理的演化模式"或许可视为一种可能的经验类型。

第三，在重新认识"运动式治理"的基础上，进行概念建构。如果运动式治理不是一种正在消失的残余物，而是一个演化过程中的物种，那么我们就有必要在学术上认真对待它。

改革开放以来，传统的政治动员或"群众运动"被新的治理话语吸纳和改造，转化为"运动式治理"。根据目前的资料，这一术语并非诞生于学术之家，而是政论+媒体的产物，但它迅速成长为一个热门的学术名词。从构成来看，这是一个比较典型的中西结合术语。在用法上，似乎并不一致，有人将运动式治理与改革前的政治运动并列起来，视为两种不同的类型，但大多数学者将其作为一个包容性的概念，既可以指改革开放前的政治动员/群众运动，也可以指改革开放之后形成的、为完成特定任务（中心工作）而采取的新的政治动员。新的动员模式不同于传统的政治运动，最突出的表现是动员对象不再是普通群众，而是官僚制内的各级干部，尤其是地方干部（包括由政府财政支出，而身份不一定是公务员的各类与政府政策执行有关的人员）。从动员群众到动员干部，这是一个历史性的变化。虽然两者皆可归入政治动员的类型，但彼此的区别是明显的。在理论上，我们可以将这种变化视为中国党政官僚制在两种不同经济体制下运行的表现，既有与时俱进的演化，亦有相对稳定的延续。

目前的问题是，在现有的概念运用实践中缺乏一种立体感。具体来说，运动式治理既可以是一个上位的抽象概念，包含改革前后两种亚类型，也可以专指改革后的政治动员实践。这种串位的使用方式容易出现概念的混淆。而且徐明强博士的研究表明，我们不仅需要区分传统的政治动员/群众运动与改革后出现的运动式治理，还要进一步区分运动式治理的不同形态。基于政治动员与官僚制理性结合的实践，他提出了

"运动式治理的演化模式",作为运动式治理的一个亚类型。在这种情况下,对"运动式治理"这一概念进行必要的梳理和建构便是一项不可或缺的工作。

借此,徐明强博士尝试建构一个既能展现上下位关系,又能呈现亚类型演化的概念结构(参见图1):

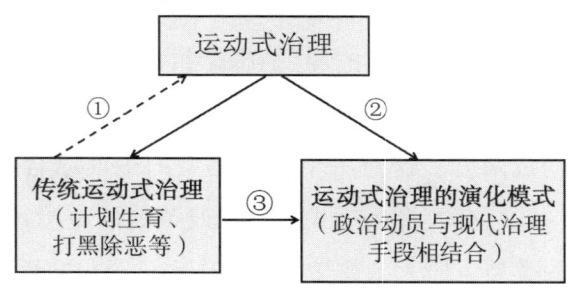

图1 运动式治理的概念关系

这一概念图式非常有意义,它对"运动式治理"这一术语做了精细化处理:一方面有助于澄清目前学界在使用这一术语时可能存在的盲区,与此同时也为运动式治理的演化提供了概念生长的空间。我的一个建议是,将改革开放前的各类群众运动也收入进来,作为一个亚类型来处置(与图中的两个亚类型并列)。在逻辑上,可以将其视为一个演化谱系,其中群众运动构成了1.0版本,(传统)运动式治理是2.0版本,运动式治理的演化模式则是3.0版本。群众运动和运动式治理的演化模式构成了这一谱系的两极,前者以政治动员见著,但治理技术不足;后者在保持适当程度的政治动员的同时,将理性官僚制和各种体现技术理性的工具整合进来。我的一个猜想是,党政体制的治理演化很可能在两极之间的空间以多种形式呈现出来,亦即在不同的治理领域,根据任务的性质、工作的难易程度、目标的政治性程度等权变因素,采取不同的治理策略和政策执行模式。

做出以上三点的肯定,并不是说这部书稿已臻完美。读者在阅读中会发现不同的问题。从逻辑上说，学术创新挑战越大，问题便越多，出现纰漏的可能性也越大，可争议性也越强。反过来说，可继续探索的空间也越大。从研究范式转型的角度看，这部书稿的最大价值在于，作者立足于中国实践完成了研究立场的转换。在这一取向下，找到了一个真实的问题，给出了有劲道的回答。对于一个刚入学界的年轻人来说，这是一个不错的起点。亦已做的，要接受学术和实践的双重检验；需要做的，还有很多，道路漫长。希望徐明强博士保持开端的良好势头，勇于探索，不断前行。

中国政治学正处于一个重要的理论创新阶段，年轻一代学者的崛起是一个重要的标志。在这个意义上，徐明强博士书稿的出版，正当其时。

景跃进
清华大学政治学系教授
2021 年 10 月 10 日于北京双清苑

目　录

导　论 ·· 1

第一章　常规时代的扶贫工作及其政治化 ························ 48
　　一、新中国扶贫政策的宏观变迁 ···································· 48
　　二、常规工作时期的扶贫微观历史 ································ 62
　　三、从常规工作到中心工作的转变 ································ 82
　　四、本章小结：精准扶贫的政治化 ································ 97

第二章　脱贫攻坚指挥部与科层组织重构 ······················· 102
　　一、指挥部的"中枢系统"与权威提升 ······················· 103
　　二、指挥部的"办组系统"与组织吸纳 ······················· 117
　　三、"下派干部"与指挥部的层级延伸 ······················· 130
　　四、本章小结：比较视野中的指挥部 ··························· 143

第三章　扶贫搬迁与地方政府的生活介入 ······················· 153
　　一、"扶贫搬迁"的实践过程 ······································ 153
　　二、"社区工厂"与搬迁户的生计保障 ······················· 167

1

三、政府介入农民生活的公平性风险……………………… 181
　　四、本章小结：国家权力与农民生活……………………… 193

第四章　产业扶贫与地方政府的市场衔接………………………… 196
　　一、产业扶贫的政策流变与问题焦点……………………… 196
　　二、类型一：产业奖补……………………………………… 206
　　三、类型二：主体带动……………………………………… 216
　　四、类型三：集体经济……………………………………… 229
　　五、本章小结：产业扶贫中的政府角色…………………… 240

第五章　干部帮包与地方政府的情感联系………………………… 243
　　一、干部帮包的制度源流与当前形态……………………… 244
　　二、干部帮包的制度初衷与功能定位……………………… 260
　　三、干部帮包的执行状态与实践差异……………………… 273
　　四、本章小结：联系群众与制度化情感…………………… 285

第六章　督查考核与政策执行的外在压力………………………… 290
　　一、督查考核的制度安排…………………………………… 291
　　二、地方政府的"应对策略"……………………………… 306
　　三、考核督查与文牍主义…………………………………… 319
　　四、本章小结：督查考核的多重后果……………………… 332

第七章　结语："运动式治理的演化模式"……………………… 336
　　一、实践功能与具体机制…………………………………… 337
　　二、适用范围与功能边界…………………………………… 343
　　三、结构定位与发展方向…………………………………… 346
　　四、本研究的不足与拓展…………………………………… 351

参考文献	…………………………………………………………	355
附录 A 本文主要访谈对象	………………………………	402
附录 B 林县 W 型地貌特征图片	………………………	404
附录 C 桥镇驻地地貌特征图片	…………………………	405
后　记	………………………………………………………………	406

导 论

精准扶贫的政策执行

我国扶贫开发已进入啃硬骨头、攻坚拔寨的冲刺期。中西部一些省（自治区、直辖市）贫困人口规模依然较大，剩下的贫困人口贫困程度较深，减贫成本更高，脱贫难度更大。实现到2020年让7000多万农村贫困人口摆脱贫困的既定目标，时间十分紧迫、任务相当繁重。必须在现有基础上不断创新扶贫开发思路和办法，坚决打赢这场攻坚战。

——中共中央、国务院：《关于打赢脱贫攻坚战的决定》，2015年11月29日

创新工作机制，立即由平时状态转为战时状态；创新工作方式，由各自突击转为合力攻坚；创新工作思路，由"大水漫灌"转为"精准滴灌"；创新工作模式，由"输血""造血"并重转变为更加注重"造血功能培育"；创新工作考核，由常规考评转为一票否决。采取超常规措施，形成区域发展与脱贫攻坚的良性互动，打赢攻坚战，实现同步够格建成小康社会目标。

——中共林县委员会、林县人民政府：《关于坚决打赢脱贫攻坚战的实施意见》，2015年12月31日

今后的三年内，脱贫攻坚工作是统揽全镇各项工作的战略大局，我们必须把精准扶贫、精准脱贫作为基本方略，作为"十三五"期间头等大事和第一民生工程来抓，作为重大政治任务和首要经济工作，以更

加明确的思路、更加超常规的力度,全面扎实开展脱贫攻坚,坚决打赢脱贫攻坚战,如期实现贫困人口全面脱贫的目标。

——中共桥镇党委书记:《在全镇打赢脱贫攻坚战工作动员大会上的讲话》,2016年1月14日

一、研究缘起及研究问题

在现行标准下,彻底解决农村地区的绝对贫困问题,保证农村贫困人口在2020年全面脱贫,贫困县全部摘帽,是中央提出的重要承诺。2013年11月,习近平总书记在湖南湘西考察时,首次提出"精准扶贫"的概念。之后中央陆续出台配套措施,扶贫工作的重要性被不断拔高。2014年1月,中共中央办公厅、国务院办公厅印发《关于创新机制扎实推进农村扶贫开发工作的意见》,要求"切实将扶贫开发工作摆到更加重要、更为突出的位置"①。2014年5月,国务院扶贫办、中央农办等七部门联合印发《建立精准扶贫工作机制实施方案》,提出要构建扶贫工作长效机制②。2015年11月,中共中央、国务院发布《关于打赢脱贫攻坚战的决定》,提出"我国扶贫开发已进入啃硬骨头、攻坚拔寨的冲刺期"③。2017年10月,党的十九大报告将精准脱贫定位为决胜全面建成小康社会的"三大攻坚战"之一,党中央明确提出,

---

① 中共中央办公厅、国务院办公厅:《关于创新机制扎实推进农村扶贫开发工作的意见》(中办发〔2013〕25号),http://www.gov.cn/zhengce/2014/01/25/content_2640104.htm(访问时间:2018年10月30日)。

② 国务院扶贫办等:《建立精准扶贫工作机制实施方案》(国开办发〔2014〕30号),http://www.cpad.gov.cn/art/2014/5/26/art_50_23765.html(访问时间:2018年10月30日)。

③ 中共中央、国务院:《关于打赢脱贫攻坚战的决定》,载《人民日报》,2015年12月8日。

要动员全党全国全社会力量，坚持精准扶贫、精准脱贫，确保到2020年我国现行标准下农村贫困人口实现脱贫，贫困县全部摘帽，解决区域性整体贫困。① 2018年6月，中共中央、国务院发布《关于打赢脱贫攻坚战三年行动的指导意见》，要求"一鼓作气、尽锐出战、精准施策，以更有力的行动、更扎实的工作，集中力量攻克贫困的难中之难、坚中之坚"②。

在这种高规格、高密度的政策推动下，精准扶贫已经不再是常规工作，而是转变为一项超常规的"中心工作"。同时，精准扶贫又是一项规模庞大的"超级工程"——在任务量上，一些贫困地区的贫困户数量众多，一个村动辄过百、一个镇动辄过千、一个县动辄过万，扶贫干部的数量却相对有限，限期内完成精准扶贫的工作并不是一件轻松的事情。③ 在工作涉及面上，精准扶贫已经超越了以往的扶贫思路，扶贫措施涉及基础设施、产业发展、住房建设、生态环境、国民教育、劳动就

---

① 另外的两大攻坚战分别是防范化解重大风险、污染防治。参考习近平：《决胜全面建成小康社会 夺取新时代中国特色社会主义伟大胜利——在中国共产党第十九次全国代表大会上的报告（2017年10月18日）》，人民出版社2017年版，第47—48页。

② 中共中央、国务院：《关于打赢脱贫攻坚战三年行动的指导意见》，http://www.cpad.gov.cn/art/2018/8/20/art_624_88161.html（访问时间：2018年9月17日）。

③ 2018年11月，网上爆出了云南省大姚县湾碧乡"80后"党委书记李忠凯同志的"沧桑照"。1980年出生的李忠凯，头发苍白、皮肤黝黑，体貌特征看起来与年龄相差较大。网友最开始怀疑他年龄造假，但县委组织部证实他的年龄属实，并不存在年龄造假的问题，只是由于常年工作在精准扶贫、移民搬迁工作第一线，工作辛苦、过度劳累，所以样貌才会显得苍老。到这个时候，扶贫工作的繁重、艰难才开始为社会大众所认知。在2019年新年贺词中，习近平总书记专门提到"我时常牵挂着奋战在脱贫一线的同志们，280多万驻村干部、第一书记，工作很投入、很给力，一定要保重身体"。在这种公开的新年电视讲话中专门关心扶贫干部，表达政治抚慰，应该也是有的放矢。

业、社会保障、卫生医疗等多个领域。① 在扶贫的功能定位上，精准扶贫所预期的目标也非常多元，不仅要求按期脱贫，还要培育贫困户自我发展能力；不仅要求按时完成脱贫任务，还要在脱贫的同时发展壮大集体经济、重塑党群关系/干群关系、提高农村基层治理水平。

如果按照以往的历史经验（如国内改革开放前的"大跃进"运动、人民公社化运动，改革开放后地方政府开展的各种农产品产业规划，国外苏联的集体化农庄，美国的"向贫困宣战"项目/伟大社会项目，坦桑尼亚的强制村庄化等），精准扶贫作为一项"超级工程"，也有可能会像历史上曾经出现的大型项目一样，因为"太过宏伟""脱离实际""违背基本发展规律"，最终偏离预期目标，从"超级工程"沦为"失败工程"。在这种既有认识中，对精准扶贫进行反思、批评的观点也一直存在。但从大的方面看，经过多年的艰苦工作，精准扶贫实现了预期目标。2021年2月25日，全国脱贫攻坚总结表彰大会在人民大会堂隆重举行。习近平总书记宣告："经过全党全国各族人民共同努力，在迎来中国共产党成立一百周年的重要时刻，我国脱贫攻坚战取得了全面胜利，现行标准下9899万农村贫困人口全部脱贫，832个贫困县全部摘帽，12.8万个贫困村全部出列，区域性整体贫困得到解决，完成了消除绝对贫困的艰巨任务，创造了又一个彪炳史册的人间奇迹！"②

笔者在调研过程中得到的信息与全国整体发展情况基本一致。2017

---

① 2015年10月，习近平在减贫与发展高层论坛上首次提出"五个一批"（发展生产脱贫一批、易地搬迁脱贫一批、生态补偿脱贫一批、发展教育脱贫一批、社会保障兜底一批）的脱贫措施。各地又在"五个一批"的基础上，结合本地实际增加了新的内容。例如，陕西省就在"五个一批"的基础上增加了危房改造、就业创业和医疗救助。参考习近平：《携手消除贫困 促进共同发展——在2015减贫与发展高层论坛的主旨演讲》，载《老区建设》2015年第19期。

② 习近平：《在全国脱贫攻坚总结表彰大会上的讲话》，载《人民日报》，2021年2月25日。

年4月至2020年8月,笔者和研究团队先后到湖南安化、广西河池、陕南秦巴山区等地调研精准扶贫工作。三地的资源禀赋、贫困程度可能存在区别,但开展精准扶贫的情况却多有类似——尽管扶贫干部普遍反映工作任务重、压力大,但绝大多数扶贫干部对按时完成扶贫任务满怀信心。笔者蹲点调研的陕南秦巴山区林县①,已经在2019年年底完成了扶贫任务,所有贫困户均达到"两不愁、三保障"的标准,通过了脱贫退出的第三方评估验收。

那么,现在就出现了一个值得回答的现实问题——作为一项超级工程,为何此次精准扶贫并没有出现政策执行失败的结果,地方政府何以能够实现精准扶贫的政策目标?从调研情况来看,地方政府能够实现精准扶贫的政策目标,很大程度上是因为中央将这项工作提升到了"政治任务"的高度,使之成为地方政府的"中心工作",地方政府在高压之下,采用了"政治动员"的方式来执行政策:精准扶贫支配了地方政府的工作节奏,县政府所有部门都承担了相应的扶贫任务,镇政府所有办、站、所都转换成了扶贫部门,行政村所有村干部都成了扶贫干部。但这个回答并没有消解问题,反而是推出了一个新的,也更值得回答的学术问题——按照既有认识,以政治动员为核心的运动式治理被视为传统的治理模式,具有非制度化、非常规化和非专业化的弊端,应该被常规治理所取代(意即运动式治理的常规化转型)。为何地方政府在此次精准扶贫中采取运动式治理的方式,却依然表现出了较好的贫困治理绩效?

在这个核心问题之下,存在以下几个密切关联的小问题:一是在经验层面。在开展精准扶贫的过程中,地方政府采用了很多新的政策执行方式,无论是政府内部的组织结构还是政府与社会之间的关系,都已经

---

① 调研地点位于秦巴山区,辖区内山林密布。遵循学术匿名化规范,本文将其称为"林县",笔者蹲点的乡镇化名"桥镇",其他村名、人名以首字母代替。

不同于以往的运动式治理。这是否意味着精准扶贫中的运动式治理已经发生了新的演化?又该用哪种新的概念来描述这种演化后的政策执行模式?二是在动力层面。扶贫干部常说的"脱贫攻坚现在是中心工作、是政治任务"到底意味着什么?采用运动式治理的方式来完成政策目标,是地方政府的被动应对还是主动选择?除了以往的基础性国家能力弱化、政策执行工具不足、权威治理矛盾等"问题化"的解释思路之外,是否还存在其他因素?三是在价值层面。为何中国的地方政府能够采取运动式治理的方式完成中心工作,这种政策执行方式所依托的政治结构(特别是党政关系)需要具有怎样的条件?四是在发展层面。精准扶贫中地方政府采取的政策执行方式存在哪些弊端?其功能边界位于何处(哪些次级目标没有完成)?随着"治理体系与治理能力现代化"的推进,这种政策执行方式是应该走向消亡还是发生进一步演化?如果选择后者,又该向哪个方向,以怎样的方式演化?

  对于上述问题,本文的基本判断如下:1)地方政府在此次精准扶贫中采用的政策执行方式并不是以往运动式治理的复制,而是一种演化模式。在强调政治动员的同时,地方政府调整具体的贫困治理思路,加入很多新的治理元素,意图以此克服传统运动式治理的弊端。2)地方政府之所以采用运动式治理的方式来执行政策,并不完全是因为基础性国家能力弱、政策工具不足、权威国家治理悖论等"问题化"的原因。除此之外,还在于地方政府秉持了改造社会的"使命伦理"。在这种政治伦理之下,基础性国家能力的提升、政策工具的完善并不一定会淡化动员色彩,反而有可能给政治动员提供更有利的条件,将之推向新的高度。3)"党政体制"是地方政府能够开展运动式治理的必要条件。党组织不仅为精准扶贫提供动员的组织基础,同时也提供伦理性的精神资源,党政之间的分工合作为政治化的政策执行方式提供了结构性条件。4)运动式治理是"党政体制"的构成性要素,在可预期的未来一段时期内,这种政策执行方式并不会消失,很可能会发生进一步的演化,作为政府能动性的体现嵌入"治理体系与治理能力现代化"的目标当中，成为地方政府政策执行的要素之一。

也正是基于以上判断，笔者立足"组织—行为"的分析框架，将地方政府在精准扶贫这一中心工作中所体现的政策执行方式概括为"运动式治理的演化模式"，与"传统运动式治理"并列，将之看作运动式治理在新时期的亚类型。**本研究的目标即在于通过对陕南秦巴山区林县的个案研究，描述林县在精准扶贫这一中心工作中的政策执行过程，透过组织—行为的分析视角，概括"运动式治理的演化模式"在科层组织内部、科层组织外部等多重维度上的微观机制，在理论层面回答前文所提出的现实问题和学术问题。**

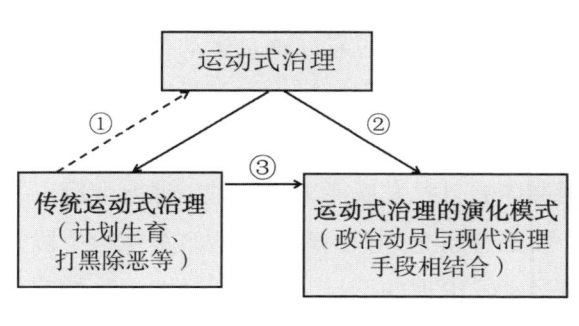

注：
①是指传统运动式治理从二级概念提升为一级概念。
②是指在运动式治理与传统运动式治理、运动式治理的演化模式之间的属种关系。
③是指从传统运动式治理到运动式治理的演化模式的发展。

图 0-1　运动式治理的概念关系

从概念关系上讲，运动式治理的演化模式与传统运动式治理处于同一个概念层级，均为运动式治理的子概念。作为运动式治理的子概念，运动式治理的演化模式也强调自上而下的政治动员。笔者之所以不再继续使用既有的"运动式治理"，而是创造新的概念类型，主要有三个方面的原因。

一是描述的语境不同。传统运动式治理的研究大多集中在汲取和规制领域（如税费征缴、计划生育、社会治安、环境整治等）。这些领域之所以产生运动式治理，很大程度上是因为存在基础性能力不足、政策工具不足、常规治理手段失效等"问题化"的原因，国家不得不采取运动式治理替代常规治理，以达到充分汲取、有效管制的目的。但是，精准扶贫是一种施惠行为，并没有出现常规治理手段严重失控的问题。所以，在精准扶贫领域中采用政治动员的方式执行政策，是政府主动选择的结果——通过这种主动的、具备正当性的资源反哺方式，提升贫困人口生活状态、提高农村发展水平、体现治理绩效，同时又强化群众路线、重塑党群关系/干群关系。那么，从概念关系上讲，运动式治理就应该成为一个上位概念，包容传统运动式治理和本研究提出的运动式治理的演化模式。

二是微观状态不同。地方政府在扶贫过程中出现了很多不同于传统运动式治理的新特征。一方面，无论是在动员的范围、延续的时间，还是在任务的难度、考核的压力方面，运动式治理的演化模式要比以往的集中整治、专项治理具有更突出的动员色彩。这是运动式治理的演化模式在动员程度上与传统运动式治理的区别。另一方面，地方政府在扶贫工作中并不是粗暴的行政主导、命令主义，而是重视协调国家与社会之间的关系，注意培育贫困群体的自我发展能力。同时，地方政府也并不排斥现代化的治理方式，而是意图充分利用现代化的政策执行手段完成扶贫任务，以此克服传统运动式治理的不足。这是运动式治理的演化模式在治理手段上和传统运动式治理的区别。

三是价值取向不同。运动式治理实际上是"被他者定义的概念"——作为常规治理的对立面存在，并不是以主体的身份被定义。这种界定其实反映了研究者背后的价值判断——相对于常规治理而言，运动式治理是"问题化"的存在方式，是需要被改造的对象，中国国家治理的最终目标需要向常规治理转型。但是在笔者看来，这种价值取向存在偏颇之处，运动式治理并不只是国家治理的"负面资产"。相反，如果运动式治理能够"扬长避短"，不断克服自身存在的弊端，形成运动式治理的演化模式，就可能在一些特定的政策执行领域发挥作用。同样，这种政策执行方式也应该在"治理体系与治理能力现代化"的目标框架内拥有一席之地，成为中国国家治理的必要元素。

正是基于上述三个原因，笔者才会在运动式治理这一既有概念的基础上，创造"运动式治理的演化模式"，将其作为运动式治理的亚类型，来概括地方政府在精准扶贫政策执行过程中的组织与行为特征。

二、文献与理论述评

立足公共政策角度，地方政府的贫困治理也就是扶贫政策的执行过程。本研究的对象是精准扶贫中地方政府的组织与行为，因此本部分的文献回顾主要围绕四个主题展开：一是总结以往政策执行研究的组织维度，特别是寻找政策失败的原因；二是总结以往政策执行研究的行为维度，也就是总结运动式治理的具体运行机制，分析运动式治理何以产生的结构性因素；三是分析运动式治理在政策执行中发挥的作用和局限，反思现有研究中存在的"转型思维"；四是论述当前学者对精准扶贫的分析，探究当前学者对精准扶贫的反思以及经验概括。前三个部分是本研究的对话对象，第四个部分为本研究提供了参考借鉴。最后是对现有研究进行评析，总结进一步的完善方向。

1. 政策执行的组织维度

自 1973 年美国政治学家普雷斯曼（Pressman，J.L.）和韦达夫斯基（Wildavsky，A.B.）分析"奥克兰计划"为何没有达到效果之后，政策执行就成为公共政策研究领域的重要问题。[①] 与普雷斯曼和韦达夫斯基

[①] 他们以报告为基础出版了《执行》一书，该书的出版引发了后续政策执行的研究热潮，并导致了 20 世纪七八十年代"执行运动"（implementation movement）的兴起。参考 Pressman, J.L. and Wildavsky, A.B., *Implementation: How Great Expectation in Washington are Dashed in Okaland*, Berkeley: University of California Press, 1973. 陈振明：《西方政策执行研究运动的兴起》，载《江苏社会科学》2001 年第 6 期。赵德宇：《公共政策：共同体、工具与过程》，上海人民出版社 2011 年版，第 174—201 页。李允杰、丘昌泰：《政策执行与评估》，北京大学出版社 2008 年版，第 8 页。

的研究几乎是同一时间，托马斯·史密斯（Thomas B.Smith）提出了政策过程理论（在政策执行研究领域被称为"史密斯模型"）。在他看来，政策执行是社会中各种因素相互交织的过程，其中理想化的政策（idealized policy）、执行机构（implementing organization）、目标群体（target group）和环境因素（environmental factor）之间的不协调是政策执行产生张力的主要来源。① 自此，从组织维度分析政策执行何以失败就成为政策执行研究的重要思路，并衍生出两个基本视角：一是组织内部视角，主要分析政策执行机构内部不同部门之间的关系对政策执行的影响，这种视角又分为"自上而下"和"自下而上"两种亚类型。② 二是组织外部视角，这一视角超越了执行机构内部关系的层次，纳入社会因素，主要分析公共政策与目标群体、社会环境之间的矛盾冲突。两种（三小种）视角构成了后续研究的起点。③

所谓组织内部视角，将关注点放在了政府内部不同部门、不同层级之间在政策执行过程中的利益分歧和协调困境，其中自上而下的视角关注政府水平方向上内部不同部门之间的冲突——现代政府大多都是按照韦伯理性科层制"分科"模式建立起来的，理想的政府应该是以专业分工为基础，以部门之间的分工合作为行为准则执行公共政策，但是在具体的政策执行过程中，这种理想状态很有可能会面临"孤岛现象"

---

① Thomas B. Smith. "The Policy Implementation Process", *Policy Sciences*, No. 4, 1973, pp.197-209.

② 〔英〕迈克·希尔、〔荷〕彼特·休普：《执行公共政策》，黄健荣等译，商务印书馆2011年版，第58—80页。

③ 当然，除了内部视角（包含自上而下和自下而上两种）和外部视角之外，在政策执行研究中还有政策执行连续统理论、政策工具理论、制度分析理论等其他视角。具体内容参考丁煌、定明捷：《国外政策执行理论前沿评述》，载《公共行政评论》2010年第1期。

与"合作困境"。① 也正是为了有效应对多部门协作中的"孤岛现象"与"合作困境",在西方国家的政府理论中才会出现诸如整体政府、联合政府、合作式部门关系、协作治理等概念。②

这种自上而下的组织内部视角与中国同期开展的机构改革相映成趣,引发了一系列的学术讨论。与西方国家类似,中国政府同样面临了政府内部不同部门之间的"孤岛现象"与"合作困境",甚至中国的情形更为严重,一些行业主管部门出现"部门职权利益化"③"公共利益部门化"④ 的趋势。在"行政立法"的情况下,某些行政部门还试图在起草行政法规的过程中强调本部门的利益,意图以此来实现部门利益的合法化⑤,即"行政立法中的部门本位主义"⑥。这导致很多公共政策

---

① 马伊里:《合作困境的组织社会学分析——一项关于政府机构间孤岛现象生成机理的研究》,上海大学博士论文,2006年。

② 关于上述概念的讨论,参考:Peter Smith R. and Van de Ven Andrew H, "Development Processes of Cooperative Inter-organizational Relationship", *Academy of Management Review*, Vol.19, No.1, 1994, pp.90–118. Christopher Pollitt, "Joined-up Government: a Survey", *Political Studies Review*, Vol.1, 2003, pp.34–49. Perri 6, "Joined-Up Government in the Western World in Comparative Perspective: A Preliminary Literature Review and Exploration", *Journal of Public Administration Research and Theory*, Vol.14, No.1 (Jan., 2004), pp.103–138. Tom Christensen and Per Lægreid, "The Whole-of-Government Approach to Public Sector Reform", *Public Administration Review*, Vol.67, No.6 (Nov.–Dec., 2007), pp.1059–1066. Chris Ansell and Alison Gash, "Collaborative Governance in Theory and Practice", *Journal of Public Administration Research and Theory*, Vol.18, No.4 (Oct., 2008), pp.543–571.

③ 宋世明:《遏制"部门职权利益化"趋向的制度设计》,载《中国行政管理》2002年第5期。

④ 孙力:《我国公共利益部门化生成机理与过程分析》,载《经济社会体制比较》2006年第4期。

⑤ 汪全胜:《行政立法的"部门利益"倾向及制度防范》,载《中国行政管理》2002年第5期。

⑥ 封丽霞:《解析行政立法中的部门本位主义》,载《中国党政干部论坛》2005年第8期。

的制定与执行都会遇到"部门利益""部门本位"的阻隔,出现"部门利益"扰乱政策执行的情况①,这在很大程度上影响了中央权威。② 也正是为了解决这些问题,中国政府在改革开放后就一直尝试采取多种措施。一是进行行政体制改革,基本逻辑是机构改革和职能转变。③ 前者注重减少政府内部的部门数量(如大部制改革),后者要求优化政府职能,建立"服务型政府"。二是建立各种类型的沟通协作机制或议事协调机构(如"领导小组"④),以此来协调不同政府部门之间的关系,更好地实现政策执行的目标。

另外,自下而上的组织内部视角关注政府内部垂直方向上不同层级之间的矛盾。当前所有国家的科层体系不仅是"分科"的,而且是"分层"的。在这种制度框架下,国家宏观层面的政策最终都需要由一

---

① 参考董保华:《论我国劳动争议处理立法的基本定位》,载《法律科学》2008年第2期。刘军强:《资源、激励与部门利益:中国社会保险征缴体制的纵贯研究(1999—2008)》,载《中国社会科学》2011年第3期。匡耀求、黄宁生:《中国水资源利用与水环境保护研究的若干问题》,载《中国人口·资源与环境》2013年第4期。

② 部门利益以及官僚之间的讨价还价导致中央权威的衰落,对于这种政治体制,李侃如将之称为"碎片化的权威主义(fragmented authoritarianism)"。参考 Kenneth Lieberthal, "Introduction: The Fragmented Authoritarianism Model and Its Limitations", in Kenneth Lieberthal and Lampton (ed), *Bureaucracy, Politics and Decision-making in Post-Mao China*, Berkeley: University of California Press, 1988, pp.1-30.

③ 竺乾威:《改革的逻辑:机构改革的回顾与展望》,载《复旦公共行政评论》2012年第2期。周志忍、徐艳晴:《基于变革管理视角对三十年来机构改革的审视》,载《中国社会科学》2014年第7期。

④ 关于领导小组的研究,主要参考:Alice L. Miller, "The CCP Central Committee's Leading Small Groups", *The China Leadership Monitor*, No.26, 2008. 刘军强、谢延会:《非常规任务、官员注意力与中国地方议事协调小组治理机制——基于A省A市的研究(2002—2012)》,载《政治学研究》2015年第5期。原超、李妮:《地方领导小组的运作逻辑及对政府治理的影响——基于组织激励视角的分析》,载《公共管理学报》2017年第1期。原超:《地方治理中的"小组机制"研究》,中央编译出版社2017年版。

层一层的组织机构将之执行到一定的层级。但是,在漫长的层级关系中就可能出现政策再制定,地方政府和基层官僚就可能会运用自由量裁权变通处理。可以说,所有国家的政策执行都面临了这个问题,西方国家也不例外。例如,在地方政府层面,美国1972年《社会保障法修正案》第20条要求为那些贫穷的工薪族妈妈提供日托服务。这些服务由联邦政府的社会保障管理局资助,由各州和地方政府负责执行。但是,在执行过程中,不少地方政府以政府购买的方式提供日托服务,地方政府的购买合同和监控服务标准因各州而异,加上党派政治的因素,导致执行结果偏离了联邦政府的期望。① 在基层官僚层面,M. 利普斯基则专门创造了"街头官僚"(Street-Level Bureaucrats)这个很有解释力的概念,来描述基层政策执行人员的自主性和灵活性。② 之后"街头官僚"就成为重要的行政学概念。

中国作为一个超大规模的国家,在不同层级政府的关系问题上可能面对着更为复杂的情况。一方面,中央向地方放权有利于发挥地方的主动性和积极性,进而促进改革开放后经济的快速发展;但另一方面,多层级节制也可能引发各种变通执行或政策走样的问题。③ 例如在农村地区,当上层决策与基层自主性需求之间发生冲突,地方政府就可能出现"选择性政策执行"或者不平衡的政策执行。④ 在城市地区,居委会组

---

① 这种情况被彼得斯称为"纵向执行结构"。参考〔美〕盖依·彼得斯:《美国的公共政策——承诺与执行》,顾丽梅、姚建华等译,复旦大学出版社2008年版,第145—146页。

② Lipsky M, *Street-level Bureaucracy*, New York: Russell Sage Foundation, 1980.

③ 例如,在晋升和土地财政的激励下,地方政府出现"土地违法行为"。参考梁若冰:《财政分权下的晋升激励、部门利益与土地违法》,载《经济学(季刊)》2010年第1期。

④ Kevin J. O'Brien, Lianjiang, "Selective Policy Implementation in Rural China", *Comparative Politics*, Vol.31, No.2. (Jan., 1999), pp.167-186. Christian Göbel, "Uneven Policy Implementation in Rural China", *The China Journal*, No.65, January 2011, pp.53-76.

织内部资源极度短缺,在职责同构和压力型体制的行政环境下,上级政府为了完成任务、取得政绩,就会对社区居委会的小动作"睁一只眼闭一只眼",这种现象进一步诱发了社区居委会的"选择性应付"①。在督查考核过程中,现行组织制度中决策与执行分离,政府上下级之间的"共谋现象"已经演化成为一种"制度化了的非正式行为"②。

所谓组织外部视角,主要关注的是理想化的公共政策与外部环境、目标群体之间的不匹配。这一视角的主要观点大多来自一些人类学家,他们对国家主导的"现代化工程""发展计划"大多持批判态度。如埃斯科瓦尔就讲:"各国政府在规划和实施雄心勃勃的发展计划;各类机构在城市和农村实施各种发展项目;各类专家在研究欠发达现象并创造出令人生厌的理论。斗转星移,大部分人的生活条件不仅没有得到改善,反而进一步恶化。"之所以出现这种问题,主要原因就在于"现实已经被发展话语(Development Discourse)殖民化了"③。按照博德利的观点,"政府推动发展的真正原因是为了获得资源,而非让土著居民分享发展带来的好处……强制性发展给不情愿的目标人群带来的后果,包括数百万土著居民的死亡,失去土地,失去政治自治,失去遵循自己生活方式的权利。"④ 在他们看来,这些项目之所以失败,就是因为违背"常识"——这些常识具有自然性、实践性、浅白性、不规则性、易获

---

① 杨爱平、余雁鸿:《选择性应付:社区居委会行动逻辑的组织分析——以 G 市 L 社区为例》,载《社会学研究》2012 年第 4 期。

② 周雪光:《基层政府间的"共谋现象"——一个政府行为的制度逻辑》,载《社会学研究》2008 年第 6 期。

③ 埃斯科瓦尔将之称为一场"遭遇"。参考〔美〕阿图罗·埃斯科瓦尔:《遭遇发展:第三世界的形成与瓦解》,汪淳玉、吴惠芳、潘璐译,社会科学文献出版社 2011 年版,第 3 页。

④ 〔美〕约翰·博德利:《发展的受害者》,何小荣、谢胜利、李旺旺译,北京大学出版社 2011 年版,第 152 页。

取性，它们构成"地方性知识"（local knowledge）①的主要来源。对此，斯科特就分析了"那些试图改善人类状况的项目是如何失败的"。在他看来，"社会的清晰性提供了大规模开展社会工厂的可行性，而极端现代主义的意识形态提供了愿望，独裁的国家则有实现这一愿望的决定权和行动能力，而软弱的公民社会则提供了等级社会作为其实现的基础。"②换言之，就是国家权力在现代化的指引下出台的政策过于简单、过于操切，力量软弱的公民社会难以抵抗，最终导致灾难性后果。

沿着这种组织外部视角对一些大型项目进行反思的观点在中国也不少见。对于改革开放前的"大跃进"运动及其引发的饥荒问题，很多研究者将之看作国家权力介入社会、对群众进行高度政治动员、群众缺少应对能力的结果。③改革开放后，在发展主义的思路下，地方政府对农村社会的干预依然很频繁。但是，各种各样的发展政策不一定能带领当地民众走向富裕，有的政策反而使民众的生计受到新的威胁。例如，马明洁以北方某乡动员农民种植"洋香瓜"的事件为案例，描述了地方政府强推农业产业的过程。在她看来，地方政府在改革开放以后仍然具有强大的动员潜能，尽管无法再采取改革开放前的"组织化动员"，却能够采取"经营式动员"的方式"逼民致富"④。古学斌等人则分析了云南省"凹寨"的案例，地方政府在发展主义的推动下，要求农民种植蚕豆、洋芋等农作物。但是，这些项目并不符合当地情况，结果并

---

① 〔美〕克利福德·格尔茨：《地方知识》，杨德睿译，商务印书馆2016年版，第135—146页。

② 〔美〕詹姆斯·C.斯科特：《国家的视角：那些试图改善人类状况的项目是如何失败的》，王晓毅译，社会科学文献出版社2012年版，导言，第4—6页。

③ 参考周飞舟：《锦标赛体制》，载《社会学研究》2009年第3期。刘愿：《"大跃进"运动与中国1958—1961年饥荒——集权体制下的国家、集体与农民》，载《经济学（季刊）》2010年第3期。杨涛：《探讨大饥荒的成因：集权、计划失误与政治行为的影响》，载《经济学（季刊）》2010年第3期。

④ 马明洁：《权力经营与经营式动员——一个"逼民致富"的案例分析》，见清华大学社会学系主编：《清华社会学评论（特辑）》，鹭洲出版社2000年版。

没有给贫困群体带来收益,而是加大了官僚的权力,削弱了民众的权力,带来了进一步的贫困化。①

2. 政策执行的行为维度

除了组织维度,政策执行的分析路径还包含了行为视角,而且在中国政治语境中,这一点可能更为明显——延伸出了常规治理和运动式治理的类型划分,成为中国政治语境中政策执行的重要分析范式。

所谓运动式治理,本质上是政策执行的一种行为模式。这种政策执行模式不同于常规治理:一是在发动程序上,中央或上级党委政府基于现实因素,提高某项工作在序列中的重要性,对其进行专门部署。下级党委政府贯彻上级指示,召开党委会将其列为"中心工作"②,赋予更多的注意力③。二是在政策执行机构上,地方政府会打破原有科层分工,以更具权威性的领导小组来落实中心工作。④ 三是在具体的执行方

---

① 古学斌、张和清、杨锡聪:《地方国家、经济干预和农村贫困:一个中国西南村落的个案分析》,载《社会学研究》2004年第2期。

② 按照欧阳静的表述,一项工作能否成为中心工作,一是看上级工作部署,二是看地方党委会的决策。在杨华等人看来,县域党政体制,即通过中心工作领导和介入具体的治理事务。参考欧阳静:《政治统合制及其运行基础——以县域治理为视角》,载《开放时代》2019年第2期。杨华、袁松:《中心工作模式与县域党政体制的运行逻辑——基于江西省D县调查》,载《公共管理学报》2018年第1期。

③ 参考吴毅:《小镇喧嚣:一个乡镇政治运作的演绎与阐释》,生活·读书·新知三联书店2018年版,第14页;狄金华:《通过运动进行治理:乡镇基层政府的治理策略——对中国中部地区麦乡"植树造林"中心工作的个案研究》,载《社会》2010年第3期。

④ 关于领导小组的讨论,参考吴晓林:《"小组政治"研究:内涵、功能与研究展望》,载《求实》2009年第3期。刘军强、谢延会:《非常规任务、官员注意力与中国地方议事协调小组治理机制——基于A省A市的研究(2002—2012)》,载《政治学研究》2015年第5期。原超、李妮:《地方领导小组的运作逻辑及对政府治理的影响——基于组织激励视角的分析》,载《公共管理学报》2017年第1期。

式上，纳入行政包干制、行政发包制的激励模式，引入市场化元素，强化对下级领导干部的动员，同时又以正式权威和剩余控制权为基础保证了对下级的支配。① 四是在绩效考核方式上，纳入一票否决制，将升迁、奖金等与一票否决事项"挂钩"②，以此推动地方干部贯彻落实上级部署（参考表0-1）。

表0-1 地方政府不同工作任务与治理类型的比较

治理类型	运动式治理	常规治理
面对的任务性质	中心工作 （政治任务、专项工作）	常规工作 （业务工作、日常工作）
采取的组织模式	领导小组	科层官僚
政策执行方式	行政包干（包干到人）	常规执行 （技术、数字、制度）
绩效考核方式	一票否决	常规绩效考核

从历史发展的角度讲，"运动式治理"是时代的产物。改革开放后，中国社会结构发生巨大变化。改革开放前的"全能主义社会"逐渐走向解体，社会结构由"总体性社会向分化性社会转变"③，政治结构层面也发生了"从总体性支配到技术治理的转型"④。但另一方面，

---

① 周黎安：《行政发包制》，载《社会》2014年第6期。杨华、袁松：《行政包干制：县域治理的逻辑与机制——基于华中某省D县的考察》，载《开放时代》2017年第5期。

② Jie Gao, "Governing by Goals and Numbers: a Case Study in the Use of Performance Measurement to Build State Capacity in China", *Public Administration and Development*, Dec. 29, 2009, pp.21-31. 俊杰：《中央政府四项一票否决绩效考核制度的政治学分析》，载《学术交流》2010年第9期。

③ 孙立平、王汉生、王思斌、林彬、杨善华：《改革以来中国社会结构的变迁》，载《中国社会科学》1994年第2期。

④ 渠敬东、周飞舟、应星：《从总体支配到技术治理——基于中国30年改革经验的社会学分析》，载《中国社会科学》2009年第6期。

传统社会"政治运动"的治理模式并没有消失,而是转化为"运动式治理"①。而且,一个现实情况是,运动式治理在中国治理实践中出现的频率非常高,那么现在就出现了一个学术困惑——在改革开放后摒弃群众运动的情况下,为何运动式治理依然如此频繁?

总结来看,当前对于这个问题的回答主要有三种思路。

首先是压力型体制与资源不足的解释思路。在这种观点看来,地方政府面临了压力型体制、锦标赛体制的宏观制度环境、职责同构的职能安排,以及目标管理责任制、督办责任制的微观机制。② 另一方面,中国地方政府又存在资源匮乏、政策工具不足的问题。这一点在农村地区可能体现得更为明显。中国农村地区一直面临国家正式制度和乡土非正

---

① 按照裴宜理的说法,改革开放后,中国的政策执行方式从"群众运动(Mass Campaigns)"转型为"受控的运动(Managed Campaign)"。Perry E.J, "From Mass Campaigns to Managed Campaigns: Constructing a New Socialist Countryside", in Heilmann S. and Perry E.J(ed), *Mao's Invisible Hand: The Political Foundations of Adaptive Governance in China*, Cambridge: Harvard University Press, 2011. 按照叶敏的说法,是从改革开放前的政治运动转型为改革开放后的运动式治理。参考叶敏:《从政治运动到运动式治理——改革前后的动员政治及其理论解读》,载《华中科技大学学报》2013年第2期。

② 关于压力型体制、职责同构、锦标赛体制、目标管理责任制、督办责任制的研究,主要参考荣敬本等:《从压力型体制向民主合作体制的转变——县乡两级政治体制改革》,中央编译出版社1999年版,第28—35页。荣敬本:《"压力型体制"研究的回顾》,载《经济社会体制比较》2013年第6期。朱光磊、张志红:《职责同构批判》,载《北京大学学报(社会科学版)》2005年第1期。王汉生、王一鸣:《目标管理责任制:农村基层政府的实践逻辑》,载《社会学研究》2009年第2期。陈水生:《从压力型体制到督办责任体制:中国国家现代化导向下政府运作模式的转型与机制创新》,载《行政论坛》2017年第5期。陈海嵩:《新〈环境保护法〉中政府环境责任的实施路径——以环保目标责任制与考核评价制度为中心的考察》,载《社会科学家》2017年第8期。周黎安:《晋升博弈中政府官员的激励与合作:兼论我国地方保护主义和重复建设长期存在的原因》,载《经济研究》2004年第6期。周黎安:《中国地方官员的晋升锦标赛模式研究》,载《经济研究》2007年第7期。周黎安:《转型中的地方政府:官员激励与治理》,上海人民出版社2008年版,第222—225页。

式制度的区分,地方政府无法通过正式制度完全支配农村社会。① 农村税费改革后,乡镇逐渐失去财政自主性,演化为脱离农村社会场景的"悬浮型政府"②,更没有资源深入到农村基层,无法按照常规方法落实国家政策。面对这种局面,地方政府不得不对科层制进行转换、对权力运作策略进行新的创造,"集中稀缺的资源解决最为重要的棘手问题"③。以运动式治理的方式将国家政策贯彻到农村基层,就成为可行的方案。

这种观点很有解释力。从理论上讲,任何社会的调控形式绝不是个人好恶的产物,而是取决于社会资源总量所能允许的范围。④ 同样,治理资源的多寡也影响了地方政府的运行逻辑。从实践角度讲,很多地方政府采取的运动式治理的确有这个因素。例如,狄金华对"麦乡"植树造林运动的分析就带有这种解释思路——"麦乡"根据上级工作要求,面对"植树造林"的考核压力,在银根紧缩、资源约束以及人力有限的情况下,乡镇只得将其列为阶段时期内的中心工作,以运动式的

---

① 这种治理模式费孝通先生称之为"双轨体制",黄宗智称之为"集权的简约治理",曹正汉将之称为"上下分治的治理体制"。参考费孝通:《基层政府的僵化》,见《费孝通文集》,群言出版社1999年版,第336页。黄宗智:《集权的简约治理原则——中国以准官员和纠纷解决为主的半正式基层行政》,载《开放时代》2008年第2期。曹正汉:《中国上下分治的治理体制及其稳定机制》,载《社会学研究》2011年第1期。

② 周飞舟:《从汲取型政府到"悬浮"型政府——税费改革对国家与农民关系之影响》,载《社会学研究》2006年第3期。

③ 唐贤兴:《中国治理困境下政策工具的选择——对"运动式执法"的一种解释》,载《探索与争鸣》2009年第2期。唐贤兴:《政策工具的选择与政府的社会动员能力——对"运动式治理"的一个解释》,载《学习与探索》2009年第2期。柏必成:《我国运动式治理的发生机制:一个宏观层面的分析框架》,载《学习论坛》2016年第7期。

④ 王沪宁:《社会资源总量与社会调控:中国意义》,载《复旦学报(社会科学版)》1990年第4期。

方式集中人力与物力,以期达到上级对植树造林提出的考核要求。① 欧阳静将处于官僚制组织、乡土社会和压力型体制中的乡镇政府特性概括为"维控型政府",即乡镇政府缺乏回应乡村社会治理需求的主动性和能力,只能援引各类权力技术,完成自上而下的压力型任务;同时,调动一切正式和非正式的力量与技术手段,应对突发性事件,维持乡村社会的基本稳定。②

其次是(基础性)国家权力不足的解释思路。这种思路将关注点放在了国家权力的类型问题上。迈克尔·曼将国家权力分为权威性(authoritative)权力和弥散性(diffusive)权力③;吉登斯将统治划分为统治的范围和统治的强度两个不同的维度,现代国家突出的统治强度就表现为:国家行政人员控制能力的巨大扩张,直至能左右个人日常生活的私密部分。④ 王绍光则将迈克尔·曼的权威性权力和弥散性权力引申为"专断性国家能力"和"基础性国家能力",并将"基础性国家能力"细分为强制能力、汲取能力、濡化能力、国家认证能力、规管能力、统领能力、再分配能力、吸纳和整合能力。⑤ 中国之所以强调政治动员的治理状态,就是因为弥散性权力/基础性国家权力不足。按照黄小勇的表述,"在传统社会主义时代,中国政府的管理能力因为政治原

---

① 狄金华:《通过运动进行治理:乡镇基层政府的治理策略——对中国中部地区麦乡"植树造林"中心工作的个案研究》,载《社会》2010年第3期。

② 欧阳静:《运作于压力型科层制与乡土社会之间的乡镇政府:以橘镇为研究对象》,载《社会》2009年第5期。欧阳静:《"维控型"政府:多重结构中的乡镇政府特性》,载《社会》2011年第3期。

③ 〔美〕迈克尔·曼:《社会权力的来源》,刘北成、李少军译,上海人民出版社2007年版,第10页。

④ 〔英〕安东尼·吉登斯:《民族-国家与暴力》,胡宗泽、赵力涛译,生活·读书·新知三联书店1998年版,第10—11页。

⑤ 王绍光:《国家治理与基础性国家能力》,载《华中科技大学学报(社会科学版)》2014年第3期。

因而受到侵蚀,在当时的政治权力结构下,不能通过开发组织管理能力来提高管理效率,唯一的途径就是通过政治动员手段,以运动方式来弥补组织管理能力的欠发展。"①

表0-2 国家能力与国家运动关系的理想类型

		专断权力	
		低	高
基础权力	高	2. 无意愿	1. 不需要
	低	3. 不可能	4. 最可能

改革开放之后,尽管国家治理能力已显著增强,但依然面临了基础性国家权力不足的困境,所以才会出现各种运动式治理。例如,唐皇凤认为,改革开放后为何会出现"严打运动",最主要的原因就在于"中国国家治理资源的贫乏和国家基础性权力的缺乏导致国家权力对社会的监控能力有限,'间歇性社会控制'成为转型中国国家治理的基本特征"②。冯仕政则以基础性国家权力、专断性国家权力的高低为分类维度,划分了四种不同国家类型(参考表0-2)。在他看来,最有可能搞国家运动的就是那种专断性权力高而基础性权力低的国家。共产党执政的新中国既有改造社会的强烈抱负,又具有突出的专断性权力,同时又缺少强大的基础性权力。因此,新中国成立后各种各样的国家运动就持续不断。③

最后是帝国—权威治理逻辑的解释思路。这一思路主要来自周雪光

---

① 黄小勇:《现代化进程中的官僚制——韦伯官僚制理论研究》,黑龙江人民出版社2003年版,第303—304页。

② 唐皇凤:《常态社会与运动式治理——中国社会治安治理中的"严打"政策研究》,载《开放时代》2007年第3期。

③ 冯仕政:《中国国家运动的形成与变异:基于政体的整体性解释》,载《开放时代》2011年第1期。

的研究。在他看来，传统中华帝国的核心矛盾在于帝国体制与有效治理之间的冲突。因此，在乾隆时期才会出现"清剿妖术"这种看似是治理社会问题，本意却在于控制官僚的事件。① 当代中国国家治理在具体形式上不同于传统帝国，但权威体制与有效治理之间的矛盾并无二致：一是"委托—代理"在当代中国国家建设中依然存在；二是正式和非正式制度的同时并用；三是名与实之间的若即若离和互为转换成为中国国家治理的常态过程。中央集权体制与辽阔国土上地方性差异之间存在矛盾，前者趋于权力、资源向上聚敛，而后者要求更多的灵活性和自由裁量权以实现有效治理。② 这种矛盾体现在实践中就表现为中央—地方冲突，地方官员缺乏政策执行的动力。因此，中央政府才会采取运动式治理的方式来克服这些弊端。因此他认为，"运动式治理的存在不是任意的，也不是非制度化的，而是建筑在稳定的组织基础和制度环境之上的，是现有国家制度的一个有机部分。"③

这种观点也有一定的道理，一些经验研究也支持这种判断。例如，徐岩等人以 A 市创建卫生城市的历程为例，展示了该市的创卫在前期是如何被常规化而失败，又是如何进行"再运动"取得成功的。④ 在"瘦肉精"事件中，不同的"条条"相互推诿，不同"块块""喊口号、不落实"，这种情形倒逼"运动式治理"。中央成立"国务院食品安全委

---

① 参考〔美〕孔飞力：《叫魂：1768 年中国妖术大恐慌》，陈兼、刘昶译，上海三联书店 2016 年版。周雪光：《运动型治理机制：中国国家治理的制度逻辑再思考》，载《开放时代》2012 年第 9 期。

② 周雪光：《威权体制与有效治理：当代中国国家治理的制度逻辑》，载《开放时代》2011 年第 10 期。周雪光：《从"黄宗羲定律"到帝国的逻辑：中国国家治理逻辑的历史线索》，载《开放时代》2014 年第 4 期。

③ 周雪光：《运动型治理机制：中国国家治理的制度逻辑再思考》，载《开放时代》2012 年第 9 期。

④ 徐岩、范娜娜、陈那波：《合法性承载：对运动式治理及其转变的新解释——以 A 市 18 年创卫历程为例》，载《公共行政评论》2015 年第 2 期。

员会"协调"条条"关系,成立督导组解决"块块"的地方保护主义。①在环境治理领域,地方保护主义更是大行其道,采取运动式治理的方式,能够给地方政府提供政策执行的压力,提高常规治理绩效(包括资源动员和权力再分配),解决中央集权体制下环境政策执行困境。②

3. 组织—行为视角中的常规转型

对于运动式治理的功能,当前学者也存在一些正面评价。例如,杨志军、彭勃认为,对于运动式治理应该"有限否定""类型化承认"。③欧阳静则区分了"国家运动型治理"和"地方运动型治理"两个不同的类型,以此来说明地方运动型治理与官僚体制相互依存。④ 具体而言,当前对于运动式治理的功能分析,主要集中在以下两点:一是认为运动式治理和常规治理都具有政策工具价值,而且运动式治理同样也蕴含了长效治理的可能性。按照任星欣等人对土地政策的研究,王辉等人对川东 T 区"活禽禁宰"运动的研究,都表明运动式治理带有推进制度

---

① 蓝伟彬:《运动式治理何以常态化——以"瘦肉精"专项整治为例》,载《特区经济》2012 年第 11 期。

② 李永友、沈坤荣:《我国污染控制政策的减排效果——基于省级工业污染数据的实证分析》,载《管理世界》2008 年第 7 期。张凌云、齐晔:《地方环境监管困境解释——政治激励与财政约束假说》,载《中国行政管理》2010 年第 3 期。冉冉:《"压力型体制"下的政治激励与地方环境治理》,载《经济社会体制比较》2013 年第 3 期。Benjamin Van Rooij, "Implementation of Chinese Environmental Law: Regular Enforcement and Political Campaigns", *Development and Change*, 37(1), 2006, pp.57-74. Nicole Ning Liu, Carlos Wing-Hung Lo, Xueyong Zhan, Wei Wang, "Campaign-Style Enforcement and Regulatory Compliance", *Public Administration Review*, Vol.75, Issue1, 2015, pp.85-95.

③ 杨志军、彭勃:《有限否定与类型化承认:评判运动式治理的价值取向》,载《社会科学》2013 年第 3 期。

④ 欧阳静:《论基层运动型治理——兼与周雪光等商榷》,载《开放时代》2014 年第 6 期。

建设、实现长效治理的可能性。① 二是认为运动式治理是实现国家能力提升的重要方式。例如，John Kennedy 和 Dan Chen 对改革开放以来中国的一胎化政策和新近的环保政策实施过程的研究，认为这些运动式治理尽管在实践中出现了各种各样的问题，不过在整体上有利于增强国家能力。②

但是，除了上面少部分学者之外，当前大多数学者从组织和行为视角，对运动式治理都持一种反思、批评乃至否定的态度（意即采取"病理分析"），认为运动式治理存在各种问题，需要向常规治理转型（意即采取"转型思维"）。总结来看，现有研究对运动式治理的批评主要涉及以下几点。

第一，一些学者从组织内部自下而上的视角分析，认为运动式治理在实践中也会遇到地方政府"策略主义"的问题。所谓策略主义，就是在面对上级压力时，地方政府为有效应对而采取的各种摆平、理顺、搞定的策略。③ 在运动式治理中，地方政府出现策略主义的可能性要更为明显，应对策略也更为多样：一是在压力型体制下，上级下达的过严

---

① 任星欣、余嘉俊、施祖麟：《制度建设中的运动式治理——对运动式治理的再思考》，载《公共管理评论》2015 年第 2 期。任星欣：《运动式治理与制度建设：中国改革开放时期经济制度变革的组合拳模式》，载《公共行政评论》2020 年第 1 期。王辉：《运动式治理转向长效治理的制度变迁机制研究——以川东 T 区"活禽禁宰"运动为个例》，载《公共管理学报》2018 年第 1 期。

② John Kennedy, Dan Chen, "State Capacity and Cadre Mobilization in China: The Elasticity of Policy Implementation", *Journal of Contemporary China*, Vol.111, 2018, pp.1-13.

③ 所谓"策略主义"，是欧阳静提出的概念，指乡镇在压力型体制下的应对方式，"功利主义地将各类方法、技术、规则、手段和策略——不论其性质和实施成本如何——作为运作的规则……在当前的基层政权运作中，摆平和搞定是策略主义原则在具体运作中关键词。"欧阳静：《策略主义：橘镇运作的逻辑》，中国政法大学出版社 2011 年版，第 8—14 页。欧阳静：《压力型体制与乡镇的策略主义逻辑》，载《经济社会体制比较》2011 年第 3 期。欧阳静：《基层治理中的策略主义》，载《地方治理研究》2016 年第 3 期。

指标常常导致下级的密集政策变通、目标替代。① 例如，在耕地保护政策的执行过程中，地方政府用耕地数量保护替代耕地质量保护或通过游说上级政府以实现效率机制与合法性机制的协同。而且，地方政府还会通过隐瞒信息、"共谋"和"游说"等方式使其在耕地保护制度执行过程中的"目标替代"行为合法化。② 二是在压力型体制下出现更进一步的层层加码、过度执行，一线政策执行人员"拿着鸡毛当令箭"（这种方式有利于一线人员规避责任风险）。例如在环保运动中，地方政府以限产、停产代替治理。③ 更有甚者，在严打运动中，一些地方政府会"扩大打击面"，不仅对严打范围内的犯罪分子施加重刑，对一般的违法犯罪行为也从重处罚，"严打"演变为"抓得多、判得多"。④ 在督查考核方面，对于一票否决机制，很多基层干部也会采取各种合法或不合法的手段来应对。例如在维稳问题上，乡镇政府在"不出事"的逻辑下，为了防止触发一票否决机制，就会采用"赎买""利益安抚"的方式化解矛盾。这种做法看似解决了一时的问题，但是并没有从根本上化解矛盾，反而有可能会诱发"谋利型上访"——上访专业户以越级上访要挟地方政府，地方政府"花钱买稳定"，诱发新一轮的要挟，地方政府陷入"维稳怪圈"。⑤

---

① 刘骥、熊彩：《解释政策变通：运动式治理中的条块关系》，载《公共行政评论》2015 年第 6 期。

② 郭珍、吴宇哲：《耕地保护制度执行过程中的"目标替代"——基于多任务代理模型的研究》，载《经济学家》2016 年第 6 期。

③ 贺璇、王冰：《运动式治污：中国的环境威权主义及其效果检视》，载《人文杂志》2016 年第 10 期。

④ 游伟、谢锡美：《"严打"政策的回顾与科学定位》，载《华东政法大学学报》2004 年第 1 期。

⑤ 欧阳群涛：《Y 镇的维稳："一票否决"下的乡镇治理研究》，南昌大学公共管理学院硕士学位论文，2011 年。田先红：《从维权到谋利——农民上访行为逻辑变迁的一个解释框架》，载《开放时代》2010 年第 6 期。金太军、赵军峰：《基层政府"维稳怪圈"：现状、成因与对策》，载《政治学研究》2012 年第 4 期。韦长伟、贾晓光：《社会冲突解决中的"花钱买稳定"策略研究》，载《吉首大学学报（社会科学版）》2015 年第 9 期。

第二，一些学者从组织外部视角分析，认为运动式治理是一种政府主导的行为，强行介入社会生活，并不能真正达到"善治"的目标，反而有可能会引发社会力量的变相抵抗。这个思路和前面所提到的人类学家的观点很相似。在这种观点看来，政策执行不仅仅是政府内部问题，同时也与政策对象所属的社会环境密切相关。运动式治理作为一种自上而下的政策执行方式，要比一般的政策执行方式更加强调政府权威，也更缺乏对群众主体地位的尊重，这种情况下得到的政策执行结果很可能会更负面。例如，龚为纲分析了"推广双季稻"的政策过程。他发现，双季稻尽管有利于国家，但是对农民而言，却是不划算的事情（种植双季稻的效率低，农民增产不增收）。国家权力强制推行这一政策自然会产生各种意想不到的负面后果（如农民和基层干部一起作假）。[1] 同样，在"周口平坟"事件中，国家权力以一种粗暴的方式介入农民生活的意义世界当中，前期能够取得一定的治理效果。但是，民众最终会再次"圆坟"，以这种方式对公共政策进行变相抵制。[2] 在这种国家权力强制推行、基层群众变相抵抗、治理效果来回反复的过程中，政府权威、政策权威、干部权威也就出现了一定程度的耗散。

第三，一些学者从行为视角分析，认为运动式治理存在行为短期化的问题，实际的治理绩效难以持久。很多学者都认为，在压力型体制下，地方政府在开展运动式治理时会存在行为短期化的倾向，例如专项治理作为中国公共政策实践中非常态治理手段和政策工具，蕴含了国家建设初期"短平快"的追赶激进心态。这种方式尽管存在一定的合理性，但是忽略了政府能力的长期建设，片面强调以特定事件作为治理导

---

[1] 龚为纲：《项目制与粮食生产的外部性治理》，载《开放时代》2015年第2期。
[2] 翟文康、徐国冲：《运动式治理缘何失败：一个多重逻辑的解释框架——以周口平坟为例》，载《复旦政治学评论》2018年第1期。

向，并导致治理模式单一、过度依赖中央政府的问题。① 另外一些学者则认为，运动式治理存在"头痛医头、脚痛医脚"的嫌疑，不具可持续性。例如，在环境治理和产品质量安全管理中，就存在"出现问题—姑息纵容—问题恶化—问题政治化—集中整治—放松管制—问题再次出现—再次姑息—再次恶化"的循环往复，甚至出现"平时不作为、急时乱作为"的现象——当上级强调这个工作的重要性或者出现了无法规避的社会热点事件，地方政府就采取各种措施"大干快上"；当上级不再强调或舆论热度平息之后，一切又恢复正常。这种"抽风式"的政策执行方式"短期有效、长期有害"。②

正是因为运动式治理存在这些弊端，因此当前学者对运动式治理的未来发展趋势，多数持"常规转型"（具体表现为专门的政策执行机构取代临时的政策执行机构，专职人员取代兼职人员，成文法律、规章制度取代红头文件）的价值判断和发展预期。③ 例如，杨志军通过对网络"扫黄打非"运动的分析，提出了"新常态治理模式"，要求运用规范社会权力运行和维护公共秩序的一系列国家治理体系，依靠理性化的制度设计和政策安排，来达到善治的目的。④ 赵树凯则针对乡镇政府的治

---

① 臧雷振、徐湘林：《理解"专项治理"：中国特色公共政策实践工具》，载《清华大学学报（哲学社会科学版）》2014年第6期。

② 刘效仁：《淮河治污：运动式治理的败笔》，载《生态经济》2004年第8期。朱晓燕、王怀章：《对运动式行政执法的反思——从劣质奶粉事件说起》，载《青海社会科学》2005年第1期。赵旭光：《"运动式"环境治理的困境及法治转型》，载《山东社会科学》2017年第8期。

③ 张华青：《社会公共管理必须从运动化范式走向常态化范式》，载《探索与争鸣》2003年第11期。王洛忠、刘金发：《从"运动型"治理到"可持续型"治理：中国公共治理模式嬗变的逻辑与路径》，载《未来与发展》2007年第5期。燕继荣：《解放思想：与"运动思维"诀别》，载《同舟共进》2008年第6期。

④ 杨志军：《运动式治理悖论：常态治理的非常规化——基于网络"扫黄打非"运动分析》，载《公共行政评论》2015年第2期。

理模式,提出要进行"治理常规化"转型,并认为"调整政治—行政、政府—社会的关系是政府制度创新的基础工程"。①

当然,除了上述价值理念层面的理由,当前研究之所以强调运动式治理的常规化,还有其他更为客观的解释因素。一是外部问题情景逐步消解的解释思路。在这种观点看来,存在常规治理难以解决的问题是运动式治理出现的必要条件,当这种问题消失之后,运动式治理自然就失去了存在的前提条件。在社会治理过程中,社会问题的严重程度也会逐渐降低,运动式治理将失去存在理由。例如,在计划生育政策执行过程中,以往之所以存在"运动式治理",很重要的原因在于生育问题严峻。当生育控制成效显著、节育对象减少等出生人口控制目标变得不再紧迫,长期计划生育宣传、节育对象服从使常规治理解决了合法性问题,计划生育中的运动式治理就有可能会逐渐转型为常规治理。② 二是内部常规官僚自我消解的解释思路。在这种观点看来,改革开放后,随着现代科层制度的建立,整个国家的社会风气会变得越来越理性化,公共政策的执行过程也将越来越淡化政治动员的色彩。20世纪八九十年代中国开始推行"干部四化"之后,技术官僚(technocrat)兴起,并有逐渐取代政治官僚(bureaucrat)的趋势。2006年《公务员法》正式实施,人事制度逐渐从干部制度转向更具现代科层色彩的公务员制度。③ 在这种情况下,整个科层体系将会越来越专业化、理性化。运动型治理在现代科层制度的框架下将失去发展的内在动力,在总体趋势上

---

① 赵树凯:《乡镇治理与政府制度化》,商务印书馆2012年版,第309—323页。

② 陈恩:《常规治理何以替代运动式治理——基于一个县计划生育史的考察》,载《社会学评论》2015年第5期。

③ 中国公务员制度改革始于1984年中组部和原劳动人事部组织起草的《国家工作人员法》,到2005年第十届全国人大第十五次常委会审议通过《公务员法》,中间经历了多个过程。具体发展大事可参考周天勇等:《中国行政体制改革30年》,格致出版社、上海人民出版社2008年版,第142—143页。

也会表现得越来越温和，发生的频率也会越来越低，最终出现运动式治理常规化的发展趋势。①

4. 对精准扶贫执行过程的研究

作为一项国家战略，精准扶贫的政策执行也带有较为明显的运动式治理特征。在政府内部维度上，在精准扶贫的政策执行中，地方政府面对压力型体制的局面，为了自我施压并调动工作的积极性、主动性，会签订各种"扶贫军令状"，要求地方政府责任到人、限期脱贫②，中西部地区的贫困县更是掀起脱贫摘帽热潮，形成"脱贫锦标赛"，在这种情况下，拟定首批脱贫摘帽的贫困县存在脱贫指标"自我加码"的现象。③ 为了达成更加深入的动员目标，精准扶贫政策是将脱贫的目标兑换成相应的技术指标，通过这些逐步分解的技术指标进一步落实总体动员的要求，形成"技术动员"④。在政府和社会关系的维度上，在当下中国党政机关定点扶贫开发工作中，扶贫作为国家权力深入乡村社会的重要方式，呈现的是一种动态的国家与社会关系。⑤ 在第一书记制度安排中，国家权力与基层社会在村庄组织界面上融合，以"第一书记"

---

① 有研究也通过一些案例研究，证明了运动式治理逐渐退出的趋势。参考倪星、原超：《地方政府的运动式治理是如何走向"常规化"的？——基于S市市监局"清无"专项行动的分析》，载《公共行政评论》2014年第2期。

② 邢成举：《压力型体制下的"扶贫军令状"与贫困治理中的政府失灵》，载《南京农业大学学报（社会科学版）》2016年第9期。

③ 王刚、白浩然：《脱贫锦标赛：地方贫困治理的一个分析框架》，载《公共管理学报》2018年第1期。

④ 王雨磊：《农村精准扶贫中的技术动员》，载《中国行政管理》2017年第2期。

⑤ 何绍辉：《论扶贫开发的政治与治理逻辑——以红村定点扶贫为例》，载《中国农村研究》2015年第1期。

为接点，形成"接点治理"①。

因此，对于精准扶贫的批评在很大程度上延续了政策执行研究的思路，认为精准扶贫的政策执行过程可能会在政府内部以及在农村社会引发后续的各种问题，偏离中央所预期的政策目标。

一方面是在政府内部，很多学者发现，在高强度的政治压力下，地方政府执行精准扶贫政策时会出现变通执行、目标转移、形式主义的问题，这种情况和政策执行研究中自下而上的组织内部视角存在很强的相似性。例如，王雨磊认为在精准扶贫中，虽然地方政府想尽办法完成精准识别的目标，但是以数字为基础的技术治理并没有完成"数字在地化"，由于数字生产链条过于漫长，在省扶贫办（发包者）、县扶贫办（传递者）、驻村干部（生产者）、村干部（知情者）之间形成了漫长的委托—代理关系，最终"数字下乡"沦为"数字悬浮"。② 殷浩栋等人以一个县级扶贫项目库建设的案例为基础，构建了科层理性和关系理性的分析框架。他们通过实证研究发现，地方政府既遵从非人格化的科层理性，也遵循差序原则的价值型关系理性和趋利避害的工具型关系理性。地方政府的项目制实践在科层理性主导下遵守规章制度，在两种理性共同作用下变通执行，在价值型关系理性主导下异化了项目用途。③ 邢成举、叶良海等人研究了精准扶贫中存在的痕迹主义，他们通过实证研究发现，痕迹管理模式的滥用导致了地方政府脱贫攻坚目标的转

---

① 谢小芹：《"接点治理"：贫困研究中的一个新视野——基于广西圆村"第一书记"扶贫制度的基层实践》，载《公共管理学报》2016年第3期。郭小聪、吴高辉：《第一书记驻村扶贫的互动策略与影响因素——基于互动治理视角的考察》，载《公共行政评论》2018年第4期。

② 王雨磊：《数字下乡：农村精准扶贫中的技术治理》，载《社会学研究》2016年第6期。

③ 殷浩栋、汪三贵、郭子豪：《精准扶贫与基层治理理性——对于A省D县扶贫项目库建设的解构》，载《社会学研究》2017年第6期。

移——从原来的以精准贫困治理为中心转变为精心准备痕迹管理材料，精心迎接各级扶贫检查与督查。① 吴高辉则研究了精准扶贫中普遍存在的文牍主义问题，在他看来，"官僚行为政治化、自治行为官僚化"的治理环境给文牍主义提供了制度性条件。② 陈辉等人则认为，精准扶贫中以过程管理为核心的工作推进机制、纵向施压与横向竞争机制、工作考核评估与整改机制、督察问责与规避风险机制造成扶贫中的形式主义。因此，他们也提出"解决精准扶贫工作中的形式主义问题，需要从基层贫困治理角度系统反思，进一步探讨扶贫工作中如何寻求技术逻辑与政治逻辑的平衡、实现扶贫工作从运动式治理向常规治理转化"③。

另一方面是在政府和社会关系的维度上，精准扶贫的落地同样也遭遇了与乡土社会的矛盾龃龉（这种思路和人类学家的批判如出一辙）。首先是在识别过程中就可能面临国家政策与乡土社会之间的差异，导致瞄准偏差。扶贫瞄准本来就面临了技术、政治、文化三重维度的困难，在中国语境中，扶贫瞄准还面临了国家逻辑与乡土逻辑、国家政策与地方性知识之间的冲突，二者之间的张力仍然是困扰精准识别的主要障碍。④ 在这种情况下，尽管中国扶贫瞄准"从配额走向认证"，采取贫

---

① 邢成举：《痕迹管理异化与脱贫攻坚中的目标转移》，载《贵州社会科学》2019年第6期。叶良海、张春丽：《精准扶贫痕迹化管理的异化及其矫正》，载《广西社会科学》2019年第9期。

② 吴高辉：《双重异化——中国精准扶贫中形式主义悖论的多案例比较》，载《甘肃行政学院学报》2019年第2期。

③ 陈辉、陈晓军：《内容形式化与形式内容化：精准扶贫工作形式主义的生成机制与深层根源》，载《中国农村观察》2019年第3期。

④ 李棉管：《技术难题、政治过程与文化结果——"瞄准偏差"的三种研究视角及其对中国"精准扶贫"的启示》，载《社会学研究》2017年第1期。李博、左停：《谁是贫困户？精准扶贫中精准识别的国家逻辑与乡土困境》，载《西北农林科技大学学报（社会科学版）》2017年第4期。刘斐丽：《地方性知识与精准识别的瞄准偏差》，载《中国农村观察》2018年第5期。

困户建档立卡，但财政扶贫项目依然存在目标偏离的情况，很容易形成"精英捕获""内卷化"。① 例如，胡联等人在 2017 年对云贵川 60 个贫困村进行实证研究，发现建档立卡过程存在明显的精英俘获现象。② 周常春以云南省 29 个行政村（自然村）的调查为基础，发现贫困县农村治理出现"内卷化"问题。③ 其次是在具体的帮扶措施上，国家权力以扶贫的方式高度介入农民生产生活，反而有可能带来负面效果。例如，许汉泽等人以华北李村"整村推进、连片开发"产业扶贫项目为例，发现产业扶贫背后隐藏着扶贫济困的社会道德逻辑与产业发展的市场化逻辑之间的矛盾，两种逻辑之间的张力与冲突增加了产业扶贫项目的风险。④ 何得桂、李博等人分析了陕南山区扶贫移民搬迁的实践过程，他们发现，行政主导下压力型体制的威逼与普适性政策的诱导共同滋生了"背皮"搬迁（即冒名顶替）的现象发生，从而导致精准识别的错位。⑤

当然，除了这些批评意见之外，对精准扶贫的经验总结也提供了很好的借鉴。首先是在政府内部关系的维度上，一些学者分析了精准扶贫

---

① 仂叶：《从配额走向认证：农村贫困人口瞄准偏差及其制度矫正》，载《公共管理学报》2018 年第 1 期。邢成举、李小云：《精英俘获与财政扶贫项目目标偏离的研究》，载《中国行政管理》2013 年第 9 期。

② 胡联、汪三贵：《我国建档立卡面临精英俘获的挑战吗？》，载《管理世界》2017 年第 1 期。

③ 周常春、刘剑锋、石振杰：《贫困县农村治理"内卷化"与参与式扶贫关系研究——来自云南扶贫调查的实证》，载《公共管理学报》2016 年第 1 期。

④ 许汉泽、李小云：《精准扶贫背景下农村产业扶贫的实践困境——对华北李村产业扶贫项目的考察》，载《西北农林科技大学学报（社会科学版）》2017 年第 1 期。

⑤ 何得桂、党国英：《西部山区避灾移民搬迁政策执行偏差及其影响研究——以陕南为例》，载《青海社会科学》2015 年第 5 期。李博、左停：《遭遇搬迁：精准扶贫视角下扶贫移民搬迁政策执行逻辑的探讨——以陕南王村为例》，载《西北农林科技大学学报（社会科学版）》2016 年第 4 期。

所体现出来的"科层制弹性"。例如,林雪霏基于广西壮族自治区 L 县的个案研究,发现在依托于政府庞大科层组织构建起来的"扶贫场域"中,存在着各种"动员体制的再造形式",包括扶贫"领导小组"、扶贫管理的任务—目标取向、对口支援、定向扶贫和扶贫运动等制度安排以及社会多元参与机制等。这些动员形式在实践过程中能够缓解科层组织存在的政策部门化、制度僵化等"科层制反功能"。① 魏程琳、赵晓峰等人则认为,采用常规治理还是运动式治理成为精准扶贫可能与否的关键。依托于首长负责制、驻村工作队、群众动员等组织运作机制,地方政府声势浩大的扶贫运动取得显著成效(然而也表现出精心应付的缺点)。②

在政府和社会的关系问题上,很多学者也总结了精准扶贫对社会发展带来的效果。例如,叶青等人通过贵州易地扶贫搬迁的案例研究发现,构建多元互动的整合型政策实践网络,创新移民安置方式与调整移民生计方式,可以改变贫困群体原有的经济、社会与文化资本,使其在新的生存空间中实现重新聚合。③ 贾俊雪等人发现,农村发展扶贫项目通过融合"自上而下"与"自下而上"两种机制,提高了扶贫资源的瞄准度,促使贫困村农户人均纯收入的增速提高了 4.1 个百分点,而且这一增收效应具有较好的持续性。④ 胡晗等人利用陕西省 3 县 6 镇 863 户贫困户的入户调查数据发现,产业扶贫政策使贫困户参与农业种植、

---

① 林雪霏:《扶贫场域内科层组织的制度弹性——基于广西 L 县扶贫实践的研究》,载《公共管理学报》2014 年第 1 期。

② 魏程琳、赵晓峰:《常规治理、运动式治理与中国扶贫实践》,载《中国农业大学学报(社会科学版)》2018 年第 5 期。

③ 叶青、苏海:《政策实践与资本重置:贵州易地扶贫搬迁的经验表达》,载《中国农业大学学报(社会科学版)》2016 年第 5 期。

④ 贾俊雪、秦聪、刘勇政:《"自上而下"与"自下而上"融合的政策设计——基于农村发展扶贫项目的经验分析》,载《中国社会科学》2017 年第 9 期。

畜禽养殖生计活动的比例分别提高了12%和14%，产业扶贫政策显著增加了贫困户的农业种植收入、畜禽养殖收入和家庭总收入。①

除此之外，一些学者从更加宏观的角度探究中国政府在开展减贫工作中所体现出来的"制度优势"。例如，汪三贵在2008年总结改革开放三十年以来中国扶贫工作的经验。在他看来，大规模减贫的主要推动力量是经济增长，特别是农业和农村经济的持续增长，而农业和农村的经济增长又是在一系列的改革开放措施、持续的人力和物质资本积累和不断的技术进步下取得的（即"在发展中战胜贫困"）。② 而十年之后，李小云等人则提出，讲好中国的减贫故事除了需要把握经济增长和减贫关系这条主线，更重要的是要把握中国共产党的执政理念、中国政治制度和体制以及中国的社会文化在减贫，尤其是在彻底消除农村绝对贫困过程中的独特作用。中国的扶贫经验已经"超越结构与行动"，构成了中国扶贫的新实践、新故事。③ 郑永年则从全球比较的角度讲，"从世界范围内来看，只有中国共产党才能做这样的事情（指精准扶贫——笔者注），其他国家没有一个政府可以这么做。尽管世界上大多

---

① 胡晗、司亚飞、王立剑：《产业扶贫政策对贫困户生计策略和收入的影响——来自陕西省的经验证据》，载《中国农村经济》2018年第1期。

② 这也是一些经济学家的观点。例如，章元等人就认为，中国农村贫困人口的减少得益于经济增长尤其工业化产生的渗透效应。参考汪三贵：《在发展中战胜贫困——对中国30年大规模减贫经验的总结与评价》，载《管理世界》2008年第11期。章元、许庆：《农业增长对降低农村贫困真的更重要吗？——对世界银行观点的反思》，载《金融研究》2011年第6期。

③ 李小云、徐进、于乐荣：《中国减贫四十年：基于历史与社会学的尝试性解释》，载《社会学研究》2018年第6期。邢成举、李小云：《超越结构与行动：中国特色扶贫开发道路的经验分析》，载《中国农村经济》2018年第11期。李小云、陈邦炼、唐丽霞：《精准扶贫：中国扶贫的新实践》，载《中央党校学报》2019年第5期。李小云、吴一凡、武晋：《精准脱贫：中国治国理政的新实践》，载《华中农业大学学报（社会科学版）》2019年第5期。

数政府也认识到扶贫的重要性,但它们没有能力像中国那样做。从这点来看,精准扶贫运动体现出了中国的制度优势。"①

5. 对现有研究的评析

现在总结来看,当前研究对于理解精准扶贫中地方政府的组织与行为大有裨益,其中政策执行的两种视角为本研究提供了分析框架。特别是对改革开放后运动式治理的微观机制分析,很清晰地展示出了运动式治理在实践中的具体样态,为本研究提供了参考。在理论层面,对运动式治理的原因分析以及运动式治理到常规治理的"转型思维"构成当前理论的主流,这些内容构成本研究的理论对话对象。同时,当前学者对精准扶贫的分析,为本文建构理论框架提供了经验基础。当然,现有研究也存在很多值得反思的问题。通过梳理上面相关文献,笔者认为,现有研究在以下几个方面依然存在一定的不足之处。

第一,现有文献对于运动式治理的研究大多采取二元论和转型论。在现有研究看来,当前中国地方政府运行模式分为常规治理和运动式治理,两者具有不同特征,存在互相排斥的关系。在这种情况下,对运动式治理的发展判断就出现了转型论,期待运动式治理向常规治理转型。这种二元论和转型论有一定的价值,二元论能够通过"简化"的方式展示中国地方政府在开展国家治理过程中使用的基本政策工具箱,转型论有利于提供符合理论预期的建议。但二元论和转型论都存在一定的弊端,禁锢了人们对地方政府政策执行方式的想象,当然也就难以解释当前地方政府运行中出现的多重复杂样态。

现实情况是,地方政府并不是教条式的非此即彼,更不是故步自封的僵化状态,而是在进行融合、演化。在脱贫攻坚过程中,地方政府不

---

① 郑永年:《中国农村的贫困与治理》,见郑永年:《大趋势:中国下一步》,东方出版社2019年版,第329页。

排斥常规治理，反而是积极采用常规治理的手段来规避运动式治理的弊端。这种融合和演化催生了一个比较积极的政策执行模式——透过政策执行的内部视角来看，中央政府通过政治动员将工作压力传导到地方，以此解决漫长的委托代理关系；地方政府同样也会通过政治动员整合部门力量，解决信息孤岛与合作困境的问题。透过政策执行的外部视角来看，从中央到基层，各级政府既通过政治压力将资源逐级渗透到贫困户家中，同时又尽可能协调国家权力、市场经济、乡土社会、贫困群众之间的关系（尽管并不完美）。这种融合与演化的情况已经不能再继续使用运动或常规这么简单的语言来表述。①

第二，以往研究对运动式治理的产生原因大多采取"问题化"的解释思路，低估了政府性质的重要性。以往研究要么认为，资源配置对治理模式存在很大的影响——在改革开放前以及改革开放初期，国家治理面临了资源不足的窘境，无法按照常规模式、按部就班地完成治理任务，因此国家才会采取群众运动或运动式治理来解决治理问题。反之，如果国家资源充足，那么运动式治理也就失去了必要性，治理模式就会发生常规转型。要么认为组织理性化程度对治理模式有很大影响——在改革开放前以及改革开放初期，国家科层组织存在很多"前现代"的因素，因此出现运动式治理的现象。当科层组织越来越理性化，干部队伍越来越专业化以后，治理模式也会发生常规转型。

但实践证明这种观点并不准确：在汲取、规制领域出现的运动式治理，可能是因为资源不足、科层组织不够理性化，当这些问题消失之后，在这些领域中出现的运动式治理会走向消亡。但在施惠型政策执行上，资源的充足、科层组织的理性化并不一定就会降低政治动员的程

---

① 针对这种情况，笔者将之概括为"运动其外与常规其内"。在笔者看来，运动式治理提供了政策执行的外在政治动力，常规治理提供了政策执行的内在行为规范，两者互为一体。参考徐明强、许汉泽：《运动其外与常规其内："指挥部"和基层政府的攻坚治理模式》，载《公共管理学报》2019年第2期。

度。这就说明，运动式治理产生的原因除了这些问题化的因素之外，还存在政府性质的因素——在政府具有使命伦理的动力导向下，治理资源的充足反而为强化动员程度提供了客观上的条件。从这个角度讲，脱贫攻坚就是在治理资源相对充足、科层组织相对完善的情况下，国家为改善贫困人口生活状况和农村发展情况，对农村进行大规模资源反哺和利益输入的过程，背后隐含了国家的使命伦理。

第三，对精准扶贫的现有研究深受之前政策执行两种视角的影响，要么沿着既有批判理论的思路，分析精准扶贫在政策执行过程中如何面临了科层组织内部的执行阻碍，如何面临了国家权力和市场经济、农民生活之间的矛盾冲突。要么关注一些较为细节性、技术化的扶贫措施，考虑的主要问题是如何采取各种具体措施，更好地实现"两不愁、三保障"的脱贫目标，并没有将重点放在"扶贫经验总结"这个问题上。即使有少部分文章涉及这个问题，也相对较为单薄，没有就政治体制问题展开非常详细的论述，理论对话的对象也并不是很清晰，并没有聚焦到特定的学术议题上来，还有值得进一步讨论的空间。

三、研究设计：思路、框架与方法

1. 研究思路

本研究的主要目的并不在于从价值层面对精准扶贫进行批评或褒奖。在经验层面，本研究的目标是发掘地方政府在执行扶贫政策过程中所欲实现的治理目标、所采取的治理措施、所面临的问题。在理论层面，本研究的目标是解释哪些因素使得地方政府采取这种政策执行模式，哪些因素又使得运动式治理发生演化。因此，本研究有三个层次，一是在经验层面描述精准扶贫的开展过程，解释前面所说的"经验问题"（地方政府何以完成精准扶贫的政策目标）。二是在功能层面归纳

"运动式治理的演化模式"的作用和不足。三是在原因层面解释运动式治理发生演化而非常规转型的原因。

对于第一个问题,需要从现实经验入手,描述地方政府在精准扶贫过程中采取的具体行为。在笔者看来,这个过程的确带有运动式治理的特征,按照政策执行分析的两种视角,本研究主要分析这个过程的两个维度:一是政府内部维度,主要分析科层组织型变和频繁的检查考核(前者以"推的形式"构成动力来源,后者以"压的形式"构成动力来源)。对于科层组织型变,本研究以脱贫攻坚指挥部为主,分析地方政府如何打破原有的扶贫机构,建立更具权威也更具灵活性的新机构执行扶贫政策。对于频繁的检查考核,本研究以日常考核、督查考核、迎检准备为中心,分析上下级之间的施压过程与应对过程。二是政府和社会的关系维度,主要分析地方政府如何介入市场经济活动、农民的生活世界和感情世界。对这一点,本文主要分析产业扶贫、扶贫搬迁、结对帮扶的实践过程。本文认为,在产业扶贫、扶贫搬迁、结对帮扶的过程中,财政资源和国家权力在不断延伸,对经济活动、农民生活世界、感情世界产生的影响越来越大。

对于第二个问题,需要从功能分析入手。地方政府在开展精准扶贫的过程中同样面临了政府内部和政府/国家市场/社会之间的各种问题。地方政府能完成哪些政策目标,不能完成哪些政策目标,与很多因素有关。总体而言,一些指标具体、操作性强、效果可测量、与贫困户生活相匹配的政策,就相对容易完成。例如义务教育、健康保障,虽然工作量很大,但是执行起来并不困难。指标不清晰、操作性弱、效果不好测量、与贫困户生活存在冲突的政策,就相对不容易落实。例如,结对帮扶所包含的情感维度就不好测量,容易陷入形式主义。当然,也有一些政策处在模糊状态,或者是存在多重特征,那么就会出现"完成一半"的情况。例如在扶贫搬迁中,就会出现"建新房容易、拆旧房难","搬年轻人容易、搬老人难","搬出来容易、稳下来难"。

对于第三个问题，笔者认为，运动式治理出现演化模式的原因是多重的。首先，政府属性是"运动式治理的演化模式"的动力。中国政府不是守夜人政府，也不是单纯的福利政府，而是带有强烈的使命伦理，有改造社会、实现公平正义的愿望。在这种使命伦理下，中央政府追求治理绩效和政治合法性的动力，就会出台惠民政策并督促基层干部落实政策。二是政党—国家的政治结构为"运动式治理的演化模式"提供了结构性条件。科层组织型变、领导包抓任务、干部结对帮扶以及督查考核，都需要由宏观层面的政党—国家结构发挥作用，提供动员的组织基础，同时也提供伦理性的意识形态动力。三是充足的治理资源为"运动式治理的演化模式"提供了必要手段。这些治理资源的增加不仅没有淡化反而是强化了运动式治理。四是精准扶贫本身带有目标可指标化、不存在价值冲突的性质。目标可指标化意味着对精准扶贫的绩效考核可以数字化、标准化，上级"有抓手"。不存在价值冲突是指摆脱贫困是最具公约数的价值追求，这意味着政策具有正当性，各级政府可以放心大胆地向下施压，在道义上不会面临价值观念的压力。这四个因素是"运动式治理的演化模式"的必要条件，其中前面两个因素是常量，第三个因素是变量，第四个因素是精准扶贫的特殊性。

2. 论文框架

本研究的学术议题是"中心工作与政策执行"，具体问题是"精准扶贫中基层政府的组织与行为"。精准扶贫成为中心工作存在一个过程，因此本研究的第一章主要是历史对比，这一部分的作用在于描述"常规工作"时期的扶贫工作，以及精准扶贫的政治化过程，对精准扶贫成为中心工作的过程有一个历史性认识。

对地方政府而言，面对精准扶贫这一中心工作，最重要的就是基层执行，而执行的核心则在于地方政府的组织和行为。因此，本研究的第二章到第六章，主要围绕这两点展开，其中第二章探究"脱贫攻坚指挥部"的结构，分析科层体系的"组织重构"问题，同时分析脱贫攻坚如何通过领导包抓制、干部下派制将地方政府"动员起来"。第三章主要分析生存型帮扶措施中的扶贫搬迁，以此体现脱贫攻坚中地方政府介入农民生活的过程。第四章主要分析发展型帮扶措施中的产业扶贫，以此体现地方政府在衔接市场—小农关系中发挥的作用。第五章分析脱贫攻坚中的干部帮包制度，以此体现情感帮扶以及国家对贫困户情感世界的介入。第六章主要分析精准扶贫中的检查考核，以及扶贫干部的"应对策略"，以此分析督查考核制度在精准扶贫中的作用。

从逻辑上讲，第二章、第六章主要关注科层组织内部视角，其中第二章分析的科层组织重构是从正向施加压力，第六章分析的督查考核是从反向施加压力。第三章、第四章、第五章侧重外部视角，其中第三章考察的是政府和农民生活之间的关系；第四章考察的是政府和市场经济之间的关系；第五章考察的是基层扶贫干部和贫困群众之间的情感关系。

最后是本文的总结与讨论，围绕"运动式治理的演化模式"，分析这一政策执行模式的功能及其限度，归纳使命型政府和"运动式治理的演化模式"的基本特征，并展望中国国家治理的发展趋势。

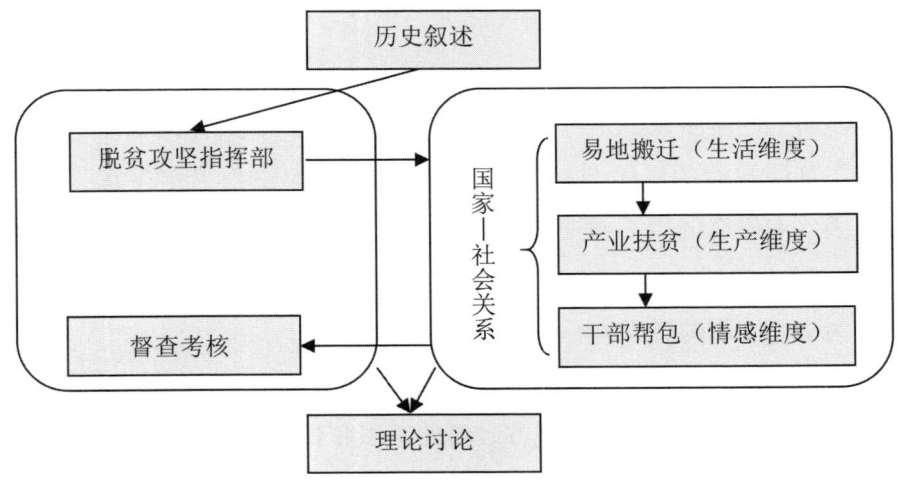

图 0-2　本文主体部分的章节安排

3. 分析方法

从研究类型上讲，本研究是经验性的个案研究。从研究目的来说，本研究并不是为了验证特定理论的正确性，也不是为了在不同变量之间寻找统计学意义上的相关性或因果性，而是意图以个案研究为基础，修正既有理论，提出一种新的理论可能性。因此，本研究遵循经验研究和个案研究的基本规范，以田野深描为基础分析微观机制，以此来回答前面所提出的经验问题和学术问题。

在经验性个案研究中，对本文最有启发的是结构—制度分析和事件—过程分析。按照张静的表述："结构/制度分析重视行为的社会规则……结构/制度方法分析社会行动时，往往会特别重视具体'事件'或'过程'反映的社会（结构）关系，因为他们假定，人的行动是被他生存其中的（正式或非正式）制度所刺激、鼓励、指引和限定的，他们相信，'事件'是现时各种制度、社会关系（结构）复杂作用的产物。在这假定里边，制度之于行动显然具有更为重要的地位，因为不同的社会制度会刺激出不同的行为（发生不同的事件）。"① 按照孙立平的观点，事件—过程分析意图摆脱传统的结构分析或制度分析方法，从人们的社会行动所形成的事件与过程之中去把握现实的社会结构与社会过程。在事件—过程分析方法看来，只有在一种动态的过程中，不同因素之间的关系才可能逐步展示出来。②

其实，这两种分析方法并没有优劣差异，双方各自强调结构或能动。实际上，两种方法因选题而定，不同的研究问题、研究对象、资料性质影响了侧重点的选择——对于"事件"相对聚焦、注重探究不同

---

① 张静：《基层政权：乡村制度诸问题》，上海人民出版社 2007 年版，第 11 页。
② 孙立平：《"过程—事件分析"与对当代中国农村社会生活的洞察》，见清华大学社会学系主编：《清华社会学评论（特辑）》，鹭洲出版社 2000 年版，第 6—7 页。

主体行为逻辑的研究，可能"事件—过程分析"更有利。对于结构更为复杂、事件相对分散的研究，可能"结构—制度分析"更为恰当。正如张静所言："结构—制度分析和过程—事件分析并非对立，也不是相互排斥，它们只是关注焦点的差异。而这一差异，我认为，和研究者的研究目的——要说明什么——直接相关。"① 或者按照谢立中的评价——这两种研究策略都只不过是我们可以用来建构社会现实的两种不同的话语系统而已。② 因此，也有学者在结构—制度分析和事件—过程分析的基础上进行整合，将两者有机地结合起来，提出了"结构—过程"分析范式。③

在笔者看来，张静的判断是非常中允的，两者适用的范围需要根据议题的具体情况进行具体分析。本研究的研究对象是精准扶贫中地方政府的组织与行为，科层组织形态以及各种附随其中的制度构成，这些组织和制度框架形塑了扶贫干部的基本行为模式。因此，"结构—制度"分析是本文采用的主要研究方法。本研究的主要思路就在于，围绕精准扶贫中地方政府的组织和行为，重点分析地方政府内部的组织形态，以及地方政府和社会之间的互动关系。当然，在结构—制度分析之外，本研究还会对一些具体案例进行简单的"事件—过程"分析，以补充结构—制度分析的微观细节。

---

① 张静：《基层政权：乡村制度诸问题》，上海人民出版社 2007 年版，第 14、16 页。
② 谢立中：《结构—制度分析，还是过程—事件分析？——从多元话语分析的视角看》，载《中国农业大学学报（社会科学版）》2007 年第 4 期。
③ 吴晓林：《结构依然有效：迈向政治社会研究的"结构—过程"分析范式》，载《政治学研究》2017 年第 2 期。

四、案例介绍与资料来源

1. 案例介绍

本研究的田野地点位于陕西省安康市,县级层面选择林县,镇级层面选择林县下属的桥镇作为主要的案例。安康市位于陕南秦巴山区深处,北依秦岭,南靠大巴山,所处地区山林茂密、地形崎岖、交通闭塞。林县位于安康市西部,距安康市区60公里,与市区之间由高速公路和省道连接。桥镇位于林县北山,距离县城27公里,和县城之间有盘山公路连通。

在气候方面,陕南秦巴山区地处中国地理南北过渡地段,属汉江河谷北亚热带湿润气候区。林县年平均气温15.1℃,无霜期258天,降水量分布在764.9~929.7毫米之间。境内水资源相对丰富,流域面积在10平方公里以上的河流有41条,1平方公里以上不足10平方公里的河溪261条。在地形方面,全县地貌南北剖面总体呈W形,具有"三山夹两川"的地形特征。① 在植被覆盖方面,林县植物种类较多,其中林木资源有108科300多种,中药材有48科250多种。② 在农业生产方面,林县处在中国小麦、水稻种植区的交界地带,既种植水稻,也种植小麦、玉米,间或种植魔芋、油菜等蔬菜。总体上讲,林县给人的印象是深处崇山峻岭之中,河溪众多、植被茂盛,与关中平原、黄土高原大不一样。

但除了环境优美这个优势之外,林县和桥镇的经济社会发展情况并不乐观。在农业生产方面,新中国成立后林县人均粮食产量增长非常缓

---

① 林县县志编纂委员会:《林县县志》,陕西人民出版社1991年版,第64页。
② 林县县志编纂委员会:《林县县志》,陕西人民出版社1991年版,第66、69、88页。

慢,从 1949 年的 240.51 公斤/人增长到 1987 年的 299.31 公斤/人,只增长 24.45%。改革开放之初,1978 年全县社会生产总值 5926 万元,人均社会总产值只有 242.12 元。到 1987 年,全县社会生产总值增加到 10932 万元,人均社会总产值增加到 415.87 元。1978 年全县国民收入 3296 万元,人均国民收入 134.67 元。到 1987 年,全县国民收入增加到 5816 万元,人均国民收入提高到 221.25 元。① 虽然有所增长,但增长速度并不突出,和全国相比依然落后很多:1987 年全国范围内人均国民生产总值为 1112 元,是林县的 2.67 倍;人均国民收入为 1002.1 元,是林县的 4.53 倍。②

在这种经济发展形势下,林县和桥镇的贫困情况相当严重。1986 年,林县政府组织人员调查摸底,统计结果显示,全县有特困乡 13 个,贫困户 24804 户 109837 人,分别占全县农业户数、人数的 43.1%、45.6%。其中,特困户 9394 户 48647 人,占贫困户数、人数的 37.9%、44.3%。③ 1994 年国家《八七攻坚计划》列出了 592 个贫困县,林县位列其中。经过 2001 年到 2010 年十年的扶贫开发,林县的贫困情况尽管有所好转,但局面依然堪忧。按照陕西省标准,林县 2010 年年底全县农民人均纯收入达不到 2500 元的贫困村还有 120 个,有农村贫困人口 8.9 万人,贫困村和贫困人口分别占到全县的 67% 和 34.2%,高于全省 3.5 个百分点。全县还有 1.46 万户 6.02 万农村人口居住在中高偏远山区和自然灾害易发区的农村危房中。④ 2011 年中共中央、国务院印发

---

① 林县县志编纂委员会:《林县县志》,陕西人民出版社 1991 年版,第 153、154 页。

② 国家统计局国民经济综合统计司主编:《新中国六十年统计资料汇编(1949—2008)》,中国统计出版社 2010 年版,第 9、25 页。

③ 林县县志编纂委员会:《林县县志》,陕西人民出版社 1991 年版,第 584 页。

④ 林县发改局、扶贫局:《关于印发〈林县"十二五"扶贫开发规划〉的通知》(林发改发〔2012〕20 号),2012 年 2 月 9 日。

《中国农村扶贫开发纲要（2011—2020年）》，在全国范围内划定了14个集中连片特殊困难地区（共计689个县），秦巴山区是14个集中连片特殊困难地区之一，林县依然榜上有名。①

到2013年国家开始实施精准扶贫政策，林县和桥镇进行了精准识别工作。数据显示，当时全县共有贫困村77个，建档立卡贫困户28773户84856人，贫困发生率30.45%。② 从这些数字来看，林县和桥镇的贫困情况要比同时期全国平均水平严重很多。在2013—2015年，林县基本上还是将精准扶贫当成一项常规工作来看待，2015年年底精准扶贫转为脱贫攻坚，到2017年之后林县才真正动员起来搞扶贫。经过几年"前松后紧"的扶贫工作，到2019年年底，林县所有乡镇都实现了脱贫，贫困户达到"两不愁、三保障"的水平，通过了第三方验收。

选择林县作为本研究的案例并在林县下辖的桥镇进行长时间的蹲点调研，主要是基于代表性和便利性两个方面的考虑。一是林县作为案例具有一定程度的代表性。自改革开放之后，林县就存在一些扶贫工作，到"八七攻坚"时期、新世纪贫困综合治理时期，林县都存在一些常规的扶贫措施。可以说，林县的扶贫历史能在很大程度上体现改革开放以来中国贫困治理的基本过程。从具体的扶贫措施来看，林县既有一些共同的扶贫方式，也开创了具有当地特色的扶贫措施。通过林县这个案例，可以从特定的角度折射出其他地区贫困治理的基本形态。二是在林县开展田野调查具有一定的便利性。在2018年笔者和林县建立合作关系，因此进入田野具有一定的条件。进入田野以

---

① 《中国农村扶贫开发纲要（2011—2020年）》将六盘山区、秦巴山区、武陵山区、乌蒙山区、滇桂黔石漠化区、滇西边境山区、大兴安岭南麓山区、燕山—太行山区、吕梁山区、大别山区、罗霄山区等区域的连片特困地区和已明确实施特殊政策的西藏、四省藏区、新疆南疆四地州，共计689个县作为扶贫攻坚主战场。

② 中共林县县委员会、林县人民政府：《林县脱贫攻坚工作情况汇报》（无文号），2018年7月。

后，当地干部对于学术研究的态度都比较开放，非常愿意接受访谈，也愿意提供文件资料（甚至允许笔者自行到资料室查阅），这为学术研究提供了便利条件。

2. 资料来源

在资料来源上，本研究主要依靠以下资料。

第一是地方政府的文件。在多次调研过程中，笔者收集了大量政策文件。后经整理，能够给本文提供材料支撑的核心文件有 300 余份。这些政府文件包括组织机构成立、人事安排、工作方案这些相对宏观的文件，也包括项目实施、统计数据、结对帮扶、督查考核、奖惩制度这些相对微观的文件。除此之外，还有会议记录、干部工作总结这些更情景化、个体化的材料。除了一些与扶贫信访有关的内容存在涉密问题之外，其他文件均不存在涉密问题。这些成文材料构成本研究的基础，从这些材料当中能够归纳出地方政府在脱贫攻坚过程中形成的制度框架，也能够从中观察到制度运行的基本效果。

第二是访谈记录。在多次调研过程中，笔者共计访谈了 40 余人，形成了 59 份访谈录音。访谈内容主要涉及政策执行的具体过程以及这些一线扶贫干部的经历体会。从这些访谈资料中能够获得一些更具细节性、实践性的内容，对政府文件构成有效补充。具体而言，访谈对象主要可以分为四类：一是县级政府的领导与普通干部，他们提供的多数是一些相对宏观的信息。二是乡镇的领导及普通干部，这些干部是"亲民官"，直接接触群众，提供的信息相对更为微观一些。三是两个行政村（SH 村、HY 村）的村干部、扶贫驻村工作队队员、第一书记和农业合作社的负责人，这些访谈对象提供的大多是基层信息。四是对贫困户的访谈，通过走访、聊天，大体上能够了解他们的生活状况，也能从侧面证实政府文件或扶贫干部提供的信息是否真实。

第三是田野观察。在开展田野调查期间，笔者经常到林县脱贫攻坚指挥部办公室/县扶贫局、桥镇政府大院、村部，帮助扶贫干部做一些文件整理的工作，也经常和他们一起吃饭闲聊。这种观察并不一定能够获得正式的成文资料，而且也不排除一些干部会掺杂情绪化的内容。在笔者看来，这种田野观察更重要的作用在于指引研究方向，避免出现偏离基本事实的情况——置身脱贫攻坚的真实场景，可以更真切地感受到精准扶贫政策执行的社会氛围。

第四是其他材料，如领导人讲话、国家政策文件、官方媒体新闻报道、地方志等（部分以网络资料的形式呈现）。领导人讲话主要是中央领导人关于扶贫的讲话，从这些讲话中能够看出中央对扶贫工作的重视程度。国家政策文件主要是国务院扶贫办出的一些政策文件汇编，例如国务院扶贫办出版了内部资料《扶贫工作文件汇编（1978—2000）》《党和国家领导人论扶贫（1978—2001）》《中国农村扶贫大事辑要（1978—2000）》。官方报刊新闻报道主要是中央和地方关于精准扶贫的新闻报道。除此之外，还有一些地方史志。主要包括《林县县志》和《林县新修县志（草稿版）》①（桥镇没有地方志），其中比较重要的是政府机构、民政和扶贫的相关内容，两本县志构成微观历史叙述的基本依据。

---

① 《林县县志》的截止时间为1990年，已经正式出版。《林县新修县志（草稿版）》的时间段为1990—2010年。《林县新修县志（草稿版）》已经通过了陕西省史志办公室的验收，正在进行校对，尚未出版。林县档案史志局的工作人员很热心地提供了《林县新修县志》的初稿。

第一章　常规时代的扶贫工作及其政治化

精准扶贫并不是骤然出台的政策，而是在以往扶贫实践的基础上变革损益。精准扶贫从一项公共政策转变为一项国家战略，成为地方政府的中心工作，也不是一蹴而就，而是经历了一段"政治化"的过程。本章的主要任务是通过历史梳理，描述常规时代的扶贫工作及其政治化，以此和后续精准扶贫政策的执行过程形成历史对比。具体包括三个部分：一是从宏观政策史的角度，对1949年中华人民共和国成立到2013年精准扶贫政策出台之前的扶贫历史进行概括，归纳出扶贫政策的不同阶段及其基本特征。二是从微观案例的角度，梳理精准扶贫政策出台之前，林县和桥镇扶贫实践的基本样态，与精准扶贫政策出台之后的执行情况进行对比。三是从"政治化"的角度，描述2013年以来，地方政府对精准扶贫政策的认知与接受过程，以此来说明扶贫从常规工作向中心工作的转变。

一、新中国扶贫政策的宏观变迁

严格来讲，中国在改革开放前并没有专门的扶贫工作。这样讲并不是因为改革开放前的中国不存在"贫困现象"，而是说改革开放前的"贫困现象"没有被"问题化"，没有被列入政策议程。按照马克思主义理论，贫困是生产不足和阶级剥削的产物，社会主义国家可以通过提高生产力、变革生产关系来解决物质匮乏的问题，没有必要采取专门的扶贫措施。列宁同志在《关于人民委员会工作的报告》中讲"共产主义就是苏维埃政权加电气化"①。斯大林同志在《关于苏联经济状况和党的政策》中提出"我们当前的基本任务就是加快我国工业的发展速度"②。中华人民共和国成立后，毛泽东同志则提出，"中国只有在社会经济制度方面彻底地完成社会主义改造，又在技术方面，在一切能够使用机器操作的部门和地方，统统使用机器操作，才能使社会经济发展面貌全部改观。"③ 上面这些论断其实都暗含了一个理论假设和现实预期——社会主义国家的生产力发展以及公有制生产关系的确立可以从根本上消除贫困，因此社会主义国家无须采取专门措施来解决暂时存在的贫困现象。

因此，新中国在改革开放前对贫困现象的解决措施主要侧重提高生产力、扩大生产、变革生产关系等相对宏观的内容。比如，在生产方面频繁地开展增产节约运动和劳动竞赛，以期大力扩展社会生产规模。在生产关系方面进行社会主义改造，开展合作化运动和人民公社化运动，建立社会主义公有制，防止出现两极分化。当时也并没有专门的政府机构从事扶贫工作，即使存在一些类似的帮扶措施，也多数是由民政部门开展的小规模的社会救济式扶贫。④

---

① 〔苏〕列宁：《关于人民委员会工作的报告》，见《列宁选集》（第四卷），人民出版社1960年版，第397页。

② 〔苏〕斯大林：《关于苏联经济状况和党的政策》，见《斯大林选集》（上卷），人民出版社1979年版，第461页。

③ 毛泽东：《关于农业合作化问题》，见当代中国农业合作化编辑室主编：《建国以来农业合作化史料汇编》，中共党史出版社1992年版，第253页。

④ 中华人民共和国成立之初，中央人民政府政务院设立了内务部，管理全国的民政工作，各级政府部门也设立了民政厅、局、处、科。民政部门所做的主要工作包括：依靠社会保障和促进就业来救助失业人员，对妓女、烟民、乞丐等社会人群加以改造与救助，将积极措施与消极措施相结合救助灾民，对孤寡病残开展社会救济等。参考高冬梅：《新中国建立初期弱势群体及其社会救助研究》，载《中共党史研究》2005年第4期。

但是，事实情况表明，社会主义时期的现实情况和理论预期并不一致。一方面，社会主义革命大多发生在生产力水平较低、经济相对落后的国家，这些国家的贫困程度比发达资本主义国家更为突出；另一方面，作为新兴的社会主义国家，中国在改革开放前采取的小规模的社会救济式扶贫只是"救急不救穷"，没有从根本上消解贫困现象。这就导致了一个较为悖论的局面——按照马克思主义理论，中国作为追求共同富裕的社会主义国家杜绝了贫困的制度性根源，但现实中存在的贫困现象却依然很严峻。即使在20世纪70年代，中国农村依然有三分之二的人口得不到充足的食品保障，无法完成基本的人体能量消耗。① 在1978年改革开放之初，中国农村地区的贫困发生率依然保持在30%左右。②

现实情况迫使国家在改革开放后正视贫困问题的客观存在，开始结合马克思主义生产理论和现代扶贫理论采取措施解决问题。1978年12月，十一届三中全会通过了《关于加快农业发展若干问题的决定》（以下简称《决定》），《决定》指出：

> 我国西北、西南一些地区以及其他一些革命老根据地、偏远山区、少数民族地区和边境地区，长期低产缺粮，群众生活贫困。这些地方生产发展快慢，不但是个经济问题，而且是个政治问题。国务院要设立一个有有关部门负责同志参加的专门委员会，统筹规划和组织力量，从财政、物资和技术上给这些地区以重点扶持，帮助它们发展生产，摆脱贫困。对其他地区的穷社穷队，也要帮助他们尽快改变面貌。国家支援穷队的资金，要保证

---

① 周彬彬：《人民公社时期的贫困问题》，载《经济研究参考》1992年第1期。
② 中国社会科学院农村发展所、国家统计局农村社会经济调查总队：《1995年中国农村经济发展年度报告》，中国社会科学出版社1996年版，第70页。

用于生产建设。①

1980年3月，胡耀邦同志对"河南积极发展农村扶贫试点工作"的报道做出批示，民政部党组根据批示，提出了推动农村扶贫工作的四点意见，第一条即要求"各级党委、政府要把扶贫工作列入议事日程，做出扶贫规划，统一组织有关部门的力量，做好扶贫工作"②。此后，中国社会中客观存在的"贫困现象"才成为需要解决的"贫困问题"，各级政府开始采取措施、出台政策、投入人力物力财力，解决农村地区存在的贫困问题。

1982年12月10日，中央财经领导小组召开会议，专门听取国家计划委员会、国家经贸委员会关于加快甘肃省河西商品粮基地建设和以定西为代表的中部干旱地区农业建设问题的汇报。会议决定，在今后十年内，国务院每年向"三西"地区（甘肃的河西、定西和宁夏的西海固）拨款2亿元用作扶贫开发建设资金，并成立"三西地区农业建设领导小组"专门负责"三西"地区的扶贫开发工作。③ 之后从1983年到1992年，中央财政给"三西"地区累计下达专项建设资金20亿元。事实证明，"三西扶贫开发"的工作效果还是比较明显的：

> 经过十年的开发建设，初步改变了三西地区的生产条件和生态

---

① 中共中央：《关于加快农业发展若干问题的决定（节录）》，见国务院扶贫开发领导小组办公室、国务院扶贫开发领导小组专家咨询委员会主编：《扶贫工作文件汇编（1978—2000）》，内部资料，2014年，第6页。

② 《中共民政部党组推动农村扶贫工作的意见（节录）》，见国务院扶贫开发领导小组办公室、国务院扶贫开发领导小组专家咨询委员会主编：《扶贫工作文件汇编（1978—2000）》，内部资料，2014年，第8页。

③ 国务院扶贫开发领导小组办公室、国务院扶贫开发领导小组专家咨询委员会主编：《中国农村扶贫大事辑要（1978—2000）》，内部资料，2014年，第31—32页。

环境，农民生活得到显著改善。据统计，最近连续3年的粮食产量，平均比三西建设前翻了一番；农民纯收入增加200多元；人均粮食产量增加100多公斤；农村贫困户的比例，从原占总农户的75%下降到10%（不包括5%的社救户）。基本解决了100万户550万农民的温饱问题。①

以试点性的"三西扶贫开发"为起点，中国开启了改革开放后由小规模的社会救济式扶贫向区域开发式扶贫的过渡阶段。1986年5月，国务院成立了贫困地区经济开发领导小组（1993年9月改称为扶贫开发领导小组）。领导小组的基本任务是：组织调查研究；拟定贫困地区经济开发的方针、政策和规划；协调解决开发建设中的重要问题；督促、检查和总结交流经验。领导小组下设办公室（简称开发办，1993年9月改称扶贫办），设在当时的农牧渔业部。② 1987年10月，国务院发布《关于加强贫困地区经济开发工作的通知》（以下简称《通知》），《通知》指出："全国农村贫困地区的脱贫致富工作，经过一系列的调整和改革，已经初步完成了从单纯救济向经济开发的根本转变，开始进入下一个新的发展阶段。"③ 自此之后，通过财政投入带动贫困地区的经济开发成为中国扶贫政策的基本思路。

根据学者测算，经过五年多的扶贫工作，到1988年全国农村地区

---

① 《国务院贫困地区经济开发领导小组关于"三西"地区十年农业建设的总结报告》，见国务院扶贫开发领导小组办公室、国务院扶贫开发领导小组专家咨询委员会主编：《扶贫工作文件汇编（1978—2000）》，内部资料，2014年，第593—603页。

② 国务院办公厅：《关于成立国务院贫困地区经济开发领导小组的通知》，见国务院扶贫开发领导小组办公室、国务院扶贫开发领导小组专家咨询委员会主编：《扶贫工作文件汇编（1978—2000）》，内部资料，2014年，第119—120页。

③ 国务院：《关于加强贫困地区经济开发工作的通知》，见国务院扶贫开发领导小组办公室、国务院扶贫开发领导小组专家咨询委员会主编：《扶贫工作文件汇编（1978—2000）》，内部资料，2014年，第246页。

的贫困发生率降低到了17.57%①,已经明显低于改革开放之初的30%。但是,贫困线是不断提高的,按照新的贫困线标准,到1994年中国农村地区依然有8000万人口没有解决温饱问题。1994年4月,国务院制定《国家八七扶贫攻坚计划》(以下简称《八七攻坚计划》),要求"从1994年到2000年,集中人力、物力、财力,动员社会各界力量,力争用7年左右的时间,基本解决目前全国农村8000万贫困人口的温饱问题"。对于扶贫的方针,《八七攻坚计划》中提出,"继续坚持开发式扶贫的方针:鼓励贫困地区广大干部、群众发扬自力更生、艰苦奋斗的精神,在国家扶持下,以市场需求为导向,依靠科技进步,开发利用当地资源,发展商品生产,解决温饱进而脱贫致富。"②

《八七攻坚计划》延续了经济开发的基本思路。数据资料显示,国家在《八七攻坚计划》期间投入扶贫领域的资金共计有1242亿元(包含专项扶贫资金、以工代赈资金和财政发展资金),每年资金总量约占当年财政支出的5%左右(具体见表1-1)。这些资金主要用于贫困地区农业经济开发、基础设施建设、人居环境改善、贫困群体增收等。现在看来,《八七攻坚计划》采取开发式扶贫很有必要,既能够解决因自然环境恶劣、基础设施落后而导致的贫困问题,又能够以财政投资为抓手对区域经济发展起推动作用,经济效益更高、财政压力更小。③ 到

---

① 李实、〔美〕古斯塔夫森:《80年代末中国贫困规模和程度的估计》,见中国扶贫基金会编:《中国扶贫论文精粹(上)》,中国经济出版社2001年版,第23页。不同的学者可能会有不同的估算。参考刘文璞:《中国农村的贫困问题》,见中国扶贫基金会编:《中国扶贫论文精粹(上)》,中国经济出版社2001年版,第236页。

② 国务院:《关于印发〈国家八七扶贫攻坚计划〉的通知》,见国务院扶贫开发领导小组办公室、国务院扶贫开发领导小组专家咨询委员会主编:《扶贫工作文件汇编(1978—2000)》,内部资料,2014年,第641—654页。

③ 按照李小云的观点,当时之所以采取开发式扶贫,主要是因为,"不论按照当时中国政府的贫困标准,还是按照世界银行的贫困标准,中国贫困人口的绝对数量都是巨大的。对如此巨大的贫困人口,直接采用工资性收入转移来扶贫是不现实的,是国家财力无法支撑的。因此,我们采取开发式扶贫的方案,希望用经济发展带动贫困人口增收,也就是通过产业扶贫带动就业,从而提高收入。"参考李小云:《贫困发生率已低于5%,如何"精准扶贫"》,载《文汇报》,2018年3月8日。

2000年底,《八七攻坚计划》的目标基本完成,"贫困县农民人均纯收入由1993年的483.7元增加到1321元,农村绝对贫困人由8000万下降到3209万人,贫困发生率降低到3.4%,基本解决了贫困人口的温饱问题,由此中国农村贫困特征开始从普遍性、区域性、绝对性贫困向点状分散分布和相对贫困发生转变"①。

表 1-1 中央专项扶贫资金

单位:亿元

年份	专项扶贫资金	以工代赈	财政发展资金	以工代赈和财政发展资金合计	以工代赈和财政发展资金占中央财政支出的比重(%)
1994	45.5	40	29.2	69.2	3.95
1995	45.5	40	28.2	68.2	3.42
1996	55	40	16	56	2.60
1997	85	40	54	94	3.72
1998	100	50	52	102	3.27
1999	150	60	47	107	2.58
2000	150	60	55	115	2.09
合计	631	330	281	611	2.94

注:1998年之后,以工代赈资金包括每年40亿的财政以工代赈资金和20亿国债以工代赈资金(1998年为10亿元)。

数据来源:张磊主编:《中国扶贫开发政策演变:1949—2005》,中国财政经济出版社2007年版,第5—17页。

但这种区域开发式扶贫同样也存在一定的弊端。第一,区域开发式扶贫注重基础设施建设投资、总体经济发展对贫困问题的带动作用。这

---

① 黄承伟:《中国扶贫开发道路研究:评述与展望》,载《中国农业大学学报(社会科学版)》2016年第5期。

种思路与其说是扶贫，不如说是通过区域经济开发的方式带动落后地区发展。这种方式能够在一定程度上解决问题，但也会出现边际效益递减的缺陷。20世纪80年代初期相比，90年代中国贫困人口的下降趋势就已明显变慢了，甚至出现了部分贫困人口的返贫现象。第二，开发式扶贫存在资源渗透障碍。《八七攻坚计划》以贫困县作为基本的扶贫单元，大量扶贫资金以财政转移支付的方式投入到贫困县。但是，贫困县多数是拿这些财政资金搞投资、上项目，做一些大型基础设施建设，贫困村和贫困户可能并没有享受到充分的资金支持，也没有享受到更加直接的政策帮扶。第三，开发式扶贫的资金使用存在效率导向与扶贫目标之间的矛盾，资金使用过程中存在严重的"重工轻农""重大轻小"的倾向。各地采取的扶贫项目要求贫困户具备一定的经营规模和抗风险能力，很多真正的贫困户没有能力经营这些有门槛的项目，反而是农村内部条件较好、具有一定经济实力的农户甚至是村干部因为抗风险能力较强，享受到了国家提供的政策优惠。

为了克服区域开发式扶贫的政策偏差，解决扶贫过程中资源偏移、贫困群众参与不足的问题，20世纪90年代中期我国引入"社会化扶贫""参与式扶贫"的理念，借助非政府组织的力量（包括国际非政府组织）、鼓励贫困人口的自主参与成为扶贫的新思路，小额信贷、NGO扶贫、国际发展援助成为开发式扶贫的重要补充。例如，1994年中国开始借鉴孟加拉乡村银行模式（格莱珉银行）的国际经验，在全国各地试点小规模的小额信贷实验，以此来提高扶贫资金的扶贫效果。[①] 几乎同一时段，非政府组织的概念传入中国，开始参与到扶贫工作当中。例如，以救助贫困地区失学儿童为主要目标的"希望工程"项目，以社会捐助的形式帮助贫困地区失学儿童重

[①] 何道峰、卫丽莉：《小额信贷与中国扶贫开发方式的变革》，见中国扶贫基金会编：《中国扶贫论文精粹（下）》，中国经济出版社2001年版，第319页。

新走进校园。① 世界银行、联合国开发计划署、儿童基金会也在这段时间开展扶贫援助。从 1995 年底开始，世界银行配合中国《八七攻坚计划》，相继支持了西南扶贫项目、秦巴山区扶贫项目、西部扶贫项目、山西扶贫项目等四个扶贫贷款项目，覆盖 108 个国家级贫困县 976 万人口。② 1996 年底联合国开发计划署在中国正式启动扶贫援助项目，直接项目 16 个，在中国 16 个省（区）的 48 个县以及天津市的 6 个区执行，直接扶贫项目资金规模有 1931 万美元。③ 1995—1998 年联合国儿童基金会在中国投入 1000 多万美元扶贫资金，主要用于基础教育和卫生保健部门的硬件设备和人员培训。1996 年开始实施的"贫困地区社会发展项目"，在 12 个省 25 个贫困县 192 个乡开展发展援助，截止到 2000 年年底，有 42141 位妇女参加项目，使用贷款的成员有 35600 人。④

但无论是开发式扶贫还是社会化、参与式扶贫，都可能出现边际效益递减的问题。李小云等人分析 2000—2008 年的分省的经济增长和贫困数据，发现进入 21 世纪以来，中国的经济增长依然对减少贫困发挥

---

① 根据中国青基会的介绍，截止到 2014 年年底，全国希望工程累计接收捐款 107.25 亿元，累计资助支出 99.19 亿元，资助学生 518.85 万人，援建希望小学 1.8642 万所，援建希望工程图书馆 2.18 万套，希望厨房 4111 个，快乐体育 7106 套，快乐音乐和电脑室各 1000 多套，快乐电影 610 套。参考郑蔚：《希望工程，点亮千万双大眼睛》，载《文汇报》，2015 年 5 月 15 日。

② 项目计划总资金规模为 114 亿元，其中，世行贷款规模是 58 亿元人民币，中国各级政府的配套投入主要来源是扶贫贴息贷款，农户的投入是以投工投劳的方式实现的。参考孙若梅：《世界银行在中国扶贫的调查报告》，见《社会扶贫中的政府行为调查报告》，中国经济出版社 2001 年版，第 314 页。

③ 孙若梅、孙同全：《联合国开发计划署在中国扶贫调查报告》，见《社会扶贫中的政府行为调查报告》，中国经济出版社 2001 年版，第 343 页。

④ 孙若梅：《联合国儿童基金会在中国扶贫的调查报告》，见《社会扶贫中的政府行为调查报告》，中国经济出版社 2001 年版，第 368、373 页。

着显著的作用,但贫困减少的速度低于经济增长的速度,贫困发生率对人均 GDP 的弹性绝对值为 1.09,明显低于 20 世纪 80 年代的水平。[①] 同样,强调贫困户自主性和参与性的理念也过于理想化,"由于发展干预中的权力、制度和文化等多方面因素的复杂作用,参与式发展干预在现实中很难实现理想的充分参与和赋权状态,使其在现实中成为很难实现的人造神化"[②]。其实这反映出了以往扶贫思路无法适应贫困的新情况——贫困不仅仅是经济发展问题,更是系统性的社会治理问题;扶贫资源的输入并不是简单的资源反哺问题,更是资源下渗的问题。对很多贫困村而言,扶贫开发只是让县域经济有所好转,但贫困村依然没有获得充足的资源渗透。对很多贫困人口而言,陷入贫困并不仅仅是因为缺少生产能力,很可能是因为缺少必要的社会支持体系,特别是对一些返贫现象而言,缺少社会支持更是其中的重要原因。[③]

在总结《八七攻坚计划》的基础上,2001 年中共中央、国务院颁布了《中国农村扶贫开发纲要(2001—2010 年)》(以下简称《纲要(2001—2010 年)》),决定自 2001 年到 2010 年,集中力量,加快贫困地区脱贫致富的进程,把我国扶贫开发事业推向一个新的阶段。之后政府转变扶贫策略,在扶贫工作方面逐步形成了集区域开发政策、行业政策和社会保障政策于一体,社会扶贫、政府扶贫、国际援助多重举措

---

① 李小云、于乐荣、齐顾波:《2000—2008 年中国经济增长对贫困减少的作用:一个全国和分区域的实证分析》,载《中国农村经济》2010 年第 4 期。

② 毛绵逡、李小云、齐顾波:《参与式发展:科学还是神化?》,载《南京工业大学学报(社会科学版)》2010 年第 2 期。

③ 根据都阳、蔡昉等人的观点,"经过二十多年的扶贫开发,到 2000 年之后,农村贫困的性质已经发生了变化,以普遍的增长为目标的扶贫方式已经不适用于边缘化的贫困人口,区域性开发式扶贫的效果也日益减弱。因此,扶贫战略的重点应转向建立和完善农村社会保障政策方面上来,并逐步过渡到城乡一体化的社会保障政策体系。"参见都阳、蔡昉:《中国农村贫困性质的变化与扶贫战略调整》,载《中国农村观察》2005 年第 5 期。

协调，贫困县和贫困村共同开发的综合治理式扶贫。总结来看，《纲要（2001—2010年）》所体现的综合治理式扶贫主要有三个特点。

一是在宏观层面将扶贫问题纳入国家西部大开发的整体发展战略当中，这是对以往区域开发式扶贫的继承与发展。2000年1月，国务院成立了西部地区开发领导小组，当年10月，中央决定实施西部大开发战略。《纲要（2001—2010年）》很好地结合了这一国家战略，明确提出要"密切结合西部大开发，促进贫困地区发展"。二是综合治理式扶贫提出的扶贫思路更多元。要求"坚持综合开发、全面发展。把扶贫开发纳入国民经济社会发展计划，要加强水利、交通、电力、通信等基础设施建设，重视科技、教育、卫生、文化事业的发展，改善社区环境，提高生活质量，促进贫困地区经济、社会的协调发展和全面进步"。三是综合治理式扶贫的瞄准目标更聚焦，从县一级下沉到村一级，这是根据贫困变化提出的新要求。① 《纲要（2001—2010年）》提出，"各有关省、自治区、直辖市要分别制定本地区的扶贫开发规划。规划要以县为基本单元、以贫困乡村为基础，明确奋斗目标、建设内

---

① 《国家八七扶贫攻坚计划》实施之初，国家级贫困县集中了全国农村72.6%的贫困人口，因此"八七攻坚以贫困县为瞄准目标"。但是到2000年左右，由于贫困人口数量大幅度的减少以及分布的分散性，贫困县仅覆盖不到62%的贫困人口，大量的贫困人口分散分布在贫困县之外。于是，国务院扶贫办调整工作思路，在全国范围之内确定出14.8万个"重点贫困村"，覆盖了全国76%的贫困人口。参见张磊：《中国扶贫开发政策演变：1949—2005年》，中国财政经济出版社2007年版，第171—175页。时任国务院副总理、国务院扶贫开发领导小组组长的温家宝同志也在"21世纪初中国扶贫战略国际研讨会"上提出，"经过这些年的扶贫开发，贫困人口数量不断减少，分布也越来越集中。目前的贫困人口，主要分布在中西部的少数民族地区、革命老区、边疆地区和特困地区，特别是集中在这些地区的贫困乡村。这是目前贫困人口分布的基本特点。应当适应贫困人口分布状况的这一变化，确定下一阶段扶贫开发的重点对象和范围。"参考《温家宝同志的讲话（2001年5月24日）》，见国务院扶贫开发领导小组办公室、国务院扶贫开发领导小组专家咨询委员会主编：《党和国家领导人论扶贫（1978—2001）》，内部资料，2014年，第643页。

容、实施措施、帮扶单位和资金来源。制定规划要实事求是、综合设计、因地制宜、分类指导，要统一评估，统一论证，依次批准，分年实施，分期投入，分期分批地解决问题。"①

按照这种思路，2001年之后全国范围内开始采用更综合、更深入的措施解决贫困问题。一方面是建立农村社会保障体系。在这一时期，国家出台了一系列的农村社会保障政策，建立起农村基本社会保障体系。例如2002年10月，中共中央、国务院下发《关于进一步加强农村卫生工作的决定》，明确提出要在全国农村建立新型合作医疗制度。2003年1月，卫生部、财政部和农业部联合发布了《关于建立新型农村合作医疗制度的意见》，提出到2010年全国建立基本覆盖农村居民的新型农村合作医疗制度（简称"新农合"），减轻农民因疾病带来的经济负担，提高农民健康水平，"新农合"成为农民解决医疗问题的重要资源。2006年9月，全国人大修订《义务教育法》，明确规定"实施义务教育，不收学费、杂费"。2007年春天，义务教育免收学杂费这项改革推及全国农村中小学，同年秋季，全国农村义务教育在免交学杂费的同时还免收教科书本费，全国范围内有1.5亿学生受益。另一方面则是将瞄准单位从县一级下沉到村一级，"以贫困村为对象，以村级扶贫规划为基础，改变过去以贫困县为对象的分散的扶贫模式，使贫困村的农民在短时期内因获得大量的投资而在生产和生活条件方面迅速得到改善，收入水平也因基础设施的改善和农业生产力的提高而较大幅度地增加。"②

2012年12月，中共中央、国务院在《纲要（2001—2010年）》的基础上，再次出台了《中国农村扶贫开发纲要（2011—2020年）》

---

① 国务院：《关于印发中国农村扶贫开发纲要（2001—2010年）的通知》（国发〔2001〕23号），http://www.gov.cn/zhengce/content/2016/09/23/content_5111138.htm（访问时间：2019年5月13日）。

② 帅传敏：《中国农村扶贫开发模式与效率研究》，人民出版社2010年版。

（以下简称《纲要（2011—2020年）》）。《纲要（2011—2020年）》提出，我国扶贫开发工作已经从以解决温饱为主要任务的阶段转入巩固温饱成果、加快脱贫致富、改善生态环境、提高发展能力、缩小发展差距的新阶段。如果从扶贫行动原则上看，这份纲要整合了区域开发式扶贫、社会参与式扶贫和综合治理式扶贫多种模式，在"工作方针"部分明确要求："坚持开发式扶贫方针，实行扶贫开发和农村最低生活保障制度有效衔接。把扶贫开发作为脱贫致富的主要途径，鼓励和帮助有劳动能力的扶贫对象通过自身努力摆脱贫困；把社会保障作为解决温饱问题的基本手段，逐步完善社会保障体系。"在"主要任务"部分则提出了基本农田和农田水利、特色优势产业、饮水安全、生产生活用电、交通、农村危房改造、教育、医疗卫生、公共文化、社会保障、人口和计划生育、林业和生态等12项扶贫攻坚任务。①

总结来讲，中华人民共和国成立以来的扶贫政策大体上经历了小规模的社会救济式扶贫、区域开发式扶贫和综合治理式扶贫等不同的阶段，中间还穿插了社会化扶贫、参与式扶贫。这些扶贫政策各有侧重，但多少都带有以下几个共同的特征：一是突出"发展带动扶贫"的思路，"在发展中战胜贫困"成为中国改革开放以来大规模减贫的基本经验。② 这种扶贫思路既和马克思主义经济理论一脉相承，也和改革开放后中国"以经济建设为中心"的时代背景相一致。二是坚持政府主导与市场化改革相结合。按照范小建的观点，"建立以家庭承包经营为主要内容的农村基本经营制度，放开农产品市场和价格，大力发展乡镇企业，极大地调动了广大农民群众的积极性，促进了农村乃至全社会生产力的大解放和大发展，这是中国扶贫事业迅速发展的第一推力……政府

---

① 中共中央、国务院：《中国农村扶贫开发纲要（2011—2020年）》，http://www.gov.cn/gongbao/content/2011/content_2020905.htm（访问时间：2019年5月31日）。

② 汪三贵：《在发展中战胜贫困——对中国30年大规模减贫经验的总结与评价》，载《管理世界》2008年第11期。

主导是中国扶贫开发的最大特色,既为执政党的宗旨所决定,也是社会主义制度的一大优势。"① 三是本着实用主义的原则,坚持多元扶贫思路。在具体的扶贫措施上,以工代赈、移民搬迁、产业扶持、劳务输出、生态补偿、社会保障等措施,只要有助于贫困人口摆脱贫困,有利于贫困县脱贫摘帽,都可以成为中国政府解决贫困问题的可行方式。

表1-2 中国贫困治理不同阶段划分与特征比较(1949—2012年)

类型	社会救济式扶贫	区域开发式扶贫	社会化、参与式扶贫	综合治理式扶贫
阶段划分	1949—1978年	1982—2000年	20世纪90年代中期—2001年	2001—2012年
贫困特征	全面贫困	全面贫困向区域性贫困过渡		边缘化贫困
基本特征	主要侧重社会救济、社会救助	强调区域经济开发、扶贫项目	借助社会力量,鼓励贫困人口自主参与	突出经济发展与社会保障相结合,多重扶贫措施并举
主导力量	各级民政部门	分级负责,以省为主	社会公益组织、国际发展组织	县抓落实,具体到村
代表政策	灾害救济、社会救助	"三西"扶贫、"八七扶贫"	希望工程、小额信贷	整村推进、社会保障

可以说,经历了30多年的扶贫开发,中国已经形成了一套行之有效的扶贫模式,能采用的扶贫措施基本上已出现。在一系列政策、资源的支持下,改革开放之后中国政府采取的扶贫措施效果还是很显著的。按照中国官方贫困线和收入指标估计,中国农村绝对贫困线从1986年的213元增加到2008年的895元,但绝对贫困人口从1986年的1.31亿(绝对贫困率15.5%)下降到2008年的1004万人(绝对贫困率1%)。从2000年开始,中国农村开始统计相对贫困人口,到2008年之后,

---

① 范小建:《中国特色扶贫开发的基本经验》,载《求是》2007年第23期。

中国国内基本消除了绝对贫困，开始重点统计相对贫困人口。相对贫困线从 2000 年的 865 元提高到 2010 年的 1274 元，相对贫困人口却从 2000 年的 9422 万人（相对贫困发生率 10.2%）下降到 2010 年的 2688 万人（相对贫困发生率 2.8%）。尽管 2012 年之后中国再次提高相对贫困线，相对贫困人口再次增加到了 1.22 亿人，但总体上的减贫效果还是清晰的（参考表 1-3）。

二、常规工作时期的扶贫微观历史

与全国普遍情况相类似，在改革开放之后到精准扶贫政策出台之前，林县和桥镇的扶贫实践大体也经历了小规模的社会救济式扶贫、区域开发式扶贫和综合治理式扶贫三个不同的阶段，中间也穿插了少量社会组织、国际组织参与扶贫的事例。不过由于政策、资源的传递过程，地方的扶贫模式转换可能会比中央滞后一段时间，不同的扶贫阶段划分在地方体现得也并不清晰。而且需要说明的是，地方政府并不是决策部门，没有能力决定宏观层面的扶贫思路。对于县、镇政府而言，更真实的情况是上级有什么政策就执行什么政策。

改革开放之初，林县并没有专门的政府部门从事扶贫工作，只是由民政部门承担一些灾害赈济、社会救助、扶贫扶优的职能。① 在社会救济方面，1979 年，政府拨付农村建房款 14.8 万元，临时发放救济款 2.5 万元；冬季救济棉衣 3125 件。集体对 6400 户 31000 人补助粮食折现金 25.6 万元；救济款 105688 元。救济城镇贫民 206 人现金 5533 元，其中，定期定量救济 50 人 2200 元，临时救济 156 人 3333 元。1983 年，

---

① 根据《林县县志》的记载，1980 年 2 月林县恢复成立民政局，承担赈灾、救济、抚恤和小规模的扶贫工作。小规模的社会救济式扶贫主要由林县民政局负责。在这一时期的县志上，没有单独的扶贫章节，这些内容和退伍军人抚恤、敬老五保等内容一起被安排在"民政"一章当中。

政府拨付建房补助款 16 万元，救济款 13 万元，救济冬季御寒棉衣 2200 件，棉被 600 床，布票 10533.3 米，棉花 1270 公斤。安康地区拨来群众捐献衣物 7000 余件及其他物资 72 包。全县干部、群众捐献衣、被 3766 件（床）。据 1985 年调查，全县有特困户 4875 户 18265 人，贫困户 6973 户 30643 人，两项共占全县农业人口的 20.61%。国家对贫困户实行赊销扶助，全县共赊销棉布 782749.33 米，絮棉 82613.5 公斤，两项共折现金 1200101 元。TP 乡 TP 村 12 组（19 户 71 人）因国家工程施工征地，好田好地基本占用完，群众收入甚微，生活十分困难，省、地、县共拨出专款 158000 元，动员 14 户 52 人搬迁插队落户。对全县居住崖洞的 16 户 46 人，拨款 4200 元，扶助建房 37 间；住窝棚 228 户 901 人，拨款 36598 元，扶助建房 343 间；解决其他无住房的 52 户 176 人，补助款 6192 元，扶助建房 92 间。1987 年，全县社会救济 2000 户 9918 人，救济款 36026 元，其中，农村社会救济 1588 户 8023 人，救济款 9400 元。

表 1-3　1978—2007 年中国农村贫困变化情况

年份	以绝对扶贫标准衡量的情况			以相对扶贫标准衡量的情况		
	扶贫标准（元）	贫困人口（万人）	贫困发生率（%）	扶贫标准（元）	贫困人口（万人）	贫困发生率（%）
1986	213	13100	15.5			
1987	227	12200	14.3			
1988	236	9600	11.1			
1989	259	10600	11.6			
1990	300	8500	9.5			
1991	304	9400	10.4			
1992	317	8000	8.8			
1993	317	8066	8.8			

(续表)

年份	以绝对扶贫标准衡量的情况			以相对扶贫标准衡量的情况		
	扶贫标准（元）	贫困人口（万人）	贫困发生率（%）	扶贫标准（元）	贫困人口（万人）	贫困发生率（%）
1994	440	7000	7.6			
1995	530	6500	7.1			
1997	530	4962	5.4			
1998	635	4210	4.6			
1999	625	3412	3.7			
2000	625	3209	3.5	865	9422	10.2
2001	630	2927	3.2	872	9030	9.8
2002	627	2820	3.0	869	8645	9.2
2003	637	2900	3.1	882	8517	9.1
2004	668	2610	2.8	924	7587	8.1
2005	683	2365	2.5	944	6432	6.8
2006	693	2148	2.3	958	5698	6.0
2007	785	1479	1.6	1067	4320	4.6
2008	895	1004	1.0	1196	4007	4.2
2009				1196	3579	3.8
2010				1274	2688	2.8
2011				2300	12238	12.7
2012				2300	9899	10.2

数据来源：国家统计局农村社会经济调查司：《2007中国农村贫困监测报告》，中国统计出版社2008年版；国家统计局住户调查办公室：《中国农村2011贫困监测报告》，中国统计出版社2012年版；《2011—2012年国民经济和社会发展统计公报》。

扶贫扶优的资金也并不是很充分，能够享受到扶贫资金的贫困户也只占很小比例。1984年，县政府贯彻中央扶贫扶优政策（简称"双扶"），在县、区、乡成立"双扶"组织，由县民政局在AL乡搞"双扶"试点，投放资金10000元，其中用于良种491元，化肥2797元，养猪2391元，其他费用4321元。扶持贫困户45户220人，占全乡贫困户的27%；扶持优抚户10户50人，占全乡优抚户的67%。1986年全县再次投资43.1万元，抽调804名乡（镇）、村干部开展扶贫工作。扶持生产项目20个，扶持13个特困乡中的贫困户（特困户）2497户12434人，占贫困户数、人数的10%、11.3%。1987年"双扶"工作转向发展商品经济，实行长短项目结合，首先解决温饱问题，进而解决长远致富门道；并注重对贫困户、优待户进行智力投资和技术培训。至1987年年底，全县"双扶"投资267000元，扶持11个乡（镇）的1542户，其中扶优户113户，扶贫户1429户。①

在20世纪80年代末90年代初，县、乡开始在农业管理部门内设立扶贫机构，负责扶贫开发工作。1986年10月7日，林县恢复了"农业办公室"（简称"县农办"，原县农业委员会），其他的多种经营性办公室被合并到县农办，扶贫领导小组办公室也设在县农办。1995年9月，林县撤销农业办公室、农业区划办公室，设立新的县农业发展办公室（扶贫办公室），与新设立的世行扶贫项目贷款办公室合署办公，下设行政股、农业综合开发股、扶贫开发股、世行扶贫贷款项目股等4个

---

① 严格来说，林县20世纪80年代前期采取的措施和严格意义上的"扶贫"存在很大不同，既不具备扶贫对象的普遍性，也不具备减贫措施和扶贫绩效的稳定性，更像是民政部门对社会弱势群体进行的"社会救济"。即使到了80年代后期有一些专门的扶贫工作，也并不是覆盖到所有贫困群体，只有少部分贫困户能够享受到扶贫政策。参考林县县志编纂委员会：《林县县志》，陕西人民出版社1991年版，第564页。

股。① 乡镇的扶贫机构和县级扶贫机构的设置几乎同步。1986年桥镇也成立了农业综合服务站,扶贫开发领导小组办公室设在农业综合服务站,农业综合服务站和扶贫办属于"一个机构、一套人马、两块牌子"。

在20世纪90年代特别是"八七攻坚计划"期间,区域开发式扶贫成为扶贫的主要模式,地方政府也开始尝试进行专门的扶贫开发工作。虽然叫《八七攻坚计划》,但林县的扶贫工作并没有体现出太多"攻坚"的色彩。扶贫工作被看作农业工作、民生工作的一部分(甚至是不太重要的部分),采取的扶贫措施大多带有农业开发和社会救济的特点。根据《林县新修县志(草稿版)》中记载,这一时期,林县的扶贫工作主要包含四个方面的内容。

一是信贷扶贫。到1988年年末,累计投放扶贫贴息贷款915.1万元,扶贫资金104万元,32个贫困乡全部解决温饱,15个乡脱贫。1990年投放贴息贷款和"扶贫、扶持低收入"资金306.25万元,扶持18692户(贫困户7947户)。1992年投放扶贫贴息贷款270万元,3125户贫困户脱贫。1995—1999年累计投放"扶贫、扶持低收入"资金、贴息贷款和世行扶贫贷款2795.56万元。二是农业科技扶贫。1986年林县开展烤烟、蚕桑、黄姜、板栗嫁接、高产养鱼、蕉藕试种、食用菌、茯苓栽培及水稻、玉米三项技术等实用技能培训,至1992年,累计培训17.8万人次。1993年开展农业科技承包。210名技术干部承包5类20个项目,承包面积19万亩(1亩合666.7平方米)。1994年完成各类承包面积30.28万亩。1996年落实5类27项科技承包项目,建立示范点761处,示范面积5.813万亩,增产粮食1250吨,增收2470万元。1997年,技术承包4类21个项目,完成19个项目。1998年,农业科技承包"水稻、玉米三项技术"普及率90%以上,桑、茶、果规范化

---

① 林县县志编纂委员会:《林县新修县志(草稿版)》,尚未出版,无年份,第141页。

率85%以上。三是以工代赈。1991—1994年，上级给林县安排以工代赈资金652.3万元。1995年地区安排以工代赈项目10个，总投资391.5万元，其中以工代赈投资222万元，配套资金169.5万元。1996年争取14个项目，总投资580万元。1997年，争取以工代赈资金555.3万元，其中以工代赈资金317万元，省级配套资金117.4万元，县级自筹120.6万元。1998年，计划下达以工代赈项目14个，总投资655万元，其中以工代赈投资367万元，省级配套资金117.4万元，地县级配套资金170.6万元。1999年申请以工代赈项目36个，争取资金1065.5万元，其中国家以工代赈及省级配套资金725.4万元。四是社会扶贫。1997年，省地单位和全县社会各界为贫困村、贫困户捐款94万元、衣物13万件套、化肥24万吨、籽种1.36万吨、水泥21万吨、车辆4部，救助失学儿童692人，建希望小学3所。1998年17个省地单位到县帮扶，为贫困村、贫困户捐款78万元，扶持开发项目资金62万元，捐衣物1.5万件套，化肥18万吨，魔芋种子1.3万千克。①

进入21世纪之后，林县的扶贫工作也进入新阶段，以前属于附属性质的扶贫工作逐渐从农业工作中独立出来，成为一项独立的工作业务。2002年1月，林县农业发展办公室（扶贫办）改称农业综合开发办公室，属林县常设办事机构。2009年林县成立了社会主义新农村建设领导小组，并将领导小组办公室设在农综办/扶贫办；10月26日农综办/扶贫办在原有行政股、农业综合开发股、扶贫开发和社会发展股、移民扶贫开发股的基础上，增设社会主义新农村建设指导股，专门负责社会主义新农村建设。② 2011年林县在农综办/扶贫办的基础上设立

---

① 参考林县县志编纂委员会：《林县新修县志（草稿版）》，尚未出版，无年份，第141—144页。

② 林县农业综合（扶贫）开发领导小组办公室：《关于我办新设股室职能和人员调整的通知》（林农办发〔2009〕41号），2009年10月26日。

"扶贫开发局"（简称"扶贫局"），属于县政府直属的事业单位。①2009年桥镇也成立了社会主义新农村建设领导小组，领导小组下设办公室，办公地点在镇扶贫办，由主管农业的副镇长担任办公室主任，扶贫办主任担任副主任。②当年桥镇进行机构重组，成立新的经济办、扶贫办和农业综合服务站。③不过，和县级扶贫办升格为扶贫局不同，桥镇扶贫办到2016年依然是临时性的办事机构，工作人员也大多是从其他办、站、所临时抽调或聘用非正式的合同工。④

在21世纪的第一个十年，林县一方面延续20世纪90年代的思路，继续开展信贷扶贫、农业科技扶贫、以工代赈和社会扶贫。另一方面，开始采取产业扶贫、搬迁扶贫、重点村建设和社会保障扶贫等更有力度、更有针对性的扶贫措施。这些扶贫措施一直延续到精准扶贫之前，构成精准扶贫/脱贫攻坚的政策基础。

第一，产业扶贫。2000年2月25日，林县县委出台《加快农业四

---

① 2019年机构改革，扶贫局由县政府直属的事业单位调整为县政府工作部门。参考林县信息中心：《图解 林县机构改革方案公布 共设置党政机构35个》，http://www.hanyin.gov.cn/Content-26103.html（访问时间：2019年9月3日）。

② 中共桥镇委员会、桥镇人民政府：《关于成立社会主义新农村建设领导小组的通知》（桥发〔2009〕12号），2009年1月18日。

③ 扶贫办的主要职责是负责扶贫开发、移民、重点村和社会主义新农村建设项目编报及实施工作。经济办的主要职责是：负责交通、通村组水泥公路硬化和管护等基础设施建设，做好农经管理、安全生产、项目编报及经济产业发展规划相关工作。中共桥镇委员会、桥镇人民政府：《关于明确扶贫开发办公室和经济发展办公室职能职责的通知》（桥发〔2009〕10号），2009年2月4日。

④ 根据2016年的"三定方案"，桥镇机关内设6个行政机构：党政综合办公室、人大主席团办公室、经济发展办公室（国土资源管理所、环境保护所）、社会治理办公室（司法所）、市场监督管理所、财政审计所。镇属事业单位机构3个：农业综合服务站、社会保障服务站、公用事业服务站。"三定方案"中并没有扶贫办公室。也就是说，到目前为止，桥镇扶贫办依然属于"非正式机构"。参考《桥镇的主要职责、机构设置和人员编制规定》（林办发〔2016〕18号），2017年3月15日。

大主导产业建设的决定》，要求加快发展壮大蚕桑、黄姜、油料、魔芋等四大农业主导产业。2002年印发《加快畜牧产业化建设实施意见》，着力抓好三大畜牧区域建设，其中桥镇作为北部浅山丘陵地区，重点建设牛羊商品基地。2006年县委制定《关于蚕桑产业突破发展的实施意见》，要求以蚕桑基地乡镇为重点，抓好龙头企业培育，完善体制机制，实施科技创新，使蚕桑产业成为贫困群体脱贫、农民增收、工业增长的支柱产业。① 2009年4月，为扶持桑蚕产业，林县印发《桑蚕产业扶持奖补办法》，并向各镇分配了蚕种下发任务。② 桥镇当年分得的任务是在全镇12个村发放3500张蚕种，其中春季1925张，夏季100张，秋季1475张。③ 5月份，为推进生猪产业发展，林县又出台了《生猪产业扶持奖补办法》，对良种养育点（场）、养殖大户、示范村和养殖重点村、龙头企业、畜禽防疫、专业合作组织进行奖补。④ 产业政策的引导作用还是比较明显的。到2010年，全县农业总产值达到14.1亿元，较2005年增长了91.6%。粮食产量11万吨，油料产量达到2.45吨，较2005年增长59.6%。生猪饲养量62.4万头，是2005年的1.9倍。

第二，移民搬迁。1998年林县开始实施搬迁式扶贫工作，先以分散安置为主。至2001年，易地搬迁6690人。2002年后，以集中安置为主，分散安置为辅。至2004年，建立集中安置点22个，安置399户

---

① 林县县志编纂委员会：《林县新修县志（草稿版）》，尚未出版，无年份，第361—365页。

② 林县政府办公室：《关于印发林县2009年蚕桑产业扶持奖励办法的通知》（林政办发〔2009〕24号），2009年4月22日。

③ 桥镇人民政府：《关于分解落实2009年春夏秋蚕种任务的通知》（桥政发〔2009〕21号），2009年4月24日。

④ 林县政府办公室：《关于印发〈林县2009年生猪产业扶持奖励办法〉的通知》（林政办发〔2009〕38号），2009年5月18日。

1707 人；分散安置 160 户 640 人。2005 年，搬迁重点向移民新村建设转移，建成 15 户以上移民集中安置点 9 个，安置 150 户 650 人。2006 年，移民搬迁与扶贫重点村建设、主导产业建设、沼气富民工程、地方病防治、新农村示范村建设和环境保护工作相结合，全年完成移民扶贫搬迁 166 户 720 人。2007 年，建成 10 户以上移民集中安置点 6 个，新建房屋 1200 余间 3 万余平方米，搬迁安置贫困人口 150 户 650 人。① 2008 年，林县开展移民扶贫搬迁示范村建设，全县共计 93 户 396 人，投入资金共计 651 万元，其中财政扶贫资金 250 万元，部门捆绑资金 220 万元，群众自筹资金 181 万元。② 桥镇选取了 AP 村和 SH 村作为移民扶贫示范村，在农户自愿、有土安置的原则下，共计 44 户 177 人进行了扶贫移民搬迁，其中 AP 村 14 户 56 人，SH 村 30 户 117 人。全镇 44 户扶贫搬迁户安置工作于 2009 年 12 月底前全部完成。③

第三，社会保障与农民能力提升，这是对传统"社会救济式扶贫"的延续与提升。首先是最低生活保障制度。2005 年再次启动农村最低社会保障④，当年 9 月，县政府制定《农村居民最低生活保障制度暂

---

① 林县县志编纂委员会：《林县新修县志（草稿版）》，尚未出版，无年份，第 142—143 页。

② 林县扶贫办：《关于认真做好移民扶贫示范村项目规划的通知》（林扶办发〔2008〕36 号），2008 年 12 月 19 日。

③ 桥镇人民政府：《关于 2009 年度实施移民扶贫（千村示范）搬迁户竣工的请验报告》（桥政字〔2009〕157 号），2009 年 12 月 20 日。

④ 1999 年林县就已经启动实施农村低保工作，规定人均纯收入 400 元以下贫困人口为保障对象，重点是智障者、残疾人、特困户等。年保障标准 80 元/人。保障金筹集由县乡两级财政、村集体公益金和上级拨给的救灾款中列支，分担比例为 5∶3∶2，当年全年享受农村低保 1998 人，月支付低保金 18041 元，人均 9 元。2002 年，最低生活保障救济农村居民 2864 人。2003 年最低生活保障救济农村居民 24931 人。但是，2004 年上级不予配套资金，加之县、乡、村资金得不到落实，农村居民最低生活保障救济减少到 5019 人，年底，农村居民最低生活保障制度暂停实施。

行实施办法》，对"共同生活的家庭成员年人均收入低于400以下，无法维持家庭基本生活的特困家庭"进行最低生活保障。具体标准是：1)"五保户"按每人每年720元执行；2)特困户按每人每年500元实行差额补助；3)其他农村贫困户实行临时救助，每户每年70元。2006年，最低生活保障救济农村居民1989人。2007年，县政府制定《农村最低生活保障制度实施办法》，扩大覆盖范围。从当年10月1日起，凡上年人均纯收入低于693元的家庭，以户为单位全部纳入农村低保，人均年补助300元，每季度发放。资金来源由原来县、乡、村三级负担发展到由中、省、市、县四级财政共同负担。当年全县最低生活保障救济农村居民17429人，到2008年12月，全县农村低保户总数10480户25123人，月支付低保金87.9万元，人均35元。2010年，最低生活保障救济农村居民覆盖到26200人。其次是农村医疗保障制度。"十一五"期间，改扩建县乡医疗机构21个，建设规范化村级卫生室179个。23.4万农民参加新型农村合作医疗，1.74万城镇居民参加基本医疗保险。再次是教育保障制度。义务教育阶段实行全免费，建立起家庭贫困学生资助体系。2007年，救助贫困大学生90余名，中小学生400余名，发放救助金30余万元。2010年，"圆梦行动"贫困大学生救助资金1.8万元，救助大学生18人，"1+1"爱心结对帮扶资金1.48万元，救助困难学生20人。① 最后是就业培训。开展"雨露计划"，向辖区内的贫困户子女和未升学的初、高中应届毕业生开展职业技能培训，要求实现"培训一人、输出一人、就业一人、稳定一人、脱贫一户"的目标。② 进行农民工技能培训，帮

---

① 林县县志编纂委员会：《林县新修县志（草稿版）》，尚未出版，无年份，第654—655、428—429、470页。

② 例如，2008年1月，林县按照安康市要求，开展"雨露计划"培训工作，划定了六所培训学校。林县扶贫办、林县教体局：《关于进一步做好扶贫"雨露计划"培训招生工作的通知》（林扶发〔2008〕13号），2008年1月4日。

助外出务工农民工提高就业技能。①

第四,"扶贫开发重点村建设""社会主义新农村建设"。② 2000 年 7 月,林县启动"一改三建"(改路、建窖、建园、建家)示范新村建设,首批 8 个示范新村完成通村主干道路拓宽上等路 11 千米,通组、连户道路 52 千米。按照"川道集镇化、山区庄园化"模式,群众自筹资金 340 余万元,投工投劳 2.8 万个,完成"五改"(改厨、改厕、改圈、改院场、粉墙、封檐压脊)850 户,开带建园(桑、茶、果、黄姜、魔芋、大棚蔬菜)780 亩,建窖(水井、自来水、池塘)280 口。之后扶贫新村、扶贫开发重点村建设成为重要的扶贫形式。2001 年,高标准布点 22 个扶贫新村,投劳 8.5 万个,投资 5700 万元。2002 年将 8 个贫困村列为扶贫工作重点村。2003 年,实施 13 个贫困开发重点村

---

① 例如,2009 年 2 月,林县团委、社保局、职业技术教育培训中心为了提高青年农民工的就业技能,利用春季农民青年返乡的契机,开展农村青年春季培训行动,培训费用免费,食宿自理。培训的专业内容主要是电动缝纫、计算机办公自动化、平面图像处理与广告设计、工程建筑制图、计算机组装与维修、电工培训(三个月,通过国家级初级职称认证)、风味小吃、畜牧养殖、蚕桑、茶叶、林果等。其中电动缝纫专业培训十天,由用人单位直接派人到县职业技术教育培训中心教学,培训考核合格者,直接安置就业,工资在 1000~2000 元。参考林县团委、人社局、职教中心:《关于扎实开展农村青年春季培训行动的通知》(林团联发〔2009〕1 号),2009 年 2 月 16 日。2009 年 3 月,林县扶贫办组织扶贫开发劳动力转移技能培训工作组织 700 名在册贫困户进行职业技能培训,桥镇分得 40 个名额。培训费全免,每人每月补助 50 元生活费,同时结业后每人还可享受 150 元的安置交通费。林县扶贫办:《关于认真做好 2009 年扶贫开发劳动力转移技能培训的通知》(林扶办发〔2009〕5 号),2009 年 3 月 2 日。

② "扶贫开发重点村建设""社会主义新农村建设"更像是一顶"帽子","帽子"可以跟着中央文件不断变换,帽子下面的具体做法却没有太大变化。例如,桥镇 RX 村的《社会主义新农村建设规划》的底稿就是《整村推进建设规划》。在审批件上,桥镇党委书记画掉了"扶贫整村推进"字样,换成"社会主义新农村",但具体的内容并没有发生多少变化。参考桥镇人民政府:《关于报送〈林县桥镇 RX 村社会主义新农村建设规划〉的报告》(桥政字〔2011〕143 号),2011 年 1 月 20 日。

建设，完成投资 1280 万元。2004 年，实施 14 个扶贫开发重点村建设，完成项目总投资 1670 万元。2005 年，实施 19 个扶贫开发重点村建设，完成项目总投资 3200 余万元。2006 年，实施扶贫重点村建设 21 个，2007 年实施扶贫重点村建设 20 个。2006 年林县启动"社会主义新农村建设"，开展"千村百镇"和"十镇百村"整治活动，制定《林县新农村建设村庄规划大纲》和《镇容村貌建设管理标准》，第一批选取了 10 个村作为试点单位，2007 年又选取 10 个村进行社会主义新农村建设，进行水、电、路、讯等基础设施建设以及农业产业发展等内容的具体项目见表 1-4。[1]

对林县而言，这种以基础设施建设为主，辅助一定的社会保障、人居环境改造的扶贫模式还是有一定效果的。一方面，能够在很大程度上提升偏远地区的基础设施建设，使偏远地区在通路、通电、通水、通信等方面基本达标，提高贫困群体的生存环境。另一方面，也能够带来"溢贫效应"，通过地区经济发展在一定程度上带动贫困户脱贫。根据林县"十二五"扶贫开发规划的数据，全县农民人均纯收入由 2001 年的 1082 元增加到 2010 年的 4053 元，年均递增 29.7%；全县贫困人口由 2001 年年底的 7.58 万人减少到 2010 年年底的 2.2 万人，5.38 万贫困人口实现了脱贫，贫困发生率由 29% 降低到 8.4%。但这是按照旧标准估算得到的结果，如果按照陕西省确立的农民人均纯收入 2500 元的新标准，2010 年年底全县农民人均纯收入在 2500 元以下的贫困村还有 120 个，有农村贫困人口 8.9 万人，贫困村和贫困人口分别占到全县的 67% 和 34.2%。[2]

---

[1] 林县县志编纂委员会：《林县新修县志（草稿版）》，尚未出版，无年份，第 219—221 页。

[2] 林县发改局、林县扶贫局：《关于印发〈林县"十二五"扶贫开发规划〉的通知》（林发改发〔2012〕20 号），2012 年 2 月 9 日。

表1-4 林县"扶贫开发重点村"和"社会主义新农村"工作成绩（2000—2007年）

年份 具体项目	扶贫开发重点村建设								社会主义新农村建设		
	2000	2001	2002	2003	2004	2005	2006	2007	2006	2007	
村数（个）	8	22	8	13	14	19	21	20	10	10	
通村路（千米）	11	309		286	270	263	260	390	52	52	
便民桥（座）					35	52	22	31	9	14	
涵洞（处）							670		3100		
排水沟（米）				1701	2540		4550	5900	3248	870	
改厕/灶（户）		1162		1378	2280	3900	5135	1300	770		
改圈（户）		1273	610		2100	5200			1510	680	
改院场（平米）	850			4.6万			141万				
粉墙（平米）		1016				104万				9000	
新建房屋（户/间）							1500		520/3120	274/1449	
旧房改造（户/间）						1200			660/2620	617	
水窖（口）	280								135		

(续表)

年份 具体项目	2000	2001	扶贫开发重点村建设						社会主义新农村建设		
			2002	2003	2004	2005	2006	2007	2006	2007
机井（口）				7	15		31	47	120	8
安全饮水工程（处）				150		650	1500	2070	5	
沼气池（个）									420	
垃圾池（口）				11					276	10
农网改造（杆千米）					1300	2700				
地面卫星接收器（个）				630	960				1200	
安装电话（部）				2262	2860	1500			1500	
无线农话用户（户）			20		35	55	55		542	461
绿色农家（户）										
发展农家乐（户）										

(续表)

年份 具体项目	扶贫开发重点村建设								社会主义新农村建设	
	2000	2001	2002	2003	2004	2005	2006	2007	2006	2007
开带建园（亩）	780	2161		16095						
五保户集中安置点（个）									6	5
移民扶贫搬迁集中安置点（个）									7	
投工投劳（万个）	2.8	8.5								
投入资金（万元）	自筹340	5700		1280	1670	3200			7个	
村卫生室			150平方米（修）				43个			
其他	建标准化蚕室4360平方米，维修校舍360平方米，修技术培训室480平方米。								修建体育场2个。	新修村活动室7个，文化、体育活动室10处。

这其实说明了一个问题——经过几十年的扶贫开发，地方政府采取综合治理式扶贫模式看似能够解决贫困，但是只要提高贫困线标准，贫困发生率很可能就会再次恢复到以往的水平。如果单纯从扶贫工作来讲，可以看出之前的扶贫工作的确存在一定的不足。

第一，从资源投入的力度上讲，无论是 20 世纪 90 年代的扶贫开发，还是到了 21 世纪之后，地方政府的扶贫工作都面临了资源不足的问题。上面这些扶贫资源和取得的成绩"看起来很热闹"，但真正到了农村就成了"长江里打一个鸡蛋"，看似很多人都喝上了鸡蛋汤，但真正享受到的资源却很有限。经过政策筛选、资源下渗的过程，乡镇层面可能就只是享受到了一些小额信贷，村层面甚至还只能通过集资的方式修建一些基础设施，对此，访谈资料有所体现。

乡镇层面：八几年、九几年，那个时候虽然也叫扶贫，但那不过是一个很模糊的概念，也就是听说而已，其实没有什么具体的工作。我们真正处理扶贫应该是从九几年。真正意义上有的，我有印象的，我知道的就是小额信贷，应该是从九十年代末。在我们这个地方，那个时候我们就知道有小额信贷，但是那个最多只能贷 500 块钱吧，还要五户联保。这个小额信贷主要是以农村妇女为主的，主要是支持家庭生产发展，比方说养个猪啊，鸡啊，什么的。因为妇女大多数在家嘛，所以就主要是以家庭为主的，以妇女为主的那种。在我们这个地方是九十年代末，马上就到 2000 年了，这个我还记得挺清楚的。除了这个小额信贷，在我的印象里，那时候的扶贫确实就没有什么了。①

村层面：那个"八七攻坚"，那时候没得什么项目，我们村上

---

① 桥镇脱贫办主任访谈记录，访谈编号：20190801-HWX，访谈时间：2019 年 8 月 1 日。

没什么项目。到 2008 年之前，我们村还是村民自己集资建了那个通村路，就是（把路段）分到户，按家里的人分，一家分好多米自己挖，挖不动的还要集资买炸药、买导火线。那个整村推进，2008 年的时候，才有了点补助，就是把那个路拓宽了一下，然后垫了点沙，稍微修了一下，压路机压了一下，稍微强了一点，也强不到哪里去，其他的没得，没享受到。①

村层面：2006 年的时候我们村修了 3 公里路，那个时候我们还是村里面集资，一户出 500 元，一人出 120 元。你比方说一户有 6 口人，那他这一户就出 500 元，然后一个人再出 120 元，6 个人就是 720 元，他这家里就出，500 加 720，1220 元。这个办法还是我们村开会想出来的，有的人家里人多，有的人家里人少，既不能让多的吃亏，也不能让少的吃亏。户也出，人也出，最后大家也算是差不多。修完了以后，我们再去镇上申请一点补助，我们修的还是土路，政府补贴点钱，就垫点沙。当时这叫"群众打底子、政府上面子"。②

第二，从扶贫的具体思路上讲，精准扶贫之前的扶贫工作存在"发展替代扶贫"的问题。"以经济为中心""在发展中战胜贫困"的思路有一定的价值，但也存在一定的弊端。一方面，这一时期的扶贫思路以"贫困村"为瞄准单位，贫困村则把资源大多投放到了通村路、便民桥、安全饮水工程、沼气池这些小型基础设施建设上。这种方式能够在很大程度上提高农村基础设施水平，但是这种扶贫思路没有聚焦到贫困户头上，也很少有扶贫措施是以贫困户为施策目标，真正的贫困户

---

① 桥镇 LQ 村党支部书记访谈记录，访谈编号：20190730-LQZS，访谈时间：2019 年 7 月 30 日。

② 桥镇 SX 村主任访谈记录，访谈编号：20190801-WZR，访谈时间：2019 年 8 月 1 日。

难以享受本就不足的扶贫资源。另一方面，即使有一些产业帮扶的措施，落实到执行层面也会出现"帮强不帮弱""帮富不帮贫"的结果。例如，在林县《桑蚕产业扶持奖补办法》和《生猪产业扶持奖补办法》中，对养蚕大户、养猪大户、良种养育点（场）的奖补都设置了一定的门槛。

养蚕大户：1. 年养蚕10张以上（含10张），20张以下的养蚕户，奖励200元。2. 年养蚕20张以上（含20张），30张以下的养蚕户，奖励500元。3. 年养蚕30张以上（含30张）的养蚕户，奖励1000元。①

养殖大户：1. 当年新建标准圈舍60平方米以上，良种率达100%，饲养二元母猪5头或出栏商品猪100头以上的，奖励2000元。2. 当年新建标准猪圈300平方米以上，饲养二元母猪20头以上或出栏商品猪500头以上，并推行种养结合循环经济发展模式，种植高产高效作物20亩以上的，奖励0.5万元。

良种养育点（场）：1. 当年新增饲养二元母猪50头以上（含50头），杜洛克种公猪1头，繁育三元仔猪1000头以上的大户，奖励1万元。2. 当年新增饲养二元母猪150头以上（含150头），杜洛克种公猪1头以上，繁育三元仔猪3000头以上的大户，奖励2万元。3. 当年新增饲养二元母猪300头以上、良种公猪2头以上，繁育三元仔猪6000头以上的大户，奖励4万元。4. 当年饲养杜洛克或约克纯种公猪1头，建立采精室1间，贮精设备1套，专职采精配种员1人，人工改良生猪100头以上，奖励0.3万元。②

---

① 林县政府办公室：《关于印发〈林县2009年蚕桑产业扶持奖励办法〉的通知》（林政办发〔2009〕24号），2009年4月22日。

② 林县政府办公室：《关于印发〈林县2009年生猪产业扶持奖励办法〉的通知》（林政办发〔2009〕38号），2009年5月18日。

这和产业帮扶对"帮大户"是有效的,能够让这些产业大户在规模效应的基础上获得政府扶持,"再上一层楼"。地方政府在政绩的推动下,也乐意做这种"帮富""树典型"的行为。① 但是,这种方式对贫困户的扶持效果很值得怀疑——即使是最低的门槛,贫困户也很难达到。这样自然会产生一个问题:一波一波的产业扶贫资金投入到贫困村,但扶贫资金大多被非贫困户享受了,贫困户因为没有达到奖补门槛,反而没有享受。每一次扶贫过后,总体经济发展带动了社会财富水平的绝对下限,但是贫困人口可能依然还是最贫困的群体。②

第三,从地方政府的工作安排上讲,扶贫工作并不是地方政府的中心工作,扶贫的重要性没有得到应有的重视。一方面,在全国都坚持"以经济发展为中心"的前提下,地方政府采取的是"以发展带扶贫"的思路,将贫困看作能够通过经济发展解决的问题,倾向于把扶贫放置在经济开发、社会救济、新农村建设这些更为宏观的框架之中,并没有把扶贫看作中心工作,更没有将之提升到"政治任务"的高度。另一方面,由于缺少相应的财政资源和人力资源,地方政府对扶贫的组织安排算不上重视,尽管全国各级政府都成立了诸如"扶贫开发领导小组"的组织,并成立了承担实际工作的扶贫部门,但这些小组可能并没有实际发挥作用,承担扶贫工作的扶贫办、扶贫局在行政规格上也没有突出地位,人员少,力量弱,可支配的财政资金相对有限。

---

① 例如,桥镇 CG 村在 2008 年的"扶贫开发重点村"建设规划中,在产业帮扶方面就提出"通过大力发展农业主导产业,培植养蚕大户 16 户,养猪大户 10 户,养牛大户 6 户"。参考桥镇人民政府:《关于申报 CG 村扶贫开发重点村立项的报告》(桥政字〔2008〕44 号),2008 年 7 月 2 日。

② 根据国家扶贫监测抽样调查 2010 年的数据显示,扶贫重点村仅有 28.4%的农户从扶贫到户项目中受益,而这之中项目实际需求与项目安排一致的仅占 25.4%。参考国家统计局逐户调查办公室:《中国农村 2011 贫困监测报告》,中国统计出版社 2012 年版,第 55—56 页。

镇一级：那个时候（九十年代——笔者注）在我们这个地方，当时扶贫没有什么具体的内容。我们乡镇的主要工作就是两大项嘛，一个是农业税的征收，一个是计划生育。那个时候，真正的具体工作就是这两项，其他的也没有太多。我们镇上也有扶贫领导小组，但这种领导小组很多，扶贫领导小组，领导就是挂个名字，出个文件，给上面说有这个机构就行了，没怎么运行，具体从事工作的扶贫办就是农综站，也没有几个工作人员。之前的扶贫办，也就是1到2个人。就是在2014年我们扶贫办在搞精准识别的时候，也就只有2个人，加上领导是3个人，就一台电脑，根本就不够用。①

县一级：县里成立了扶贫局，以前叫扶贫办。那会儿的扶贫局（精准扶贫之前——笔者注），反正我们地方俗称就是个包工队，就是包工头天天围着扶贫局转。就是这搞个几十万儿的小项目啦，那搞个几十万儿的小项目啦，一年的经费可能就百八十万。可能在这个地方，连路都修不起。你修一公里路还得二三十万呢。他就是在这个地方修修水库，二三十万；那个地方有个堤坝，加固一下，二三十万，就这么搞。所以小包工头围着扶贫局长，天天跟着他要项目。扶贫局要修水库了，包工头跟他关系好嘛，就找他。②

总而言之，在改革开放之后的很长一段时间内，一直到2013年年底精准扶贫政策出台以前，扶贫在地方政府的工作序列中并不突出（不是中心工作），只能属于一项不太重要的常规工作（甚至是边缘工作）。与之相对应，地方政府在扶贫领域的组织安排和人员配备也相对

---

① 桥镇脱贫办主任访谈记录，访谈编号：20190801-HWX，访谈时间：2019年8月1日。

② 林县副县长访谈记录，访谈编号：20181108-KFXZ，访谈时间：2018年11月8日。

普通。缺少财政资金，没有政策支持，没有组织资源，地方政府只需要按部就班地执行政策。

三、从常规工作到中心工作的转变

历史发展是存在惯性的，扶贫工作同样也存在路径依赖。如果没有精准扶贫，地方政府很可能会按照既有思路，沿着"以发展带动扶贫"的路径走下去，扶贫干部也会像以往一样，把扶贫当成常规工作，不温不火地执行。但2013年11月，习近平总书记提出"精准扶贫"的概念后，中央对彻底解决贫困问题的决心明显增加了。特别是2015年11月29日，中共中央、国务院发出《关于打赢脱贫攻坚战的决定》之后，党和国家领导人针对精准扶贫频繁召开会议、开展调研、做出批示，新闻媒体不断进行宣传报道，中央各部委不断出台各类配套政策，精准扶贫的重要性被不断强化，成为一项国家战略，也成了地方政府的中心工作。但是，一项政策的"政治化"过程也不是一蹴而就的。一方面，从中央到省、市再到县、乡、村的"政策传递"存在一个过程，需要时间。另一方面，地方干部从领导人讲话、宣传报道、财政资金、考核指标等多重因素中辨别出哪些工作会成为真正的中心工作，哪些是"喊口号"，也需要一个过程。这就使得在精准扶贫政策出台后的一段时间内，一些地方政府并没有充分认识到精准扶贫的重要性。

首先，贫困户的识别依然还是自上而下地"分配指标"，这在很大程度上会影响贫困户识别的精准性。当然，这一点并不是地方政府的问题——2013年12月18日，中共中央办公厅、国务院办公厅《关于创新机制扎实推进农村扶贫开发工作的意见》；2014年4月2日，国务院扶贫办《扶贫开发建档立卡工作方案》；2014年5月12日，国务院扶贫办等七部门《建立精准扶贫工作机制实施方案》，在识别上还要求进行"规模控制""逐级分解"①——到市到县的贫困人口规模分解可依据国家统计局调查总队提供的乡村人口数和低收入人口发生率计算形成；到乡到村的贫困人口规模数由于缺少人均纯收入等数据支撑，可依据本地实际抽取易获取的相关贫困影响因子计算本地拟定贫困发生率，结合本地农村居民年末户籍人口数算出。②这种"分指标"的方式看似很"科学"，但到了农村就会出现很大的问题：指标是明确的，什么是贫困却是不明确的。具体执行政策的村干部按照对"贫困"的朴素认识，在上级发下来的指标范围内，评选了第一批贫困户，这样选出的第一批贫困户自然不精准，甚至存在"优亲厚友"的情况。对此，无论是政府文件还是地方干部，都有所体会。

从县到镇：按照国家制定的统一的扶贫对象识别办法，在原有的工作基础上，按照镇为单位、规模控制、分级负责、精准识别、动态管理的原则，以原有贫困户信息系统中剩余的贫困村、贫困户为核查重点，进行一次摸底排查和精确复核，以收入为依据，设置排除指标，把识别不准和已经脱贫的筛出系统，把未识别出来的贫

---

① 相关文件内容参考中共中央办公厅、国务院办公厅：《关于印发〈创新机制扎实推进农村扶贫开发工作的意见〉的通知》（中办发〔2013〕25号），http://www.gov.cn/zhengce/2014/01/25/content_2640104.htm（访问时间：2019年8月13日）。国务院扶贫办：《关于印发〈扶贫开发建档立卡工作方案〉的通知》（国开办发〔2014〕24号），http://www.cpad.gov.cn/art/2014/4/11/art_50_23761.html（访问时间：2019年8月13日）。国务院扶贫办等七部门：《关于印发〈建立精准扶贫工作机制实施方案〉的通知》（国开办发〔2014〕30号），http://www.cpad.gov.cn/art/2014/5/26/art_50_23765.html（访问时间：2019年8月13日）。

② 贫困人口规模分解程序很复杂，具体可参考国务院扶贫办：《关于印发〈扶贫开发建档立卡工作方案〉的通知》（国开办发〔2014〕24号）的附件2《贫困人口规模分解参考方法》，http://www.cpad.gov.cn/art/2014/4/11/art_50_23761.html（访问时间：2019年8月13日）。

困户、返贫户录入系统,进一步完善每个贫困村、贫困户建档立卡资料。①

从镇到村:2014年建档立卡是5月份开始的,那个时候的识别程序也不像现在这么严格,那个标准也很模糊,还下指标,下那个贫困人口的指标,这个指标是从上到下给压下来的。当时我到县上开会的时候,还提过这个问题。县上也很无奈,但它也没办法。这个贫困户的指标是从市上到县上,按比例给你分下来的,所以你差一个人都不行。上面给我下多少,我就按全镇各村的人口数再往下分,这样分到各个村的。②

村识别贫困户:我们村2014年分到了140个指标,这个我还记得非常清楚。当时我们怎么选?上边也没得标准。我们村就开会。当时我们就讨论定了几个标准,评最穷的,村里谁最穷,这些大家还是没什么问题的。再就是负债大的,还有就是家里有病的,没有劳动能力的。当时我们就主要先评这些人。我当时就提出来,凡是村干部、小组长、党员这三类,都不能当贫困户。③

村识别贫困户:2013年有了精准扶贫,2014年我们村进行识别。当时识别不太严格,不像后来才有了八个不准、十条红线。当时就是选了家里房子是危房的,再一个家里条件不好又有学娃子(在校学生——笔者注)的,还有家里有大病的、低保、五保的。

---

① 按照陕西省的标准,林县在2011年识别出来的贫困户为3.28万户,贫困人口9.29万人。到2013年年底,在册贫困户2.68万户,贫困人口7.73万人。2011年的数字成为林县的指标。参考林县人民政府:《关于印发〈林县推进精准扶贫工作实施方案〉的通知》(林政办发〔2014〕86号),2014年9月16日。

② 桥镇脱贫办主任访谈记录,访谈编号:20190801-HWX,访谈时间:2019年8月1日。

③ 桥镇QL村党支部书记访谈记录,访谈编号:20190730-QLZS,访谈时间:2019年7月30日。

那会标准都不统一,各个村都不一样。①

其次,对于贫困群体的帮扶措施不完备,主要集中在人员安排等方面,具体的帮扶资金并不充分。2014年4月23日,安康市委办公室和政府办公室联合下发了《市县区选派干部进驻贫困村开展扶贫工作实施方案》,确定了12个市直和中省驻安单位组建驻村工作队赴林县帮扶10个贫困村,其中安康职业技术学院驻村帮扶桥镇DG村。② 2014年6月9日,林县扩大驻村力度,制定了《林县选派干部进驻贫困村开展扶贫工作实施方案》,要求"县直及中省驻林县单位应选派本单位1名副科级领导为驻村工作队队长,抽调1~2名年富力强、乐于奉献,有一定农村工作经验的干部成为成员,后备干部优先选派,组成驻村工作队,负责驻村帮扶贫困村工作"。在桥镇,林县共计选派了9支驻村工作队,共计21人,选派单位包括民政局、交通局、药监局等15个部门。这些驻村工作队主要就是进行小型基础设施建设以及少量的产业扶贫。③

另一方面是选派驻村第一书记。2015年4月29日,中组部、中农办、国务院扶贫办三部门联合发出《关于做好选派机关优秀干部到村任第一书记工作的通知》,要求从各级机关优秀年轻干部、后备干部,国有企业、事业单位的优秀人员和以往因年龄原因从领导岗位上调整下

---

① 桥镇SX村主任访谈记录,访谈编号:20190801-WZR,访谈时间:2019年8月1日。

② 中共安康市委办公室、安康市政府办公室:《关于印发〈安康市市县区选派干部进驻贫困村开展扶贫工作实施方案〉的通知》(安办字〔2014〕28号),2014年4月23日。

③ 至于资金来源,《实施方案》提出:"帮扶单位要充分发挥部门职能优势和专长,从自身管理项目中安排建设资金,多渠道为贫困村建设提供资金保障。"中共林县县委办公室、林县政府办公室:《关于下发〈林县选派干部进驻贫困村开展扶贫工作实施方案〉的通知》(林办发〔2014〕20号),2014年6月9日。

来、尚未退休的干部中选派第一书记，对建档立卡贫困村要全覆盖。2015年7月，林县开始向贫困村选派第一书记到村从事扶贫工作。① 第一批第一书记共计选派了45人（不包含省、市选派的第一书记），其中在桥镇HY村、SX村、GF村、LZ村派了4人，这4名第一书记中有2名来自县住建局和民政局，2名来自桥镇党委，再加上省里派出的一名第一书记，桥镇在2015年、2016年共计有6名第一书记。

在扶贫资金方面，2014—2015年依然沿用的是以前的名义，资金的数量也并不充裕。例如2015年7月6日，林县下发了2015年度第一批专项扶贫资金共计1640万元，包括陕南避灾扶贫搬迁项目资金（490万，中央专项扶贫资金），整村推进项目资金（续建2013年整村推进480万，新建2015年整村推进370万，中央专项扶贫资金），数据更新、采集经费（13万，中央专项扶贫资金），项目管理费（40万，中央专项扶贫资金），贫困大学生救助项目（197万，其中2011—2014年中央专项扶贫资金续补122万，2015年中央资金75万），贫困户疾病救助项目（50万，中央专项扶贫资金）等支出。除此之外，还有"小额到户扶贫贷款贴息项目"，每个贫困户贷款额度最高不超过50000元，利息补贴标准按照每年贷款额度的7%给予贴息。在这些财政资金当中，除了贫困大学生救助项目、数据更新、采集经费、项目管理费之外，桥镇只分得69万元的扶贫资金，用来进行产业扶贫、基础设施建

---

① 其实在2014年1月20日，林县就开始向"后进村"选派"第一书记"，不过当时选派第一书记主要目的并不是为了做扶贫工作，而是为了完成"党的群众路线教育实践活动"，以第一书记为抓手强化基层党建，"指导和帮助后进村党组织抓好整顿转化和党的群众路线教育实践活动"，当时要求在派驻单位工作每月超过15天即可。参考中共林县县委组织部：《关于向后进村党组织选派"第一书记"的通知》（林组通字〔2014〕8号），2014年1月20日。到2015年7月，桥镇对第一书记的工作职责定位，还是强调着力建强基层组织、建立一本工作台账、写好一篇调研报告、建立健全信息报告制度这些务虚的内容，和扶贫工作没有大大关系。参考中共桥镇委员会：《关于印发〈桥镇农村"第一书记"管理办法〉的通知》（桥发〔2015〕76号），2015年7月13日。

设、贫困户疾病救助，以及 17 户的小额贷款名额。① 9 月 1 日，林县下发便民桥项目补助资金（共计 8 座、36 万元），桥镇 DG 村分得了 4.5 万元。② 10 月 12 日，林县下发了第二批财政预算内以工代赈项目资金 120 万元（中央资金 100 万，市县配套资金 20 万），桥镇分得 18 万元（中央资金 15 万，市县配套资金 3 万）。③ 2016 年 3 月 24 日，林县下发了 2015 年度第二批精准扶贫县级配套资金（共计 230.85 万元）。④ 相比庞大的贫困人数而言，即使再加上其他的一些涉农资金、苏陕协作资金，也并不是十分充裕。

最后，贫困户的退出也很不正式。从上面的资金用项可以看出，这些扶贫资金多数都是用来进行普惠型的扶贫工作，真正落实到贫困户头上的很少。也就是说，很多贫困户可能并没有享受到有针对性的帮扶措施。但刚刚完成贫困户识别之后，各项扶贫措施还没有落实到位，上级就下达了"脱贫指标"，要求进行脱贫退出。地方扶贫干部为了完成任务，不得不从系统里选一些条件相对更好或享受到一些扶贫措施的贫困户，让他们脱贫。在这种情况下，很多 2014 年、2015 年脱贫的贫困户对政策的满意度并不高。

> 精准识别的工作是 2014 年 4 月、5 月开始做的，到了 10 月份还在录，到 12 月份就要求脱贫退出。脱贫退出也是给我们下指标。

---

① 林县扶贫局、林县财政局：《关于下达 2015 年财政专项扶贫资金项目实施计划的通知》（林扶发〔2015〕68 号），2015 年 7 月 6 日。

② 林县财政局：《关于下达 2015 年慈安便民桥项目补助资金计划的通知》（林财建字〔2015〕20 号），2015 年 9 月 1 日。

③ 林县发改局、林县财政局：《关于下达 2015 年度第二批财政预算内以工代赈计划的通知》（林发改字〔2015〕455 号），2015 年 10 月 12 日。

④ 林县扶贫局：《关于拨付 2015 年度第二批精准扶贫县级财政配套资金的通知》（林扶字〔2016〕18 号），2016 年 3 月 24 日。

我记得是 PL 镇的那个主任还给我打电话，问给我们下了多少个脱贫指标，你们咋完成的？其实我们也没办法，当时我们的做法基本上是，谁享受了国家政策的，家庭条件相对好一些的，就让他脱出去了。因为那个时候有那个政策，有贫困家庭的那个贫困大学生补助，是有人享受了这个的。还有陕南避灾移民搬迁安置，还有就是那个财政贴息贷款，就让这些人退出。

这个事情好恼火啊，说是贫困退出，但好多贫困户就是在系统里走了一圈。所以，老百姓也不知道自己咋进来的，不知道自己咋出去的。他们刚开始还没什么，反正也都没什么政策。但是，后来政策都来了，人家没退出的享受了，他（指退出系统的贫困户——笔者注）就会有意见。2017 年数据清洗又重新识别，他们有一些可能又达不到贫困户的条件了。比方说他的住房是改善了，但这是人家通过自身的努力达到的改善，人家自己挣的钱，但是他们没享受到什么国家政策，你说他们怎么会满意？①

这种局面在 2015 年末 2016 年初出现了一定程度的好转。2015 年 11 月 29 日，中央下发《关于打赢脱贫攻坚战的决定》。12 月 31 日，林县县委、县政府在县职教中心礼堂召开了"全县脱贫攻坚工作会议"。此次工作会议声势浩大，参加人数众多（共计 360 人），其中有全体县级领导（28 人），县委和县级国家机关各部门、各人民团体、中省驻林县各单位主要负责人（77 人），各镇党委书记、镇长、分管扶贫工作副镇长、扶贫专干（40 人），各贫困村党支部书记、村委会主任（78 人），各驻村工作组组长（47 人），派驻村第一书记（50 人），陕煤化集团驻村帮扶工作组组长（9 人），20 户重点企业及农业园区主要负责

---

① 参考桥镇脱贫办主任访谈记录，访谈编号：20190724-HWX，访谈时间：2019 年 7 月 24 日。桥镇脱贫办主任访谈记录，访谈编号：20190801-HWX，访谈时间：2019 年 8 月 1 日。

人（20人），部分社会公益服务组织主要负责人（11人）。会上县委书记代表县委、县政府发表了动员讲话，强调了脱贫攻坚的重要性。四位参会代表做表态发言（其中，桥镇党委书记作为乡镇代表做了表态发言），各单位都签订了"脱贫攻坚责任书"，分管扶贫的副县长安排部署了后续工作。① 会后，林县和各乡镇均印发了《脱贫攻坚实施方案》，成立了更具组织权威的"脱贫攻坚指挥部"（关于脱贫攻坚指挥部的内容，参见本书第二章），要在脱贫攻坚的战场上大干一场。

为了营造氛围，2016年4月15日，林县宣传部、脱贫攻坚指挥部还联合印发了《脱贫攻坚宣传工作实施方案》，要求县委通讯组在林县新闻网、《林县宣传》（当地政府内部刊物——笔者注）上开辟新闻专栏，报道各类脱贫攻坚工作新闻信息。政府门户网站开设精准扶贫专栏，同时发挥好官方微博、公众号等新兴媒体，全方位做好精准扶贫宣传报道工作。县扶贫局、县脱贫办做好户外广告宣传，要在公路沿线（城区东西主干道）制作3块以上大型广告宣传牌，其他重要路段也要适当制作一些宣传牌，营造浓厚工作氛围。电视台要开办《聚焦扶贫》专题栏目，播发系列专题报道，要求每周播发与扶贫有关的新闻2条以上，每月制作一期专题栏目。各镇党委、政府要及时组建宣传队将政策宣传到村、到组，在集镇所在地、贫困村和帮扶村制作3条以上固定宣传标语，扩大舆论宣传氛围。② 一时间，与精准扶贫有关的新闻报道、宣传文章充斥在政府内部刊物当中，偌大的广告牌、标语、横幅、宣传海报遍布在县委县政府大院、县扶贫局办公楼、各镇政府大院、各村的党群服务中心、大小广场、交通要道等显眼的地方，精准扶贫成了当地人尽皆知的国家政策。

---

① 中共林县县委办公室、林县政府办公室：《关于召开全县脱贫攻坚工作会议的通知》（林办通字〔2015〕20号），2015年12月25日。

② 中共林县县委宣传部、林县脱贫攻坚指挥部：《关于印发〈脱贫攻坚宣传工作实施方案〉的通知》（林脱字〔2016〕1号），2016年4月15日。

之后地方政府推动扶贫工作的节奏确实加快了。2016年4月28日，林县下发了该年度的扶贫专项资金共计2343万元，比2015年1640万元增加了42.9%①，产业扶贫、易地搬迁等措施也开始逐渐落实。桥镇在2016年实现了第一个贫困村的整村脱贫，扶贫搬迁脱贫52户123人，产业脱贫82户312人，教育脱贫33户53人，金融脱贫95户454.5万元，医疗脱贫54户59人，兜底脱贫49户76人。②但这种"加快"也并不充分——桥镇该年只有一个村实现了脱贫摘帽，其他村主要是进行基础设施建设，贫困户也没有太大变化。按照这个节奏，2019年年底桥镇自然是无法实现7个贫困村2122户6060人全部扶贫的目标。

按照当地扶贫干部的表述，到2017年4月，脱贫攻坚才算是真正成了一件严肃的事情，其中的关键节点就在于"陕西省被中央约谈了"。2017年2月21日，中央政治局就脱贫攻坚工作进行了第三十九次集体学习，国务院扶贫办、贵州省委、云南省委、甘肃省委的领导同志先后发言，他们结合本部门本地区实际谈了脱贫攻坚面临的形势、存在的问题和下一步工作打算，习近平总书记再次强调了脱贫攻坚的重要性以及打赢脱贫攻坚战的艰巨性，并提出了进一步要求。③ 3月31日，习近平总书记又主持召开了中共中央政治局会议，听取2016年省级党委和政府脱贫攻坚工作成效考核情况汇报，对推进脱贫攻坚工作提出要求。④ 在这段时期内，脱贫攻坚再一次成为舆论焦点。但也正是在这个

---

① 林县财政局：《关于下达2016年度财政扶贫项目资金的通知》（林财预字〔2016〕59号），2016年4月28日。

② 《桥镇2016年脱贫攻坚工作总结》（无文号），无日期。桥镇人民政府：《关于2016年度精准扶贫工作方案》（桥政发〔2016〕9号），2016年1月13日。

③ 《习近平主持中共中央政治局第三十九次集体学习》，http://www.gov.cn/xinwen/2017/02/22/content_5170078.htm（访问时间：2019年8月14日）。

④ 《中共中央政治局召开会议 听取2016年省级党委和政府脱贫攻坚工作成效考核情况汇报 中共中央总书记习近平主持会议》，载《人民日报》，2017年4月1日。

"节骨眼"上，4月10日，中央巡视组专题通报了陕西省2016年扶贫开发工作成效考核结果（即3月31日向习近平总书记汇报的考核结果）。巡视组对陕西省2016年的脱贫攻坚工作"综合评价较差"，并认为存在5个方面的突出问题。

通报综合评价较差且存突出问题。通报指出的突出问题有5个方面。

一、贫困人口退出不精准。第三方评估结果显示，陕西省2016年贫困人口退出准确率较2015年有所下降。交叉考核抽查的231户脱贫户中错退16户，错退率6.93%，比例较高。其中12户收入未超过国家扶贫标准，2户住房不安全，2户缺乏基本医疗保障。贫困户当年识别进入、当年宣布脱贫的问题严重，被访谈的231户脱贫户中，73户属于这种情况，占31.6%，全国最为突出。考核的5个县2016年计划易地扶贫搬迁5329户，自报完成4596户，其中宣布脱贫2038户，但实地核查发现这2038户仅入住23户。

二、扶贫资金使用管理问题突出。财政专项扶贫资金绩效评估发现，陕西省拨付中央提前下达的财政专项扶贫资金中有78%的时间接近6个月，拨付第二笔资金用时3.24个月，均超过规定时间，总体全国最慢。全年累计结转结余率15.85%，高出全国平均水平4.38个百分点。结转结余2年以上资金1.25亿元。审计发现，PC县、CL县骗取、套取、违规使用和损失浪费扶贫资金1178.88万元，LT县扶贫资金1353.95万元闲置1年以上。中央纪委机关提供的2016年度扶贫领域查处腐败问题数据显示，陕西省查处问题1193个，处理人员1517人。一方面反映了陕西省对查处工作的重视，但另一方面也说明了问题的严重性。

三、帮扶工作不扎实。第三方评估结果显示，陕西省2016年因村因户帮扶工作群众满意度低于全国平均水平。交叉考核抽查的381户贫困户和脱贫户中，41户反映驻村工作队员长期不驻村，11户反映驻村工作队没有开展工作，6户反映帮扶责任人没有实施帮扶。已开展的帮扶给钱给物多，扶志扶技少，缺乏针对性和有效性。

四、健康扶贫政策落实不到位。第三方评估抽查的722户贫困户中，有215户反映支付医疗费用存在较大困难，其中90户家有重病患者，仅有29户得到过大病救助。交叉考核发现，部分贫困户不清楚大病保险和医疗救助的政策规定和申请程序。

五、个别地方干扰考核评估。第三方评估的过程中发现，有的地方评估前临时向农户发钱发物，对农户回答问卷问题提前进行培训，甚至还"威胁"受访农户。开展实地评估时，有村干部对调查员"严防死守"，甚至冒名顶替农户回答问题。①

"综合评价较差且存在突出问题，全国最为突出，总体全国最慢，群众满意度低于全国平均水平"，这种表述在公文里面已经属于比较强烈的措辞。"宣称易地搬迁脱贫2038户，但实地核查发现这2038户仅入住23户"，如此欺上瞒下的情况也的确太过分。4月10日当天下午，汪洋同志（时任国务院副总理，分管扶贫工作）还对陕西省委、省政府的领导同志进行了约谈，他讲"今年如果脱贫攻坚再出问题就是政治问题了"②。这种表述其实已经带有"批评敲打"的意味，给陕西省

---

① 中共安康市委办公室：《中央对我省2016年扶贫开发工作成效考核情况通报指出的突出问题（2017年5月4日）》，见桥镇：《中省市县领导在脱贫攻坚会议上的讲话》（无文号），2017年。

② 汪洋同志对陕西省的约谈内容无从获得，只能从林县下发的文件中了解到这一句（这一句话是从林县学习材料当中转述而来）。参考中共林县县委办公室：《关于进一步加强脱贫攻坚专题学习的通知》（林办字〔2017〕61号），2017年7月5日。

委、省政府带来了很大的压迫感。

现在已经分辨不清问题到底是因为陕西省贯彻政策不力,还是因为地方扶贫干部执行政策不力。① 但很明确的是,中央对陕西省的扶贫工作不满意,并把问题上升到了"政治问题"的层次,这让陕西省委、省政府的领导面临了很大的压力。次日,陕西省委就召开了省委常委(扩大)会议,传达了中央巡视组的考核结果和中央对陕西省的约谈内容,全省各级各部门各单位均签订了军令状。② 之后很短的时间内,各级领导干部再次召开会议,进行脱贫攻坚"再动员"。更加紧密的工作节奏、更加充足的财政资金就同政治压力一起传递到了扶贫一线。

可以说,"2017 年 4 月陕西省被中央约谈"这一事件成了陕西省脱贫攻坚工作的"历史节点",也成了林县扶贫干部的"集体记忆"。至此扶贫工作才真正从常规工作转型为中心工作,完成了"政治化"的过程,扶贫干部的工作状态也发生了很大变化,工作量和工作压力都出现了爆炸式增长。

首先是重新进行贫困户识别工作。陕西省要求推倒之前的结果,重新进行贫困户识别。2017 年 4 月 20 日,林县脱贫攻坚指挥部办公室下发《林县扶贫对象核实及数据清洗工作实施细则(试行)》,要求在全

---

① 从访谈得到的信息来看,责任可能出在省级层面:"我们陕西省被国扶办约谈了,才开始重视这个事情。其实我们在基层都看到了,但是我们没办法,也很无奈。不是有政策我们基层不执行,而是没有政策。我记得中央约谈陕西,提出了五个问题,其中有一个是健康扶贫。其实那个时候不是我们不做,而是没有资金,就这个健康扶贫的问题,我们一点资金都没有,怎么做?"参考桥镇脱贫办主任访谈记录,访谈编号:20190801-HWX,访谈时间:2019 年 8 月 1 日。

② 毛万春(时任陕西省委副书记):《学好讲话增动力 求实求效抓扶贫——在学习深度贫困地区脱贫攻坚座谈会精神暨全省脱贫攻坚推进视频会议上的讲话(2017 年 7 月 5 日)》,见桥镇:《中省市县领导在脱贫攻坚会议上的讲话》(无文号),2017 年。

县 10 个乡镇所有行政村进行重新识别，做到"不遗一户，不落一人"①。为了保证此次识别的准确性，5 月 8 日，县扶贫局针对贫困户信息采集表、行政村信息采集表、自然村（组）信息采集表的填写方式，对第一书记、专职工作队员进行了培训。扶贫局副局长的培训讲稿就有 37 页，会后林县给各个乡镇下发的《扶贫对象核实及数据清洗工作手册》有将近 140 页之多，里面充斥着各种政策解读、名词解释和具体情况的处理办法。在之后的半年时间里，地方扶贫干部花费了很多时间，进行贫困户清洗，按照"九条红线、八不准"的标准，剔除不符合条件的，增加符合条件的。不断地做材料、填表格、改表格，向扶贫信息系统里输入数据，清洗数据，工作不胜繁巨。这段时间也成为扶贫干部工作压力最大的时候。

乡镇扶贫干部：2017 年 4 月之后那半年工作压力真是太大了。那会儿我们办公室所有人都加班。有一次加班，从下午六点加到第二天早上六点，第二天还得开会。到半夜三点多我就困得不行了，还得接着干。加班对脑子伤害挺大的。就是从那以后我记忆力就下降了。以前我记忆力可好了，记东西可快了，现在很多我就记不大准了。我包了 9 户贫困户，我就一户一户地做，做得都想哭！这么厚的资料，不能出现 1 个以上的错别字，不能出现 3 处以上改的。②

---

① 林县脱贫攻坚指挥部办公室：《关于下发〈林县扶贫对象核实及数据清洗工作实施细则（试行）〉的通知》（林脱办发〔2017〕28 号），2017 年 4 月 20 日。为增大压力，《细则（试行）》指出：贫困户识别准确率达不到 100%的、数据录入省级会审数据清洗结果准确率低于 98%的，对镇主要领导、分管领导进行约谈；凡是被市上约谈或因镇上的问题连带县级被省上约谈的，年末脱贫攻坚成效考核不得进入优秀等次。该项工作被省上抽查或暗访发现问题被通报的，年末脱贫攻坚工作成效考核扣 2 分。

② 乔镇脱贫办干部访谈记录，访谈编号：20190801-ZMM，访谈时间：2019 年 8 月 1 日。

村干部：就是 2017 年 4 月份之后，把我都整得住院了！那白天晚上，晚上白天的。我们就在这个办公室，一户一户的资料，工作的时候，都是整夜整夜的，一个星期都是这样。我记得非常清楚，我在 5 月 1 号到安康医院住了 20 天院，快把我弄死了。那就是做这些资料，那是基础性的资料，那是把这一家人电话号码啊，什么身份证号码呀，是不是残疾人呀，挨家挨户地过。就那段时间，我们村委里面，没有不住院的，每个人都住过院！①

其次是强化了对扶贫干部（特别是第一书记和专职驻村工作队员）的工作管理。2017 年 4 月 27 日，林县县委组织部要求各乡镇党委抽调专人深入实际、深入群众对所有第一书记进行集中研判：1. 是否派得来。派出单位是否经常安排其他工作占用第一书记驻村时间，是否落实了政策待遇，本人是否转移了组织关系，是否在村安排了食宿，是否待得住，驻村时间是否达标，党员群众是否熟悉；离村是否办理报批手续，是否组织本单位同事到村工作。2. 是否在状态。参加"三会一课"、坐班值班、入户工作、联系项目、调处矛盾纠纷、处置突发事件情况。3. 是否守纪律。遵守党的政治纪律、组织纪律、廉洁纪律、群众纪律、工作纪律、生活纪律总体情况；执行脱贫工作政策，能否坚持精准识贫、扶贫、脱贫工作程序和要求，是否认真负责地查处和答复群众来信来访等。②

除此之外，还强化了对第一书记和专职工作队员的日常工作要求。2017 年 6 月 5 日，桥镇发布了《关于加强脱贫攻坚驻村帮扶管理和考核工作的通知》，提出脱贫攻坚期间，第一书记和驻村工作队员要长期

---

① 桥镇 SX 村主任访谈记录，访谈编号：20190801-WZR，访谈时间：2019 年 8 月 1 日。

② 中共林县县委组织部：《关于进一步做好第一书记研判和选派工作的通知》（林组发〔2017〕48 号），2017 年 4 月 29 日。

驻村开展工作，坚持与群众同吃同住同劳动，吃住必须保证在帮扶村。每月驻村时间不少于 22 天，每季度必须走访一次帮扶村的所有贫困户。镇党委还要通过明察暗访、查看考勤、入户走访的方式强化日常考核。对第一书记和驻村工作队员考核"三率一度"（入村率、入户率、贫困户政策知晓率、满意度），凡是"三率一度"没有达到 98% 的，驻村工作队员和所在帮扶单位，年底不能评为优秀。任何一项低于 80% 的驻村队员，镇脱贫攻坚指挥部将作为工作履职不到位的问题，移交镇纪委问责。第一书记和驻村工作队员年度考核结果存入本人档案，作为本人评优树模、提拔使用、晋升晋级的重要依据。① 2017 年 6 月 28 日，林县下发了第一书记和驻村工作队员"八条铁规"②。为了更精准地落实第六条"日常考勤必须严格"，县委组织部还要求所有第一书记和驻村工作队员都安装"钉钉软件"，"县委组织部、县人社局将依据'钉钉软件'的记录情况进行通报"。③

最后是加快脱贫攻坚工作节奏，扩大在扶贫领域的资金投入。2017 年 5 月 5 日，陕西省针对中央通报和约谈内容，召开了全省脱贫攻坚整

---

① 中共桥镇党委会：《关于加强脱贫攻坚驻村帮扶管理和考核工作的通知》（桥发〔2017〕103 号），2017 年 6 月 5 日。如果每月不低于 22 天，那么第一书记和驻村工作队员所有工作日都需要在村上，而在 2014 年刚开始派第一书记时的驻村工作要求还是"每月不低于 15 天"。参考中共林县组织部：《关于向后进村党支部选派"第一书记"的通知》（林组通字〔2014〕8 号），2014 年 1 月 20 日。

② 这"八条铁规"分别是：1. 管理责任必须到位（镇党委书记是第一责任人）；2. 驻村时间必须保证（每月驻村的时间从 22 天以上降到了 20 天以上）；3. 请销假制度必须严格（根据请假时间分级审批）；4. 政策村情必须熟悉；5. 工作过程必须纪实（每天必须认真填写驻村日志）；6. 日常考勤必须严格；7. 履行责任必须到位；8. 暗访督查必须常态。参考中共林县县委组织部、林县人力资源与社会保障局：《关于印发〈林县第一书记和驻村专职队员管理"八条铁规"〉的通知》（林组发〔2017〕66 号），2017 年 5 月 21 日。

③ 中共林县县委组织部：《关于认真做好驻村第一书记和专职工作队员日常考勤的通知》（林组通字〔2017〕81 号），2017 年 4 月 22 日。

改推进视频会议。会上陕西省委副书记针对扶贫工作节奏慢、财政资金下拨不及时/不充足、项目资金整合不到位等问题,提出了新的要求。

在工作节奏方面要求:从即日开始到 7 月中央巡察前,各市(区)的市委书记、市长每周要书面报告脱贫工作进展,报进度、报问题、报措施;有扶贫任务的县委书记、县长要将本县整改完成的村、工作到位的村,花到扶贫上的钱、用在扶贫上的招、抓的扶贫上的事,一周一报表;省脱贫攻坚指挥部"八办两组"牵头部门也要把每周工作进展情况按时上报。以上三类汇报由省脱贫攻坚指挥部办公室汇总,报省委、省政府主要领导。据此适时开展核查,确保 7 月 20 日前不漏一村、不漏一个问题,全部整改到位。在财政资金方面要求:1. 省财政厅要严格落实省委、省政府关于 2017 年陕西省扶贫资金增幅 100% 的硬性任务,新增财政扶贫资金主要用于深度贫困群体帮扶和连片特困地区扶持。2. 资金整合要到位,凡是到县(区)的扶贫和涉农资金,除中央有明确的项目投放规定外,必须由县(区)整合集中使用。……各部门在整合问题上必须坚决服从、坚决执行。对此省上的态度是,对不整合、慢整合、干预整合的,该审计的就审计,该问责的就问责,该查处的就查处。①

四、本章小结:精准扶贫的政治化

从上面的历史勾勒中可以看出,从中华人民共和国成立到改革开放,再到当下,扶贫工作的转型存在两个基本的线索:一是国家农村工作基本方向的转变,从资源汲取转变为资源反哺,而且向农村地区反哺

---

① 陕西省委副书记:《作风硬、扶贫赢——在全省脱贫攻坚整改推进视频会议上的讲话(2017 年 5 月 25 日)》,见桥镇:《中省市县领导在脱贫攻坚会议上的讲话》(无文号),2017 年。除了这两点非常具体的工作要求,陕西省委副书记再次强调脱贫攻坚的政治性,并对督查考核、社会保障兜底、易地搬迁、健康脱贫等提出了要求。

的资源数量越来越大，向下渗透的程度越来越深，这是一个长期的宏观趋势。二是扶贫工作从政府工作序列中的常规工作（甚至是边缘工作）向中心工作转型，重要性变得越来越突出，这是一个短期的态势变化。这两个基本线索影响了农村扶贫工作的主要样态。

在资源汲取阶段，县乡政府最大的任务就是征缴税费、征收公粮、计划生育。在这一时期采取的扶贫措施比较单一，主要是社会救济，对农村地区经济收入最低、生存状态最恶劣的群体进行社会救济（如五保、低保等），给予的资源数量只是保障他们达到最基本的温饱水平。即使到了以经济建设为中心的市场经济阶段，扶贫也只是经济发展的"附属物"，"以发展带动扶贫"是这一时期的基本思路，基础设施建设、农田水利建设、农业产业发展诸如此类的措施构成了扶贫的基本抓手。2000年农村税费改革，2006年全面取消农业税，再到国家对农村、农业进行资源反哺，农村工作的基本方向发生了重大转变，投放到扶贫领域的资源越来越充盈，扶贫措施也越来越多样，集区域经济开发、基础设施建设、社会保障多种举措的综合治理式扶贫也在这一时期逐渐成型，塑造了21世纪第一个十年中国农村扶贫工作，并对之后的精准扶贫产生了重要影响。

在资源维度上，除了充盈程度之外，还存在渗透层级的问题。"八七攻坚"期间的扶贫工作以县域为单位，"贫困县"是资源渗透的基本层级，各种基础设施也大多围绕县域展开，至于乡镇、村层面可能并没有获得多少扶贫资源。到了21世纪第一个十年，中国农村扶贫工作下沉到村一级。在这一时期，整村推进是落实扶贫政策的重要途径，各种农业产业扶持、小型基础设施建设、人居环境改造等扶贫措施开始围绕扶贫重点村开展。2013年之后精准扶贫政策的出台进一步强化了这个趋势，精准扶贫要求精准识别、精准帮扶、精准管理、精准退出（即"四个精准"）。对于具体的帮扶措施，也要求根据不同的致贫原因进行"因户施策"。也就是说，资源渗透再次下沉到贫困户一级。在这种扶贫资源不断下沉渗透的背后，其实反映出的是国家能力的提升（包括识别/认证能力、再分配能力等），国家可以凭借大规模的人力、物力、财力以及更加先进的技术能力，从广大农民群体中识别出真正的贫困户，从贫困户当中识别出他们各自不同的致贫原因，并将反哺资源逐级分配到特定的贫困户手中。

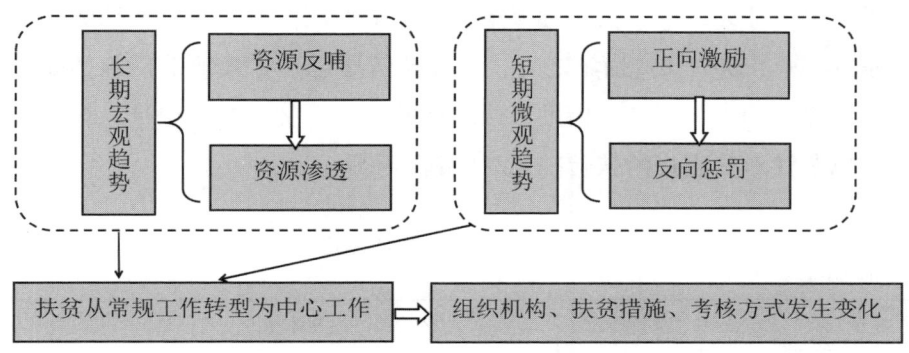

图1-1 扶贫工作转型的基本逻辑图示

更加充足的扶贫资源、更加聚焦的资源渗透，重塑了扶贫干部的工作形态。高强度的工作任务对扶贫干部的工作要求更高，为了完成工作，政治动员的程度也就会更强烈——中央政府不断就扶贫工作召开会议，中央领导人不断就扶贫问题做出批示，各相关部委密集出台配套政策，各大媒体不断就扶贫工作组织宣传报道，通过这种"正向激励"的方式来强调扶贫的重要性。在"正向激励"之后，如果地方政府依然"以会议贯彻会议、以文件落实文件"，扶贫干部仍旧存在敷衍塞责、虚与委蛇、欺上瞒下的情况，那么紧接着就会出现"反向惩罚"——通过督查考核，对执行政策不力、工作效果不突出的进行约谈、警告，以这种方式再次强调扶贫的重要性。可以说，"正向激励+反向惩罚"构成了压力型体制下自上而下施加压力的基本方式。也就是说，两大趋势（四个因素）构成了扶贫从常规工作向中心工作转型的必要条件，资源反哺和资源渗透的变化影响了扶贫工作的长期宏观趋势，正向激励和反向惩罚构成了短期发展态势。经过前期的一系列工作，扶贫工作的"政治化"过程才算是真正完成，从常规工作转型为中心工作，成为地方干部口中的"政治任务"。

之后在扶贫这个问题上，地方政府面临了更大的压力。在这种局面下，地方政府开始提高脱贫攻坚的工作节奏，出台更加具体的扶贫措施。2017年6月1日，林县针对"八个一批"的扶贫政策，一口气出台了八个更加详细的脱贫实施方案，基本上形成了较为完备的扶贫措施体系。① 除了这些扶贫措施之外，精准扶贫还包含了其他的措施，如政府部门之间的对口帮扶，借助市场主体的消费扶贫、电商扶贫、企业扶贫，以及针对贫困户的扶贫扶志/扶贫扶智等。

表1-5 精准扶贫的具体措施

序号	大的类型划分	具体措施
1	地方政府主导	"八个一批"（易地扶贫搬迁、产业脱贫、就业创业脱贫、生态脱贫、健康脱贫、教育脱贫、社会保障兜底脱贫、金融脱贫），基础设施建设，扶贫扶志/扶贫扶智，干部帮包。

---

① 相关政策文件参考林县政府办公室：《关于印发〈林县2017年度易地扶贫搬迁工作实施方案〉的通知》（林政办发〔2017〕72号），2017年6月1日。林县政府办公室：《关于印发〈林县产业脱贫实施方案〉的通知》（林政办发〔2017〕73号），2017年6月1日。林县政府办公室：《关于印发〈林县就业创业脱贫实施方案〉的通知》（林政办发〔2017〕74号），2017年6月1日。林县政府办公室：《关于〈印发林县2017年生态脱贫实施方案〉的通知》（林政办发〔2017〕75号），2017年6月1日。林县政府办公室：《关于印发〈林县健康脱贫实施方案〉的通知》（林政办发〔2017〕76号），2017年6月1日。林县政府办公室：《关于印发〈林县教育脱贫实施方案〉的通知》（林政办发〔2017〕77号），2017年6月1日。林县政府办公室：《关于印发〈林县社会保障兜底脱贫实施方案〉的通知》（林政办发〔2017〕78号），2017年6月1日。林县政府办公室：《关于印发〈林县金融脱贫实施方案〉的通知》（林政办发〔2017〕79号），2017年6月1日。

（续表）

序号	大的类型划分	具体措施
2	不同政府之间合作	东西协作，对口帮扶。
3	其他社会力量参与	消费扶贫，电商扶贫，企业扶贫。

对于本书而言，研究的对象是精准扶贫中地方政府的组织与行为，更加关注由政府主导的扶贫措施。因此，本研究选取地方政府主导的扶贫搬迁、产业脱贫、干部帮包作为分析对象，以此体现扶贫过程中的国家与社会关系（生活、生产、情感三个维度）。选取这三个扶贫措施，并不意味着其他的扶贫措施不重要。相反，其他扶贫措施的重要性并不比扶贫搬迁、产业脱贫、干部帮包更弱，只是因为其他的扶贫措施与本研究主题关联性较低，没有必要面面俱到地讨论所有扶贫措施（笔者也不具备这个能力）。当然，对地方政府而言，"政治化"完成之后，紧随而来就是扶贫组织机构的转型和考核方式的变化。扶贫组织机构转型之后，地方政府才有可能更加高效地执行各种具体的扶贫政策。因此，本书第二章将重点讨论脱贫攻坚指挥部的组织结构与运作逻辑。

第二章 脱贫攻坚指挥部与科层组织重构

对地方政府而言，一项工作从"常规工作"转型为"中心工作"，紧随而来的举措就是建立权力更加集中，也更具权威性的政策执行机构，取代原有条块分割、力量薄弱的常规科层组织。本章的主要任务就是以"脱贫攻坚指挥部"（简称"指挥部"）及其附属组织为重点，分析地方政府对科层组织的重构过程。具体而言，主要包括四个部分：一是分析指挥部的中枢系统，主要论述指挥部的领导规格，指挥部办公室（以下简称"脱贫办"①）的人员扩充和职权拓展，以此体现指挥部的权威提升。二是分析指挥部的"办组系统"，主要描述"八办两组/七办两组"的演变过程，论述指挥部对非扶贫机构的组织吸纳。三是从上下关系的角度，分析指挥部通过下派干部（包括驻村工作队员、第一书记等），向农村基层的延伸过程。四是分析脱贫攻坚指挥部与常规科层组织、领导小组及其他指挥部之间的联系与区别，从比较视角对指挥部进行归纳。

---

① 为了与以前的"扶贫办"进行区分，本书将"脱贫攻坚指挥部办公室"简称为"脱贫办"。

一、指挥部的"中枢系统"与权威提升

改革开放以来，县和乡镇政府就意图按照现代意义上的科层制打造专业化的行政队伍，建立分科设岗、层级节制的常规组织体系。1979年宪法修正案取消了地方各级革命委员会，改为人民政府，之后革命委员会下设的组、站也陆续改为更具现代特征，也更具专业色彩的委、办、局。到20世纪80年代初，县级政府基本完成了这个常规化的过程。① 1983年中央决定取消人民公社，建立乡镇政府。但乡镇一级并未完全建立起常规化的组织体系，到目前为止，乡镇政府也只是初步具备了科层制的基本特征，建立了少量带有分工色彩的办、站、所。② 尽管近几年乡镇政府也按照《公务员法》录用了一批具有本科以上学历的公务员或事业编制工作人员，这些新录用人员大多具备特定的专业知识，也具备现代办公能力，但是与中央以及省、市、县层面规范化的科

---

① 改革开放后，林县政府的"现代化过程"要比全国其他地区的节奏更慢一些。1970年8月，林县成立"革委会"，下设办事组、生产组、政工组、政法组、毛泽东思想宣传站、工交管理站、农村社会主义建设服务站、粮油管理站、商业服务站、财税管理站。1980年12月，林县革委会进行机构改革，成立了办公室、民政局等若干职能部门。到1983年3月，林县革委会才改为"人民政府"，并进行了组织调整。到此为止，林县基本形成了现代意义上的科层组织体系。参考林县县志编纂委员会：《林县县志》，陕西人民出版社1991年版，第536页。

② 根据桥镇的"三定方案"和《站办所撤并整合方案》，桥镇共计有6个内设行政机构，分别是党政综合办公室（内设纪委办、计生办和统计站）、人大主席团办公室、经济发展办公室（内设国土资源管理所、环境保护所）、社会治理办公室（司法所）、市场监督管理所、财政审计所；3个镇属事业单位机构，包括农业综合服务站、社会保障服务站、公用事业服务站。参考中共桥镇党委、桥镇人民政府：《关于印发〈镇机关站办所撤并整合方案〉的通知》（桥发〔2016〕19号），2016年2月18日。中共林县县委办公室：《桥镇的主要职责、机构设置和人员编制规定》（林办发〔2016〕18号），2017年3月15日。

层制相比，乡镇一级的科层制还存在很大的差距。在扶贫机构方面，尽管县级要比乡镇一级更完善，但总体而言，在扶贫工作转型为中心工作之前，县乡扶贫机构的工作人员并不充足，地位也并不突出。

当然，对于扶贫工作而言，这种情况存在一定的历史合理性。在脱贫攻坚之前，扶贫只是地方政府的一项常规工作（甚至是边缘工作），地方政府所面临的工作压力也并不大。在这种情况下，地方政府可以依靠"不太规范""不太重要"的机构按部就班地予以应对。但是，当扶贫工作从常规工作转型为中心工作之后，这种相对弱势、不太规范的扶贫机构可能就显得力有不逮了——自上而下分配下来的扶贫项目增加，扶贫干部需要承担的工作压力也就会随之加大。原有扶贫机构的工作人员数量太少，与大量的贫困人口、繁重的扶贫任务相比完全不成比例。而且，原有的扶贫机构只是地方政府一个相对弱势的部门，与其他政府部门相比，并没有足够的政治权威与上级政府、社会组织进行对接，也没有权力支配其他部门的工作。面对脱贫攻坚这种超常规的中心工作，身处"压力型体制"之中的地方政府就必须超越原有的常规科层体系，进行组织重构，建立更加集权也更具政治权威的新组织，对扶贫工作进行统筹布局，统一安排。

从2015年年底到2016年年初，在中央政策压力下，林县和桥镇开始在扶贫领域进行组织重构。2015年11月29日，中央下发《关于打赢脱贫攻坚战的决定》。12月31日，林县结合自身的实际情况，制定了本县《关于坚决打赢脱贫攻坚战的实施意见》（简称《实施意见》）。当日，林县召开了声势浩大的脱贫攻坚工作推动会，会上宣布正式成立脱贫攻坚指挥部。《实施意见》明确提出，"县委、县政府实行脱贫攻坚指挥部领导体制，县委书记任第一指挥长，县长任指挥长，县党政领导班子其他成员和人大、政协主要领导任副指挥长，县委副书记、县政府分管副县长任副指挥长，县直各有关部门主要负责人和各镇党委书记、镇长为成员；指挥部在县扶贫局下设办公室，办公室要抽调优秀干部，整合扶贫部门力量，集中办公。抽调干部要脱离原单位工作，由脱贫攻坚指挥部统一管理、使用和考核。"①

半个月后，脱贫攻坚的政治压力传导至乡镇一级。2016年1月13日，桥镇党委、政府召开了全镇打赢脱贫攻坚战工作动员大会，桥镇党政领导、全体干部、各行政村党支部书记和村委会主任全部到场参加。在动员大会上，桥镇党委书记宣布了指挥部的成立，提出"镇党委、镇政府成立了脱贫攻坚指挥部……来统筹协调和安排各项工作，各村也要明确班子成员脱贫攻坚职责任务，确保层层加压，压力逐级传导"②。次日，桥镇正式下发了镇脱贫攻坚指挥部的成立文件。指挥部由桥镇党委书记担任指挥长，镇长担任总指挥，分管扶贫工作的副镇长担任责任指挥，党委副书记、纪委书记及其他副镇长担任副指挥，镇属各单位负责人、驻镇各单位负责人（包括各驻镇银行行长、镇中心小学校长、镇中学校长和镇卫生院院长）、各村党支部书记、村委会主任全部被纳入其中成为指挥部的成员。指挥部下设办公室，办公室设在扶贫办。③同日，桥镇还印发了《坚决打赢脱贫攻坚实施方案》，明确提出"实行脱贫攻坚指挥部领导体制"④。至此，地方扶贫工作正式进入指挥部领导体制，县、镇两级的扶贫机构由原来相对弱势的"领导小组—扶贫局/办"模式变为较为强势的"指挥部—脱指办"模式。

对于成立指挥部的目的，无论是县级指挥部的领导还是镇级指挥部

---

① 中共林县县委员会、林县人民政府：《关于坚决打赢脱贫攻坚战的实施意见》（林发〔2015〕15号），2015年12月31日。

② 桥镇党委书记：《在全镇打赢脱贫攻坚战工作动员大会上的讲话》（无文号），2016年1月14日。

③ 中共桥镇委员会、桥镇人民政府：《关于成立桥镇脱贫攻坚指挥部的通知》（桥发〔2016〕5号），2016年1月14日。

④ 中共桥镇委员会、桥镇人民政府：《关于印发〈坚决打赢脱贫攻坚实施方案〉的通知》（桥发〔2016〕6号），2016年1月14日。

的领导。大家的认识还是比较清楚的：就是为了解决以往扶贫工作组织弱化、政策执行不力的问题，希望依托指挥部这个新机构，凝聚各部门的人力资源和财政资源，进行统筹协调、统一指挥，在脱贫攻坚这场战役中做到指挥有力。

县级：2015年11月份，中央开了那个脱贫攻坚工作会。中央开完会以后，从省到市到县就开始布置，成立指挥部，我们是2015年的12月30号成立的。成立这个指挥部，就是打仗的意思嘛。原来都叫扶贫开发领导小组，还叫过脱贫攻坚领导小组。它这个指挥部还不一样，指挥部就是作战体系一样，就是调动方方面面的资源、人力，还有项目、资金各方面，它做统筹。①

镇级：为使脱贫攻坚工作取得成效，镇党委、政府成立了镇脱贫攻坚指挥部，由我任指挥长，WDM同志（时任桥镇镇长——笔者注）任总指挥，班子其他成员任副指挥，JH同志（时任桥镇分管扶贫工作副镇长——笔者注）任责任指挥，镇属及驻镇单位负责人组成的指挥队伍，来统筹协调和安排各项工作。各村也要明确班子成员扶贫攻坚职责任务，确保层层加压，压力逐级传导。……镇脱贫办要充分发挥组织协调、参谋助手的作用，加强脱贫攻坚的指导，精心实施，把各种力量、各类资源聚集到脱贫攻坚上来，统筹做好进度安排、项目实施、督促指导，加大业务干部培训。②

当然，意图在扶贫领域做到"聚集资源、统筹协调"，并不是成立一个指挥部就万事俱备了，还需配套更为微观具体的工作机制。总结来

---

① 林县扶贫局副局长、脱贫办副主任访谈记录，访谈编号：20181116-QB，访谈时间：2018年11月16日。

② 桥镇党委书记：《在全镇打赢脱贫攻坚战工作动员大会上的讲话》（无文号），2016年1月14日。

看，指挥部之所以能够调动方方面面的资源，最重要的原因是指挥部形成了强有力的中枢系统，使之具有不同于常规科层组织的政治权威。这一点主要体现在指挥部的领导规格和脱贫办的政治地位这两个要素上。

首先是指挥部的领导规格。2015 年 12 月 30 日，林县指挥部的成立文件以及《关于坚决打赢脱贫攻坚战的实施意见》构成了县级指挥部的基本格局。2016 年 1 月 14 日，桥镇指挥部的成立文件和《坚决打赢脱贫攻坚实施方案》构成了镇级指挥部领导体制的基本框架。之后指挥部的领导体制在基本框架的基础上进行了微调。2016 年年底，林县和桥镇根据党委、政府换届，领导班子调整和现实工作需要，调整了指挥部领导，并更改了职位名称。在县级层面，由党委书记担任的第一指挥长改称第一总指挥，由县长担任的指挥长改称总指挥，党委分管扶贫工作的副书记由副指挥长改称责任副总指挥，其他副指挥长改称副总指挥，增加县扶贫局局长（脱贫办主任）为责任副总指挥。① 县级指挥部形成了"第一总指挥（书记）—总指挥（县长）—责任副总指挥（副书记、扶贫局局长）—副总指挥（其他县级领导）"的结构。在乡镇层面，由书记担任的指挥长改称第一总指挥；由党委副书记、纪委书记及其他政府副职担任的副指挥改称副总指挥，增加人大主席为副总指挥；增加责任副指挥，由纪委委员、武装部长、组织委员担任。2017 年 5 月 27 日，桥镇根据县委安排，将县民政局派驻桥镇领导帮扶工作的副局长增加为副总指挥。② 至此，镇级指挥部形成了"第一总指挥（书记）—总指挥（镇长）—副总指挥（副书记、纪委书记及其他副镇长）—责任指挥（分管扶贫的副镇长）—责任副指挥（纪委委员、武

---

① 林县扶贫局副局长/脱贫办副主任访谈记录，访谈编号：20181116-QB，访谈时间：2018 年 11 月 16 日。

② 中共桥镇委员会、桥镇人民政府：《关于调整完善桥镇脱贫攻坚指挥部的通知》（桥发〔2016〕157 号），2016 年 11 月 16 日。中共桥镇委员会、桥镇人民政府：《关于充实镇脱贫攻坚指挥部组成人员的通知》（桥发〔2017〕97 号），2017 年 5 月 27 日。

装部长、组织委员)"的领导体系(参考图2-1、2-2)。

上面这些微调的动作大体上可以归结为两点:一是纳入的领导人数越来越多。县级层面增加了扶贫局长/脱贫办主任进入领导系统,镇级层面增加了纪委委员、武装部长、组织委员进入领导系统。最终的结果是指挥部的领导组成与党委、政府的领导组成存在很大比例的重叠,所有党委、政府领导班子的成员都被纳入其中。二是区分不同"指挥"的等级。基本原则是不同领导在指挥部的称呼分类和原有行政级别、工作分工存在密切联系,党委书记和县长/镇长具有特殊地位,行政级别更高的县人大常委会主任、县政协主席单独列出,分管扶贫的党委副书记和政府副县长/副镇长超脱于其他副职领导。

指挥部的这种变化虽然很琐碎,但是这些细微变化并非只是为了体现官僚系统的等级秩序和繁文缛节。其实更多的是向地方干部透露很直观的政治信号。一方面,党委和政府是指挥部的权力来源,党委和政府发布的红头文件构成了指挥部权力来源的制度基础。关于指挥部基本制度规范的文件,包括指挥部和指挥部内部各办、组的成立和调整,以及指挥部领导系统、成员系统,各办、组人员的任命,职位名称的调整,大多数都是由党委和政府联合发文,这些文件建构了指挥部的基本框架。这既是党管组织、党管干部原则的体现,同时也显示出,指挥部的权力来自同级党委、政府的授权,具有无可置疑的合法性。另一方面,得益于这种安排,指挥部在某种程度上又可以等同于同级党委、政府——指挥部发布的政策文件必然需要经过领导系统的批准,而指挥部的领导同时也是原有党委、政府领导班子成员,那么这种文件就等同于被原有领导班子批准,指挥部发文就等同于党委、政府联合发文。① 这

---

① 林县和桥镇指挥部和脱贫办都有自己的公章,但在林县另外一个X镇,指挥部和脱贫办并没有自己的公章,而是直接使用党委和政府的公章:如果由指挥部发文的话就是用党委的章,如果是脱贫办发文就是用政府的章。这样指挥部、脱贫办和党委、政府的关系就更紧密了。

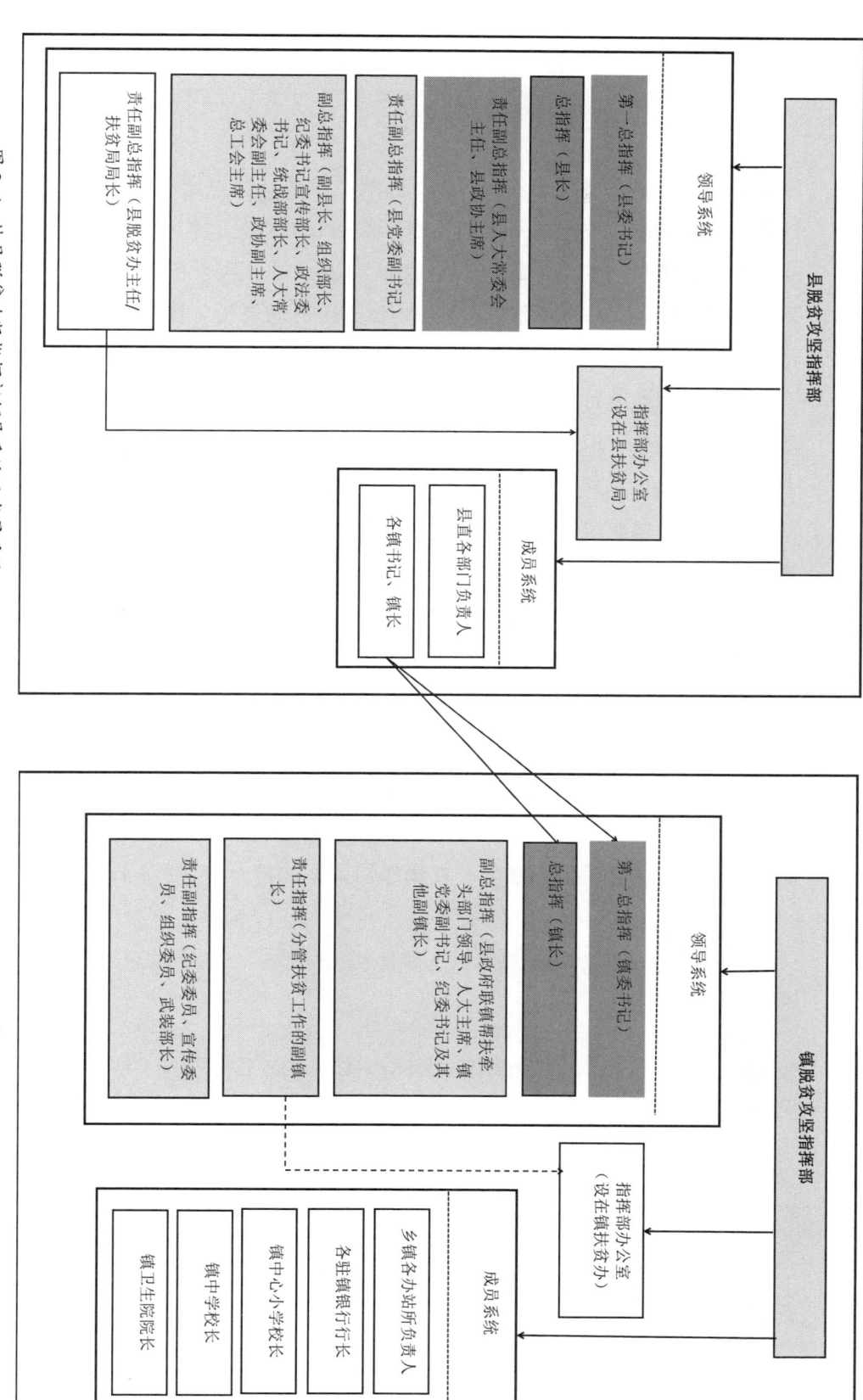

图 2-1 林县脱贫攻坚指挥部领导系统及成员系统

图 2-2 桥镇脱贫攻坚指挥部领导系统及成员系统

就使得指挥部具有很高的政治权威，按照桥镇扶贫办主任的说法，"指挥部其实和党委、政府是平级的，指挥部的领导就是我们镇上的领导，就是书记和镇长，镇上的所有领导都被纳进去了。这个指挥部就和党委、政府一样。"① 这种领导规格显然要比扶贫局局长、扶贫办主任主导更加有效，更能体现"领导重视"，也就更有利于统筹协调。

其次是提高脱贫办的地位。实际上，新成立的县脱贫办就是以原有县扶贫局为班底，镇脱贫办也主要是以镇扶贫办的人员为班底，两者属于"一个机构，两块牌子"。在县级层面，县脱贫办由原来扶贫局局长担任主任；在镇级层面，镇脱贫办在成立之初由分管扶贫工作的副镇长兼任主任，2018年5月之后，改由原扶贫办主任担任主任职务。尽管脱贫办的"名头"好像只是一件"马甲"，但在地方实践中，穿上"马甲"和未穿"马甲"，两者的地位会存在非常明显的区别。从调研得到的信息来看，这种区别主要体现在以下几个方面。

第一是领导的政治待遇和其他部门领导不同。在县级层面，林县将扶贫局长/脱贫办主任任命为县政府党组成员，成为"准副县级领导干部"。② 这一政治待遇使扶贫局长/脱贫办主任已经超越了发改局、财政局、国土局等强势部门的领导。在镇级层面，2017年8月18日，林县

---

① 桥镇脱贫攻坚指挥部办公室主任访谈记录，访谈编号：2018720ZC，访谈时间：2018年7月20日。

② 在县域干部体制中，党委系统中的纪委书记、政法委书记、县委办主任、组织部部长、宣传部部长、统战部部长可能由县委常委兼任，政府系统中的公安局局长可能由副县长兼任，这些干部属于"实职的副处级"。政府口部分资历比较老的委、办、局一把手可能有四级或三级调研员的职级，属于"虚职的副处级"。其他各委、办、局（包括县扶贫局）的一把手一般都只是正科级（甚至是副科级）。根据《中国共产党党组工作条例》第十四条第二款的规定：党组其他成员一般由本单位领导班子成员中的党员干部、派驻本单位的纪检监察组组长担任，必要时也可以由本单位重要职能部门或者下属单位党员主要负责人担任。扶贫局局长/脱贫办主任即属于"下属单位党员主要负责人"这一类型。

编委会议决定,为各镇脱贫办增加 1 名副科级专职副主任领导职数,占用各镇事业编制。① 之后林县开始从全县党政机关、企事业单位抽调科级干部任镇脱贫办专职副主任,享受副科级领导待遇。对地方干部而言,这种政治待遇提升带来的示范效果还是很明显的,无论是县级领导还是普通扶贫干部,都很看重这一点。

县级脱贫办:现在政府党组成员是 13 个人,1 个县长,5 个实职副县长,5 个挂职副县长。除此之外,我们只有 2 个正科级的党组成员,一个是政府办主任,另外一个就是扶贫局长,也就是这个脱贫攻坚指挥部办公室主任,他俩级别都是正科。你看是不是就给了他很高的政治待遇?那说白了,下一步,提拔副县长的时候,他俩就是排在前两位的嘛,他俩是党组成员,其他都不是党组成员。那你一般来说财政局局长是很硬的,发改局长也是很硬的,但这点就还不行,还不是党组成员嘛。②

镇级脱贫办:到我们镇之前,我们 L 主任之前是县便民服务大厅的主任,也是后备干部。他现在虽然是主任,但其实就是承担了一个镇长(基层干部称呼副职时习惯去掉"副"字,将副镇长也称为镇长,这里的镇长应该是指"副镇长"——引者注)的角色,享受的也是副科的待遇。我们镇上其他的办公室主任,一般都不是(副科级)。③

---

① 文件规定,待脱贫攻坚任务完成后,该副科级专职副主任的领导职数核销。林县机构编制委员会:《关于为各镇脱贫攻坚指挥部办公室设置领导职数的通知》(林编发〔2017〕××号),2017 年 9 月 7 日。拍摄这份文件时,只拍到了正文部分,不确定具体文号。

② 林县副县长访谈记录,访谈编号:20181115KDS,访谈时间:2018 年 11 月 15 日。

③ 桥镇脱贫攻坚指挥部办公室干部访谈记录,访谈编号:20190727ZMM,访谈时间:2019 年 7 月 27 日。

第二是脱贫办的人员规模得到扩大。在县级层面，为了强化脱贫办/扶贫局的力量，林县以原有扶贫局的班底为基础，然后从其他委办局抽调了有工作能力的年轻干部，充实到脱贫办。抽调干部之后，县脱贫办/扶贫局的人数从不到 20 人增加到 46 人①，从原来很弱势的部门一跃成为"大局"。在这些增加的人员中特别重要的是增加了 10 个副主任。这 10 个副主任在原单位大多就是副科级别（部分属于正科级别），抽调之后，关系还在原单位，但是需要到脱贫办/扶贫局承担工作。这些抽调来的副主任基本上都有各自的分工，分工和他原来的工作有一定的联系，也和"八办两组"存在对应关系（但并不是一一对应），他们的主要职权就是按照分工对上级文件进行解释。

一般上面下来的文件，很多都是模糊的，或者和我们县上实际情况不一样的，甚至有一些矛盾的。咋整？那就需要这些副主任进行解释。如果他觉得自己理解得没问题，那就转给乡镇，指导乡镇就开始干了；如果他觉得自己也把握不准，那就会跟主任汇报，开会讨论。所以这些副主任的责任很大，他们解释成啥样，下面就会怎么干。指挥部指挥部，你要指挥嘛，你只有指挥好了，下面才能打好这个仗。②

乡镇脱贫办并没有因为脱贫攻坚增加编制，同时镇一级也没有那么多的干部可供抽调，除了从其他办、站、所抽调 2 名干部，增加 1 位副科级专职副主任之外，桥镇充实脱贫办的办法就是招聘合同制的信息

---

① 按照"三定方案"，县扶贫局事业编制 18 名，其中局长 1 名、副局长 2 名。林县政府办公室：《县扶贫开发局主要职责、内设机构和人员编制规定》（林政办发〔2016〕73 号），2016 年 9 月 20 日。

② 林县副县长访谈记录，访谈编号：20181115KDS，访谈时间：2018 年 11 月 15 日。

员。当然这些信息员的主要职责就是从事信息平台数据的录入、核对、更新、动态管理和信息系统日常维护等工作。2016年5月，林县发布了《招聘精准扶贫信息员的通知》，在全县范围内招聘县级和镇级扶贫信息员。其中县级扶贫信息员要求具有本科以上学历，镇级扶贫信息员的报名条件是要求具有专科以上学历，并熟练掌握计算机操作技能。待遇是每人每月2000元并交纳社会保险（1000元来自公益岗位补贴，1000元由财政局支付）。此次共计招聘了23名扶贫信息员，其中县扶贫局6名，10个乡镇共计17名，桥镇分到了2个名额。① 2018年5月，桥镇录用的2名扶贫信息员合同到期。当年9月6日，桥镇再次发布公告，重新为脱贫办招聘了3名扶贫信息员，而且待遇提高到了每人每月2500元并交纳社会保险。② 到目前为止，在桥镇脱贫办/扶贫办工作的人员共计有9人，其中县上派下来的挂职主任1名、原扶贫办主任1名，副主任1名，干部1名，从其他办、站、所调配干部2名，招聘的扶贫信息员3名。尽管这9人中有多人不是原扶贫办工作人员，但从人员规模上看，脱贫办/扶贫办已经是乡镇办、站、所中人员数量较多的部门。③

第三是脱贫办介入其他部门的工作流程当中，掌握了项目资金的整合权、监督权。从正式的文件上看，脱贫办发挥的是参谋助手、综合协

---

① 林县扶贫局：《关于公开招聘精准扶贫信息员的通知》（林扶字〔2016〕41号），2016年5月11日。

② 《桥镇2018年镇级扶贫信息员招聘公告》（无文号），2018年9月6日。

③ 按照2016年3月份的人员安排，桥镇党政综合办公室（含纪委办、计生办）12人，人大主席团办公室2人，经济发展办公室（国土资源管理所）6人，社会治理办公室（司法所）4人，财政审计所6人，市场监督管理所3人，农业综合服务站8人，社会保障服务站9人，公用事业服务站4人，便民服务大厅4人，派出工作站2人（含临聘人员1人）。到2018年，脱贫办/扶贫办有9人（正式干部6人、临聘人员3人），已经属于较大的办站所。参考中共桥镇委员会、桥镇人民政府：《关于镇机关干部工作岗位调整的通知》（桥发〔2016〕22号），2016年3月2日。

调功能，甚至有很多工作是事务性的数字收集、整理、上报。例如，乡镇脱贫办的主要职责包含以下几点："1）负责制定全镇有关扶贫工作配套政策和管理细则；2）编制扶贫开发年度计划，指导全镇开展脱贫攻坚工作；3）负责本镇精准扶贫责任书、脱贫攻坚各项指标的落实；4）负责上级扶贫开发项目资金管理和监督检查工作；5）负责全镇脱贫攻坚工作，组织协调各部门和企事业单位开展结对帮扶工作；6）负责上级部门在镇包村扶贫的协调和联络工作；7）负责贫困人口的识别把关，建档立卡及上报，信息数据收集整理更新工作；8）负责所有贫困户分项扶贫措施的汇总、上报及贫困村产业规划的调整完善和启动工作；9）做好脱贫攻坚指挥部临时交办的其他各项工作。"① 到了实践中，脱贫办把第4条"负责上级扶贫开发项目资金管理和监督检查工作"做实了，掌握了项目资金的管理权、监督权。

在县级层面，县级脱贫办逐渐掌握了涉农资金的整合权。2017年6月5日，市政府办公室批转市脱贫办和财政局《关于加快推进贫困县涉农资金整合工作的指导意见》，扩大了县级统筹整合财政涉农资金的权限（共计有73项，包括中央层面22项、省级层面35项、市级层面9项、县级7项），原由市审批、变更和验收等权限全部下放到县区。根据11月21日《林县统筹整合使用财政涉农资金管理办法》，在县一级进行涉农资金统筹整合的部门就是脱贫办。

市级基本原则：市脱贫攻坚指挥部办公室对整合协调工作负总责，县区整合工作在同级脱贫攻坚指挥部统一领导下开展。县区为整合工作的实施主体和具体平台，根据本县区脱贫攻坚规划，统筹整合使用财政涉农资金，并承担整合资金使用的安全责任。

---

① 资料来自桥镇脱贫攻坚指挥部办公室宣传栏，拍摄时间：2018年7月20日。

市级整合机制：市、县脱贫攻坚指挥部及其办公室要进一步强化统筹协调作用，市级涉农项目主管部门接中省资金、计划文件后，要迅速与财政部门对接预算指标，财政部门按照规定时限将资金切块下达到县区；县级涉农项目主管部门的所有项目计划必须在最短时间内报经本级脱贫攻坚指挥部办公室对接、审定。脱贫攻坚指挥部办公室按照年度脱贫攻坚规划和重点项目规划确认审定后，上报上级涉农主管部门，确保项目在申报初期即纳入整合范围，实现项目、资金渠道"双通"。①

县级具体整合办法：财政涉农资金统筹整合工作在县脱贫攻坚指挥部领导下进行，县脱贫攻坚指挥部办公室负责制定脱贫攻坚规划，建立精准扶贫项目库，组织召开统筹整合使用财政涉农资金工作会议，研究解决财政涉农资金统筹整合使用工作中的重大问题和综合协调工作，审定统筹整合资金使用计划和方案等，负责督促项目主管部门和实施单位加快项目实施。②

乡镇并没有项目资金整合的权力，但是县级层面进行资金整合后，到了乡镇层面几乎所有的项目就都成了扶贫项目。在这种情况下，脱贫办就逐渐掌握了涉农资金项目执行的监督权——在以往的工作程序中，各办、站、所都有对应的上级部门，也就是按照"条条"的逻辑，进行项目申报—审批—招投标—执行—验收，扶贫办与其他办、站、所在项目资金这方面并不存在上下级关系。但是，经过县级层面的项目资金

---

① 安康市人民政府办公室批转安康市脱贫攻坚指挥部办公室和安康市财政局：《关于加快推进贫困县涉农资金整合工作的指导意见》（安政办发〔2017〕67号），2017年6月8日。

② 林县政府办公室：《关于印发〈林县统筹整合使用财政涉农资金管理办法〉的通知》（林政办发〔2017〕176号），2017年11月21日。

整合，下到乡镇一级的项目资金多数都成为扶贫项目资金。① 在这种情况下，脱贫办就开始突破以往的工作权限，对所有扶贫项目进行监督，脱贫办逐渐超越其他办、站、所，成为实际意义上的"管家"。

  大部分镇上做的项目都属于扶贫项目，就像修路，基本上都是扶贫的路，到村里的通村路，通组路、旅游路，都是扶贫路。只要这条路是扶贫路，属于扶贫项目，那么这个资金就必须经我们手。就比如规划所专门修这个路，他们去跟施工队联系，按照正常的招标程序进行招标，我们会派人去参与整个的活动过程，招标、竞标，然后就是验收，都会参与的。我们现在脱贫办就类似于一个管家的角色，只要我们主任不签字，这个项目的钱就拨不出去。②

在上面这些因素的影响下，地方实际工作就出现了一个很有象征意义，也很有戏剧性的现象——原镇扶贫办给其他部门发文都属于"平行文"，如果扶贫办以脱贫办的名义给其他部门下文，就成了"准下行文"。③ 也就是说，在常规体制下，扶贫机构与其他政府部门是平级的

---

① 在县一级并不是所有项目都会转化成扶贫项目，能够整合的只有前面 73 项，其他项目依然由县政府下属的各委、办、局牵头执行。但是到了乡镇层面，几乎所有的项目都成了扶贫项目。

② 桥镇脱贫攻坚指挥部办公室干部访谈记录，访谈编号：20190803ZMM，访谈时间：2019 年 8 月 3 日。

③ 对此，乡镇干部在工作中也能体会到这一点。按照乡镇脱贫办干部的说法，"如果我拿的文件是以指挥部的名义下的，那么我就是权力最大，就是你们各办、站、所都得听。如果我是以脱贫办下的文，那就是下行文，因为我上面也是有指挥部的，你们还是得听。如果我以扶贫办的名义下文的话，那就是平行的，我们各办站所是一样的。我的理解，指挥部是最高的，然后是脱贫办，再往下才是我们之前的扶贫办。"桥镇脱贫攻坚指挥部办公室干部访谈记录，访谈编号：20190803ZMM，访谈时间：2019 年 8 月 3 日。

关系，双方并不存在支配与被支配的上下级关系。但是，当扶贫工作转型成为中心工作，扶贫局/扶贫办转型成了脱贫办，那么扶贫机构就具有了更高的地位，转型成为其他部门的"准上级机构"，两者之间形成了实质意义上的"准支配关系"。

二、指挥部的"办组系统"与组织吸纳

为指挥部设置高标准的领导规格，提高脱贫办的地位，这些举措有利于强化扶贫机构中枢系统的组织权威，但这些举措只是完成任务的必要条件——尽管抽调了干部，但脱贫办的干部数量依然有限，即使加班加点、不眠不休，现有的人力资源也势必难以单独完成繁重的工作任务。在这种局面下，指挥部及其办公室就需要将其他非扶贫部门吸纳进来，动员更多的干部参与脱贫攻坚。

从实践情况来看，县级和镇级指挥部把更多的非扶贫部门吸纳到脱贫攻坚的工作当中，主要是通过构建指挥部的"办组系统"实现的，"办组系统"构成了指挥部进行组织吸纳的"触角"。通过"办组系统"，指挥部及其办公室可以在其他非扶贫部门和扶贫工作之间建立起非正式的联系，给其他非扶贫部门分派扶贫任务。当然，在地方实践中，指挥部建立"办组系统"并不是一蹴而就的，其建立与完善也经历了不同的发展阶段。

第一个阶段是"脱贫办内部设置小组"。在 2016 年年初成立之时，县级和镇级指挥部只是设置了脱贫办，负责具体的扶贫工作。随着脱贫攻坚的推进，任务越来越复杂，指挥部开始尝试在脱贫办之内设立带有分工色彩的小组。2016 年 10 月前后，林县指挥部在办公室之内设置了综合协调组、业务指导及项目建设推进组、行业社会扶贫组、宣传调研信息组、考核评估组（信息检测中心）、机关保障组、督查暗访组（下设五个督导组）、信访维稳组、档案资料组等九个小组。小组的组长大

多由原来扶贫局的分管领导担任，小组副组长大多由扶贫局各股股长和抽调来的副主任担任，成员大多就是原扶贫局的工作人员。① 2016年11月，桥镇也在指挥部办公室下设立了五个小组：综合协调组、基础设施建设推进组、产业促进组、信息宣传组和扶贫督导组。组长大多由桥镇领导按照分管原则担任，副组长大多由职能重叠的各办、站、所负责人担任，成员则是由相关办、站、所的干部担任。桥镇脱贫办下设的这五个小组分别承担相应的职责。②

第二个阶段是"在指挥部下直接设置小组"。在脱贫办下面设置小组只是原扶贫机构各内设部门换了个名称，存在行政等级秩序不顺的问题，并不利于脱贫工作的开展。2017年年初，林县调整了指挥部各组的设置方式，在保留脱贫办下属九个小组的同时，又重新在指挥部下直接设置了五个新的小组，分别是综合协调组、公共服务与基础设施建设协调组、行业及社会扶贫促进组、调研信息宣传组、督导考核组。指挥部的这五个小组和前面脱贫办的九个小组不同，不是隶属于脱贫办，而是直接隶属于指挥部，听命于指挥部的领导。而且，这五个新的小组不

---

① 林县扶贫局副局长、脱贫办副主任访谈记录，访谈编号：20181116-QB，访谈时间：2018年11月16日。

② 具体包括以下五个小组。综合协调组：1. 落实上级文件、领导讲话精神和相关政策，研究或提请研究并落实县上有关具体政策；2. 与县脱贫攻坚指挥部办公室的联络工作，以及市县领导对脱贫攻坚工作调研督导等接待和服务工作；3. 筹备有关脱贫攻坚重要会议，做好脱贫攻坚文字材料的草拟、审核；4. 做好办公室及各组日常工作的衔接协调。基础设施建设推进组：1. 精准扶贫规划编制实施、业务推进、创新试点示范的组织实施工作；2. 指导做好基础设施项目规划，督促项目实施。产业促进组：贫困户的产业发展协调工作。信息宣传组：1. 总结挖掘脱贫攻坚工作中的先进典型和经验做法；2. 脱贫攻坚工作的宣传报道、舆论引导、政策宣传，信息收集、整理、上报、发布工作。扶贫督导组：1. 对驻村干部、第一书记、包户干部工作开展情况和目标完成情况进行日常巡察、督导考核；2. 各村脱贫攻坚工作业务督导工作。中共桥镇委员会、桥镇人民政府：《关于调整完善桥镇脱贫攻坚指挥部的通知》（桥发〔2016〕157号），2016年11月16日。

仅设置了组长、副组长，还设置了责任领导。小组的组长、副组长一般由原扶贫局各分管领导担任，责任领导则由县政府分管领导担任。相比于第一个阶段在脱贫办内设置的九个组，这五个组的规格明显提高了很多。

随后，桥镇也对设置在脱贫办内的五个组进行了调整。但是，和县级不同的是，乡镇没有那么多的工作人员进行调配，无法另起炉灶，只能借用之前的"旧五组"，将综合协调组的功能转由脱贫办直接负责，新增搬迁（旧房改造）工作组，这样原有的五个小组就演变为新的五个小组：搬迁（旧房改造）工作组、基础设施建设推进组、发展产业增收组、信息宣传组和督查考核组。五个新的小组由隶属于脱贫办转变为直接隶属指挥部，和脱贫办的关系由上下级关系转为平行关系，等级关系变得更加合理。而且"新五组"的职能也变得更为具体。①

第三个阶段是"直接隶属于指挥部的'八办两组'/'七办二组'"。 这个阶段和第二个阶段具有很明显的延续性。2017 年 4 月之后陕西省加快了脱贫攻坚的步伐，开始全面推进"八个一批"的扶贫工

---

① 具体包括以下五个小组。搬迁（旧房改造）安置组：1. SH 安置小区建设的管理、进度督办及危房改造（建）的组织实施与推进；2. "交钥匙工程"项目的规划、组织实施、验收等工作。基础设施建设推进组：贫困村的水电路桥讯等项目的规划编制、核查论证、设计预算、评审、招投标、监管、验收等组织实施工作。发展产业增收组：1. 贫困村农业园区、种养殖专业合作社等经济组织的培育、运营和产业发展；2. 指导各园区、专业合作社、家庭农场，带动区域内一定数额的贫困户发展产业脱贫增收；3. 宣传动员组织好贫困家庭劳动力转移，协调解决建档立卡贫困户人口跨省务工交通费补贴，建立贫困家庭创业务工收入信息。信息宣传组：1. 制定脱贫攻坚工作宣传计划、方案，对接联络上级媒体；报送（道）脱贫攻坚工作中的要事新闻信息，宣传脱贫政策，营造舆论氛围等；2. 总结挖掘报道脱贫攻坚工作中的先进典型和经验做法。督查考核组：1. 全镇脱贫攻坚工作的日常督查、重点工作的督查；2. 对驻村干部、第一书记和帮户干部工作开展情况的日常巡察、作风检查和督导评价。中共桥镇委员会、桥镇人民政府：《关于调整脱贫攻坚工作机构组成人员的通知》（桥发〔2017〕16号），2017 年 2 月 22 日。

作。与之相对应，林县指挥部开始在原来"五组"的基础上建立"八办两组"的组织体系。"八办"指的是：产业、生态脱贫办公室，就业、创业脱贫办公室，教育脱贫办公室，搬迁脱贫办公室，危房改造脱贫办公室，兜底保障脱贫办公室，金融脱贫办公室。① "两组"指的是：基础设施与公共服务建设协调组，资金保障协调组。② 乡镇层面也成立了类似的组织。2017年7月20日，桥镇模仿县级模式，对原来隶属于指挥部的五个组进行了改造，将"八办"中的搬迁脱贫办公室和危房改造脱贫办公室合并，形成"七办"（产业、生态脱贫办公室，就业、创业脱贫办公室，教育脱贫办公室，健康脱贫办公室，搬迁、危房改造脱贫办公室，兜底保障脱贫办公室，金融脱贫办公室），将"两组"中的基础设施与公共服务建设协调组、资金保障协调组调整为信息宣传组、产督查考核组，形成了镇指挥部的"七办两组"。

镇指挥部"七办"的职责——产业、生态脱贫办公室：1. 产业、生态奖补方案的制定和实施，协助完善相关报账资料；2. 涉及产业、生态方面的日常报表、资料收集、整理、上报工作；3. 按照林政办发〔2017〕73号文件、林政办发〔2017〕75号文件要求，开展产业、生态脱贫工作；4. 宣传和解读产业脱贫、生态脱贫政策。就业、创业脱贫办公室：1. 就业、创业计划的制定、实施，协助完善相关报账资料；2. 宣传动员组织好贫困家庭劳动

---

① "八办"和"八个一批"并非完全对应。陕西省"八个一批"分别是：产业脱贫一批、就业创业脱贫一批、生态补偿脱贫一批、教育脱贫一批、健康脱贫一批、易地搬迁脱贫一批、危房改造脱贫一批、兜底保障脱贫一批。"八办"将产业脱贫和生态补偿合二为一，又增加了金融脱贫办公室，最终还是"八办"。

② 林县副县长访谈记录，访谈编号：20181115KDS，访谈时间：2018年11月15日。正式的是"八办两组"，另外还有一个不太正式的"作风检查组"，所以林县有一些干部也会说是"八办三组"。

力转移，协调解决建档立卡贫困人口跨省务工交通补贴，建立贫困家庭创业务工信息；3. 涉及就业、创业方面的日常报表，资料收集、整理和上报工作；4. 按照林政办发〔2017〕74号文件，开展就业、创业工作。教育脱贫办公室：1. 制定我镇教育脱贫工作方案，做好贫困家庭就学人口的调查摸底工作，负责教育脱贫工作的落实工作；2. 保存好相关档案资料，向镇指挥办报送教育脱贫印证资料；3. 按照林政办发〔2017〕77号文件，开展教育脱贫工作；4. 负责宣传和解读教育脱贫政策。健康脱贫办公室：1. 按照林政办发〔2017〕76号文件，制定我镇健康脱贫工作方案，开展健康脱贫工作；2. 负责因病致贫贫困人口的摸底工作，形成健康脱贫贫困户名册、档案；开展健康脱贫帮扶活动，向镇脱贫办报送健康脱贫印证材料；3. 负责宣传解读健康脱贫政策。搬迁、危房改造脱贫办公室：1. 按照林政办发〔2017〕72号文件，制定我镇移民搬迁和危房改造方案，开展移民搬迁、危房改造工作；2. 负责SH安置小区建设的管理、进度督办及危房改造的组织实施和推进；3. 做好"交钥匙工程"项目的规划、组织实施、验收等工作；4. 负责移民搬迁相关报表、资料的上报工作；5. 负责宣传和解读移民搬迁、危房改造脱贫政策。兜底保障脱贫办公室：1. 制定我镇兜底保障工作方案，负责兜底保障贫困户摸底、评定和审核工作，发放兜底保障物资，整理、保存兜底保障印证档案资料；2. 上报涉及兜底保障方面的报表、资料；3. 按照林政办发〔2017〕78号文件，开展兜底保障工作；4. 宣传和解读兜底保障脱贫政策。金融脱贫办公室：1. 制定我镇金融脱贫工作方案，负责扶贫贴息贷款业务，指导贫困户完善相关手续，做好贫困户贷款贴息上报及发放工作，保存好贫困户贷款名册及其他金融脱贫印证资料；2. 严格按照林政办发〔2017〕79号文件，开展金融脱贫工作；3. 宣传和解读金融脱贫政策。

镇指挥部"两组"的职责——信息宣传组：1. 负责制定脱贫攻坚工作宣传计划方案，对接联络上级媒体；报送（道）脱贫攻坚工作中的要事新闻信息，宣传脱贫攻坚政策，营造舆论氛围；2. 负责总结挖掘报道脱贫攻坚工作中的先进典型和经验做法。督查考核组：1. 负责全镇脱贫攻坚工作的日常督查、重点工作的督导；2. 负责对驻村干部、第一书记和帮户干部工作开展情况的日常巡察、作风检查和督导评价。①

从最开始下设于脱贫办的小组到之后调整为直接隶属于指挥部的小组，再到最后形成更加规范、更加具有专业分工色彩的"八办两组/七办两组"，县级和镇级指挥部基本形成了完备的"办组系统"。对于陕西省"八个一批"的扶贫措施，县级和镇级指挥部都有相应的办组承担（参见图2-3、图2-4）。

不过，指挥部最终形成的"八办两组/七办两组"并不是抛弃原有科层组织不用，而是充分吸纳了其他非扶贫部门。实际上，2016年11月桥镇脱贫办成立"旧五组"的时候，桥镇即开始吸纳其他非扶贫机构的办、站、所，从对应的部门内抽调干部，之后这种做法一直延续到第二、第三阶段。到2017年指挥部成立正式的"七办两组"，各办、组的设置方式更是明显吸纳了原有的科层组织。而在指挥部"办组系统"和原有办、站、所之间还有明显的对应关系——在"七办"方面，农业综合服务站对应产业、生态脱贫办公室，社保站对应就业、创业脱贫办公室和兜底保障脱贫办公室，镇中学和镇中心小学对应教育脱贫办公室，计划生育办公室与镇卫生院对应健康脱贫办公室，集镇办对应搬迁、危房改造脱贫办公室，扶贫办与镇农商行对应金融脱贫办公室。在"两组"方面，党政办公室对应信息宣传组，纪委办公室和脱贫办对应督

---

① 中共桥镇委员会、桥镇人民政府：《关于调整脱贫攻坚工作机构组成人员的通知》（桥发〔2017〕144号），2017年7月20日。

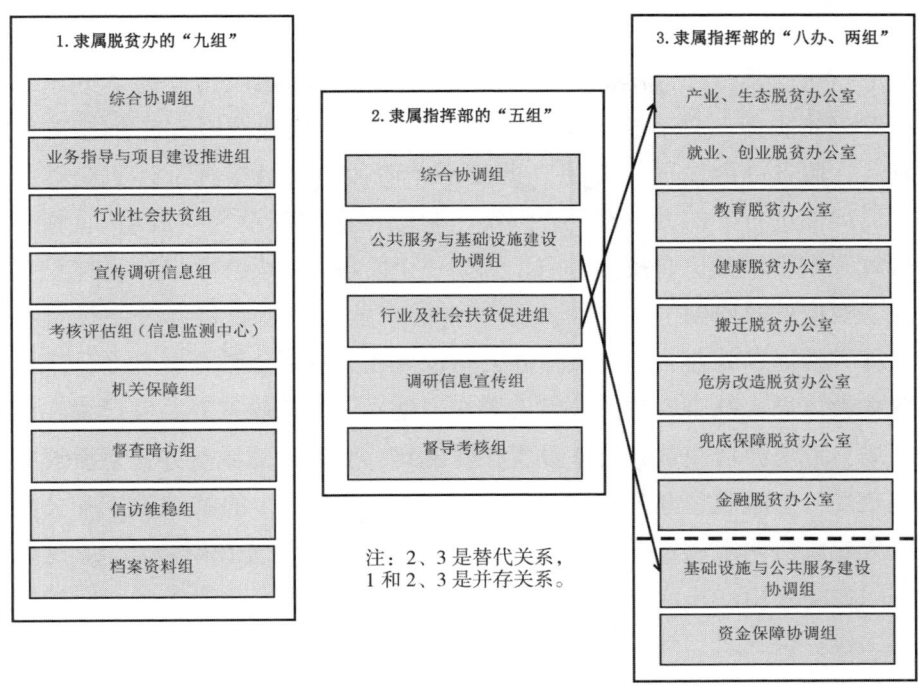

图 2-3 林县指挥部"办组系统"的发展逻辑

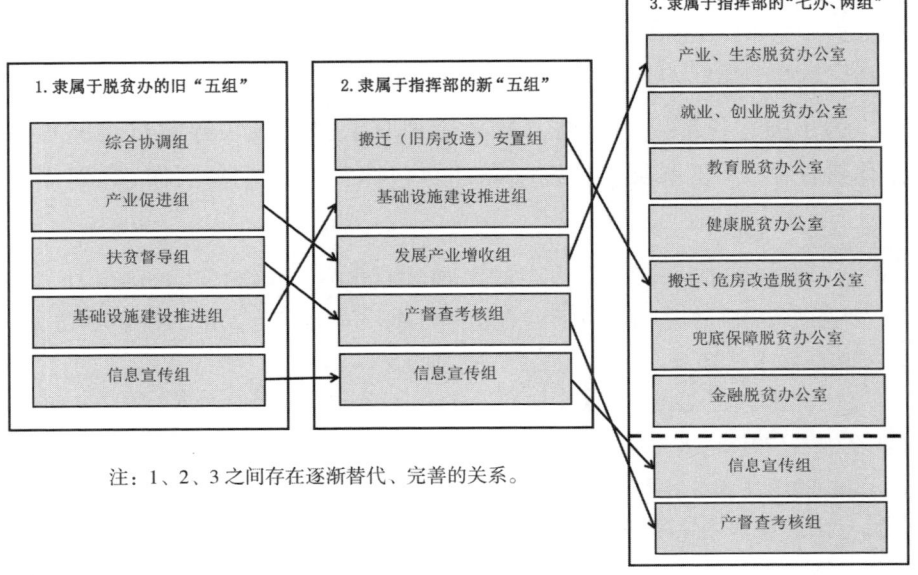

图 2-4 桥镇指挥部"办组系统"的发展逻辑

查考核组。县指挥部"办组系统"的发展逻辑与镇级指挥部"办组系统"基本类似,只不过县级人力资源更充足,导致两者存在细微的差别。在脱贫办内设置"九组"的第一个阶段,县级指挥部还只是在扶贫局内部进行干部人员调配。到第二阶段在指挥部设置"五组",指挥部就开始吸纳其他非扶贫部门。到第三个阶段,"八办两组"直接设置在了对应的政府部门——"八办"中的产业、生态脱贫办公室设置在农林科支局,就业、创业脱贫办公室设置在人社局,教育脱贫办公室设置在教本局,健康脱贫办公室设置在卫生局,搬迁脱贫办公室设置在国土局,危房改造脱贫办公室设置在住建局,兜底保障脱贫办公室设置在民政局,金融脱贫办公室设置在金融办。"两组"中的基础设施和公共服务建设协调组设置在发改局,资金保障协调组设置在财政局。① 这些部门大多会由局长或分管副局长担任副组长,并配备人员负责对应的脱贫工作。换言之,这些常规部门都被指挥部吸纳,成了指挥部的"准下属机构"。

当然,"八办两组"和这些部门存在对应关系,并不是让这些部门独自承担,这些部门承担的是"牵头工作",依然需要纳入其他部门。例如,对于相对简单的社会保障兜底脱贫工作,林县就以民政局为牵头单位,将财政局、人社局、住建局、卫生局等部门纳入其中。②

为了强化各部门的合力,林县还采取了"县级领导脱贫攻坚重点工作责任制",要求所有县级领导都"包抓"脱贫攻坚工作。③ 对于一

---

① 林县副县长访谈记录,访谈编号:20181115KDS,访谈时间:2018年11月15日。林县扶贫局副局长、脱贫办副主任访谈记录,访谈编号:20181116-QB,访谈时间:2018年11月16日。

② 林县政府办公室:《关于印发〈林县社会保障兜底脱贫实施方案〉的通知》(林政办发〔2017〕78号),2017年6月1日。

③ 2017年8月7日,林县印发《关于强化县级领导包抓脱贫攻坚工作责任的通知》,对所有县级领导都安排了需要包抓的工作任务。林县县委办公室、林县政府办公室:《关于强化县级领导包抓脱贫攻坚工作责任的通知》(林办发〔2017〕52号),2017年8月7日。

些更为复杂的脱贫工作,林县还以"牵头部门"为基础建立了"领导小组",按照分管原则由指挥部包抓领导担任小组组长,牵头部门领导担任副组长或领导小组办公室主任。例如:产业脱贫领导小组,小组办公室设在县农林科技局;就业、创业扶贫工作领导小组,领导小组办公室设在县人社局;生态脱贫工作领导小组,领导小组办公室也设在县农林科技局;教育脱贫攻坚工作领导小组,领导小组办公室设在县教体局;金融扶贫工作领导小组,领导小组办公室设在县金融办。这些包抓领导和牵头部门再以领导小组的名义去统筹协调其他与对应任务有关的各委、办、局。①

镇指挥部下"八个一批"的领导小组体制并没有这么完善,只有产业脱贫工作因为地位突出、比较重要,桥镇成立了"产业脱贫领导

---

① "八个一批"中牵涉最多的是"易地搬迁"工作。除了扶贫局、搬迁办之外,还牵涉了十几个部门——县发改局要及时办理项目立项,审批招标方案,负责协调和争取中央及省市相关项目资金向安置点倾斜,完善安置点的基础设施和公共服务建设项目争取工作;县国土局要对贫困人口移民搬迁安置项目优先安排用地,指导项目实施单位做好搬迁安置点地址灾害风险评估,统筹搞好搬迁户宅基地腾退和不动产登记发证工作,负责地质灾害威胁户搬迁指导;县住建局要及时办理"一书两证",审查移民(脱贫搬迁)安置规划,指导各镇做好报建、招标等工作,加强对移民搬迁建房工程的质量监督,确保移民搬迁房屋质量;县财政局要及时完成搬迁脱贫项目的财政投资评审,足额筹措县级配套,强化资金监管,及时拨付资金;县环保局要指导各安置项目开展环境影响评估,负责生态类对象搬迁指导;县水利局要指导各安置项目开展洪涝灾害评估,协调人饮、河堤等项目争取、实施工作,负责洪涝灾害威胁户搬迁指导;县民政局负责安置社区成立、挂靠等工作的指导,协调社区管理中心项目的争取、实施工作,负责兜底贫困户的低保发放工作;各金融机构要简化房贷程序,及时发放贫困户建、购房所需贷款,落实信用贷款、利率优惠和贴息等金融扶贫政策;县教体、文卫、农林科技、人社、文广、电力、电信等部门要积极落实对脱贫安置项目的基础设施、大配套和公共服务项目资金,保障贫困户搬迁后的耕地承包、上学、就医、就业等权益;县监察局、审计局要加强对移民(贫困)搬迁资金使用情况的监督检查,对资金使用以及重点项目进行全过程审计。参考林县政府办公室:《关于印发〈林县2017年度易地扶贫搬迁工作实施方案〉的通知》(林政办发〔2017〕72号),2017年6月1日。

小组"，除此之外，其他工作都没有成立相应的领导小组，只是要求实行脱贫攻坚重点责任制，每名指挥部的领导都必须负责"包抓"一项以上脱贫攻坚重点工作。在桥镇，所有的党政领导班子成员（也就是指挥部领导）都要参与其中。按照分管的工作，领导分管的办、站、所，负责一项或几项脱贫攻坚工作：党委书记/第一总指挥，负责全镇脱贫攻坚统筹谋划、责任落实、干部力量配置、重大问题决策部署等工作。镇长/总指挥，负责全镇脱贫攻坚全面推进、工作落实、机制建立等工作；负责项目资金统筹整合筹措及基础设施建设统筹工作，财政资金保障落实情况监督指导。人大主席/副总指挥，负责组织人大代表对脱贫攻坚工作进行视察评议，优化脱贫攻坚环境，充分发挥人大对脱贫攻坚的监督作用；负责教育脱贫、群团组织、社会组织助力脱贫攻坚工作。党委副书记/副总指挥，负责各村级班子建设，负责"第一书记"和专职驻村工作队员管理、考评和脱贫攻坚目标责任考核等工作；负责"三线两化一平台"基层治理模式助推脱贫攻坚、贫困村综治维稳等工作；负责贫困村安全住房保障、社会治安保障、信访等工作。纪委书记/副总指挥，负责组织开展涉贫相关执法检查、营造良好的脱贫攻坚法制环境，负责脱贫攻坚领域监督执行问责工作，脱贫攻坚舆论宣传、贫困人口扶志教育引导、贫困村精神文明建设等工作。分管扶贫副镇长/责任指挥，负责脱贫攻坚督查及目标责任考核结果把关运用，负责以脱贫攻坚统筹农村发展创新试点工作，全面推进镇脱贫攻坚工作；负责市县帮扶单位参与脱贫攻坚督促指导工作；负责脱贫攻坚指挥部日常工作，负责全镇脱贫攻坚具体工作部署及各村项目统筹落实情况。负责危房改造、搬迁，电商、金融脱贫落实情况，监督指导等工作。不分管扶贫的副镇长/副总指挥，负责产业、生态、道路、饮水、电力、通讯落实情况，监督指导等工作。武装部长/责任副指挥，负责就业、创业，社会兜底脱贫工作；负责武装部队、消防助力脱贫攻坚工作。党委委员/责任副指挥，协助镇脱贫攻坚项目统筹落实情况，负责健康、文化扶贫落实情况的监督指导等工作。

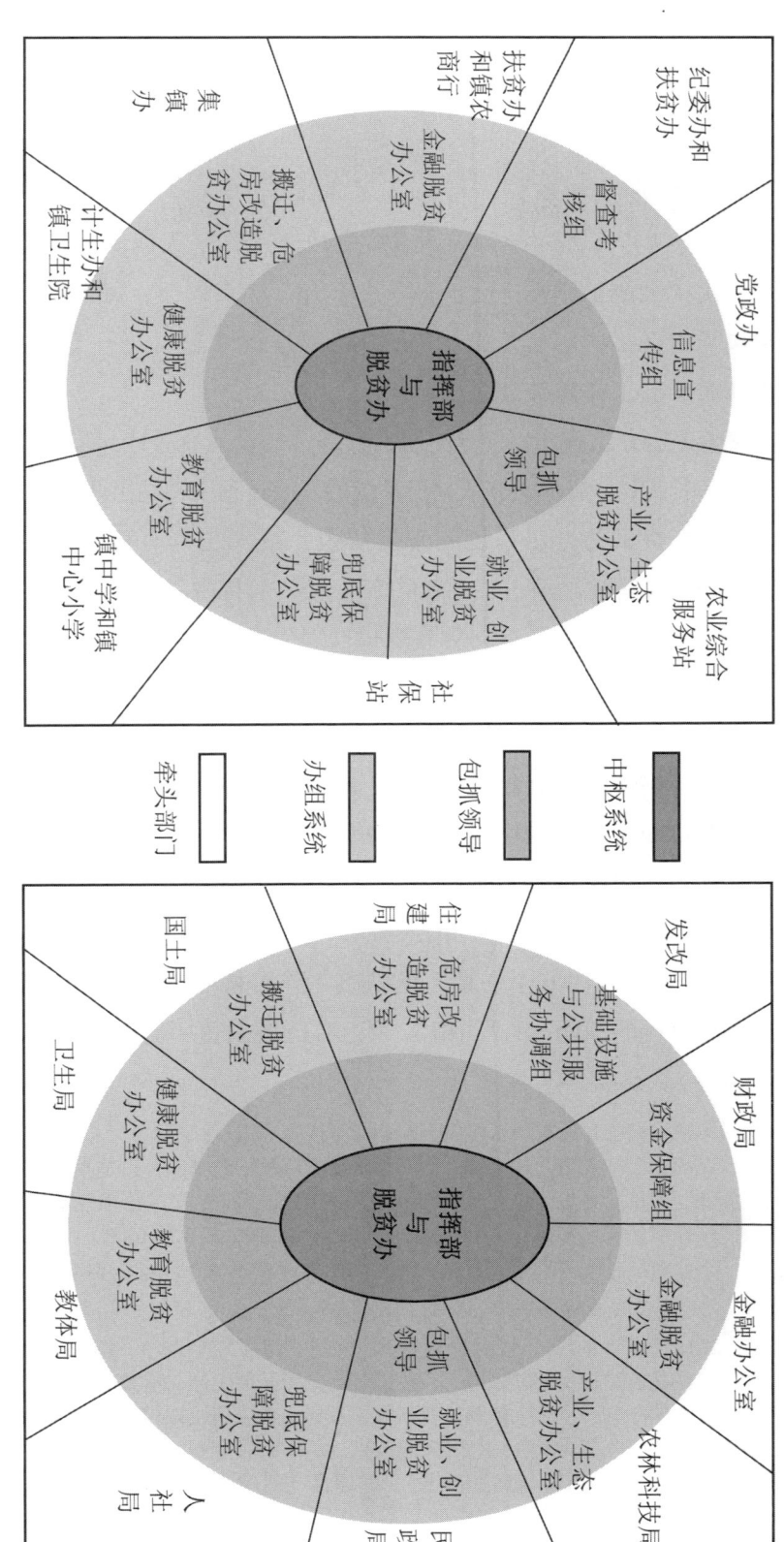

图 2-5 桥镇"办组系统"与非贫部门的关系图示

图 2-6 林县"办组系统"与非贫部门的关系图示

为了强化包抓责任,桥镇还要求实行"四三工作制度"。其中"四"是指"指挥部领导每周调研脱贫攻坚工作一天以上,指挥部每月召开一次扩大或工作推进会,每季度召开一次点评会,每半年召开一次领导包抓责任工作落实汇报会","三"是指"随时召开专题办公会、党政联席会、工作碰头会"。①

尽管这些办组系统、领导小组、各部门的设置有叠床架屋之嫌,但如果分析基本事实,还是能够从办组系统的发展过程中归纳出两个基本特征。

一是指挥部的办组系统越来越规范,越来越具有科层制的基本特征。对镇级指挥部而言,"办组系统"最早来自脱贫办内部,之后发展演化才直接隶属于指挥部。对县级指挥部而言,"办组系统"同样来自脱贫办内部,但是与乡镇指挥部相比,县级指挥部人员更为充足,在成立直属于指挥部的"五组"并将之改造成为"八办两组"之后,可以保留脱贫办内部的"九组",两者是并存的关系。② 通过这种制度设计,指挥部在打破科层的同时基本也完成了"再造科层"的过程。最终县级指挥部和镇级指挥部达成的状态是类似的,以"办组系统"为基础形成了新的科层组织。在乡镇层面,"七办"属于指挥部的"业务部门",对应陕西省"八个一批"的扶贫工作,按照各自权限范围履行职责,承担执行的职能。③"二组"和已有的脱贫办一起,构成了类似于

---

① 乡镇指挥部并没有那么多的人员可供调配,只能在脱贫办"旧五组"的基础上成立"新五组"并演化为"七办两组"。至于桥镇脱贫办内部,只是根据办公室的人员情况,做了简单的分工。中共桥镇委员会、桥镇人民政府:《关于强化镇级领导包抓脱贫攻坚工作责任的通知》(桥发〔2017〕148号),2017年8月16日。

② 参考桥镇脱贫攻坚指挥部办公室:《关于人员分工的通知》(无文号),2017年8月16日。

③ 2018年4月10日,桥镇对七个小组人员进行了简单调整,再次明确"7个工作机构在镇脱贫攻坚指挥部的领导下,按照各自分工开展工作,落实省市县下达我镇行业脱贫攻坚考核任务,及时向镇脱贫攻坚指挥部提出意见建议,完成镇脱贫攻坚指挥部交办的其他工作任务"。参考中共桥镇委员会、桥镇人民政府:《关于调整"八个一批"组织机构的通知》(桥发〔2018〕72号),2018年4月10日。

常规科层体系中的"综合部门",承担与扶贫相关的日常行政、信息宣传和督查考核工作。在县级层面,隶属于指挥部的"八办两组"对应陕西省"八个一批"的扶贫工作,按照分工原则,各自执行相应的扶贫政策,属于县级指挥部的"业务部门"。隶属于脱贫办的"九组"予以保留,承担脱贫办的综合性工作,属于县级指挥部的"综合部门"。通过这种制度设计,大量扶贫工作也就有了任务分流的可能性——所有扶贫工作都可以由指挥部进行分类,对应到"八个一批"的政策类型当中,然后再由相应的包抓领导和对应的办、组完成工作任务。指挥部和脱贫办只需要重点做好"管两头"的工作就能进行有效统筹——前面进行制度设计、任务分流,后面进行工作验收、督查考核。

二是最终形成的"办组系统"对其他非扶贫部门带有明显的吸纳作用。乡镇各个非扶贫的办、站、所以及县级各个非扶贫的委、办、局都对应了"八办两组/七办两组"的一个条线,指挥部的各位领导都按照分管原则和各非扶贫部门一起承担"八个一批"的扶贫工作。通过"领导包抓"与"办组牵头"的制度安排,指挥部可以在脱贫攻坚这个特定的领域当中进行触角延伸,所有非扶贫的部门都有可能被吸纳进"八个一批"的扶贫工作中,成为"准扶贫机构",所有的干部也都有可能被动员到脱贫攻坚的战场,成为"准扶贫干部"。[①] 通过这种制度安排,指挥部也就可以将扶贫工作压力传导到各个非扶贫部门。可以说,在"指挥部/脱贫办—包抓领导/领导小组—八办两组/非扶贫部门"制度衔接下,指挥部真正提高了组织权威,实现了"坐镇中央、指挥四方"的组织目标。

---

① 在调研中,林县扶贫局副局长、脱贫办副主任就很明确地讲:"现在贫困地区的所有部门都需要围绕扶贫开展工作,所有干部都是扶贫干部。"这并不是说所有部门都是扶贫部门,所有干部都是扶贫机构的干部,而是说所有部门、所有干部都可能被吸纳到扶贫这个领域当中,承担扶贫任务。参考林县扶贫局副局长、脱贫办副主任访谈记录,访谈编号:20181116-QB,访谈时间:2018年11月16日。

三、"下派干部"与指挥部的层级延伸

除了利用"办组系统"在水平层面进行组织吸纳,当地政府在成立指挥部之后,还尝试利用各种途径向农村延伸。在具体途径上,指挥部的层级延伸在很大程度上是依靠中央提出的"五级书记抓扶贫"制度、上下连通的会议/文件制度以及干部下派等方式实现的。其中,"五级书记抓扶贫"以及上下连通的会议/文件制度与指挥部的关系并不直接,对科层组织重构的影响也不是很大,本研究不做详细论述。下派干部则是在扶贫过程中出现的较为特殊的新制度,与指挥部关系较为紧密,而且这一实践形式对科层组织以及地方政府和行政村之间的关系带来很明显的影响,本书将进行重点论述。

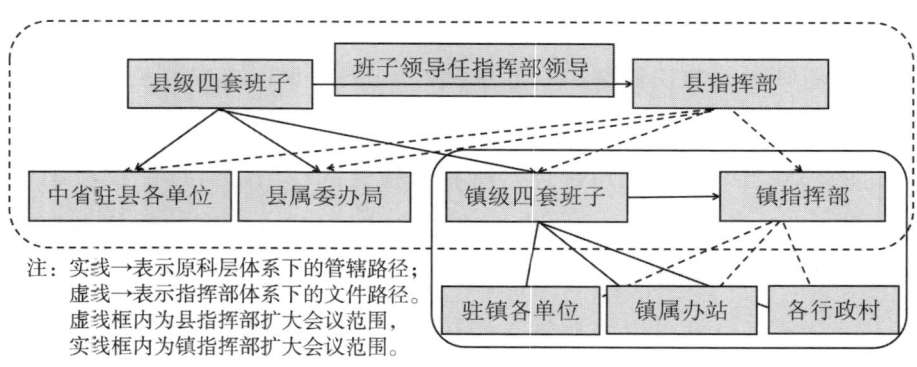

图 2-7 林县、桥镇脱贫攻坚指挥部的会议/文件制度

2015 年 11 月 29 日,中共中央、国务院下发《关于打赢脱贫攻坚战的决定》,在"基本原则"部分明确要求"坚持党的领导,夯实组织基础。充分发挥各级党委总揽全局、协调各方的领导核心作用,严格执行脱贫攻坚一把手负责制,省市县乡村五级书记一起抓。切实加强贫困地区农村基层党组织建设,使其成为带领群众脱贫致富的坚强战斗堡垒"。"五级书记抓扶贫"自然需要一定的组织抓手,中央和省级层面保留了之前就存在的扶贫开发领导小组,陕西省在市、县、乡镇层面均

第二章 脱贫攻坚指挥部与科层组织重构

建立了脱贫攻坚指挥部，由各级党委书记担任第一总指挥，乡镇一级的指挥部还将行政村的党支部书记、村委会主任作为指挥部成员纳入其中。各行政村也建立了"脱贫攻坚领导小组"或"脱贫攻坚作战指挥室"，由村党支部书记承担全面领导责任，所有村干部都被吸纳其中参与脱贫攻坚。这一组织体系构成了"五级书记抓扶贫"的重要途径。

在体系运行内部，指挥部则依靠会议和文件制度将行政村吸纳到这套制度体系当中。① 在会议方面，按照桥镇2017年脱贫攻坚工作方案，"镇脱贫攻坚指挥部要按照每季度召开一次指挥部全体会、每月召开一次指挥部办公室成员会、定期不定期研究部署工作、决策重要事项、推动工作落实"②。在实际工作中，桥镇也会根据事项重要程度召开"脱贫攻坚指挥部扩大会议"，吸纳更多的工作人员。召开这些会议的目的，主要就是为了传达上级脱贫攻坚指挥部的工作指示，安排本镇扶贫工作，要求各部门、各村贯彻落实。在文件制度方面，县级指挥部及其办公室会把文件直接下给镇级指挥部，镇级指挥部以及指挥部办公室则会把文件直接下到各行政村，指导安排行政村的工作节奏。③ 原有的科层体系下的管辖路径，再加上指挥部体制下的权力延伸，各行政村就基本被吸纳到了脱贫攻坚的制度体系当中，成为国家权力在农村地区的最后末梢。

---

① 在地方政府运行中，会议和文件是政治动员的有效方式，在扶贫领域也同样如此。参考陈家建：《政府会议与科层动员——基于一个民政项目的案例研究》，载《甘肃行政学院学报》2017年第5期。谢岳：《文件制度：政治沟通的过程与功能》，载《上海交通大学学报（哲学社会科学版）》2007年第6期。

② 中共桥镇委员会、桥镇人民政府：《桥镇2017年脱贫攻坚工作实施方案》（桥发〔2017〕15号），2017年2月15日。

③ 按照桥镇脱贫办干部的说法，"脱贫办每次发文件都需要印38份，每个村1份共计10份，17个站办所17份，9个领导1人一份，还要党政办存档1份，扶贫办自己留1份。"桥镇脱贫攻坚指挥部办公室干部访谈记录，访谈编号：20190803ZMM，访谈时间：2019年8月3日。

指挥部向行政村的延伸,除了上述这些较为常规的方式之外,效果更明显、同时对地方科层组织重构影响更大的途径则是向行政村"下派干部",如(镇)包村干部、驻村(扶贫)工作队、第一书记等。这些下派的干部有一部分是由镇级指挥部派出,有一部分是由县级指挥部(或者更上级部门)派出,镇指挥部参与日常工作管理和评价考核。

首先是镇级指挥部派出/管理的包村干部。领导干部包村是乡镇存在多年的工作机制。20世纪八九十年代,乡镇面临计划生育、税费征缴的工作压力,"为了监督和促使村委会和村民按期完成乡镇党委和政府交办的各项任务,乡镇政府向村派驻包村干部"①。具体而言,"包村"包含两种类型。一是领导挂联,由镇领导班子成员分别联系一两个村庄。挂联领导一般不驻村,只有当挂联村召开会议或有重大事项时,才到村参加会议,进行工作指导。二是干部驻村,这种情况则要求干部必须到村工作,而且驻村时间必须达到一定的标准。扶贫工作成为中心工作之后,上级要求"资源向一线倾斜"。2016 年 1 月 3 日,陕西省下发了《对建档立卡贫困村、党组织软弱涣散村、升级晋档差类村第一书记和驻村工作队实现全覆盖的通知》,要求 2016 年上半年要全面实现建档立卡贫困村、党组织软弱涣散村、升级晋档后进村第一书记、驻村工作队全覆盖。② 但是在这一时期,陕西省对扶贫工作的"政治站位"并不高,没有认识到第一书记、驻村工作队员的重要性,无论是省级、市级还是县级,都没有向基层大规模地选派第一书记、驻村工作队,或者只是派了一些年龄比较大、工作能力较弱的干部,甚至一些单

---

① 张传玉:《从管治到服务:乡村关系的转型——以免除农业税前后 S 镇乡镇干部"包村"为例》,华中师范大学硕士学位论文,2007 年。

② 中共陕西省委组织部、陕西省扶贫开发办公室:《关于对建档立卡贫困村、党组织软弱涣散村、升级晋档差类村第一书记和驻村工作队实现全覆盖的通知》(陕扶办发〔2016〕4 号),2016 年 1 月 3 日。

位派了开车的司机、做饭的厨师充数。① 桥镇不得已将乡镇领导干部包村制度应用到扶贫领域。2016 年 9 月 2 日，桥镇印发了《2017 年度镇属（驻镇）单位及驻镇企业精准扶贫挂联帮扶方案》，确定了 5 个村的扶贫挂联领导和包联单位（包括牵头单位和帮联单位），并提出了包村单位的工作责任以及考核责任。

表 2-1　桥镇 2017 年度镇属（驻镇）单位及驻镇企业精准扶贫挂联帮包贫困村一览表

贫困村	贫困情况		挂联镇领导	包联单位	
	户数	人数		牵头单位	帮联单位
HY	389	1091	书记、人大主席	财政审计所	社保站、市场监管所、镇卫生院、BMG 金矿
SH	362	1047	镇长、副书记	农综站	人大办、扶贫办、中心小学
TQ	245	622	副镇长	TQ 工作站	社会治理办、公用事业站
AP	205	534	纪委书记	党政办	农商行
GT	50	159	武装部长	经济办	派出所

包村单位的工作责任：1. 挂联村镇领导牵头，镇属各包联单位要结合贫困户识别确认工作，迅速到村开展调查走访，依据贫困户"8 个不准 9 条红线"的标准，按照"户申请、组初评、村民代表大会评定、村党支部审核"的程序，认真精细精准审核确认贫困户，落实贫困户评定审核信息表五级审签（即小组长、村主任、村支书、镇干部、联村单位负责人），做到一户一档，确保贫困户确认精准。2. 各包联单位、企业要组织党员干部按照工作安排，

---

① 桥镇脱贫办主任访谈记录，访谈编号：20190724-HWX，访谈时间：2019 年 7 月 24 日。

深入帮扶对象家中摸清包联户急需解决的困难和问题，找准致贫根源，制定帮扶计划，明确帮扶工作目标。3. 各包联单位、企业每季度要组织党员干部职工至少走访包联户一次，重大节日要看望和慰问贫困户送温暖不少于 2 次，并及时为帮扶贫困户解决生产和生活中的困难；各包联单位、企业要组织党员干部职工面对面、心贴心地宣传精准扶贫系列政策和措施，宣传各项惠民政策、法律法规，及时掌握群众的思想动态，切实做好维护稳定各项工作。4. 各包联单位、企业要建立联系卡制度，明确帮扶责任人、联系方式。要建立帮扶工作台账，详细记载和整理被帮扶困难户的现状、帮扶过程、帮扶措施、帮扶效果等文字、影像资料。

考核责任：镇脱贫攻坚指挥部办公室要定期不定期对各单位帮扶工作开展情况进行督促检查通报；镇纪委要适时组织开展明察暗访，落实责任追究；镇党委、政府将帮包扶贫工作纳入单位年度目标考核内容，作为年终考核、评先选优的重要依据。[1]

2017 年 4 月之后，陕西省要求所有的贫困户识别"推倒重来"，村干部的工作压力骤然增加。但是实际工作中，村干部的数量明显不够，而且很多村干部的工作能力达不到工作要求，对上级政策的理解能力不足。很多村干部年龄较大，不具备电脑操作能力，既不会在扶贫信息系统录入数据，也不会填写电子表格。为了应对这种情况，桥镇在"挂联帮扶方案"的基础上开始成立"驻村帮扶工作队"，要求各办、站、所派出年轻干部帮助指导工作。当年 7 月 20 日，桥镇下发《关于调整脱贫攻坚工作机构组成人员的通知》，在成立"七办二组"的同时，也

---

[1] 中共桥镇委员会、桥镇政府：《关于印发〈桥镇 2017 年度镇属（驻镇）单位及驻镇企业精准扶贫挂联帮扶方案〉的通知》（桥发〔2016〕128 号），2016 年 9 月 2 日。

成立了5个驻村帮扶工作队到5个深度贫困村进行帮扶工作。① 这些驻村帮扶工作队有队长1人、责任队长1人，均由镇领导班子成员担任（书记、镇长、人大主席、副书记和分管扶贫的副镇长），副队长1人（由驻村扶贫工作队牵头办站所负责人担任），专职驻村工作队员1~2人（由镇上的各办、站、所选派）。

从纸面上看，这些帮扶工作队队员的工作职责很宽泛，包括：1. 负责指导本村脱贫攻坚工作的开展，并对本村工作业务负责；2. 牵头组织单位党员干部帮扶重点贫困户，协调解决突出问题，动员单位干部职工献爱心、送温暖；3. 支持协助村三委组织召开群众会、院落会，宣传扶贫政策，引导激发贫困群众积极改善居住环境、增加收入；4. 指导督促扶贫干部填写扶贫工作日志，收集上报"一户一档"资料。② 但实际上，这些驻村干部承担的工作大部分集中在两个方面：一是指导、帮助村干部"做软件资料"——进行贫困户重新识别，进行数据清洗，在信息系统里面录入贫困户基本信息，填写各种表格和贫困户帮扶记事簿，撰写各种工作总结、工作报告；二是按照"八个一批"的帮扶措施，深入到贫困户家中了解致贫原因，开展具体的、有针对性的帮扶工作。对于村上，帮助制定脱贫规划，选择有可行性的扶贫产业，推进工作开展。可以说，在2017年8月之前，这些由镇指挥部派出/管理的包村干部构成了下派干部的主要组成部分。③

---

① 2017年8月，驻村帮扶工作队的数量从5个增加到10个，桥镇实现了驻村帮扶工作队在行政村的全覆盖。参考中共桥镇委员会、桥镇人民政府：《关于调整脱贫攻坚工作机构组成人员的通知》（桥发〔2017〕146号），2017年8月11日。

② 中共桥镇委员会、桥镇人民政府：《关于调整脱贫攻坚工作机构组成人员的通知》（桥发〔2017〕144号），2017年7月20日。

③ 这段时间也是乡镇干部工作压力最大的一段时期，桥镇很多干部既要承担办、站、所的本职工作，还需要到所包联的行政村指导工作。

其次是由县级指挥部派出/管理的驻村（扶贫）工作队。这是2017年8月之后下派干部的主要组成部门。镇指挥部指派包联单位、派出帮扶工作队只是短暂的权宜之计。由镇上派出的工作队虽然名字叫"驻村帮扶工作队"，但实际上很多队员并不驻村，他们在原单位还有工作，在村上帮助指导工作结束后当天返回。8月25日，陕西省扶贫办等部门联合印发了《陕西省驻村扶贫工作队管理办法（试行）》。相比由乡镇选派帮扶工作队的方式，这一管理办法所确立的制度框架有以下特点：一是提高了驻村帮扶工作的重要性。明确扶贫工作队不再由镇级部门派出，而是由县级以上部门派出，县级党委、政府承担主体责任。二是强化了对扶贫工作队的考勤管理，明确了驻村工作时间每月不少于20天。三是规定了各帮扶单位、县党委、县政府、县脱贫办和乡镇党委、政府在扶贫工作队日常管理方面的责任。四是规定了对扶贫工作队年度考核的主体和方式。

1）责任主体：县级党委、政府对各级工作队管理承担主体责任。各级脱贫攻坚领导小组办公室及组织、人社、财政等部门，负责本级工作队的组织协调、经费保障和表彰奖励等工作。2）驻村时间：工作队员每月在岗工作时间不少于20天（含因公出差、开会和培训）。离岗一周以内的，由乡（镇）批准；离岗一周以上的，经乡（镇）同意，报县脱贫办批准；离岗在外工作期间要翔实记录工作情况；请假期满后，由准假单位将请销假情况记录备案。3）日常管理：各参扶单位负责本单位驻村工作队人员选派、管理。在县党委、政府的领导下，由县级脱贫办统筹协调，各参扶单位协助，乡（镇）党委具体负责工作队日常管理工作。4）年度考核：工作队长和队员的年度考核工作在县级党委、政府的统一领导下进行，由县脱贫办统筹安排，乡镇党委具体负责，综合日常管理、考勤、工作实绩等情况，确定等次，报县脱贫办审核。①

2018年6月12日，陕西省办公厅又印发了《陕西省贫困村驻村工作队选派管理办法》（陕办发〔2018〕12号）。相比于"陕扶办发〔2017〕39号文"，"陕办发〔2018〕12号文"对驻村扶贫工作队的管理办法进行了完善：一是将驻村扶贫工作队改称为驻村工作队，去掉了扶贫字样。与之相匹配，驻村工作队也增加了法治教育、推广普及普通话、加强基层组织建设等其他非扶贫的功能。二是再次强调了县级部门的工作责任，县级组织、扶贫部门应当协调本级"八办两组"成员单位对驻村工作队通过专题轮训、现场观摩、经验交流等方式进行培训。同时要求县级党委、政府成立驻村工作领导小组，负责驻村工作队的统筹协调和督查考核。每季度召开一次队长会议，掌握工作进度，交流工作经验。驻村工作队应当每月向镇（乡、街办）党委、政府汇报一次工作，每半年向县级驻村工作领导小组汇报一次工作。县级驻村工作领导小组每季度检查点评一次驻村干部在岗情况，县级党委政府负责驻村工作队的年度考核，具体考核工作由县级驻村工作领导小组承担，镇（乡、街办）党委、政府负责平时考核。年度考核内容应当包括日常管理、考勤日志、工作实绩、村民评价、村干部评议等。三是增加了省、市两级的职责。要求市级党委、政府加大对驻村工作指导和支持。省、市两级组织、扶贫部门根据工作需要，适时组织典型示范培训。省、市两级组织、扶贫部门不定期抽查驻村工作队工作情况，及时通报违规违纪行为。②

---

① 陕西省扶贫办、省委组织部、省人力资源和社会保障厅、省财政厅：《关于印发〈陕西省驻村扶贫工作队管理办法（试行）〉的通知》（陕扶办发〔2017〕39号），2017年8月25日。

② 陕西省委办公厅、陕西省政府办公厅：《陕西省贫困村驻村工作队选派管理办法》（陕办发〔2018〕12号），2018年6月12日。

当然，真正到了基层，林县成立的驻村工作领导小组同样也只是一个空壳子，对工作队的管理考核方式并没有发生实质性变化，各驻村工作队的职责也依然是侧重于脱贫攻坚，并没有多余的精力去搞非扶贫的工作。而且，县政府也没有那么多的干部资源另起一摊，在每个村再重新选派2~3名驻村工作队员。现实情况是，林县只能借用之前的镇包村干部，将镇指挥部派出的包村干部发展为县级选派的驻村工作队员，再从县级部门中选派一些干部补充其中，构成驻村工作队。经过人员调整，到2018年年初，桥镇8个贫困村每个村都有1个驻村工作队，包含1名队长（由镇挂联领导兼任）①，2名专职驻村工作队员，其中1名来自县级部门，1名是之前镇选派的包村干部，上面这些人员共同构成了驻村工作队。

最后是指挥部参与管理的第一书记。其实早在2014年1月20日，林县就开始向"后进村"选派"第一书记"，不过当时扶贫工作还尚未提升到中心工作的位置，选派第一书记的主要目的并不是为了做扶贫，而是为了强化基层党建，而且当时要求每月驻村工作超过15天即可。②2015年4月29日，中组部、中农办、国务院扶贫办三部门联合发出《关于做好选派机关的优秀干部到村任第一书记工作的通知》，要求从各级机关的优秀年轻干部、后备干部，国有企业、事业单位的优秀人员和以往因年龄原因从领导岗位上调整下来、尚未退休的干部中选派第一书记，对建档立卡贫困村要全覆盖。当年7月，林县开始选派第一书记到村从事扶贫工作，第一批第一书记共计选派了45人（不包含省、市选派的第一书记），向桥镇HY村、SX村、GF村、LZ村派了4人。这

---

① 按照《陕西省贫困村驻村工作队选派管理办法》（陕办发〔2018〕12号）第三条第二款的规定，驻村工作队队长一般由驻村第一书记兼任，也可根据工作需要，由镇（乡、街办）党委、政府指定专人担任。桥镇采取了后一种方式。

② 中共林县县委组织部：《关于向后进村党组织选派"第一书记"的通知》（林组通字〔2014〕8号），2014年1月20日。

4名第一书记中,有2名来自县住建局和民政局,2名来自桥镇党委,再加上省里派出的1名第一书记,桥镇在2015年、2016年共计有6名第一书记驻村帮扶。但直到2017年4月之后,林县才实现了"全覆盖"的目标,桥镇则在2017年6月份实现了八个贫困村第一书记全覆盖(当时还有4个第一书记是由桥镇选派)①。到2018年,林县调整第一书记的选派方式,不再从乡镇干部中选派第一书记,而是从县级以上部门选派(包括行政机关、国有企事业单位等)。至此,桥镇八个贫困村的第一书记全部调整成县委组织部从各县级以上部门选派(参考表2-2)。

表2-2 2018年桥镇脱贫攻坚一线干部调整安排情况一览表

序号	村名	第一书记及选派单位	专职队员及选派单位		驻村工作队长（镇挂联领导）
			县	镇	
1	TQ村	WHY(彬长矿业)	无	MXL	WJC
2	HY村	WZY(县民政局)	WHG(县民政局)	ZDY	LKT
3	GF村	LSL(县交通局)	WJS(县新华书店)	YYZ	NWC
4	SH村	YJX(县交通局)	XFY(县邮政局)	GSH	CJ
5	SX村	HWC(安康职业技术学院)	WX(县民政局)	YWH	WJH
6	LZ村	LZG(县国税局)	LHS(县国税局)	XZH	ZXH
7	JZ村	YXK(县财政局)	YZG(县财政局)	DL	CXF

① 中共桥镇委员会:《关于明确驻村第一书记、专职工作队员及其工作职责的通知》(桥发〔2017〕92号),2017年5月14日。

（续表）

序号	村名	第一书记及选派单位	专职队员及选派单位		驻村工作队长（镇挂联领导）
			县	镇	
8	AP村	LXJ（县教体局）	YY（县扶贫公司）	ST	LHT
9	GT村	非贫困村，无第一书记、驻村工作队员			LKT
10	CG村				CXF

资料来源：中共桥镇委员会：《关于明确2018年驻村第一书记和脱贫攻坚专职工作队员的通知》（桥发〔2018〕28号），2018年2月8日。

从正式制度上看，无论是乡镇干部，还是县级干部，第一书记都是由县级以上组织部门派出的，县、乡指挥部对第一书记并无派出权，只有部分监督权。按照2015年8月林县出台的《农村党组织第一书记管理办法（试行）》，在选派方面，第一书记选派采取个人自愿报名和党委党组织推荐相结合的方式，由选派单位在征求本人意见的基础上提出选派人选，报县委组织部审核后，由所在村党委任命（村党委的任命只是程序性工作，关键节点在于县委组织部审核）。在日常工作管理方面，第一书记由县委组织部、镇党委和派出单位共同管理，县委组织部负责对选派工作进行规划、协调、指导和监督，镇党委负责日常直接管理，派出单位配合协助管理。在具体的管理及工作制度方面，第一书记由派驻村所在镇党委负责考勤，第一书记要主动向县委组织部、镇党委和派出单位提出发展思路和可行性建议，每半年要以书面形式向县委组织部和派出单位汇报一次工作情况。2017年11月，林县提高了县脱贫办对第一书记的考核权限。

2015年：县委组织部根据农村基层干部培训计划，每年至少对第一书记进行一次集中培训。扶贫部门组织开展涉农、扶贫等政策和技能培训，加强业务指导。各镇党委负责对第一书记的经常性培训。第一书记年度考核,由县委组织部会同县扶贫局及派驻镇党委共同进行,考核采取个人述职、民主测评、镇党委评绩、县委组织部和县扶贫局审核相结合的方法进行。①

2017年:县委组织部、脱贫办将采用"钉钉"软件和实地查看等方式,不定期抽查第一书记驻村工作情况。对无故脱岗的,发现一次批评教育;发现两次年度考核不得评为优秀;发现三次年度考核评为不称职,选派单位年度目标考核不得进入优秀格次,责令选派单位另行选派,并在全县范围内通报。②

通过包村干部、驻村工作队、第一书记,县、镇建立起了多重干部下派渠道。在这些下派的干部中,帮扶工作队是直接由镇指挥部派出,也由镇指挥部管理。这一渠道明显借用了之前乡镇干部包村的制度传统,因此这些由镇级指挥部派出的干部也被称之为"包村干部"。除此之外,驻村(扶贫)工作队由县级派出,也由县级组织部门、扶贫部门管理,但在实践中和包村干部存在一定程度的重叠,两者共同构成驻村专职工作队员,而且包村干部中的镇挂联领导还兼任驻村工作队队长的职务。第一书记在2018年之后就不再由镇干部充任,全部来自县级以上部门,以县委组织部的名义从各个部门选派。

包村干部、驻村工作队、第一书记这三类下派干部和村两委干部共同构成了脱贫攻坚的"四支队伍"。为了整合"四支队伍",陕西省扶贫办《驻村扶贫工作队管理办法(试行)》第七条要求:"由各县(市、区)党委、政府根据本区域脱贫攻坚任务需要,指导乡镇党委、

---

① 中共林县县委组织部、林县人社局、林县财政局:《关于印发〈林县农村党组织"第一书记"管理办法(试行)〉的通知》(林组发〔2015〕61号),2015年8月31日。

② 中共林县县委组织部、林县脱贫攻坚指挥部办公室:《关于进一步加强第一书记管理工作的通知》(林组发〔2017〕117号),2017年11月6日。

政府整合贫困村第一书记、工作队、包村干部和村两委'四支队伍',选出队长形成攻坚工作队,由攻坚工作队长统一调配各种力量。"2018年2月18日,桥镇为落实省扶贫办的要求,对十个行政村的"四支队伍"进行整合,成立"攻坚工作队",并将镇挂联领导任命为"脱贫攻坚工作队队长"。① 之后,林县指挥部、桥镇党委还多次出台文件,明确"四支队伍"各自的职责分工,并要求镇党委根据实际情况进行队伍整合。②

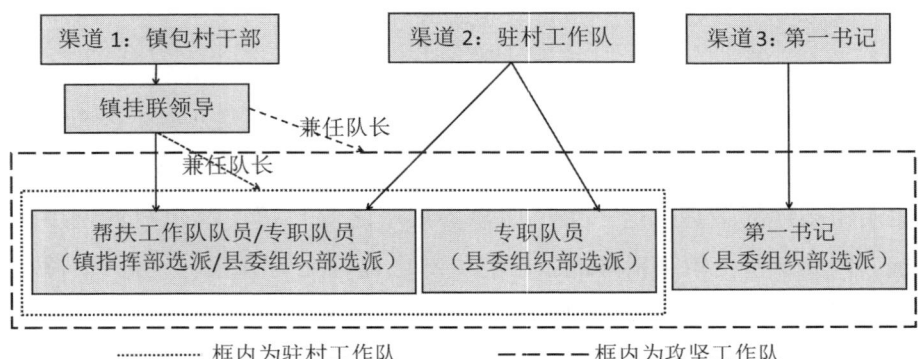

图 2-8 指挥部在脱贫攻坚中的上下枢纽位置

不过,文件不等于实践。在村一级的实践工作中,"四支队伍"的职责分工并不会那么清晰,面对脱贫攻坚,多数情况是所有在村的扶贫干部一起承担工作。但从总体上讲,下派干部作为一个整体,对村一级

---

① 中共桥镇委员会:《关于任命脱贫攻坚工作队队长的通知》(桥发〔2018〕85号),2018年2月18日。

② 在2017年之后,林县和桥镇密集出台了一系列的文件,意图强化"四支队伍"的职责。如,中共桥镇委员会:《关于明确脱贫攻坚"四支队伍"人员及职责任务的通知》(桥发〔2017〕124号),2017年6月24日。林县脱贫攻坚指挥部办公室:《关于进一步整合"四支队伍"力量推进脱贫攻坚工作的通知》(拍摄文件时文件阅办单遮挡住了文号),2017年7月5日。中共桥镇委员会:《关于进一步明确脱贫攻坚帮扶力量人员及工作职责的通知》(桥发〔2018〕75号),2018年4月14日。这些文件对"四支队伍"职责的规定来回变化调整,而且"四支队伍"的职责多有重叠。

的扶贫工作以及对科层组织的等级特征的确带来了较为明显的影响。一是壮大了村一级的扶贫队伍。2018年之后,桥镇每个贫困村都有3名左右的下派干部(1名第一书记,2名驻村工作队员)。而且,相比于村干部而言,这些下派干部都具有现代化的工作能力,可以在扶贫系统里面输入符合条件的数据信息,能够帮助村干部做好"软件资料",而且他们对国家政策的理解更到位,更有利于贯彻上级指示。二是再次强化了地方政府和行政村之间的联系。尽管下派干部面临着与上级政府、派出单位、乡镇干部和村干部多元主体之间的矛盾关系,甚至出现游离于乡村社会之外的情况①,但县级政府通过选派驻村工作队员、第一书记,将触角延伸到了行政村。镇级政府则凭借下派包村干部和行政村建立了新的联系,行政村被吸纳进国家科层体制的趋势变得更为明显。三是打破了科层制在垂直方向上的等级特征。无论这些下派的干部之前是在哪个部门工作,也无论本人级别,都被"下放"到农村基层,接触中国底层农民的真实生活②,这种情形显然已经不同于之前"坐办公室"的工作状态(这一点在第五章会有更详细的论述)。

四、本章小结:比较视野中的指挥部

事实上,在以往的政策执行过程中,地方政府成立了很多与脱贫攻

---

① 参考王晓毅:《精准扶贫与驻村帮扶》,载《国家行政学院学报》2016年第3期。许汉泽、李小云:《精准扶贫背景下驻村机制的实践困境及其后果——以豫中J县驻村"第一书记"扶贫为例》,载《江西财经大学学报》2017年第3期。

② 在担任第一书记、驻村工作队队员期间,这些干部需要长期在村里工作、生活,一周甚至一个月才能回家一次。他们需要经常到贫困户家里走访,了解生产生活状况,帮助解决困难。在调研期间,笔者多次跟随第一书记、专职驻村工作队队员到贫困户家里了解情况。能够看出这些第一书记、专职驻村工作队队员对这些贫困户的家庭人口、收入情况、享受的帮扶措施很熟悉,想来应该是经常走访。

坚指挥部类似的组织，这些组织大多被看作"临时机构"或"任务型组织"。① 在涉农、涉贫领域，桥镇之前就存在各种类型的领导小组（包括扶贫开发领导小组）；在应急管理方面，也有很多称为指挥部/指挥所的组织机构。但是，值得探究的是，当前地方政府已经建立起了相对完备的科层组织机构，具备一定的政策执行能力。之前地方政府也建立了"扶贫开发领导小组"，那为何还需要再另起一摊，重新建立脱贫攻坚指挥部替代原有的科层组织和领导小组？一个紧随而来的问题是，与常规科层组织、领导小组相比，指挥部具有哪些独特性？又具有哪些优势？对这些问题的回答，都必须从比较的视角，探析脱贫攻坚指挥部与常规科层体系、领导小组以及其他指挥部的关系。

指挥部与常规科层体系存在双重关系。一方面，指挥部并没有完全取代原有的科层组织。在外部，指挥部与常规科层体系是并存的状态。成立指挥部并不意味着同级党委、政府就从脱贫攻坚的战场退出，不再发挥作用。相反，常规科层体系和指挥部是并存的关系，两者共同发挥作用。② 如果从发文类型上看，党委、政府在脱贫攻坚过程中依然发挥非常重要的领导作用，会对宏观层面的实施方案、工作责任、绩效考核等工作进行决策部署，为扶贫工作提供原则性、方向性的指导。同时，党委（镇级为党委、县级为组织部门）也会继续承担扶贫干部的管理工作，还会对干部人事任命单独发文，政府（镇级为政府，县级为各

---

① 将领导小组看作临时性机构，主要是因为有一些领导小组具有阶段性。将领导小组看作任务型组织，主要是因为这些组织多数是为了完成某项特定的任务，任务结束后可能就不再发挥作用。相关研究可参考周望：《中国"小组"政治组织模式分析》，载《南京社会科学》2010年第2期。张康之、李圣鑫：《历史转型条件下的任务型组织》，载《中国行政管理》2006年第11期。曾令发：《任务型组织的发展：从新公共管理到整体型治理》，载《学海》2007年第4期。

② 基层并没有正式的文件规定党委、政府、指挥部、脱贫办在脱贫攻坚中的权限划分，在实践中这种权限划分也并不清晰。后面的叙述只能是从现有文件和访谈中进行不完全归纳，得到"粗线条"的判断。

委、办、局）会制定某项专门性的扶贫政策、管理项目资金。指挥部以及脱贫办则主要针对扶贫工作，对一些紧急、重要的事项做出安排，对各项政策进行详细解释，督促各职能部门和各行政村贯彻执行①（参考表2-3）。在内部，尽管指挥部超越了以往的常规科层组织，但指挥部并不反对科层制度。相反，指挥部很注重利用常规科层制度的有利因素，再造新的科层组织，以此强化指挥部内部扶贫干部的工作分工，提高扶贫工作的秩序性和专业性。通过构建"八办两组/七办两组"的办事机构，指挥部也形成了类似于常规科层组织的综合部门、业务部门，各个业务部门都对应"八个一批"的扶贫措施，完成了科层组织重构的过程，相当于在指挥部内部建立了新的分工体系，再一次实现了分科设岗、分工配合的常规治理模式。只不过新的"办组系统"与原科层体系具有千丝万缕的联系，指挥部里面的办、组借用了原科层机构，与原科层机构具有一一对应的关系。

表2-3 不同文件类型的功能范围与举例

发文形式	功能范围	文件枚举
党政联合发文	宏观决策	林县党委、政府《关于坚决打赢脱贫攻坚战的实施意见》
	绩效考核	桥镇党委、政府《关于加强脱贫攻坚驻村帮扶工作管理和考核工作的通知》

---

① 指挥部和脱贫办也存在一些区别，"一般来说，比较紧急的、重要的事情，也就是需要决策的事情，一般都以脱贫攻坚指挥部下文。如果是具体的业务工作，就是需要各个办、站、所，各个村，具体执行的事情，那么就是指挥部办公室下文。"桥镇脱贫攻坚指挥部办公室干部访谈记录，访谈编号：20190803ZMM，访谈时间：2019年8月3日。

（续表）

发文形式	功能范围	文件枚举
党委发文	干部任命	林县组织部《关于向后进村党组织选派"第一书记"的通知》
	工作纪律	桥镇党委《关于全面贯彻落实脱贫攻坚十项铁规 严明脱贫攻坚工作纪律的通知》
政府发文	扶贫政策	桥镇政府《2018年危房改造实施方案》
	项目资金	林县财政局《关于下达2016年度财政扶贫项目资金的通知》
指挥部发文	工作推进	林县脱贫攻坚指挥部《关于切实做好脱贫攻坚当前几项重点工作的通知》
	督查整改	桥镇指挥部《关于认真做好2018年上半年市县脱贫攻坚工作成效考核工作的通知》
脱贫办发文	实施细则	林县脱贫办《扶贫对象核实及数据清洗工作实施细则》

但另一方面，指挥部又超越了原有的科层组织，这一方面构成了指挥部运行的基本特征。作为一种任务型组织，指挥部围绕脱贫攻坚这一中心工作，突破了原有常规科层体系"条块分割"的弊端，为脱贫攻坚集中力量提供了新的组织基础。通过前面的论述可以看出，这种突破主要是通过强化指挥部政治权威、吸纳其他非扶贫机构实现的。在这个新的政策执行机构当中，"中枢系统"被赋予了更突出的政治权威，能够更有力地执行政策；"办组系统"将其他非扶贫部门纳入脱贫攻坚工作当中，打破了科层组织水平方向上的职能分工；"下派干部"的工作方法则将非扶贫的干部发展为"准扶贫干部"，充实了行政村层面的扶贫力量，打破了科层组织垂直方向上的等级化特征。如果说运动式治理的最大特征就在于"暂时叫停原科层制常规过程"①，那么从这个意义

---

① 周雪光：《运动型治理机制：中国国家治理的制度逻辑再思考》，载《开放时代》2012年第9期。

上说，脱贫攻坚的确具有明显的运动式治理特征——在这种政策执行状态下，常规科层组织的机构分工、党政分工在实际运行中已经没有意义，所有党政部门、体制内所有的领导干部和工作人员，都需要承担扶贫任务或者围绕扶贫这个中心工作开展本职工作。政府系统内部负责农业、财政、社会保障、基础设施建设的各个部门自然需要承担扶贫任务，这也算是上述部门的本职工作。负责文字材料、社会治理、政法工作的各部门也需要围绕脱贫攻坚开展工作。① 党委、纪委、人大（县级还包括政协）这些原本不承担具体行政工作的部门也被纳入其中，在本职工作之外承担行政工作，完成特定条线的扶贫任务。②

这种重构科层的制度安排相当于在党委、政府部门的基础之上，重新构造了一套新的政府体系，只不过这套新的政府体系已经不同于原有的科层组织体系。在任务目标上，这套新的"政府体系"只需要承担一项任务，就是集中精力做好脱贫攻坚，这样可以更好地集中权力、集中资源。在组织形态上，这套新的"政府体系"既打破了原有的科层组织，又借用了原有科层组织。或者说，在这个过程中，地方政府发生

---

① 例如，桥镇社治办也需要重点处理因扶贫而出现的各种社会矛盾。社治办副主任就表示："这一两年，和扶贫有关的社会矛盾还是比较多。去年一年，县上交办的案子，信访的案子，光扶贫领域的一年得有二三十件。我们去年一年的工作很多就是用来处理这些事情了，有去县里上访的，县里就会把案子转到我们这里，也有一些来镇政府讨说法的。这些和扶贫有关的上访差不多得占到了去年我们一年工作量的七八成。"桥镇社会综合治理办公室副主任访谈记录，访谈编号：2018718LF，访谈时间：2018年7月18日。

② 特别是在乡镇一级，扶贫几乎已经成为"全部工作"。对桥镇这种贫困人口多、脱贫攻坚任务重的乡镇而言，扶贫已经成为党委书记的"头等大事"，而且也是最能做出成绩的"大事"。按照林县副县长的说法，"现在镇上没有什么别的工作，就是脱贫攻坚，镇书记必须亲自上阵，别的方面只要保证不出事就可以。书记（指桥镇党委书记）只要能把脱贫攻坚如期搞完成了，完成任务，其他工作不出事，他就是大功一件。两年以后，他必然是要提拔的。"林县副县长访谈记录，访谈编号：20181115KDS，访谈时间：2018年11月15日。

了"分—合—再分"的两次组织重构，新组织要比原有的科层组织更具权威性，也更具灵活性，或者按照林雪霏的表述，这种模式体现出"扶贫场域内科层组织更加具有制度弹性"①。

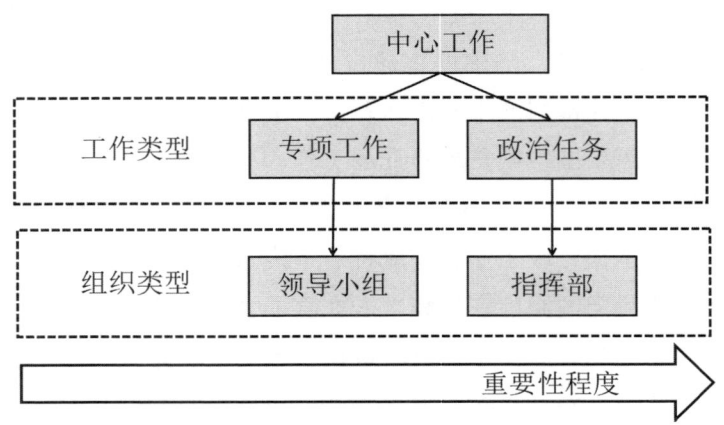

图2-9 中心工作的不同类型与组织类型的对应关系

指挥部与领导小组的关系。从组织功能上讲，"指挥部"和"领导小组"具有相似性，都属于常规官僚体系分科设岗、分工配合运作模式的替代性方案，用来应对"中心工作"。但如果仔细分辨还是能够发现，除了在机构名称、领导称呼这些外在表现形式上的不同之外，两者在面对的任务类型、领导规格和组织形态等多个维度上存在差异。这些差异有一些是程度上的差异，有一些是性质上的差异（当然，程度上的差异也可能导致性质上的区别）。

首先是在任务类型上存在差异。在以前的普遍观念中，常规科层体制被认为是应对常规工作的组织形态，领导小组则被看作应对中心工作的组织模式。但这种简单的对应关系太过粗线条——中心工作并不是单一类型，而是存在不同的类型，有一些中心工作是以"专项工作"的

---

① 林雪霏：《扶贫场域内科层组织的制度弹性——基于广西L县扶贫实践的研究》，载《公共管理学报》2014年第1期。

形式出现的，有一些中心工作则是以"政治任务"的形式出现的。尽管两者都属于中心工作，但后者的重要性程度要比前者更为突出。在地方政府政策执行过程中，很多专项工作都成立专门的领导小组，例如集镇建设专项工作领导小组、农村环境专项整治领导小组，等等。这些工作可能也很重要，但并没有被提升到政治任务的层次。只有在面临急难险重的政治任务时，地方政府才会成立指挥部。因此，更准确的区分应该是，领导小组主要用来应对中心工作中的专项工作，指挥部则用来应对中心工作中的政治任务。

> 现在县里边成立的领导小组太多了，各种各样的领导小组。我现在至少是十个八个领导小组的副组长，现在我们苗木花卉创建还有个领导小组呢。领导小组现在就是专项工作的标配。指挥部的规格要比领导小组高很多了。你看脱贫攻坚领导小组，脱贫攻坚指挥部，感觉上就不一样嘛。①

> 领导小组现在真是太多了，差不多每个工作都要成立领导小组。我的理解是，脱贫攻坚现在是一场政治任务。脱贫攻坚就有打仗的意思，这是把脱贫攻坚当成一场战役来打的，一场战役，那就得有指挥部。成立指挥部，主要就是为了让这些工作更加有坚强领导，有指挥部才指挥有力嘛。②

其次是在领导规格上，指挥部要比领导小组高出很多。领导小组一般只是设置一名组长，由"条条"上的分管领导兼任，一到两名与工作相关的副组长，由纳入部门的分管领导或纳入部门的负责人兼任。例

---

① 林县副县长访谈记录，访谈编号：20181115KDS，访谈时间：2018年11月15日。

② 桥镇党委书记访谈记录，访谈编号：2018725WDM，访谈时间：2018年7月25日。

如在县级层面，2017年林县开展矿山企业生态环境问题整治工作，为加强整改工作的组织领导，成立由县政府分管副县长任组长，县环保局、安监局、国土局主要负责人为副组长，桥镇、S镇负责人为成员的县矿山企业生态环境问题整治工作领导小组。① 在镇级层面，2017年桥镇党委成立的"为政不为"专项整治工作领导小组，小组组长由书记兼任，纪委书记任责任副组长，党政办、纪委办、人大办负责人为成员。② 即使在一些牵涉面比较广的领导小组中，也并不是所有领导均纳入其中。但是指挥部与领导小组不同，无论是县级指挥部还是镇级指挥部，所有党政领导都被纳入其中，这种情况在领导小组体制下并未出现过。如果说"领导站台、高位协调"是运动式治理成功的必要条件，那么指挥部应该算是领导站台、高位协调的典型代表。③

最后是在组织形态上，指挥部可以包含领导小组模式。这一点和政治任务的性质密切相关，专项工作尽管也并不是单个部门能完成的，但大多数只涉及几个部门，只需要成立一个领导小组将这些部门纳入即可，因此在专项工作中，很少出现领导小组下再设置领导小组的情况。政治任务却涉及方方面面，例如脱贫攻坚"八个一批"的扶贫措施直接涉及的部门就已经超过八个。而且，地方政府还从其他干部群体中选派驻村工作队员、第一书记，将其充实到扶贫一线，那么地方政府所有部门都有可能被间接吸纳进扶贫工作。为了更好地开展工

---

① 林县政府办公室：《关于印发〈矿山企业生态环境问题整治实施方案〉的通知》（林改办发〔2017〕180号），2017年11月28日。

② 中共桥镇委员会：《关于在全镇范围内开展"为政不为"专项整治的工作方案》（桥发〔2017〕175号），2017年9月21日。

③ 徐岩、范娜娜、陈那波：《合法性承载：对运动式治理及其转变的新解释——以A市13年创卫历程为例》，载《公共行政评论》2015年第2期。当然，这样讲并不是认为之前存在的领导小组模式不具备这一特征，而是说指挥部模式在这一特征上表现得更为突出。

作，指挥部设置了"八办两组/七办两组"的办组系统。针对各个扶贫措施以及驻村工作，又成立了产业脱贫领导小组、生态脱贫工作领导小组、就业创业扶贫工作领导小组、教育脱贫攻坚工作领导小组、金融扶贫工作领导小组和驻村工作领导小组。这种情况是领导小组模式所不曾出现的重要特征。也就是说，指挥部的组织规模要比领导小组更加庞大，组织形态也比领导小组更为复杂，地方政府可以在指挥部下再设立领导小组。从这个角度讲，指挥部属于"超规模的领导小组"或"领导小组的领导小组"。

脱贫攻坚指挥部与其他指挥部的关系。在脱贫攻坚之前，地方政府也在其他工作领域设立过指挥部，如防汛指挥部、地质灾害防治指挥部、森林防火指挥所、防治山洪指挥部、气象灾害防御指挥部等。在领导规格和组织形态上，这些指挥部和脱贫攻坚指挥部并没有本质上的区别，只不过组织架构更为简单一些。例如，根据2012年防汛工作预案，桥镇成立了防汛指挥部，设置了总指挥、副总指挥、成员的领导结构，党委书记担任总指挥，人大主席、镇长、党委副书记、两名副镇长担任副总指挥，镇属各办、站、所负责人为成员。同时防汛指挥部也设置了诸如抢险组、后勤组、疏散组的职能部门，分别承担相应的职责。而且还以镇干部、民兵为基础，在各个行政村和学校设置了18个领导小组，由镇挂联领导担任小组组长，以此来延伸防汛指挥部的组织触角。①

脱贫攻坚指挥部和其他指挥部最大的区别在于应对的任务性质上。之前存在的这些指挥部大多用来应对自然灾害的防治救援这种紧急任务，因为这些工作带有周期性或偶发性，因此这些指挥部发挥作用也大多具有周期性、偶发性。在各类自然灾害频发的时间段内发挥作用，在灾害不存在的其他时间段内，这些指挥部主要做一些灾害预测、政策宣

---

① 桥镇人民政府：《关于印发〈桥镇2012年防汛工作预案〉的通知》（桥政发〔2012〕16号），2012年4月18日。

传、设施维护方面的工作，甚至处于"休眠状态"。但是，脱贫攻坚工作具有持续性，因此自 2015 年、2016 年成立之后，到 2019 年任务全部完成，脱贫攻坚指挥部一直处于运行状态。

表 2-4　脱贫攻坚指挥部与其他组织形态的比较

维度	常规科层组织	领导小组	其他指挥部	脱贫攻坚指挥部
任务类型	常规工作	专项工作	应急救灾	政治任务
组织模式	分科设岗	组长+成员	指挥长+小组+成员	指挥长+办组系统+成员+下派干部
存在状态	稳定存在	阶段性存在	周期性、偶发性存在	阶段性存在

总而言之，面对精准扶贫，地方政府在现有科层组织的基础之上，成立权力更加集中也更具权威的脱贫攻坚指挥部来完成更为重要的中心工作，通过提高中枢系统的政治权威，构建"办组系统"吸纳其他非扶贫机构，下派干部延伸组织触角，完成科层组织重构。这种重构在很大程度上影响了后续精准扶贫政策的执行状态——以指挥部为组织基础，地方政府才能够超越常规治理，集中资源，采取有针对性的帮扶措施，在国家—社会、政府—市场、干部—群众之间建立起更加紧密的关系，真正将国家政策贯彻执行到农村基层。

第三章　扶贫搬迁与地方政府的生活介入

从措施类型上讲，扶贫搬迁属于生存型帮扶措施，地方政府介入贫困户的生活当中，解决贫困人口最基本的安全住房问题。同时，扶贫搬迁安置房的建设又是脱贫攻坚中的"硬工程"，周期长、投入大，实打实的房子也很难作假。因此，地方政府在这方面投入了很大精力。本章的主要任务是分析地方政府在扶贫搬迁过程中发挥的作用。具体而言，主要包括四个部分：一是对扶贫搬迁的过程进行描述，总结扶贫搬迁的基本流程和最终取得的成绩，以此说明扶贫搬迁的作用。二是聚焦"社区工厂"，描述地方政府为解决搬迁户后续生计保障问题而采取的配套措施。三是分析国家标准政策与乡土社会之间的冲突与分歧，以此体现地方政府介入农民生活可能引发的公平性风险。最后进行理论总结，归纳地方政府介入农民生活的可能与限度。

一、"扶贫搬迁"的实践过程

在精准扶贫工作中，扶贫搬迁安置房与危房改造被合称为"两房建设"，在扶贫干部看来，这是精准扶贫中难度较大的工作。[1] 在两者

---

[1] 按照林县领导的说法，"脱贫攻坚，最头疼的事情就是两房建设。这是硬工程，你房子盖没盖好，就在那放着呢。然后它还加了很多的杠杠，比方说人房要对应，你三口人不能住四口人的房子，四口人不能住三口人的房子。而且他们还经常来查你，只要查出来有问题，就要我们整改。"林县副县长访谈记录，访谈编号：20181115KDS，访谈时间：2018 年 11 月 15 日。

当中，扶贫搬迁的工作压力又要比危房改造更大一些——危房改造的难点在于识别出符合条件的 C 级危房和 D 级危房①，危改户不需要搬离原有的生活区域，能够保留之前的生活方式和生产方式。至于危房的修缮加固只是工程施工的技术问题——只要有足够的财政资金，地方政府就可以将任务发包出去（政策不允许危改户自己进行修缮加固）。2017 年 4 月之后，陕西省加快扶贫工作进度，当年林县成立了危房改造工作领导小组，到 2018 年 5 月 31 日，林县危房改造的竣工率就已经达到 79%。到 2018 年 10 月中旬，全县 4267 户的危房改造工作基本结束。②

扶贫搬迁又称为"扶贫易地搬迁"，主要是指将部分贫困户搬离原有的居住地，安置在地理条件、生活条件更有利于脱贫的区域。根据国家发改委、国务院扶贫办等五部门在 2015 年出台的《"十三五"时期易地扶贫搬迁工作方案》，"易地扶贫搬迁对象主要是居住在深山、石山、高寒、荒漠化、地方病多发等生存环境差、不具备基本发展条件，以及生态环境脆弱、限制或禁止开发地区的农村建档立卡贫困人口，优先安排位于地震活跃带及受泥石流、滑坡等地质灾害威胁的建档立卡贫困人口。"搬迁的方式主要有集中安置和分散安置两种，其中集中安置包括行政村内就近集中安置、建设移民新村集中安置、依托小城镇或工业园区

---

① 根据住建部 2009 年制定的《农村危险房屋鉴定技术导则（试行）》，农村房屋分为 A、B、C、D 四个等级，如果房屋经鉴定属于 A 级或 B 级，那就属于安全住房，可以继续居住。如果经鉴定属于 C 级（局部危险），则需进行修缮加固；如果属于 D 级（整栋危房），就应拆除重建。因此，对 C 级危房的修缮加固和对 D 级危房的拆除重建都属于危房改造。参考住房和城乡建设部：《关于印发〈农村危险房屋鉴定技术导则（试行）〉的通知》（建村函〔2009〕69 号），2009 年 3 月 26 日。

② 参考《林县 2018 年度危房改造扶贫资金项目成效公告及农村危房改造 2018 年花名册》（无文号），2018 年 12 月 10 日。2018 年 11 月，为了落实对贫困村脱贫摘帽的新要求（要求非贫困户也具有安全住房），林县又开始全面启动所有非建档立卡贫困户的危房改造工作。林县共排查出非贫困户符合 C 级、D 级危房改造条件的 685 户，这些非贫困户的危房改造工作到 2019 年 6 月份也已基本完成。

安置、依托乡村旅游区安置等。分散安置包括插花安置、投亲靠友等。①

到了具体执行环节,各地对两房建设的具体操作可能会根据实际情况进行一些调整。一是对 D 级危房的处理方式。林县有一部分 D 级危房采取的是原址翻建或就近新建,这部分还是纳入危房改造的范围。除此之外,由于地处秦巴山区、地形高低起伏,林县有很多 D 级危房在原址以及原址附近找不到安全、合适的地点,无法就近新建,因此直接采取了进城入镇的方式,这部分则被纳入扶贫搬迁的范围。二是扶贫搬迁安置房的建设。由于一些低保户、无劳动能力的残疾人无法承担易地搬迁的成本,也很难在进城入镇后维持生活。对这一部分特殊的贫困群体,大多采取行政村内就近集中安置的方式。和进城入镇的安置方式不同,这些行政村内就近集中安置房的建设费用均由财政负担,而且还会配备必要的家具、厨具等生活用品,低保户、无劳动能力的残疾人可以直接"领钥匙"免费入住,因此这些房屋又被称为"交钥匙工程安置房"或"钥匙房"。这样,扶贫易地搬迁在实践中就出现了三种类型:一是纯粹意义上的扶贫搬迁,搬迁的方式是进城入镇集中安置。针对这种情况,林县共计建有集中安置点 20 个,建安置房 3965 套。二是对低保户、残疾人的扶贫搬迁,搬迁的方式是建设"交钥匙工程安置房"。针对这种情况,林县在 86 个村共计布点建设"交钥匙工程安置房"1130 套。三是房屋是 D 级危房但是选择易地搬迁的贫困户,这种情况共计有 524 户,这些贫困户大多选择进城入镇。②

---

① 国家发改委、国务院扶贫办、财政部、国土资源部、中国人民银行:《"十三五"时期易地扶贫搬迁工作方案》,2015 年 11 月 29 日。

② 参考《林县五千户贫困群众实现易地扶贫搬迁"安居梦"》,http://www.hanyin.gov.cn/Content-25322.html(访问时间:2019 年 9 月 16 日)。《林县 2018 年度危房改造扶贫资金项目成效公告及农村危房改造 2018 年花名册》(无文号),2018 年 12 月 10 日。林县人民政府县长:《在林县第十八届人民代表大会第三次会议上的政府工作报告》(无文号),2019 年 2 月 16 日。

与危房改造相比，扶贫搬迁的程序要更复杂，牵涉面更广。即使只考虑到"住房有保障"这个层次，不考虑搬迁户后续的生活保障问题，扶贫搬迁就需要进行搬迁户识别、安置房建设、搬迁户选房入住、腾退原有宅基地等多个步骤。无论是哪个步骤都牵涉到多方利益，极有可能出现各种各样的次生问题，影响整体工作进度。而且更为重要的是，搬迁只是一个起点，并不是问题的结束——对搬迁户而言，扶贫搬迁是一种整体性的生活状态大变动。在大变动之后，搬迁户如何维持生活是很重要的问题。对地方政府而言，扶贫搬迁意味着国家权力高度介入农民的日常生活当中，深刻改变了他们的原有状态，那么地方政府就有责任提供后续保障措施，解决搬迁户的生活问题。

表3-1 林县两房建设的类型划分

序号	类型	纳入原因	安置方式	数量（截止2019年）
1	危房改造	住房被鉴定为C级危房	危房改造	共计4267户
2		住房被鉴定为D级危房	原址翻建 就近新建	
3	扶贫搬迁	住房被鉴定为D级危房	1.异地扶贫集中安置；2.进城入镇易地搬迁；3.原址附近"交钥匙房"。	共计5095套，其中：1.集中安置点20个，安置房3965套；2.在86个村布点"交钥匙工程安置房"1130套。
4		居住在深山，受泥石流、滑坡等地质灾害威胁的建档立卡贫困人口。		

备注：1. 危房改造和扶贫搬迁是互斥的政策，两者不可兼得；2. 扶贫搬迁的两种原因和两种安置方式并非对应关系，可以存在交叉。

地处秦岭深处，移民搬迁一直是林县的重点工作之一，当地政府的工作人员对移民搬迁倒也并不陌生。1974年，林县成立征地移民办公室。1976年，这一机构被撤销，业务移交由县民政局办理。1978年4月，为应对水库移民，林县征地移民办公室恢复机构。在1978—1987

年间，林县在安康水库工程中共计完成迁移人口 1642 人，其中农村迁移 1161 人，集镇迁移 481 人。① 20 世纪 90 年代以后，林县的移民搬迁开始从水库移民转向扶贫搬迁。1998—2001 年，林县共计实现易地搬迁 6690 人（以分散安置为主）。从 2004 年到 2007 年，林县共计搬迁 1025 户 3367 人（集中安置为主，分散安置为辅）。② 2012 年 9 月 10 日，林县对各部门分别实施的避灾扶贫搬迁、农民进城落户、农村危房改造和以工代赈易地扶贫搬迁等工作进行整合，成立城乡安居工程领导小组办公室（简称"安居办"），统一负责全县避灾扶贫搬迁和推进有条件的农村居民进城落户（居住）工作。③ 尽管之前的这些移民搬迁针对的多数是水库移民、避灾移民，扶贫移民的数量比较少，但总体上讲，这些前期的移民工作为这一轮的扶贫易地搬迁提供了组织机构和一定的经验。

随着脱贫攻坚的推进，扶贫搬迁工作的重要性越来越突出。2016 年 9 月，林县从安居办分出移民（脱贫）搬迁工作办公室（简称搬迁办），转至国土资源局，成为国土资源局下属全额预算事业单位。按照指挥部"八办两组"的组织架构，指挥部搬迁脱贫办公室和国土局搬迁办是"一个机构、两块牌子"。搬迁办的主要职责是负责编制全县移民（脱贫）搬迁项目长期规划和年度计划，全县移民（脱贫）搬迁项目的争取、论证、审查、立项、批复、指导、监管、验收、资金审核、档案管理及信访案件的查处，以及全县移民（脱贫）搬迁项目工作的

---

① 林县县志编纂委员会：《林县县志》，陕西人民出版社 1991 年版，第 567—568 页。

② 林县县志编纂委员会：《林县新修县志（草稿版）》，尚未出版，无年份，第 143 页。

③ 《林县城乡安居工程领导小组办公室关于公开 2015 年财政决算情况的说明》（无文号），http://www.hanyin.gov.cn/Content-15351.html（访问时间：2019 年 9 月 15 日）。

实施和考核工作。① 2016年10月20日，林县印发《2016—2019年搬迁脱贫实施方案》（以下简称《实施方案》），设置了扶贫搬迁的总体目标，要求按照"对象精准、分类实施、群众自愿、政府兜底"的原则，在2019年前将符合条件的5902户贫困户全部通过"搬迁脱贫一批"的方式实现脱贫，并明确了扶贫搬迁的对象条件和排除条件。

对象条件：贫困人口移民搬迁安置对象必须是已录入国家"贫困户信息管理系统"的贫困农户。主要分为以下8类：1）受地质灾害、洪涝灾害或其他自然灾害影响严重的户；2）鳏、寡、孤、独、残等无发展潜力，基础设施、服务设施落后的户；3）家中有重、慢性病患者，智障人员、老人、学龄儿童等无劳动能力者，经济收入来源少、负担重的户；4）距公路5公里以上的偏远山区，交通不便的户；5）距离行政村中心较远，且发展条件差，基础设施配套较困难的户；6）双女户、独女户且女儿已外嫁，无能力赡养或失独家庭；7）危居贫困户；8）无房户。

排除条件：对已落实监护责任的未成年人或已通过投亲靠友解决住房问题的人员，不得再纳入搬迁脱贫对象范围。重、慢性病人，智障、残疾人员必须落实监护、管护人，不得单独作为搬迁脱贫对象。②

《实施方案》公布后两周，2016年11月4日，县委、县政府的主

---

① 《林县移民（脱贫）搬迁工作办公室关于公开2016年财政决算情况的说明》（无文号），http://www.hanyin.gov.cn/Content-19749.html（访问时间：2019年9月15日）。

② 林县政府办公室：《关于印发〈林县2016—2019年搬迁脱贫实施方案〉的通知》（林政办发〔2016〕31号），2016年10月20日。《林县2018年度危房改造扶贫资金项目成效公告及农村危房改造2018年花名册》（无文号），2018年12月10日。

要领导，与扶贫搬迁有关的各个部门负责人（包括发改局、国土局、城建局、水利局、人社局、民政局等），以及各乡镇党委书记、镇长，齐聚PX镇南区，召开了移民（脱贫）搬迁工程建设现场会。分管扶贫搬迁工作的副县长发表了动员讲话，要求"各镇、各有关部门要增强机遇意识，密切配合、通力协作，积极主动提供优质服务，确保工程建设顺利实施，各镇要加强对移民搬迁工程建设重大意义的深入宣传，加大对象落实力度，特别是在册贫困户、避灾户的搬迁，确保完成今年移民（脱贫）搬迁工作任务"①。2017年6月1日，林县又印发了《2017年度易地扶贫搬迁工作实施方案的通知》，规定了各部门的责任：县发改局要及时办理项目立项，审批招标方案，负责协调和争取中央及省市相关项目资金向安置点倾斜，完善安置点的基础设施和公共服务建设项目争取工作；县国土局要对贫困人口移民搬迁安置项目优先安排用地，指导项目实施单位做好搬迁安置点地质灾害风险评估，统筹搞好搬迁户宅基地腾退和不动产登记发证工作，负责地质灾害威胁户搬迁指导；县住建局要及时办理"一书两证"，审查移民（脱贫搬迁）安置规划，指导各镇做好报建、招标等工作，加强对移民搬迁建房工程的质量监督，确保移民搬迁房屋质量；县财政局要及时完成搬迁脱贫项目的财政投资评审，足额筹措县级配套，强化资金监管，及时拨付资金；县环保局要指导各安置项目开展环境影响评估，负责生态类对象搬迁指导；县水利局要指导各安置项目开展洪涝灾害评估，协调人饮、河堤等项目争取、实施工作，负责洪涝灾害威胁户搬迁指导；县民政局负责安置社区成立、挂靠等工作的指导，协调社区管理中心项目的争取、实施工作，负责兜底贫困户的低保发放工作；各金融机构要简化房贷程序，及时发放贫困户建、购房所需贷款，落实信用贷款、利率优惠和贴息等金融扶贫

---

① 《我县召开移民（脱贫）搬迁工程建设现场会》，http://www.hanyin.gov.cn/Content-14315.html（访问时间：2019年9月15日）。

政策；县教体、文卫、农林科技、人社、文广、电力、电信等部门要积极落实对脱贫安置项目的基础设施、大配套和公共服务项目资金，保障贫困户搬迁后的耕地承包、上学、就医、就业等权益；县监察局、审计局要加强对移民（贫困）搬迁资金使用情况的监督检查，对资金使用以及重点项目进行全过程审计。① 以政府文件和现场会为起点，林县正式启动了新一轮的扶贫搬迁工作。

现在总结来看，当地政府在这一轮扶贫搬迁中主要做了以下工作。

一是进行前期的搬迁户识别。这一时期的主要任务就是从建档立卡贫困户当中识别出需要搬迁的群体（即搬迁户），与其签订易地搬迁的"三项协议"（搬迁协议、旧宅基地腾退复垦协议、扶贫搬迁就业脱贫协议）。根据林县 2016 年《2016—2019 年搬迁脱贫实施方案》的要求，搬迁户的认定需要遵循"户申请、村评议、镇审核、县审批"的标准。在具体的认定程序上，大体可以分为七个步骤：一是农户申请，由户主自愿提交移民搬迁书面申请，报村委会评议；二是村组评议，村委会对提出申请的贫困户在村组内进行民主评议；三是一榜公示，由村委会对民主评议无异议的拟搬迁对象张榜公示，在接受群众监督、吸纳群众合理意见并对名单进行修改、调整后，报镇政府审查；四是镇级审查，镇政府按照移民搬迁安置工作的对象和范围规定严格审查，确定拟搬迁对象；五是二榜公示，镇政府对拟搬迁贫困户在镇、村同时进行张榜公示，接受群众监督，吸纳群众合理意见并对名单进行修改、调整后，以正式文件报县安居办；六是县级审批，县搬迁办按规定进行核实，确定搬迁贫困户名单；七是三榜公示，经县搬迁办审核的拟搬迁贫困户名单在县政府网站公示，最终确定年度搬迁对象。②

---

① 参考林县人民政府办公室：《关于印发〈林县 2017 年度易地扶贫搬迁工作实施方案〉的通知》（林政办发〔2017〕72 号），2017 年 6 月 1 日。

② 林县政府办公室：《关于印发〈林县 2016—2019 年搬迁脱贫实施方案〉的通知》（林政办发〔2016〕31 号），2016 年 10 月 20 日。

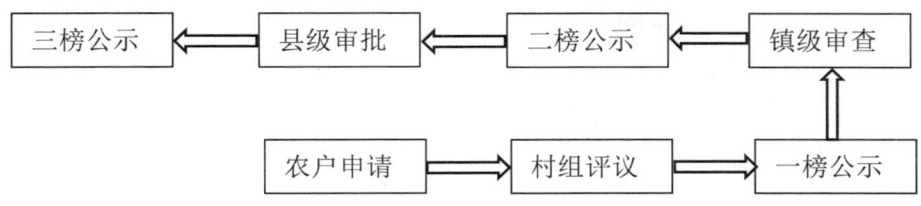

图 3-1 扶贫移民搬迁"搬迁户"的识别程序

为了强化搬迁户识别工作，2017 年 1 月 10 日，林县下发《关于开展调查摸底确定"十三五"移民（脱贫）搬迁对象的通知》（以下简称《通知》），提高了镇扶贫干部在识别程序中的作用。要求各镇在 1 月 6 日至 2 月 28 日前，集中两个月时间采取领导联村、站所包组、干部到户的扎实措施，按照逐村摸排、逐组调查、户户见面的要求，对辖区内的建档立卡在册贫困户搬迁对象进行一次全方位政策宣传、思想发动和调查摸底工作，详细统计对象现状、了解搬迁动态、摸清对象意愿、明确搬迁时限。为了保证扶贫干部真正做到"逐村摸排、逐组调查、户户见面"，《通知》还提出，要通过逐户发放口袋书、与户主在旧房前合影、签订三项协议等形式夯实干部职责，务求调查摸底工作取得实效。在调查摸底的基础上，各镇要及时建立健全全县精准搬迁信息系统和纸质档案，特别是建档立卡在册贫困户搬迁要和县扶贫局信息平台相衔接，做到县上有汇总、各镇有平台、村上有登记、户上有协议，实现县、镇两级联网，达到信息互通、资源共享。①

对扶贫干部而言，这一时期的搬迁户识别构成了工作的最主要组成部分。他们需要和技术鉴定人员一起，深入到贫困户家里，详细地登记贫困户住房情况，听取贫困户、村组干部的意见，多次研判，最终识别

---

① 《通知》明确提出，在 2017 年 2 月 28 日前，各镇务必将调查摸底各种表册及搬迁安置轮候计划表电子版及纸质档案资料上报县搬迁办。林县政府办公室：《关于开展调查摸底确定"十三五"移民（脱贫）搬迁对象的通知》（林政办发〔2017〕2 号），2017 年 1 月 5 日。

出真正的搬迁户。然后，统计出各个搬迁户家庭的人数，汇总需要建设的房屋户型种类、数量，为下一步的安置房建设提供基础数据。经过识别，林县符合易地扶贫搬迁条件的贫困共有5080户，桥镇符合易地扶贫搬迁条件的贫困户共有533户2191人，其中在镇外安置156户675人，在本镇内安置311户1405人。①

二是推进安置房的工程建设。这一阶段的主要任务就是在集镇周边寻找地势平坦、大小合适的地点，然后征地拆迁，按照标准建设安置房。但是在安置小区建设之前，当地政府寻找合适的安置房建设地点、进行征地拆迁就费了一番周折。由于地处山区，很难找到大面积的平坦地形进行安置房建设，只能在集镇周围征用其他农户的土地。实事求是地讲，在安置房征地拆迁的过程中的确存在一定的困难。以桥镇为例，桥镇主要有两个安置小区，SH安置小区和LQ安置小区，其中SH安置小区安置了大部分搬迁户，LQ安置小区安置少量剩余的搬迁户。LQ安置小区面积比较小，寻找地点比较容易，但是SH安置小区面积比较大，征地拆迁工作就出现了一些困难。在征地范围内的搬迁户同意拆迁，但是其他不是搬迁户的被征收农民意见较大，政府工作人员做了大量工作后，才完成了征地拆迁任务。

征地拆迁完成后，就开始进行安置房建设项目招投标、督促施工。林县大多数安置房建设是由本县的建筑公司建设完成。这个过程与其他常规工程建设类似，并没有出现太大的困难，只不过政府督促得更紧一些——为了保证工程进度，林县搬迁办（国土资源局）按月统计移民搬迁工程进度，并通报全县。镇、村两级要及时调处化解建设过程中出

---

① 《林县提前两年全面完成"十三五"易地扶贫搬迁任务》，http://www.hanyin.gov.cn/Content-25982.html（访问时间：2019年10月2日）。这个数据要比《2016—2019年搬迁脱贫实施方案》中确定的数字（5902户）以及《关于开展调查摸底确定"十三五'移民（脱贫）搬迁对象的通知》中确定的数字（5770户）更少，也就是说，经过新一轮的识别，剔除了一些不符合易地扶贫搬迁条件的贫困户。

现的土地、场地、道路使用等矛盾纠纷，切实维护社会和谐稳定，确保移民搬迁安置顺利推进。① 在2017年冬、2018年春，为了应对脱贫攻坚第三方评估和国家发改委易地扶贫搬迁"拉网式全覆盖"大巡查，主导扶贫搬迁工作的县国土资源局还开展了扶贫搬迁"冬春大会战"。桥镇则专门派了人大主席到工地上督促项目建设。在扶贫搬迁安置房建设期间，桥镇人大主席几乎每天都需要到建筑工地上去，督促工程进度。

> 一是该局（指国土资源局——笔者注）成立了以局领导抓总，班子成员和副科级以上领导为组长的6个督导组，分别将10个镇的移民搬迁工作督导责任和督导任务一竿子夯实到人；二是组织参加督导工作的领导和干部开展了督前学习，对督导内容和方式进行培训；三是各督导组坚持每周一督导、每周一汇总，定期召开汇总分析研判会；四是督导检查时坚持问题导向和目标导向，点点到，村村看，看进度、看质量、看资料，不留死角，不回避矛盾和问题，发现问题、解决问题，促进易地扶贫搬迁"冬春大会战"掀起新高潮。②
>
> 之所以让镇人大主席去分管这个事情，是因为安置房建设牵涉的事情比较多，是个硬任务。一般人大主席都是一个镇上比较有资历的干部，他们很多都是当地人，甚至在这个地方的工作经验比书记、镇长还要丰富。各个村的村干部、开发商也都给他面子，他去做这个工作，好协调关系。那个人大主席这段时间就在工地上办公了，他得天天去工地去督促项目进展。③

---

① 林县政府办公室：《关于印发〈林县2016—2019年搬迁脱贫实施方案〉的通知》（林政办发〔2016〕31号），2016年10月20日。

② 《县国土局全力督导易地扶贫搬迁"冬春大会战"》，http://www.hanyin.gov.cn/Content-20605.html（访问时间：2019年9月15日）。

③ 林县副县长访谈记录，访谈编号：20181115KDS，访谈时间：2018年11月15日。

三是房屋分配及搬迁入住。林县安置房户型根据家庭人口数分为：3 人户型为 64 平方米、71 平方米两种，4 人户型为 85 平方米、89 平方米两种，5 人户为 95 平方米、105 平方米，6 人户型为 117 平方米。贫困户根据家庭人口数进行认购，2017 年年底各镇陆续开始分配住房。2017 年 11 月 28 日，桥镇进行了第一次安置房分配工作，首批分配了 42 户。2018 年 1 月 2 日，桥镇举行第二次分房仪式，共有近 160 户参与了分房活动。2018 年 8 月 16 日，桥镇 HY 村安置点又进行了一次分房活动。① 到 2018 年年底，基本完成了安置房分配工作。在具体的分房程序上，为体现"科学分房、公平分房、阳光分房"的原则，桥镇安置房的分配流程大体上分为以下步骤：一是镇分管扶贫工作的负责人向安置户宣读桥镇易地扶贫搬迁安置房分配方案并解读分房细则，在安置对象一致同意分配方案的前提下，现场进行抽签确定房号。二是镇扶贫办采取按订房顺序分批次从 4 人户型、5 人户型、6 人户型中抓房号，公证人员全程监督。最终的目标就是要做到"人房对应"，所有搬迁户分得的安置房都不超人均 25 平方米的标准。三是安置户现场确认所抽到的户型、房号，无异议后签字盖章。四是镇扶贫办工作人员登记信息后，由安置小区项目工作人员现场发放钥匙并带领搬迁户到分到的安置房"认门"。

在 2017 年、2018 年的考核中，"入住率"是一个非常重要的考核指标。在扶贫移民搬迁成效考核中，检查人员会到安置房内检查，看安置房内是否有锅碗瓢盆等必备的生活用品，电表、水表是否有走表记录。为鼓励搬迁户及时入住，桥镇还动员镇村扶贫干部和各搬迁户的结

---

① 《桥镇首批 42 户易地扶贫搬迁贫困户喜获安置房钥匙》，http://www.hanyin.gov.cn/Content-20428.html（访问时间：2019 年 9 月 15 日）。《桥镇 SH 安置小区举行第二次分房仪式》，http://www.hanyin.gov.cn/Content-21070.html（访问时间：2019 年 9 月 15 日）。《桥镇又一批贫困户喜迁新居》，http://www.hanyin.gov.cn/Content-24109.html（访问时间：2019 年 9 月 15 日）。

对帮扶干部帮着搬东西、贴对联、打扫卫生，对一些生活特别困难的搬迁户，还会赠送一些生活用品。

数据资料显示，"2016年，林县23个安置点项目已全部开工建设，其中3015套安置房基本竣工，859套安置房正在建设中，已全面完成与搬迁群众的三项协议签订工作，档案资料完成了80%。"① 到2018年11月底，林县所有安置房全面通过验收，20个集中安置点和86处交钥匙工程5095套安置房主体工程全面竣工，竣工率100%，所有安置点的水、电、路、讯、污等基础设施配套建设到位，配套率100%。5080户贫困户已领取钥匙，国家标准入住率达到100%，顺利通过12月13日至19日的省脱贫攻坚考核。②

四是动员搬迁户腾退原有宅基地。宅基地腾退是易地扶贫搬迁的必备程序，按照整个扶贫移民搬迁的要求，贫困户在入住安置房以后，需要将原有宅基地退还给村集体或者在原宅基地进行复耕。在2017年对搬迁户进行调查摸底时就已经确定告知，搬迁户必须签订旧宅基地腾退复垦协议，协议要注明腾退房屋位置、复垦面积、自行拆除或委托镇政府拆除、拆除时间、复垦验收标准、补助资金、工程费用等关键内容。其中，扶贫类搬迁和避灾类搬迁在新房建成搬迁入住后要立即拆除，生态类搬迁可给予适当的过渡期（一般为三年）。对腾退出的土地，经村委会同意，可优先由原使用人承包。③

随着搬迁户陆续入住，2019年上半年，林县开始着手这项工作。为了鼓励搬迁户腾退宅基地，2019年3月，林县又印发了《促进易地

---

① 《林县召开2016年度易地扶贫搬迁迎检工作会》，http://www.hanyin.gov.cn/Content-17663.html（访问时间：2019年9月15日）。

② 《林县提前两年全面完成"十三五"易地扶贫搬迁任务》，http://www.hanyin.gov.cn/Content-25982.html（访问时间：2019年9月17日）。

③ 林县政府办公室：《关于开展调查摸底确定"十三五"移民（脱贫）搬迁对象的通知》（林政办发〔2017〕2号），2017年1月11日。

扶贫搬迁入住及旧宅腾退复垦奖补暂行办法》，提出："针对集中安置对象，对 2019 年 2 月 28 日前已进入装修阶段且签订了愿意腾退承诺书的搬迁户，按人均 4000 元标准兑付首笔腾退奖补资金；对 2019 年 6 月 30 日前已装修完毕并实际入住，且实施拆旧的搬迁户，按人均 3000 元标准兑付第二笔腾退奖补资金；搬迁户旧宅基地拆除复垦，经市、县验收合格后，按人均 3000 元兑付余下腾退奖补资金。针对交钥匙工程入住对象，按人均 5000 元标准兑付首笔腾退奖补资金；搬迁户旧宅基地拆除复垦，经市、县验收合格后，按人均 5000 元兑付余下腾退奖补资金。"①

尽管宅基地腾退的奖补措施比较充分，但在宅基地腾退与搬迁户的生活之间存在冲突，宅基地腾退面临了搬迁户的抵抗。一直到 2019 年 11 月初，林县才完成 3971 户（占总进度的 83.04%）的宅基地腾退工作。② 对剩下的宅基地腾退，县、镇干部都觉得存在一定的困难，很难达到 100%。

乡镇干部：现在比较普遍的情况是"搬少不搬老"，就是小的搬了，但是老的不搬。他还在老家种地，房子里还放着一些农具。你去拆的时候，他七八十岁的老汉在前头拦着，"我的房子你不能拆"，你说怎么办？他这后面就是受人指使，儿子不出面，让他老子在前头。你让他把老人接过去，他就跟你说："房子住不下，你买安排一下看看能不能住下。"③

---

① 林县政府办公室：《关于印发〈促进易地扶贫搬迁入住及旧宅腾退复垦奖补暂行办法〉的通知》（无文号），2019 年 3 月 6 日。

② 《林县全面持续推进易地扶贫搬迁旧宅腾退工作》，https://mp.weixin.qq.com/s/vM1mGB5ZtJ6yrpcHuHqN4w（访问时间：2020 年 1 月 1 日）。这一数据和访谈得到的数据差距较大，难以确定哪个数据真实。

③ 桥镇集镇办主任访谈记录，访谈编号：20190802-ZZR，访谈时间：2019 年 8 月 2 日。

县级领导：到现在为止（2019年8月——笔者注），我们县腾退的还不到十分之一，其他县也差不多。镇上这些房子产权怎么办还不好说，现在就让他们退宅基地，他们肯定不答应。还有一个麻烦事。我们这儿有很多老人，他过了六十岁就办棺材，就放在正房里面。你要是真给他强拆了，他这棺材就搁里头了。这不是赔钱不赔钱的事儿……这个工作就得推着走，不能强求。①

二、"社区工厂"与搬迁户的生计保障

对扶贫干部而言，扶贫搬迁只要完成了前三个步骤就已经达到了"住房有保障"的要求，宅基地腾退最终无法100%完成并不是一件很严重的事情，既不影响脱贫攻坚的最终完成，也不影响贫困户的生产生活。解决搬迁户的生计保障问题要比宅基地腾退更重要。扶贫搬迁有"搬得出、稳得住、能致富"的目标，按照林县《2016—2019年搬迁脱贫实施方案》中的要求，扶贫搬迁有五个具体的目标。一是实现搬迁户有安全、经济、实用的住房。二是有劳动能力的贫困户有1~2人掌握实用技术，收入水平力争达到当地平均水平。三是无劳动能力的贫困户生活有保障。四是交通、电力、通信、能源、饮水等基础设施达到当地城镇水平。五是生产生活环境明显改善，享受义务教育、基本医疗和文化体育等公共服务。② 其中，第一和第四个目标涉及硬件建设，第三

---

① 县政府也提出，希望各村找合适的地方放置这些棺材，但是各村很难找到合适的地点，这件事情尚没有恰当的解决方式。参考林县副县长访谈记录，访谈编号：20181115-KDS，访谈时间：2018年11月15日。

② 林县政府办公室：《关于印发〈林县2016—2019年搬迁脱贫实施方案〉的通知》（林政办发〔2016〕31号），2016年10月20日。对搬迁安置房的建设，陕西省在2016年就下发了《关于加强移民（脱贫）搬迁建设工程质量安全管理的通知》（陕建发〔2016〕222号），对搬迁安置房工程建设的勘察、设计、施工、监理和竣工验收环节做出了职责规定，要求"工程参建各方要建立健全质量安全管理体系，严格按照工程建设强制性标准的规定进行勘察、设计、施工、验收，确保移民搬迁工程符合有关标准规范"。县、镇政府也多次下发文件，要求严格按照建筑质量标准建设扶贫易地搬迁安置房。

和第五个目标涉及社会保障,这些都是"花钱就可以完成"的任务。但是,为搬迁户创造合适的就业机会,使其有稳定的收入来源,并不是一件容易的事情。

　　林县曾经针对"陕南避灾移民搬迁"出台过相应的后续扶持措施,当时提供的扶持措施主要是三类。一是贷款贴息。对搬迁户自主创业人员提供10万元以内的2年贴息,对流转耕地、林地的企业、合作社提供50万元以内的5%贷款贴息。二是产业帮扶。对搬迁户发展家庭手工业、小作坊及农家宾馆、特色餐饮、超市、卫生室等配套服务业的,一次性补贴产业扶贫资金3万元;对搬迁户或流转搬迁户原耕地、林地、水面发展专业合作社、领办家庭农场的,按照规模大小一次性提供扶持资金5万~10万元。三是教育扶持。对搬迁户考入高等院校的大学生,按学校层次一次性补助2000~5000元,属于特困家庭的,在此基础上再加1000元;县域内合法的培训机构对搬迁户家庭成员进行3个月以上培训的,每培训1人补助培训机构500元,对受培训人每人每月补助300元伙食费。① 2017年后的扶贫移民搬迁后的生计保障措施在很大程度上借鉴并延续了以往工作的经验。2017年1月,《林县"十三五"移民(脱贫)搬迁工作实施方案》提出了解决搬迁户就业的10项措施:工业园区、农业园区就业;技能培训;有组织的劳务输出;自主创业;成立农业合作社或加入农业合作社;公益性岗位;原居住地承包地、林地流转收益;搬迁大学生扶持;搬迁保障金扶持等。② 2017年7月,林县又根据省、市有关加强就业扶贫工作的文件精神,决定在全县大力培育和发展"新社区工厂"就业扶贫项目。上面这些措施构成了搬迁户生计保障的重要组成部分。

---

　　① 林县政府办公室:《关于印发〈林县避灾搬迁安置后续产业扶持办法(试行)〉的通知》(林政办发〔2016〕5号),2016年1月20日。

　　② 林县人民政府:《林县"十三五"移民(脱贫)搬迁工作实施方案》(林政发〔2017〕2号),2017年1月5日。

第三章 扶贫搬迁与地方政府的生活介入

在上述这些措施当中,公益性岗位的数量比较少,桥镇几百个搬迁户只能分到十几个名额,对整个搬迁户群体的生计保障影响不大。园区就业(工业园区、农业园区就业)、技能培训、有组织的劳务输出、自主创业,是相对传统的扶持措施,也很难进行指标化的考核。搬迁大学生扶持、搬迁保障金扶持,更是花钱就能完成的工作,对政府工作要求不高。对地方政府而言,通过发展劳动密集型产业(如毛绒玩具、电子产品、手工艺品的加工和组装等),实现搬迁户在安置点周边就近就业是相对新颖,同时覆盖面比较大的事情。这种生计保障措施的难点在于招来投资者建立社区工厂,并让社区工厂能够在当地政府撤掉财政补贴后继续"活下去",为搬迁户提供相对稳定的收入来源。①

按照安康市的官方表述,"社区工厂"的全称应该是"新社区工厂"("新"字形容的是社区),指的是在扶贫移民搬迁社区建立的各类生产加工型工厂(分厂)或车间。② 2017年7月9日,林县人力资源和社会保障局、财政局、脱贫攻坚指挥部办公室印发《关于大力培育和发展"社区工厂"就业扶贫项目的通知》(以下简称《通知》)。《通知》明确了社区工厂的范围:"各类企业和创业人员在移民搬迁安置区或农村人口居住集中区居住农户50户以上、创办的社区工厂在社区1平方公里之内,用工人数稳定在15人以上、每年能正常生产6个月以上的生产加工型工厂(分厂)或车间,都可以认定为社区工厂。"对全

---

① 另外,难度比较大的是发展"农业产业",成立农业合作社或加入农业合作社,原居住地承包地、林地流转收益,这些都属于"产业扶贫政策"的一种类型,将在下一章中进行论述。

② 2018年9月3日,安康市召开全市新社区工厂发展座谈会。安康市委书记郭青同志发表讲话,他提到,"新社区工厂"所在的社区不同于传统的城镇社区,也不同于传统的农村居委会,它发轫于陕南移民搬迁,是由一个镇、几个镇或邻近县区跨区域安置移民组成的'新社区'。'新社区'的发展重点和难点不是别的,是就业。"参见《郭青同志在全市新社区工厂发展座谈会上的讲话》,http://www.ankang.gov.cn/Content-156823.html(访问时间:2019年10月3日)。

县社区工厂的发展目标，《通知》要求："按照一年打基础、两年上规模、三年全覆盖的思路稳步发展。到 2020 年年底，全县培育发展社区工厂 30 家以上，吸纳就业 1000 人以上，其中累计带动贫困劳动力就业脱贫 500 人以上，实现年产值 1 个亿以上。力争每个移民搬迁社区或农村人口集中区都有 1 家以上社区工厂。"对于发展"社区工厂"的基本原则，《通知》要求："以创新、协调、绿色、开放、共享发展理念为指导，坚持以推进就业脱贫、扩大就业增收和扶持返乡创业为目标，按照'政府引导、市场引领、就业优先、厂社融合、协调推进'原则，鼓励支持各类企业，主要是劳动密集型企业及返乡创业人员在移民搬迁社区配建的商业用房、社区空置门店、老厂房、旧学校、旧办公楼等闲置土地、房屋，创办生产加工型工厂（分厂）或加工车间，解决移民搬迁群众和建档立卡贫困劳动力就地就近就业，走出一条就业扶贫工作新路径，为全县脱贫攻坚工作和经济社会发展贡献力量。"[①]

从区域经济发展的大环境上看，社区工厂是东部地区产业结构"腾笼换鸟"的产物。对中西部地区的群众而言，社区工厂意味着在家门口就能获得就业机会。但非常现实的问题是，林县和桥镇地处秦岭深处，交通不便，运输成本高，而且贫困户劳动技能较弱，各类企业和创业人员在当地投资建厂的经济成本比较高。所以，无论是县级政府还是乡镇政府，吸引外地投资者建立社区工厂都是一件难度很大的工作。为了弥补这种地理位置、工人素质带来的额外成本，地方政府不得不采取类似"招商引资"的方式，给社区工厂提供各种政策补贴。在 2017 年 7 月搬迁户尚未搬迁入住之前，林县《关于大力培育和发展"社区工厂"就业扶贫项目的通知》就对社区工厂提供了多项扶持政策。

---

① 林县人力资源和社会保障局、财政局、脱贫攻坚指挥部办公室：《关于大力培育和发展"社区工厂"就业扶贫项目的通知》（林人社发〔2017〕132 号），2017 年 7 月 9 日。

1. 筹集专项扶持资金。从市下达的公共就业服务经费以及县级就业创业基金中筹集专项资金 50 万元支持社区工厂发展，主要用于社区工厂实训设备购置及维护费用补助（按照各镇社区工厂建设情况下达补贴计划）。

2. 拓展社区工厂功能。将具有孵化功能的社区工厂纳入众创空间管理，并按规定给予孵化基地一次性奖励。具体补贴办法根据《安康市创业孵化基地及众创空间认定管理及奖励办法〈暂行〉》执行。

3. 鼓励吸纳贫困劳动力就业。对社区工厂每吸纳一名建档立卡贫困劳动力就业，签订不低于一年期限劳动合同的，给予 1000 元的一次性岗位补贴；社区工厂吸纳贫困劳动力人数不低于其员工总数 1/3 的，对其生产经营场地租赁费、水电费，按实际支出额 50%的标准按季度给予补贴，补贴期限两年。补贴资金从就业补助资金中列支。

4. 强化创业扶持。对人社部门认定为社区工厂、属于首次创业的、符合就业困难人员并应在其办理工商营业执照后 3 个月内提出申请，给予一次性创业补贴 3000 元。社区工厂需要申请贷款时，应优先办理。个人借款人贷款额度最高不超过 10 万元，合伙创业或组织起来共同创业的借款人贷款额度最高不超过 50 万元，贷款期限最长不超过 3 年，可展期 1 年，展期不予贴息。有条件的贫困村可开展"公司+农户""合作社+农户"等联保方式提供反担保。对提供担保有困难的，每招用一个贫困家庭劳动力（贫困家庭由县扶贫局认定）或残疾人（由县残联认定），可按每人 2 万元的标准给予授信担保，最高不超过 10 万元，担保贷款可分期偿还。

5. 强化技能培训。进一步整合培训项目，实施移民搬迁群众"照单培训"，确保搬迁群众技能培训全覆盖。对社区工厂从业人员开展岗前培训后，稳定就业在 6 个月以上的，其培训补贴标准按照同类工种、相同或相近课时的100%补贴到企业。县人社局要联合县农林科技局、文广局等部门开展传统手工艺技能培训,可以组织集中培训的,每人按1500元的标准给予补贴;支持传统手工艺人、民间非物质文化遗产传承人开展新型学徒制培训,每人按1000元的标准给予补贴。每年由县人社局牵头对社区工厂法人和管理人员组织一次免费能力提升培训。以上所需资金从就业补助资金中列支。

6. 强化认定表彰。依托就地就近转移就业示范工程,对重点吸纳贫困劳动力就业且管理规范、吸纳能力强,与贫困劳动力签订1年以上劳动合同的社区工厂或企业,由县级以上人社部门认定为就业扶贫基地。被认定表彰为省、市、县级就业扶贫基地的,分别给予5万元、3万元、1万元的奖励支持。其中,县级就业扶贫基地表彰奖励资金从县级就业创业基金中列支。①

随着安置房建设进入尾声,地方政府开始推进社区工厂落地投产。2018年5月31日,林县召开培育和发展毛绒玩具产业新社区工厂推进会,县委常委、县政府常务副县长,县培育和发展新社区工厂领导小组成员单位分管负责人,各镇分管领导、具体负责社区工厂建设的社保站负责人共40余人参加了会议。在会前,与会人员分别参观了SR镇文珍鞋业社区工厂、县工业集中区天利环宇毛绒玩具公司、CG镇凤台新区卓乐电子有限公司和桥镇顺源电子公司社区工厂(位于桥镇SH安置小区)、桥镇日间照料托管中心②,听取了相关镇分管负责人和县人社局

---

① 林县人力资源和社会保障局、财政局、脱贫攻坚指挥部办公室:《关于大力培育和发展'社区工厂'就业扶贫项目的通知》(林人社发〔2017〕132号),2017年7月9日。

② "日间照料托管中心"是为了解决女性职工照料婴幼儿设立的儿童托管组织,就设在社区工厂旁边。

对毛绒玩具产业新社区工厂情况介绍。在推进会上，县委常委、常务副县长就落实县政府《关于大力培育和发展"社区工厂"就业扶贫项目的通知》，加快社区工厂建设提出了进一步的要求："一是要广泛发动，主动出击，广泛联系，广泛招商。二是要统筹规划，确定好合理的厂址，在已具备初步条件的基础上，宜大则大，宜小则小，因地制宜，按照'总部在园区、工厂在社区、车间进村庄'的工作思路，解决布点少的先天缺陷。三是要按照县委、政府关于优化营商环境的要求，提供'保姆式'的服务，尽可能地为企业落户创造条件。四是要不折不扣地确保毛绒玩具新社区工厂各项优惠政策得到全面落实。"①

2018年7月份，安康市又重点突出了"毛绒玩具加工制造产业"，要求将"毛绒玩具"打造成当地的新型支柱产业，出台了《加快推进毛绒玩具文创产业发展 打造安康新兴支柱产业的意见》（简称《意见》），提出用5~8年的时间把毛绒玩具文创产业培育成安康市的新兴支柱产业，使安康成为西北第一、国内领先、国际知名的"中国毛绒玩具文创产业新都"。② 为了达到这个目标，《意见》提高了对毛绒玩具社区工厂的补贴标准，增加了扶持政策：一是加大了生产费用的补贴标准。"对毛绒玩具文创企业生产经营场地按企业生产要求完成硬件装修，其租赁费、水电费全额补贴，补贴期限为3年，所需资金由县区统

---

① 《林县积极培育和发展毛绒玩具产业新社区工厂》，http://www.hanyin.gov.cn/Content-22818.html（访问时间：2019年9月15日）。

② 安康市之所以选择重点发展毛绒玩具，在《意见》中给了原因：一是毛绒玩具文创产业涉及文创设计、加工制造、交通物流、品牌推广等环节，是我国东南沿海地区的传统外贸出口产业，中国制造的毛绒玩具占据全球份额的70%以上。二是该产业链条长、污染能耗低、就业容量大、带动能力强、市场前景好。毛绒玩具文创产业转移安康，既可以为东部地区"腾笼换鸟"，又可以增强安康的"造血"功能，促进错位发展，实现互利双赢。三是毛绒玩具文创产业转移安康落地发展，既符合产业就业脱贫方向，又符合移民搬迁群众，特别是无法离乡、无业可就的贫困群众就地就近就业的现实需要，是推动城镇化进程、实施乡村振兴、完善社会治理、促进农民变工人的重大实践。

筹解决。三年补贴期满后，若企业需继续租赁厂房，以不高于同地同期同标准市场租赁价另行商定。"二是提高了对社区工厂的税收优惠政策。"企业投产后三年内，将企业每年上缴的增值税、企业所得税市、县两级留存部分100%的额度奖励给企业，用于支持企业发展。按照国家出口退（免）税政策，及时办理相关业务。"三是加大了对社区工厂劳动培训的补贴力度。"对毛绒玩具加工企业新招录员工签订不低于一年期限劳动合同的，实施3个月中期技能培训，补贴标准为1800元，每人每月补贴600元，由企业组织实施培训并将补贴直接兑现给企业。"①

除了这种面向所有投资者的政策扶持，林县还尝试从"苏陕协作项目"入手，把社区工厂融入苏陕协作平台当中，由对口支援的江苏省常州市协助进行招商引资，吸引江苏省的投资者开发投资，建立社区工厂。2018年10月16日，林县出台了《支持苏陕扶贫协作和经济合作优惠政策（试行）》，其中第五条延长了房租减免时间，"对符合规划的项目先先保障供地或厂房，积极推行先租后让、租让结合等供应土地方式，对租赁标准化厂房或社区工厂的，给予'前两年免房租、第三年房租减免50%、第四年房租减免25%'的优惠政策（要比其他社区工厂优惠力度更大）。"第九条加大了贷款额度和贴息标准，"对进入安康市劳动密集型产业目录的劳动密集型重点项目，投资500万元以上，新增用工100人以上的新建或扩能项目，按照贷款额度给予200万元以内贷款（本金）的财政贴息，贴息标准为贷款基准利率，由劳动密集型产业贴息资金予以解决。"②

---

① 安康市人民政府：《关于加快推进毛绒玩具文创产业发展 打造安康新兴支柱产业的意见》（安政发〔2018〕16号），2018年7月6日。

② 林县政府办公室：《林县支持苏陕扶贫协作和经济合作优惠政策（试行）》（无文号），2018年10月16日，http://www.hanyin.gov.cn/Content-25058.html（访问时间：2019年9月15日）。

在这些政策扶持下，2018 年下半年有更多的社区工厂陆续落地。到 2018 年 10 月，林县共建设毛绒玩具社区工厂 8 家，其中毛绒玩具社区工厂总部 2 家，分别为 JC 镇集中区的天利环宇毛绒玩具总部和 SR 镇福源安置社区的菲利克斯毛绒玩具总部。建立分厂 6 家，天利毛绒玩具分厂 3 家，即 PL 镇棉丰 A 区、桥镇 LQ 安置小区、PX 镇溪畔明珠等 3 个社区工厂；菲利克斯毛绒玩具分厂 2 家，即 CG 镇月河安置小区和 SR 镇福源二期安置小区等 2 个社区工厂。8 家社区工厂使用厂房面积达到 1.2 万平方米，能够吸纳搬迁户 1000 余人就地就近就业。[1] 2019 年 3 月 7 日，县政府通过了《新社区工厂"两个全覆盖"实施方案》，要求"新社区工厂在所有安置小区全覆盖、社区工厂贷全覆盖"[2]。

2019 年 5 月份，桥镇又引进滕顺五金饰品公司落户该镇 LQ 安置小区。该公司的社区工厂占地 600 平方米，主要生产藤编桌椅、藤编收纳筐等日常生活用品。为实现产品早日投产，桥镇还专门从广州邀请有丰富经验的藤编师傅为新招录的员工进行为期 1 个月的藤编技术培训。[3] 9 月 10 日，桥镇 SH 安置小区又引入了中新伟洪照明科技有限公司社区工厂。这家新的社区工厂主要从事 LED 灯具、LED 显示屏、发光二极管等产品的生产、组装和销售，有生产车间 700 平方米，年生产销售预计能够达到 500 万元，能够带动近 100 户贫困户就业。[4] 到 2019 年下半年，桥镇两个安置小区共计创办了 4 家社区工厂，包括位于 SH 安置区的顺源电子公司社区工厂、中新伟洪照明科技有限公司社区工厂，位于

---

[1] 《林县全力助推毛绒玩具社区工厂在移民搬迁安置社区落地生根》，http://www.hanyin.gov.cn/Content-24986.html（访问时间：2019 年 9 月 15 日）。

[2] "社区工厂贷"是由中国建设银行（对口支援林县）与安康市政府协商推出的贷款项目。这个贷款项目主要面向社区工厂，具有纯信用、免抵押、免担保、价格低的特点。

[3] 《桥镇新增一家社区工厂》，http://www.hanyin.gov.cn/Content-27000.html（访问时间：2019 年 9 月 15 日）。

[4] 《桥镇 SH 安置小区社区工厂正式开业运营》，http://www.hanyin.gov.cn/Content-28757.html（访问时间：2019 年 9 月 15 日）。

LQ 安置小区的天利毛绒玩具社区工厂桥镇分厂和滕顺五金饰品公司社区工厂。

现在"新社区工厂"已经成为安康扶贫的一个典范，获得了各种荣誉。在 2017 年中国改革年会暨深改五周年高层研讨会上，安康市社区工厂被评为 2017 年中国改革十大案例，被人社部列为全国创业就业服务展示参展项目，被国务院扶贫办和国家发改委列为经典扶贫案例。总结来看，社区工厂有两个特点。

一方面，社区工厂能够吸纳一定数量的劳动力在家门口就近就业。以桥镇为例，截止到 2018 年 10 月，桥镇顺源电子公司社区工厂吸纳了 29 人（其中桥镇 25 人），天利毛绒玩具社区工厂桥镇分厂吸纳了 89 人（其中桥镇 78 人）。到 2019 年下半年，桥镇又新增了两家社区工厂，其中中新伟洪照明科技有限公司社区工厂吸纳了 27 人（其中桥镇 23 人），滕顺五金饰品公司社区工厂吸纳了 24 人（其中桥镇只有 2 人），四个社区工厂共计吸纳了桥镇 128 人就业。不过，社区工厂招工并不限于搬迁户，其他贫困户以及非贫困户也可以报名。例如，位于桥镇 SH 安置小区的顺源电子科技有限公司共计有 27 名从人员，其中有 13 人是贫困户，另外 14 人并不是贫困户。① 按照这个比例计算，桥镇通过四个社区工厂能解决 50~60 名贫困户的就业问题。② 这些群众就可以在就业的同时照顾家庭，还能在务工的同时从事一些农业生产。③ 在当地干部看来，社区工厂的数量还是太少，要想解决搬迁户就地就业的问题，还需

---

① 参考《林县 2018 年"新社区工厂"补贴公示名单》（无文号），2018 年 9 月 27 日。《林县"社区工厂"吸纳劳动力就业人员花名册》（无文号），2018 年 9 月 27 日。《林县 2019 年度新社区工厂补贴资金公示名单》（无文号），2019 年 9 月 15 日。

② 在这种情况下，社区工厂的投资者就会对应聘者挑挑拣拣，倾向于聘用那些年轻、有文化、有相关工作经验的应聘者。

③ 一些研究者认为，这种生产模式可以称为"拆分型劳动体制下的兼业生产"，对留守妇女兼顾劳动与家庭，具有非常实际的作用。参考黄岩、胡贞：《外发工厂：拆分型劳动体制下留守女工的兼业生产》，载《妇女研究论丛》2020 年第 1 期。

要建立更多的社区工厂。

另一方面,社区工厂提供的劳动岗位工资尽管没有达到当地的普遍水平,但基本能够达到脱贫的标准。例如,中新伟洪照明科技有限公司社区工厂在2019年的招聘公告中就写明了需要招聘20~40岁之间的工人,其中销售业务员按销售量发放工资,电子元件焊接工的工资为每月1600~2000元,电焊工、电工、安装工的工资为每月1600~3000元加上补助。① 这个水平能够达到陕西省要求的人均年收入3800元的贫困线标准,贫困户家里如果有一人能够在社区工厂务工6个月以上,基本上就能保证一家四口的收入达标。如果家里还有其他人在外打工,那么基本就能达到当地平均收入水平——如果一个四口之家里面有一位成年男性在外地打工(年收入能达到4万元左右),一位成年女性在社区工厂务工(年收入能达到1.5万元以上),那么家庭年收入就能达到5.5万元以上。这个收入在当地的物价水平下,能够满足基本的生活开支。因此,对搬迁户而言,特别是对一些留守妇女而言,社区工厂的工作就成了一个非常适宜的资源。在调研中就不止一位搬迁户透露出希望获得社区工厂工作岗位的意愿,或者表达因为自身没有关系、没有文化不能去社区工厂做工的担忧。

桥镇干部:我们虽然是农业大镇,但是我们的收入,务工收入是占了绝对优势的。农民种地基本上处于亏本的状态,他一般没事干了,或者年纪大了,不能再出去打工了。我们这儿又没有什么企业,工作岗位少。现在社区工厂是建了一些,也能提供一些就业岗位,但是能够提供的岗位还是太少了。②

---

① 《社区工厂招工信息》,2019年9月2日,https://mp.weixin.qq.com/s/0FSA1pK3BE77lbY9lDzgzw(访问时间:2019年10月4日)。

② 桥镇脱贫攻坚指挥部办公室干部访谈记录,访谈编号:20190803ZMM,访谈时间:2019年8月3日。

贫困户（搬迁户1）：我知道社区工厂的事，前几天镇上书记来我家里，跟我说九月份开工，让我去报名。但也就我一个人能去，它招工也选年轻的，老人（指公婆——笔者注）那么大年纪，很多也不会让他去做。①

贫困户（搬迁户2）：哎呀，现在就是给人家当小工，没有熟人，你想去做，你就做不成。人家都不认识你，怎么给你做？前几天群里面发了通知，要招10名职工，1000块钱一个月，要高中文化。我那个包村干部给我打电话让我去，我说不可以，我没有文化。你说它要高中文化，我这都是（小学）二三年级，去不了啊。②

当然，社区工厂的发展还处在刚刚起步的阶段，现在也并不能过度地夸大社区工厂在解决搬迁户生计问题上能够所发挥的作用。社区工厂能够提供的就业机会还比较有限，从实际情况来看，解决搬迁户生计问题的措施还是比较多元的，社区工厂只是其中的一个组成部分（而且还是比例不大的一部分）。2019年8月份，桥镇419户已经完成易地扶贫搬迁的贫困户中，只有不到50户左右能够在社区工厂做工。除此之外，还有公益性岗位8户，生态护林员5户，剩下的搬迁户多数还是选择外出务工。其中，在本镇务工的有80~120户，在本县务工的有50~70户，在外地（外县、外市、外省）务工的有100~130户，其他搬迁

---

① 搬迁户1是一位三十多岁的母亲，有一儿一女，均在当地小学上学。之前她一直在福建电子厂打工，做电子器件装配。2019年上半年，由于儿子摔伤了腿，奶奶放学接送不方便，她才回家照顾孩子。因为有工作经验，也比较年轻，她对去社区工厂打工比较热心，也比较有信心。搬迁户1访谈记录，访谈编号：20190727-BQH-1，访谈时间：2019年7月27日。

② 搬迁户2是一位五十多岁的母亲，有一个儿子在西安打工，丈夫在家务农。她本人受教育程度比较低，一直在家务农，没有在企业打工的工作经验。而且她的观念比较传统一些，认为去社区工厂务工也需要托关系，因此对能不能去社区工厂打工没有太大的信心。搬迁户2访谈记录，访谈编号：20190727-BQH-2，访谈时间：2019年7月27日。

户家庭则继续从事农业生产（自己从事种、养殖业或将土地流转到农业生产合作社，到合作社务工）。① 也就是说，社区工厂只能解决少量搬迁户的就业问题，对搬迁户的生计保障只能提供有限的补充。而且，现在政府给社区工厂注入了很大力度的财政补贴，并不能预判社区工厂在"断奶"以后能否长期地存活下去，不能保证在社区工厂里务工的贫困户就能获得相对长远、稳定的收入来源。对于这一点，甚至当地的扶贫干部也没有十足的把握，担心毛绒玩具产业会产能过剩，担心社区工厂在去掉财政补贴后会难以为继。②

事实上，这种担心也并非没有道理，毕竟在全国范围内"骗补贴"的社区工厂、扶贫车间并不少见，经营不善最终倒闭的案例也时有发生，不排除到林县投资建立的社区工厂也会存在这种情况，有一部分最终维持不下去，关门倒闭。预测一下，经过未来一段时间的发展，社区工厂本身很可能就会出现类型分化。第一类社区工厂生产的产品更加适合市场需求，工厂管理更完善、生产成本更低，即使政府补贴逐渐减少或者不再提供补贴，也能够独立存在下去。这些社区工厂就能够提供稳定的就业机会，而且投资者也能够获得相应的产品利润，政府也能够缓解就业压力，算是一举三得的事情。第二类社区工厂可能在政府的扶持下能够维持生产。在扶贫干部看来，这种社区工厂也并非没有意义，而是构成了一个"资源下渗的漏斗"。只要社区工厂还在开工生产，那么在社区工厂务工的贫困户就能获得稳定的工资收益。也就是说，政府财政补贴实际上是通过社区工厂，以工资的形式变相转到了贫困户头上。③ 第三类社区工厂可能就属于那种生产经营不善，即使政府提供补

---

① 《桥镇易地扶贫搬迁对象"三业"落实花名册》（无文号），2019年7月。
② 桥镇综治办主任访谈记录，访谈编号：20190801-ZZR，时间：2019年8月1日。
③ 这种"老板出成本、政府出补贴"的方式要比政府直接投资建设成本低很多，这也就是当地政府明知一些社区工厂可能离开了政府补贴很难活下去，却依然热衷招商引资、建社区工厂的原因之一。

贴也很难维持下去。这种情况的社区工厂对投资者和政府而言都是一种损失，但对贫困户而言，他们并没有直接的利益损失，反而是在社区工厂生产期间获得了工资收入。按照当地干部的说法，"这些社区工厂，只要十个里面有一个能活下去也算是成功。一个成功了就能解决二三十个贫困户的就业问题，收入达标的问题就解决了。就算是社区工厂最后倒了，也是他老板赔钱，政府就搭上一点补助嘛，老百姓获益了。社区工厂只要开工一天，在里面干活的贫困户就能有一天的收入。"①

或者我们也可以更理性地看待扶贫移民搬迁和社区工厂的功能——特定的帮扶措施只有特定的功能，扶贫移民搬迁属于"生存型帮扶措施"，其目的是为了实现"住房有保障"，让搬迁户能够搬离原有的居住环境，为以后的发展提供新的可能性。从实际情况来看，扶贫搬迁达到了它的基本目标，这一轮扶贫搬迁的数量超过了以往几十年避灾移民、水库移民的总量，享受搬迁政策的贫困户有了安全住房，也有了进一步发展的可能性。同样，后续的社区工厂能够提供一定数量的就业机会，不能期待社区工厂能解决所有人的就业，更何况并不是所有的搬迁户都存在收入问题。② 社区工厂为解决移民搬迁的生计问题提供了有益的探索。可能也正因如此，当地领导干部才会讲，"新社区工厂是个新生事物，还存在一些问题，需要在发展中不断

---

① 林县副县长访谈记录，访谈编号：20181115KDS，访谈时间：2018年11月15日。

② 事实上，并不是所有的搬迁户都存在"收入不达标"的问题，很多搬迁户之前收入有保障，只不过是因为缺少安全住房才被纳入贫困户。"当初识别的时候，是按照5条标准有一条不满足的就要列入贫困户，我们当时是这个标准。所以实际上，收入不达标只是其中的一部分，大部分人的收入是达标的，是因为其他标准才纳入贫困户的，很多就是因为没有安全住房。这个收入不达标的也就在50%左右。"林县副县长访谈记录，访谈编号：20181115KDS，访谈时间：2018年11月15日。

完善，在完善中促进发展。"①

三、政府介入农民生活的公平性风险

从资源关系的角度讲，精准扶贫是一次超大规模的"资源反哺"过程，给农村地区带来了大量的财政资源，无论是贫困人口，还是非贫困人口，都可以从一些普惠型的帮扶措施（如基础设施建设、社会保障体系、公共服务体系等）中获益。扶贫搬迁的资源规模更是超出了其他扶贫措施②，给搬迁户提供安全住房，并尝试配备必要的生计保障措施。但国家权力的介入、扶贫资源的输入对农村基层治理并非完全起正向促进作用，很可能会打乱乡土社会的生活节奏，带来新的公平性风险——不同于其他普惠型的帮扶措施，扶贫搬迁属于特惠型的帮扶措施，只有一些特定的群体（搬迁户）能够获得国家财政支持，其他群体无法享受。同时，扶贫搬迁的财政支持力度又非常大，超出了农民群体能够接受的普遍预期。这种国家权力的介入，打破了乡土社会原有的财富分配格局。其他没有获得相应支持的群体对比搬迁户几乎可以免费入住干净整洁、配套设施完整的安置房，很可能会产生心理上的不公平感（或者称之为"相对剥夺感"），进而引发新的社会治理问题（出现上访、闹访现象）。

从政策规定来看，在这一轮的扶贫搬迁中，搬迁户所享受到的政府优惠力度确实很大。按照安康市《移民（脱贫）搬迁工作实施方案》

---

① 《郭青同志在全市新社区工厂发展座谈会上的讲话》，http://www.ankang.gov.cn/Content-156823.html（访问时间：2019年10月3日）。

② 搬迁的总费用，中央按每户约20万元的标准进行匡算（建房7万、基础设施4万、产业发展3万、宅基地腾退1万，另外5万主要用于基础和公共服务设施建设和产业扶持）。参考安康市人民政府：《关于印发〈安康市移民（脱贫）搬迁工作实施方案〉的通知》（安政发〔2016〕35号），2016年10月11日。

的规定，搬迁户的住房面积大多在 25~100 平方米之间，"扶贫搬迁户住房面积严格执行中央易地扶贫搬迁规定，人均不超过 25 平方米。特困户的'交钥匙'工程，原则每户不超过 60 平方米；对特困户家庭人口在 3 人以上的，县区政府按照人均 25 平方米的标准，从实确定，但最大不超过 100 平方米。"这个标准和农村带院子的宅基地相比，面积应该说不算大，但是，安置房的配套设施和优惠力度却很大。在配套设施上：30~100 户的小型安置点，配套生产生活基本所需的水、电、路、视、讯、网等设施，安置点建成就需要配套建设到位；100~500 户的中型安置点，要增加更多公共服务设施，完善社区相关服务功能，安置点建成后 2 年内配套建设到位；500 户以上的大型安置点，基础设施全部建设到位，并配套医疗、教育、文化、卫生、超市、公墓、消防、生活垃圾、污水处理设施以及社区服务中心等公共服务设施，实现服务功能"全覆盖"，安置点建成后 3 年内配套建设到位。所有配套设施项目由县区政府统一组织实施，市县相关部门监督指导，负责检查验收。[①] 如果按照这个标准建设，安置区已经和商品房小区没有太大的区别。在建设费用上，搬迁户需要承担的费用很少，按照林县《搬迁建房补助资金兑付办法》中的标准，"搬迁贫困对象人均自筹资金不得超过 2500 元，户均不得超过 1 万元。"[②] 也就是说，一口之家支付 2500 元，两口之家支付 5000 元，三口之家支付 7500 元，四口之家及人数更多的家庭支付 10000 元，就可以获得一套住房。为了奖励搬迁户能够及时腾退原有宅基地，政府还提供了补助，所有已"人房对应"的国家建档立卡贫困户，只要腾退了原有宅基地，就能获得人均 1 万元的奖励性补助，

[①] 安康市人民政府：《关于印发〈安康市移民（脱贫）搬迁工作实施方案〉的通知》（安政发〔2016〕35 号），2016 年 10 月 11 日。

[②] 林县政府办公室：《关于印发〈林县移民（脱贫）搬迁建房补助资金兑付办法〉的通知》（林政办发〔2017〕3 号），2017 年 1 月 11 日。

在没有腾退之前,也可以先期兑付 3000 元。①

各种政策叠加,搬迁户能够享受的优惠政策就很可观了。以一个四口之家的搬迁户为例,这一搬迁户就可以花费 1 万元(人均 2500 元)购买一套 100 平方米的住房。如果这一搬迁户能够及时腾退原有宅基地,那么按照宅基地腾退的补偿标准,又可以获得 4 万元的奖励性补助。4 万元抵扣掉前面花费的 1 万元,搬迁户还可以用剩下 3 万元对房子进行必要的装修,添置一些简单的家电、家具和炊具。换言之,搬迁户几乎是免费入住建筑质量良好、地理位置优越、配套设施完整的安置房。对此,搬迁户自然是非常满意的,但其他没有享受到这一政策的群体在纵向和横向比较的情况下,就可能出现心理失衡,产生较为严重的不公平感。② 从调研情况来看,对扶贫搬迁的不公平感有以下几种类型。

第一种情况,在横向比较下,危改户会对过于悬殊的政策扶持感到心理失衡。危房改造和扶贫搬迁被统称为"两房建设",尽管在这一轮的扶贫工作中,国家财政对危房改造也提供了各种政策补贴,但是相比于易地搬迁而言,危房改造的财政支持力度要小很多。按照林县《农村贫困户危旧房改造工作方案》,"农村危旧房改造项目资金由专项扶贫资金、金融扶贫资金和农民自筹资金三部分组成。其中,国家专项资金每户补助 15000 元;金融扶贫资金根据每户的工程量大小,最高可申

---

① 林县政府办公室:《关于印发〈促进易地扶贫搬迁入住及旧宅腾退复垦奖补暂行办法〉的通知》(无文号),2019 年 3 月 6 日。

② 笔者实地观察能够发现,安置小区确实不错,与开发商建设的商品房小区没有什么区别。对此,不仅普通群众可能会眼红,甚至镇上的干部"看着也眼馋"。"不要说老百姓,就是我们看着也眼馋,房子建得也很好,你看这一套房子得多少钱啊。在我们这个地方,这个房子不说多了,一套 100 平方米的,值个十几万肯定是没有问题的,一平方米就算 1500 元,也得 15 万,这还是往最少了说。你看现在县上的房子已经 4000 多元了,镇上的房子也有 2000 多元。就算是我们这种拿工资的买,也得贷款的。"参考:桥镇脱贫办主任访谈记录,访谈编号:20190801-HWX,访谈时间:2019 年 8 月 1 日。

请 30000 元的贴息贷款，3 年以内（含 3 年）实施优惠利率，按照月利率 4.75‰执行贴息。"① 到 2018 年，林县对危房改造的补助标准进行了修正，每户补助标准修改为："户均达到 1.5 万元，最高不超过 2 万元，拆除新建的补助资金户均 2.6 万元。"② 实事求是地讲，1.5 万~2 万元的补助标准是存在问题的。这个标准能够覆盖简单的危房改造费用，但是无法完全覆盖稍微复杂的危房改造费用，危改户有可能还需要再自行承担 1 万元左右的成本。对 D 级危房原址翻建、就近新建产生的费用而言，这个标准就更不够了。在当地的物价水平下，翻建、新建一套普通农村住房的成本将近 5 万~10 万元左右（包括人工费、材料费等），但是政府对拆除新建的只补贴 2.6 万元，这就导致有些贫困户在翻建、新建住房以后有了安全住房，却面临入不敷出，甚至债台高筑的局面。

客观来讲，在两房建设中的确出现了学者所说的"悬崖效应"③——本来大家都是居住在同一个村的农民，各自的住房情况并没有非常明显的区别，无非我是 C 级危房，你是 D 级危房。但就是因为这点微小的差异，最后大家获得的帮扶措施却高低悬殊，差别很大，超出了普通群众能够接受的范围。在这种情况下，一些 C 级危房的危改户就会不认可房屋的鉴定结果，或者不认可危房改造的结果，不断地到政府去"反映情况"，希望也能享受扶贫搬迁的政策。例如，桥镇贫困户 ZJZ 在危房改造后，依然向政府反映危房改造不达标，房顶上有裂

---

① 林县政府办公室：《关于印发〈林县农村贫困户危旧房改造工作方案〉的通知》（林政办发〔2016〕35 号），2016 年 10 月 21 日。

② 林县脱贫攻坚指挥部办公室、林县财政局、林县住房和城乡建设局：《关于下达 2018 年农村危房改造项目计划及第一批补助资金的通知》（无文号），2018 年 4 月 2 日。

③ 王瑜：《论脱贫攻坚中的悬崖效应及其对策》，载《延安干部学院学报》2018 年第 5 期。

缝，下雨的时候就漏水，要求镇上要么给他重新改造，要么给他一套新房子。除此之外，他还反映自己想去银行贷款搞产业（养牛），但是银行以他年纪太大为由，不给他批准贷款，希望政府能够帮助协调解决。① 对此，镇政府的工作人员倒也很清楚他的真实意图。按照桥镇扶贫办干部的说法，"他的房屋修缮是经过上级部门验收的，已经不是危房，完全达到了安全住房的标准。他之所以这么说，就是个由头，就是想再享受扶贫搬迁政策，花一万块钱买套新房子。"②

除此之外，更严重的是 D 级危房的危改户会"后悔"当时的政策选择——异地扶贫搬迁和危房改造属于互斥政策，有一些 D 级危房的贫困户当时在进行政策选择时，考虑到进城入镇的生活成本、生活习惯，没有选择易地搬迁，而是选择进行原址翻建或者就近新建。但是，自己在原有宅基地上翻建、修建新的住房，却需要花很大的成本，有一些还需要负担一些债务。与之形成鲜明对比的是，选择扶贫搬迁的搬迁户却享受了更优越的政策。按照前期签订的合同，选择危改的 D 级危房房主应该认可这个结果，但是在巨大的利益差别之下，人的心理就会变得不那么平和。只不过一些贫困户自知理亏，不好发作，只是在心里生出怨恨。另外一些贫困户则会直接表现出来，去镇政府吵吵闹闹。

> 2017 年我就提过，1 万块钱 1 套房子这个事，可能会引起危改的矛盾，当时我们提过。但是，他们没有把基层反映的问题汇总。有一些他认，同等情况下，他自己选的，这种他自己心里还是清楚的，他没话说。我给你讲政策了，你觉得到城里不方便。也有一些

---

① 桥镇人民政府：《关于 ZJZ 上访问题的答复意见函》（桥政函字〔2018〕59 号），2018 年 6 月 30 日。

② 对于 ZJZ 的请求，村镇进行了区别对待。一是由村委会帮助补助一千元，用于房屋维修；二是对于资金问题，建议他到村互助资金协会办理贷款。桥镇扶贫办干部访谈记录，访谈编号：2018719ZLN，访谈时间：2018 年 7 月 19 日。

不知道这安置房是啥情况，觉得不靠谱。不管咋说，你后面自己选的。但也有一些他不认啊。20万元不是一个小数，对于一个农村家庭，不说是一辈子，也可以说是半辈子奋斗的心血，差别这么大，你说他能认吗？那不就来闹啊，要啊。①

第二种情况，在纵向比较下，之前的搬迁户会对搬迁政策变化太大表示不满。在2013年前后，林县依然有一些贫困户采取避灾（扶贫）搬迁的政策。但是，当时还没有精准扶贫的政策，避灾（扶贫）搬迁的政策补偿也并不高。按照《林县陕南避灾扶贫搬迁建房补助资金兑付办法》的规定，当时搬迁的群众最多能够获得5.5万元的补助。"1. 分散安置的每户补助3万元；2. 特困户周转房由县、镇共同筹资建设，县上负责建房（基本入住条件，不含装修）补助，镇上负责土地征用及平整费用，县级建房补助以实际建房面积、单位造价全价补助到镇；3. 划地集中安置的每户补助4万元；4. 多层安置的每户补助5万元；5. 高层安置的每户补助5.5万元。"② 按照这个标准，如果搬迁户到县城或者乡镇购买高层的商品房，那么最多能获得5.5万元的财政补助，剩下的十几万元需要搬迁户自己现金支付或者到银行贷款，现在依然有一些当时的搬迁户"扛着贷款"。

精准扶贫开始以后，每年都下发脱贫指标。到了2016年年底，扶贫搬迁的补偿标准还是延续了2013年的标准——1. 进城入镇安置的贫困户建房资金补助按照县政府办（林政办发〔2014〕62号）文件的标

---

① 桥镇党委书记访谈记录，访谈编号：2019731YSJ，访谈时间：2019年7月31日。

② 《林县陕南避灾扶贫搬迁建房补助资金兑付办法》（无文号），无日期。此文由桥镇脱贫办工作人员提供，没有文号也没有日期，很可能是某个文件的附件。但是，该文件最后第八条写明："此兑付办法自2013年项目年度开始执行，由县安居办负责解释。"以此推测，此《办法》应该是2013年前后出台的。

准由安居办统一兑付,即划地集中安置补助 4 万元,4~6 层楼房安置补助 5 万元,高层安置补助 5.5 万元。2. 对"交钥匙工程"面积在 35m² 的,户均补助建房资金 3 万元,基础设施建设资金 1 万元。面积在 53m² 的户均补助建房资金 4 万元,基础设施建设资金 1 万元。53~100m² 不管是平房还是楼房均要实行限价设计,统一按 800 元/m² 的标准补助建房资金,200 元/m² 的标准补助征地、"三通一平"、办理前期手续等资金。对不严格控制造价,造成房屋主体及前期费用超过补助标准的,一律由建设单位自行承担超出部分费用。对确因建设成本增加,县级补助资金不够的可由搬迁户按不超过省市规定的 50m²/1 万元、80m²/2.5 万元、100m²/4 万元的限额进行自筹。超过应居住面积的住房,可按成本价全额收取费用。① 在这种情况下,享受了所谓精准扶贫政策的搬迁户也依然最多只能获得 5.5 万元的补助。但是,时间过去不到一年,陕西省从上到下都开始执行"1 万元 1 套房子"的新政策。前后对比,没有享受到这一政策的搬迁户意见非常大,矛盾几乎到了没法解决的地步。

前面我们还有陕南移民搬迁的,他们当时可是贷款十万、二十万元买的房子,这一万块钱买一套房子的政策一出来,你说这前面的人咋办?他的贷款还还是不还?另外,矛盾最大的还不是这个。是啥啊?2016 年之前不也有脱贫指标嘛,也有整村退出指标。他也是要解决住房的问题,他不想改老房子,可是那会儿又没有这个政策啊。我们就跟他们说,那你们去买吧。他买一个房子随便就二三十万,那会儿买房子只补五万五,剩下的他就得贷款。现在一万块钱买一套房子,你再让他还这个贷款,他可不给你还。他说,我本来是打算明年弄的,你非得让我今年弄,这政策享受不到了。这

---

① 林县政府办公室:《关于印发〈林县 2016—2019 年搬迁脱贫实施方案〉的通知》(林政办发〔2016〕31 号),2016 年 10 月 20 日。

工作没法做，前后政策的差别太大了，弄得下面我们这些具体干活的就很被动。①

第三种情况，因为各种制度漏洞，扶贫搬迁出现"帮懒不帮勤"的问题。贫困户识别采取的是多元标准，收入、住房、教育、医疗等等，只要有一项没有达到"两不愁、三保障"的标准，就会被纳入贫困户系统当中，其中"住房无保障"是指标之一，只要没有安全住房就会被纳入贫困户的范围之内。但是，按照贫困户识别的指标，"是否有债务"并不是指标之一，欠多少债务都不是纳入贫困户的标准。在这种情况下，就会出现一种错位：有存款无住房的可以被认定为贫困户，有住房无存款的不能被纳入贫困户系统。这种识别方式看似客观，但在实践中会引发后续问题——一些农民在扶贫搬迁之前，辛辛苦苦地打工，凭自己努力建起了安全住房，花光了所有积蓄，甚至还背负了数量不小的债务。到扶贫搬迁之后，他却因为有安全住房而无法享受优惠政策。另外一些农民可能属于好逸恶劳的懒汉，或者是选择将收入储蓄起来，但是没有建房子，最后却因没有安全住房成为搬迁户，享受了优惠政策。这种错位很可能引发强烈的不公平感。

其实，很多 2014 年、2015 年脱贫脱出去的，可以说他们就没享受过什么政策就脱出去了。他们刚开始还没什么，大家也都没享受什么政策，可是后来看到政策都来了，2017 年数据清洗又重新识别，他们有一些可能又达不到贫困户的条件了。比方说，他的住房是改善了，但这是人家通过自身的努力达到的，但是他们没享受

---

① 桥镇党委书记访谈记录，访谈编号：2019731YSJ，访谈时间：2019 年 7 月 31 日。

到什么国家政策,你说他们怎么会满意?①

　　你说咱俩可能是住在一个院子。你可能省吃俭用,自己有点积蓄,再跟亲戚朋友借点钱或者到银行贷款,修了房子。你房子有了,那政府就不管了,贷款你自己还,我们政府知道也假装不知道。我好吃懒做,或者我把钱到银行存了,你又不知道我在银行存了钱。一夜之间,我这边分了一套房子,你啥也没有,还有一屁股债。你说这公平吗,做工作能做得通吗?②

　　这种情况尽管并不常见,但的确存在。在调研过程中,笔者曾与桥镇农业综合服务站站长一起到桥镇 SH 村宣讲健康扶贫政策,在宣讲后的提问环节,就有一位村民对精准扶贫政策颇有微词,说"老实人吃亏",站长让他提意见,他又躲躲闪闪、嘟嘟囔囔。后来笔者询问站长和桥镇党政办副主任才了解到这位村民的具体情况:在精准识别时,这位村民的妻子长期患有疾病,因此他家以"因病致贫"被纳入贫困户范围,而且享受了相关的健康扶贫政策。在 2013 年,这位村民在自家宅基地上自费修建了一栋二层住房,共计花费 20 多万元。后面他看到其他贫困户有的因为没有安全住房能够享受 1 万元买 1 套房子的优惠政策,也想享受这个政策。但是这时他已经有了安全住房,不能再纳入搬迁户的名单。后来他又看到有贫困户翻建新房获得了 2.6 万元的补助,要求政府落实他的危房改造政策。但由于他修建房屋在精准扶贫政策之前,所以政府无法答应他的要求。对此他就多次到镇上、县里上访,希望给他落实政策。但国家政策如此,乡镇干部没办法答应他的诉求,只能给他做政策解释。于是,镇上干部每次去进行政策宣讲,他都会对精

---

①　桥镇脱贫办主任访谈记录,访谈编号:20190801-HWX,访谈时间:2019 年 8 月 1 日。

②　桥镇党委书记访谈记录,访谈编号:2019731YSJ,访谈时间:2019 年 7 月 31 日。

准扶贫政策冷嘲热讽，说一些酸话、怪话。①

在这种情况下，扶贫搬迁就成了引发上访的焦点。② 根据桥镇2016—2018年度《扶贫攻坚领域信访矛盾纠纷排查登记表》显示，2016年桥镇扶贫领域的信访案件只有3件，2017年为14件，2018年8月份之前案件就增加到了34件。③ 到2017年以后，一些搬迁户几乎是免费分到了一套安置房，扶贫搬迁更是成为精准扶贫中引发矛盾的核心，甚至形成了"涉房上访"。以2017年林县扶贫领域的上访案件为例，当年省级交办案件有9件，"涉房上访"有2件；市级交办案件12件，"涉房上访"有4件；县级交办的案件有76件，"涉房上访"有23件。如果计算总数，那么在林县2017年的信访案件中，"涉房上访"就占到了扶贫领域所有上访案件的三分之一（具体参考表3-2）。

---

① 桥镇党政办公室副主任访谈记录，访谈编号：2018717LL，访谈时间：2017年7月17日。

② 按照桥镇党委书记的表述，"现在搬迁引发的矛盾成了扶贫里面矛盾的核心，这个问题最多了。修路，大家都受益；这个自来水、电，是全覆盖的；医疗、教育，大家都有，这些事情没什么矛盾。现在主要就是这个房子，矛盾太大了。以前的搬迁，优惠政策也不大，利益也不多，大家也都无所谓，那毕竟少嘛。现在这个政策力度有点太大了，政策差别也太明显了。这个引发矛盾最多了。"桥镇党委书记访谈记录，访谈编号：2019731YSJ，访谈时间：2019年7月31日。

③ 参考《桥镇2016—2018年度扶贫攻坚领域信访矛盾纠纷排查登记表》（无文号），无日期。按照桥镇综治办副主任的说法，"这一两年，和扶贫有关的社会矛盾越来越多。2014年扶贫就开始了，可能以前政策知晓率还不是太高，也可能没有太多实际的东西，但是从去年（指2017年——笔者注）开始就比较多，很多项目落地，贫困户确实在扶贫中得到实惠了，这样扶贫就成了一个引发矛盾的点。……我们去年一年的工作很多就是用来处理这些事情了，和扶贫有关的上访差不多占到去年所有上访案件的七八成。"桥镇社会综合治理办公室副主任访谈记录，访谈编号：2018718LF，访谈时间：2018年7月18日。

表 3-2　林县 2017 年扶贫领域群众信访事项统计表

	总数	两房建设	申请救助	申请贫困户名额	违规腐败	表述不清
省级交办	9	2			1	6
市级交办	12	4	2	1	1	4
县级交办	76	23	6	28	3	16
共计	97	29	8	29	5	26

注：申请救助和申请贫困户名额存在重叠部分，有些上访诉由表述为"申请救助或贫困户"。

资料来源：《省级交办林县 2017 年群众反映扶贫领域信访事项统计表》（无文号），无日期。《市级交办林县 2017 年群众反映扶贫领域信访事项统计表》（无文号），无日期。《县级交办林县 2017 年群众反映扶贫领域信访事项统计表》（无文号），无日期。

之所以会发生"涉房上访"的案例，其实并不能完全归咎于农民群体"占便宜没够"的私利心态，也不能完全归咎于"政策拔高"①。从社会结构的角度讲，根源在于国家权力介入乡土社会之后，标准化的公共政策与乡土社会的公平观念之间存在分歧，引发了资源反哺的副作用。在精准扶贫的开展过程中，国家行政主导的资源分配关系和乡土社会的公平观念本来就存在一定的差异，容易引发社会矛盾纠纷，其中牵涉的是科层制度下的标准化识别与乡土社会的模糊化生活的矛盾，简单化的政策假定与复杂化的社会事实之间的矛盾，普惠型扶贫措施与特惠型扶贫措施之间的矛盾，扶贫搬迁政策再次放大了两者之间的矛盾。

---

① "政策拔高"是一线扶贫干部的观点。按照桥镇脱贫办主任的说法，"现在给贫困户这么好的政策，他们还不满意，说到底还是我们的政策有些拔高的地方。我认为脱贫攻坚就是解决贫困人口最基本的生产生活需求，但是我们的政策有点拔高。"桥镇脱贫办主任访谈记录，访谈编号：20190801-HWX，访谈时间：2019 年 8 月 1 日。笔者之前在湖南调研时，也从扶贫干部那里听过类似的观点。

一是国家权力在模糊化的乡土社会当中做出了清晰的切割。农民的房屋条件可能是类似的，凭借日常性的生活感知，很难做出细致的区分。国家行政权力却要求标准、清晰，必须按照技术化、专业化的房屋鉴定标准。这种权力介入可能符合房屋鉴定标准，但并不一定符合农民的生活认知。当国家权力做出的切割与农民生活认知不一致时，农民自然会产生联想，怀疑中间是否存在"优亲厚友"问题，甚至会怀疑中间是否存在腐败违纪现象。二是国家政策在"无安全住房"和"贫困"之间做出了并不一定符合事实的硬性捆绑。事实上，农民的生活方式是多样的，有一些没有安全住房的农民可能有存款，而另外一些有安全住房的农民可能背负了债务。也就是说，"无安全住房等同于贫困"在很大程度上是国家政策想象的产物，太过简单化。三是在帮扶方式上，国家政策过度拔高了特定群体的帮扶力度。在安全住房这个问题上，采取特惠型的帮扶政策是必要的选择，但是国家政策在扶贫搬迁这点上又的确有些"拔高"，在不同群体之间造成的扶持差异太过悬殊。农民"不患寡而患不均"，这种过度差异化的扶贫政策很可能会让农民群体生出不公平感，进而质疑国家政策的公平性。

为了解决这些问题，地方政府再次动用了之前"维稳"的工作思路。林县针对扶贫领域的上访问题，专门出台了《脱贫攻坚信访工作实施方案》，提出了四个方面的工作要求：一是要求加强组织领导。各镇要成立信访受理小组，明确专人负责，落实工作责任。二是要畅通信访渠道。开设咨询电话、意见箱，落实专人负责，建立专项台账。三是健全信访机制。按照"分级负责、归口管理""谁主管、谁负责"的原则，健全机制，明确责任。四是加大宣传引导，加强政策宣传，树立正面典型，关注信访动态。① 在信访敏感时期（包括国庆、党代会、春

---

① 林县脱贫攻坚指挥部办公室、林县信访局：《关于印发〈脱贫攻坚信访工作实施方案〉的通知》（林脱办发〔2017〕65号），2017年6月1日。

节、两会等），脱贫攻坚指挥部还会加强对上访问题的排查、化解，防止出现进京上访行为。但是，这些措施在很大程度上属于"治果不治因"的策略，前面国家介入农民生活已经埋下了矛盾纠纷的种子，后面自然会出现各种纠纷现象。用维稳的方式只是解决了后面的结果，并没有解决前面产生纠纷的原因，反而进一步恶化了干部和群众之间的关系，反噬了精准扶贫的政策正当性。

四、本章小结：国家权力与农民生活

如果跳出扶贫搬迁的各种细节，从国家权力与农民生活关系的角度来重新审视这个过程，还是能够发现一个较为清晰的逻辑链条。国家扶贫搬迁政策设定的目标可谓面面俱到，意图沿着家长制国家或者保姆式国家的路径[1]，通过资源反哺介入农民群体的日常生活当中，以扶贫搬迁和社区工厂为抓手，"一揽子解决"搬迁户的居住问题和生计问题。在这个过程当中，国家/政府承担了类似于"家长"或"保姆"的角色，通过类似监护人培养被监护人的方式，使贫困户在脱贫的同时具备自我发展能力。现在很难准确评估地方政府是否已经完全实现了国家政策设定的宏伟目标。从林县的具体数据指标来看，"住房有保障"这一政策目标基本完成了，所有搬迁户都已经搬进了配套设施较为完整的安置房小区。"生计有保障"的目标也算是实现了，所有搬迁户都已经超过了陕西省的贫困线标准。只不过后一个目标的实现并不是完全依靠"社区工厂"的作用，还有其他产业扶贫政策的加持，同时也依然需要一部分贫困户自寻出路。

---

[1] 当前无论是学术领域还是公共舆论空间，对"父爱主义/保姆式国家"大多采取负面的评价，认为这是一种新的全能主义。燕继荣：《服务型政府 VS "保姆国家"》，载《南风窗》2008 年第 1 期。本书对此不做价值判断，只是分析在这种目标设定下，地方政府的行为逻辑及其面临的困境。

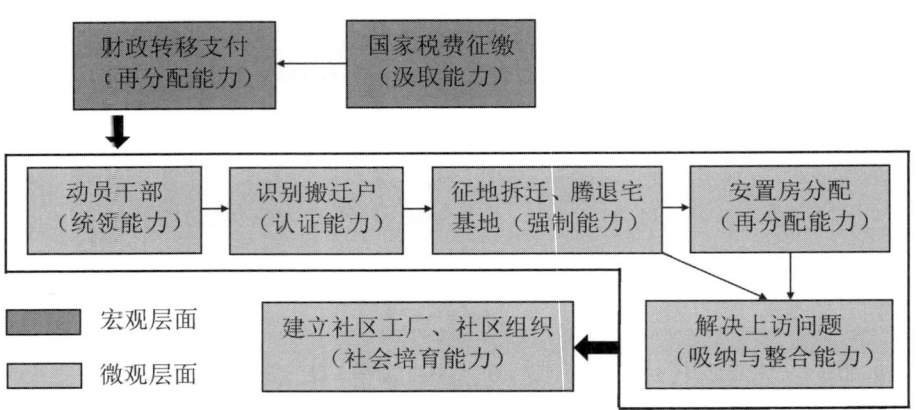

图 3-2　扶贫搬迁中的国家能力图示

事实上，任何一项公共政策的执行过程都是体现基础性国家能力的过程，即使强调政策执行的"政治化"，最终也依然需要落到具体的执行能力之上。按照王绍光的观点，基础性国家能力主要包括了强制能力、汲取能力、濡化能力、认证能力、规管能力、统领能力、再分配能力、吸纳和整合能力等八项。① 其中前三项（强制、汲取、濡化）是近代国家的基础能力，中间四项（认证、规管、统领、再分配）是现代国家的基础能力，最后一项（吸纳和整合）是民主国家的基础能力。从扶贫搬迁的具体执行来看，中间涉及了基础性国家能力的多个方面。例如，征地拆迁、腾退宅基地体现的是强制能力，识别出贫困户中的搬迁户体现的是认证能力，宏观层面中央政府对财政资源的转移支付以及微观层面地方政府对安置房进行分配体现的是再分配能力，动员干部集中到脱贫攻坚问题上体现的是统领能力。在这些看得见的内容之外，还有前置性的资源汲取（国家层面的资源汲取），后置性的吸纳和整合（地方政府解决上访问题）。除此之外，介入农民生活后，地方政府还

---

① 王绍光：《国家治理与基础性国家能力》，载《华中科技大学学报（社会科学版）》2014 年第 3 期。

需要建构"培育能力",帮助搬迁户解决生计问题,让他们能够独立发展,这一点也是家长制国家/保姆式国家的重要特征之一。

从林县扶贫搬迁的实践情况来看,在"政治化"的动员之下,国家能够通过资源汲取获得大量的社会资源,然后通过财政转移支付的形式实现资源再分配,向农村地区进行资源反哺。但同时也必须看到,现有的基础性国家能力也是存在边界的。除汲取能力、再分配能力之外,其他微观层面的基础性国家能力尽管有所进步,但依然存在一定程度的不足。反映到扶贫搬迁这个问题上,就是政府能够把房子建起来,配备必要的生计保障设施,并让搬迁户在规定的时间内住进去,但并没有完全实现"一揽子解决"的目标。

当然,现在总结分析地方政府在基础性国家能力方面存在的缺陷,并不是要沿着左翼人类学家的观点,否定扶贫搬迁取得的成绩。相反,笔者在调研中能够真切地感受到搬迁户对乔迁新居的喜悦,特别是对一些身体有残疾、以前居住条件比较差的人而言,分得一套安置房是他们在这一轮的扶贫工作中获得的最大实惠,也是人生命运发生转折的重要标志,他们有了安身立命的住所,也有了后续发展的可能性。至于因为客观条件和主观意志而存在的各种缺陷,只能说是一种客观存在的现实情况,是履行家长制国家/保姆式国家面临的短板。或者也可以这样说,依靠现有的治理能力和治理技术,这已经是地方政府能够达到的最佳状态。同样,如此分析总结这些短板,也并不是认为国家权力介入农民生活是错误的,而是强调完成"一揽子解决"的目标还有很多的路要走。一方面,要从各个维度强化基础性国家能力,提高国家权力介入农民生活的精细化程度,降低国家权力介入所引发的副作用。另一方面,也要看到家长制国家/保姆式国家的适用边界,在边界之内可以通过政治动员的方式完成目标。在边界之外,还需要注重培育社会力量,提高农民自身的独立发展能力。

第四章 产业扶贫与地方政府的市场衔接

扶贫的难点在于培育贫困户具备独立的生产能力和发展能力,在"政府输血"结束以后能够"自我造血",防止出现大规模的返贫现象。在这一点上需要依托产业扶贫发挥作用,通过政府主导的产业扶贫政策,帮助贫困户进行经济生产,在贫困户和市场之间建立衔接机制,使其融入市场经济体系当中。本章的主要任务即聚焦"产业扶贫",分析地方政府在产业扶贫中扮演的角色。具体包括以下几个部分:首先是从宏观层面分析产业扶贫的政策流变,探究产业扶贫所要解决的问题焦点,为后续的案例分析提供理论指引。其次是以微观案例为基础,描述产业扶贫在实践中的不同形式,包括"产业奖补""主体带动""集体经济"三种亚类型,分析不同亚类型的利弊得失。最后进行理论总结,从比较分析的视角,归纳地方政府在产业扶贫中发挥的功能及其限度。

一、产业扶贫的政策流变与问题焦点

产业扶贫是一个很有中国特色的专业术语,当前并没有统一的界定方式。大略来讲,这一概念存在广义和狭义两个不同的层次。其中,广义的产业扶贫是指政府采取经济开发的方式,促进贫困地区的生产建设和经济发展，以第一、二、三产业的发展来带动贫困人口减贫脱贫，这种广义的产业扶贫涵盖的是农村整个经济体系，并不是仅仅针对农村贫困群体。狭义的产业扶贫则是在 21 世纪之后出现的新概念，指的是被纳入国家扶贫计划之中，在政府专门的扶贫政策指导下开展的"农村产业化"发展实践，这种狭义的产业扶贫涵盖的主要是农村地区的贫困户和新型经营主体，具有更明显的针对性、专门性。

如果在历史语境中进行考察就会发现，广义的产业扶贫在很大程度上类同于改革开放之初中国政府所采取的"开发式扶贫"（具体可以参考前述第一章的相关内容）。只不过这一时期的经济开发主要围绕第一产业（农业），核心目标就是提高粮食产量，解决贫困人口的温饱问题，提供更充足的"商品粮"，很少涉及其他产业领域，也并不存在"农业产业化"的问题。到"八五"期间，政策文件开始在农业生产之外强调"多种经营"。1991 年 4 月，国务院贫困地区经济开发领导小组在给国务院的报告中提出了"两个稳定"的要求，既有农业又有产业："一是加强基本农田建设，提高粮食产量，使贫困地区的多数农户有稳定解决温饱问题的基础；二是发展多种经营，进行资源开发，建立区域性支柱产业，使贫困户有稳定的经济收入来源，为争取到本世纪末贫困地区多数农户过上比较宽裕的生活创造条件。"[1]

1992 年 1 月，邓小平南方谈话突出了市场的重要性，当年党的十四大确立了社会主义市场经济体制的改革目标。在这种趋势下，农业生产也进入市场化的大潮当中，中国扶贫开发出现了"专业化生产"的概念。1994 年 4 月，国务院印发《国家八七扶贫攻坚计划》，在"扶贫开发的主要形式"部分提出了七条开发式扶贫的具体形式，其中有五

---

[1] 国务院贫困地区经济开发领导小组：《关于"八五"期间扶贫开发工作部署的报告》，见国务院扶贫开发领导小组办公室、国务院扶贫开发领导小组专家咨询委员会主编：《扶贫工作文件汇编（1978—2000）》，内部资料，2014 年，第 436 页。

条涉及产业开发的问题。① 自此之后，国家开始强调通过政策扶持的方式带动贫困地区发展具有减贫效果的特色产业，使贫困人口能够享受市场经济、产业发展的政策红利。

　　进入 21 世纪，"专业化生产"逐渐发展到了"农业产业化"的发展思路，推动农业产业化经营成为产业扶贫的重要途径。2001 年 5 月，中央召于扶贫开发工作会议，温家宝同志提出，"贫困地区发展经济、脱贫致富，首先要加强农业基础。一是要因地制宜发展种养殖业……二是要搞好农业结构调整……三是要大力发展农业产业化经营。"② 江泽民同志提出，"要特别注意研究市场的变化，根据市场需求，探索扶贫开发的新思路。要积极调整农业和农村经济结构，发展农业产业化经营，促进农业劳动力向二三产业转移。"③ 所谓农业产业化经营，其核心就在于以市场为导向，延长农产品的产业链，将小农户（农业）与

---

① 这七条意见分别是："1. 依托资源优势，按照市场需求，开发有竞争力的名特稀优产品。实行统一规划、组织千家万户连片发展，专业化生产，逐步形成一定规模的商品生产基地或区域性的支柱产业。2. 坚持兴办贸工农一体化、产加销一条龙的扶贫经济实体，承包开发项目，外联市场，内联农户，为农民提供产前、产中、产后的系列化服务，带动群众脱贫致富。3. 引导尚不具备办企业条件的贫困乡村，资源互利，带资带劳，到投资环境较好的城镇和工业小区进行异地开发试点，兴办二、三产业……4. 扩大贫困地区与发达地区的干部交流和经济技术合作。5. 在优先解决群众温饱问题的同时，帮助县兴办骨干企业，改变县级财政的困难状况，增强自我发展能力。6. 在发展公有制经济的同时，放手发展个体经济、私营经济和股份合作制经济……7. 对贫困残疾人开展康复扶贫。"国务院：《关于印发〈国家八七扶贫攻坚计划〉的通知》（国发〔1994〕30号），见国务院扶贫开发领导小组办公室、国务院扶贫开发领导小组专家咨询委员会主编：《扶贫工作文件汇编（1978—2000）》，内部资料，2014年，第645页。

② 《温家宝同志的讲话（2001年5月24日）》，见国务院扶贫开发领导小组办公室、国务院扶贫开发领导小组专家咨询委员会主编：《党和国家领导人论扶贫（1978—2001）》，内部资料，2014年，第649页。

③ 《江泽民、朱镕基和温家宝同志在中央扶贫开发工作会议上的讲话（2001年5月25日）》，见国务院扶贫开发领导小组办公室、国务院扶贫开发领导小组专家咨询委员会主编：《党和国家领导人论扶贫（1978—2001）》，内部资料，2014年，第661页。

市场（产业化）挂钩。因此，《中国农村扶贫开发纲要（2001—2010年）》才会将"农业产业化"作为开发式扶贫最重要的内容，放在"内容和途径"的最前面。

十三 继续把发展种养业作为扶贫开发的重点。因地制宜发展种养业，是贫困地区增加收入、脱贫致富最有效、最可靠的途径。要集中力量帮助贫困群众发展有特色、有市场的种养业项目。贫困地区发展种养业，要以增加贫困人口的收入为中心，依靠科技进步，着力优化品种、提高质量、增加效益；要以有利于改善生态环境为原则，加强生态环境的保护和建设，实现可持续发展。帮助贫困户发展种养业，一定要按照市场需求，选准产品和项目，搞好信息、技术、销售服务，确保增产增收。要尊重农民的生产经营自主权，注重示范引导，防止强迫命令。

十四 积极推进农业产业化经营。对具有资源优势和市场需求的农产品生产，要按照产业化发展方向，连片规划建设，形成有特色的区域性主导产业。积极发展"公司加农户"和订单农业。引导和鼓励具有市场开拓能力的大中型农产品加工企业，到贫困地区建立原料生产基地，为贫困农户提供产前、产中、产后系列化服务，形成贸工农一体化、产供销一条龙的产业化经营。加强贫困地区农产品批发市场建设，进一步搞活流通，逐步形成规模化、专业化的生产格局。[1]

但是，在农村地区开展农业产业化经营很可能会面临"小农户"和"大市场"之间无法有效衔接的问题。贫困户作为小农群体中更为弱势的一部分，在与市场进行衔接的过程中所处的劣势地位也更为明

---

[1] 国务院：《关于印发〈中国农村扶贫开发纲要（2001—2010年）〉的通知》（国发〔2001〕23号），http://www.gov.cn/zhengce/content/2016/09/23/content_5111138.htm（2019年10月20日）。

显,单纯靠贫困户自身是无法实现农业产业化经营目标的。为了解决这个问题,政府就必须出台各种政策扶持措施,培育贫困户的生产经营能力,尝试在贫困户和市场之间建立起衔接机制,将贫困户嵌入市场经济体系当中,使其共享农业产业化的经济成果。

最早,中央文件采取的思路是扶持和发展扶贫龙头企业,以扶贫龙头企业为重点,带动农业产业化。2001年6月,《中国农村扶贫开发纲要(2001—2010年)》在"积极推进农业产业化经营"部分就提出要求,"积极发展'公司加农户'和订单农业。引导和鼓励具有市场开拓能力的大中型农产品加工企业,到贫困地区建立原料生产基地,为贫困农户提供产前、产中、产后系列化服务,形成贸工农一体化、产供销一条龙的产业化经营。"① 2004年11月,国务院扶贫办针对龙头企业认定还专门下发了《关于申报国家扶贫龙头企业的通知》,要求"在全国范围重点扶持一批具有一定经营规模和经济实力、对贫困地区和贫困农户有较强带动和辐射能力的扶贫龙头企业,结合扶贫整村推进、劳动力转移培训等措施,带动贫困户脱贫致富"②。2005年3月,国务院扶贫办、中国农业银行又下发了《关于大力支持国家扶贫龙头企业发展的意见》,《意见》要求加大对国家扶贫龙头企业的扶持力度,要求各地在农产品加工、基地建设、培训等方面给予扶贫龙头企业信贷扶贫资金和财政扶贫资金方面的政策支持。③ 到2012年3月,国务院再次出台《关于支持农业产业化龙头企业发展的意见》,提出"培育壮大龙头企

---

① 国务院:《关于印发〈中国农村扶贫开发纲要(2001—2010年)〉的通知》(国发〔2001〕23号), http://www.gov.cn/zhengce/content/2016/09/23/content_5111138.htm(访问时间:2019年10月21日)。

② 国务院扶贫办:《关于申报国家扶贫龙头企业的通知》(国开办〔2004〕83号),2004年11月29日。

③ 国务院扶贫办、中国农业银行:《关于印发〈关于大力支持国家扶贫龙头企业发展的意见〉的通知》(国开办发〔2005〕19号),见国务院扶贫开发领导小组办公室主编:《中国扶贫开发年鉴2010》,中国财政经济出版社2010年版,第880—882页。

业,打造一批自主创新能力强、加工水平高、处于行业领先地位的大型龙头企业;引导龙头企业向优势产区集中,形成一批相互配套、功能互补、联系紧密的龙头企业集群;推进农业生产经营专业化、标准化、规模化、集约化,建设一批与龙头企业有效对接的生产基地"①。到精准扶贫政策开始实施以后,"培育龙头企业"的方式依然被看作落实产业扶贫政策的重要途径。2017年12月,国务院扶贫办印发《关于完善扶贫龙头企业认定和管理制度的通知》,再次提出"加强贫困地区龙头企业培育,增强辐射带动贫困户增收的能力"②。

依靠扶贫龙头企业,可能会有一部分具备发展能力的小农户被带动起来。但这是一种"抓大放小"的政策思路,对一些发展能力弱的贫困户而言,这种方式依然存在衔接障碍,大多数的贫困户很可能还是无法和市场进行有效衔接,被排斥在农业产业化之外。也就是说,除了扶持龙头企业之外,依然需要其他的衔接机制。2006年10月,第十届全国人大常委会第二十四次会议通过了《农民专业合作社法》③,其中第二条规定,"农民专业合作社是在农村家庭承包经营基础上,同类农产品的生产经营者或者同类农业生产经营服务的提供者、利用者,自愿联合、民主管理的互助性经济组织。农民专业合作社以其成员为主要服务对象,提供农业生产资料的购买,农产品的销售、加工、运输、贮藏以

---

① 国务院:《关于支持农业产业化龙头企业发展的意见》(国发〔2012〕10号),http://www.gov.cn/zwgk/2012/03/08/content_2086230.htm(访问时间:2019年10月20日)。

② 国务院扶贫办:《关于完善扶贫龙头企业认定和管理制度的通知》(国开办发〔2017〕62号),http://www.cpad.gov.cn/art/2018/1/4/art_50_76182.html(访问时间:2019年10月20日)。

③ 2017年12月27日,第十二届全国人民代表大会常务委员会第三十一次会议对《农民专业合作社法》进行了修订(新法自2018年7月1日起施行)。新法规范了农民专业合作社的日常运行、财务管理方面的具体制度,农民专业合作社逐渐向"公司化"发展。

及与农业生产经营有关的技术、信息等服务。"第四十九至五十二条，规定了农民专业合作社在项目、财政、培训、金融、税收方面能够享受的支持与优惠。① 农民专业合作社成为衔接小农户和市场的新载体。2017年5月，中共中央办公厅、国务院办公厅又印发《关于加快构建政策体系培育新型农业经营主体的意见》（简称《意见》），要求"加快培育新型农业经营主体"。在基本原则部分，《意见》明确提出："既支持新型农业经营主体发展，又不忽视普通农户尤其是贫困农户，发挥新型农业经营主体对普通农户的辐射带动作用，推进家庭经营、集体经营、合作经营、企业经营共同发展……既扶优扶强又不'垒大户'，既积极支持又不搞'大呼隆'，为新型农业经营主体发展创造公平的市场环境。"《意见》还在财政税收政策、基础设施建设、金融信贷服务、保险支持范围、营销市场、人才培养引进等六个方面对加快培育新型农业经营主体提出了政策扶持措施。②

得益于这些政策，在之后很长一段时期内，扶持龙头企业、农民专业合作社的发展，以此带动农村经济发展、带动贫困户脱贫，成为农业产业开发和扶贫开发的主要思路。精准扶贫政策实施之后，中央对此也是颇为认可，多次发文予以支持。例如2014年2月，中共中央办公厅和国务院办公厅印发了《关于创新机制扎实推进农村扶贫开发工作的意见》，在"特色产业增收工作"部分要求"积极培育贫困地区农民合作组织，提高贫困户在产业发展中的组织程度。鼓励企业从事农业产业

---

① 《中华人民共和国农民专业合作社法》，载《中华人民共和国国务院公报》2006年第35期。其实，"农民专业合作社"并不是2006年之后才出现的新生事物。早在2000年前后，湖北、湖南、四川、黑龙江、浙江等省份就已经出现了"农民专业合作社"，2004年浙江省人大还通过了《浙江省农民专业合作社条例》。参考《浙江省农民专业合作社条例》，载《浙江人大（公报版）》2004年第7期。

② 中共中央办公厅、国务院办公厅：《关于加快构建政策体系培育新型农业经营主体的意见》，载《中国农民合作社》2017年第7期。

化经营，发挥龙头企业带动作用，探索企业与贫困农户建立利益联结机制，促进贫困农户稳步增收"①。2015年11月，中共中央、国务院《关于打赢脱贫攻坚战的决定》，在"发展特色产业扶贫"部分强调，"加强贫困地区农民合作社和龙头企业培育，发挥其对贫困人口的组织和带动作用，强化其与贫困户的利益联结机制。支持贫困地区发展农产品加工业，加快一二三产业融合发展，让贫困户更多分享农业全产业链和价值链增值收益。"② 2018年6月，中共中央、国务院《关于打赢脱贫攻坚战三年行动的指导意见》，在"加大产业扶贫力度"部分，依然强调龙头企业、新型农业经营主体的作用，提出"组织国家级龙头企业与贫困县合作创建绿色食品、有机农产品原料标准化基地……完善新型农业经营主体与贫困户联动发展的利益联结机制，推广股份合作、订单帮扶、生产托管等有效做法，实现贫困户与现代农业发展有机衔接。"③在这一时期内，全国范围内也出现了很多"贫困户+合作社""贫困户+企业"的实践形式。

不过，中国农村范围广大，各地的经济社会发展情况千差万别。在广大农村地区依然还有一些小农户/贫困户需要依托家庭联产承包责任制进行"小农式"的农业生产活动。为了解决这部分群体的发展问题，2014年2月，农业部出台了《关于促进家庭农场发展的指导意见》，充分肯定了家庭农场的作用。④ 2019年2月，中共中央办公厅、国务院办公

---

① 中共中央办公厅、国务院办公厅：《关于创新机制扎实推进农村扶贫开发工作的意见（全文）》，http://www.cpad.gov.cn/art/2014/2/13/art_46_12338.html（访问时间：2019年10月21日）。

② 中共中央、国务院：《关于打赢脱贫攻坚战的决定》，http://www.cpad.gov.cn/art/2015/12/7/art_46_42386.html（访问时间：2019年10月21日）。

③ 中共中央国务院：《关于打赢脱贫攻坚战三年行动的指导意见》，http://www.gov.cn/zhengce/2018/08/19/content_5314959.htm（访问时间：2019年10月21日）。

④ 农业部：《关于促进家庭农场发展的指导意见》，http://www.moa.gov.cn/nybgb/2014/dsanq/201712/t20171219_6105426.htm（访问时间：2019年10月21日）。

厅印发《关于促进小农户和现代农业发展有机衔接的意见》，要求"启动家庭农场培育计划、实施小农户能力提升工程、加强小农户科技装备应用、改善小农户生产基础设施"等四个方面的措施，提升小农户的发展能力。① 在小农户/贫困户和市场之间形成了更为微观的衔接机制。

至此，小农户/贫困户和市场之间的衔接机制形成了较为连续的谱系：小农户/贫困户可以与农业企业进行合作，进行土地流转或者到农业企业务工；多个小农户/贫困户可以组织起来建立/加入农民专业合作社，开展农业产业化经营；小农户/贫困户还可以扩大家庭种养殖业的规模，成立家庭农场（参考图4-1）。

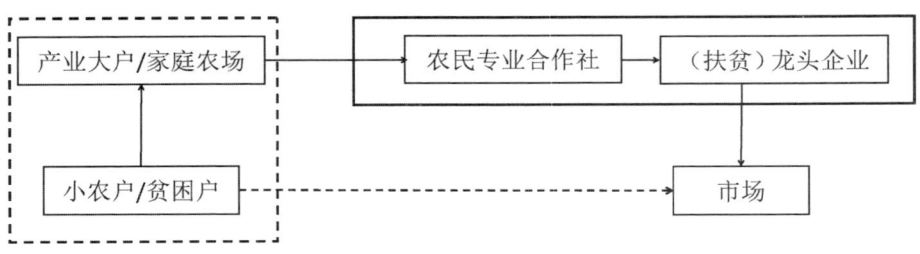

图 4-1　小农户/贫困户与市场之间的衔接路径

注：虚线框内为以家庭为基础，实线框内已经超越家庭。

现在如果从宏观角度重新审视产业扶贫的政策历程和基本的发展逻辑，大体上能够得到以下两个判断（参考图4-2）。

一方面，狭义的产业扶贫和广义的产业扶贫密切相关，两者遵循同一个原则。改革开放以来，中国经济之所以能够起飞，在很大程度上得

---

① 《意见》强调了小农户在当前中国农业发展中的作用，明确表示"发展多种形式适度规模经营，培育新型农业经营主体，是增加农民收入、提高农业竞争力的有效途径，是建设现代农业的前进方向和必由之路。但也要看到，我国人多地少，各地农业资源禀赋条件差异很大，很多丘陵山区地块零散，不是短时间内能全面实行规模化经营，也不是所有地方都能实现集中连片规模经营"。参考中共中央办公厅、国务院办公厅：《关于促进小农户和现代农业发展有机衔接的意见》，http://www.gov.cn/zhengce/2019/02/21/content_5367487.htm（访问时间：2019年10月21日）。

益于农业产业化、工业化、城市化之间形成良性互动——农业产业化背后所包含的农业专业化生产既提高了粮食产量，解决了农民的温饱问题，又解决了农业过密化的问题，为第二、三产业（特别是劳动密集型产业）提供了大量的农业剩余劳动力，大量从农业中解放出来的农民以农民工的形式从农村走向城市，到劳动密集型部门务工。这既是改

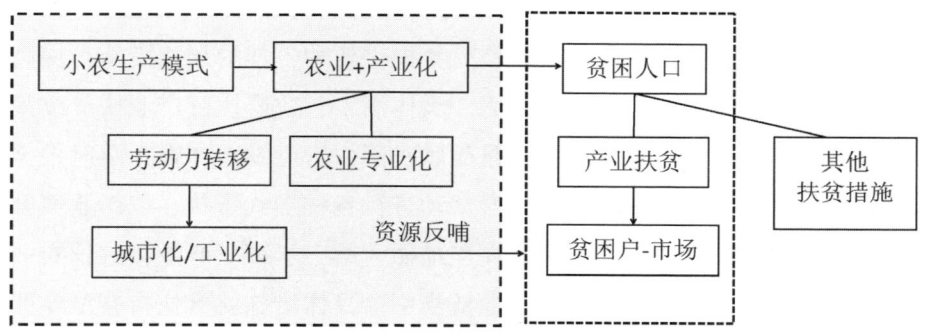

图 4-2　产业扶贫的发展逻辑

注：阴影框内为"广义产业扶贫"范围，无阴影框内为"狭义产业扶贫"范围。

革开放以来中国宏观经济能够起步发展的重要环节，也是中国在宏观层面走出贫困陷阱的基本逻辑。① 狭义的产业扶贫所面临的问题焦点也在于将贫困户融入市场化改革当中，使其能够通过市场经济摆脱贫困。只

---

① 很多学者都阐述了类似的观点。在他们看来，改革开放以来中国经济发展取得成绩的原因之一就在于采取了优先发展"劳动密集型产业"的发展战略。按照贺雪峰等人的观点，改革开放以来，中国农民家庭的基本特征是"以代际分工为基础的半工半耕"结构，这一结构既将农业中过于密集的劳动力释放出来，提高了农业生产效率，又保留了农民工的返乡渠道，维持了社会基本稳定（贺的观点很可能来自黄宗智，只不过黄对"半工半耕"持否定性评价，贺对其持正面评价）。参考林毅夫、蔡昉、李周：《中国的奇迹：发展战略与经济改革》，上海三联书店、上海人民出版社 1994 年版，第 113、172—175 页。黄宗智：《制度化了的"半工半耕"过密型农业（上）》，载《读书》2006 年第 2 期。黄宗智：《制度化了的"半工半耕"过密型农业（下）》，载《读书》2006 年第 3 期。贺雪峰：《城市化的中国道路》，东方出版社 2014 年版，第 108—112 页。

不过贫困户没有能力跨区域流动，只能在本地区发展一些农业产业，也没有能力自主地嵌入市场经济当中，只能依靠政府的帮扶措施才能参与其中，也正是源于这一点，21世纪之后才会有狭义的产业扶贫。

另一方面，狭义上的产业扶贫所面临的问题焦点在于建立贫困户和市场之间的衔接机制，将贫困户嵌入市场经济体系当中。但问题是，发展能力更弱、融入市场可能性更低的贫困户自身是无法实现这个目标的。因此在产业扶贫方面，政府就需要提供各种各样的帮扶措施，提高贫困户的发展能力和市场参与能力。大体而言，政府执行产业扶贫政策的着力点可以归为两点：一方面是鼓励贫困户自己发展产业，政府根据产业情况对贫困户家庭的农业生产活动进行各种形式帮扶，以产业奖补的形式提供补贴。另一方面则是在当地做大第二、第三产业，拉长农业生产的产业链，将贫困户嵌入产业链当中。具体措施就是扶持新型经营主体，以主体带动在贫困户和市场之间建立更紧密的联系。

也正是因为上面这两个特点，产业扶贫政策大多蕴含了非常明显的政府主导色彩，政府在产业扶贫政策落实过程中既要出钱、出人，还需要出规划、搭平台、上项目，甚至会组建政府所有的市场经济主体，直接参与到生产建设当中。当然，至于这些政府主导的产业扶贫政策存在哪些类型，各自发挥了怎样的作用，又面临了怎样的利弊得失，就将是后面讨论的问题。

二、类型一：产业奖补

作为一个农业县，在精准扶贫政策开始之前，林县就围绕种植业和养殖业出台了多项产业政策，也取得了一定的效果。[①] 例如2000年2

---

① 产业奖补政策并非只针对小农户和贫困户，很多产业奖补的政策也覆盖合作社、扶贫龙头企业，甚至对合作社、扶贫龙头企业的奖补政策要更有力度。为了和后续的产业扶贫政策做出区分，本书在这一部分主要分析针对贫困户的产业奖补政策。

月，林县县委出台《加快农业四大主导产业建设的决定》，将蚕桑、黄姜、油料、魔芋等四大产业确定为本县主导农业产业。之后针对畜牧业、蚕桑产业，又陆续出台了《加快畜牧产业化建设实施意见》（2002年）、《关于蚕桑产业突破发展的实施意见》（2006年）、《桑蚕产业扶持奖补办法》（2009年）、《生猪产业扶持奖补办法》（2009年），以鼓励种养殖业的发展。

精准扶贫政策开始以后，鼓励贫困户自己发展种养殖业的政策得到了延续。2017年6月，林县出台《产业脱贫实施方案》（以下简称《方案》），《方案》提出"立足特色优势，引导贫困村有能力的贫困户发展富硒粮油、魔芋、蔬菜、烤烟、茶叶、食用菌、中药材、油用牡丹、苗木花卉、特色经济林果等农业产业，通过帮扶推动，在全县77个贫困村，每村发展1~2个特色主导产业，2~3个其他产业。对发展种植业的种苗、整地培肥、管理补助比例按照5∶5比例分次兑付……支持有条件的贫困村、贫困户发展以生猪、肉牛、山羊为主的畜牧产业，以稻田养鱼、林下养鸡等为主的综合种养产业，以生态甲鱼、大鲵为主的特色水产养殖产业。对从事养殖业的贫困户按照引种、饲养管理比例5∶5分次兑付"。并规定了具体的种养殖业产业奖补标准："种植业——蔬菜种植，无公害拱棚蔬菜1500元/亩；种植果树500元/亩；苗木花卉1000元/亩。茶叶、油茶1000元/亩；烤烟200元/亩；香菇0.6元/袋；魔芋1000元/亩；油用牡丹600元/亩；拐枣300元/亩；中药材1000元/亩；菊花1000元/亩。养殖业——养猪2头以上（含2头）：双月以上育肥猪600元/头，能繁母猪1500元/头；养牛1头以上（含1头）：肉牛2000元/头，能繁母牛4000元/头；养羊3只以上（含3只）：肉羊200元/只，能繁母羊600元/只；养鸡20只以上（含20只），10元/只。"[①]

---

① 林县政府办公室：《关于印发〈林县产业脱贫实施方案〉的通知》（林政办发〔2017〕73号），2017年6月1日。

一周以后，桥镇结合自身产业发展的历史传统和当前实际情况，印发《桥镇贫困村贫困户发展产业奖补办法（试行）》，提出"对有发展能力和基础的建档立卡贫困户，按照贫困户发展产业的类型、规模等，实施奖补。奖补资金来源是财政专项扶贫产业奖补资金。奖补可采取实物奖补（即引进优良苗木、有机肥等物资）和现金奖补两种形式"。在县级文件的基础上，桥镇又对具体的产业奖补标准做了一定的调整和补充，并提出了更多要求：在种植业方面，要求种植果树、拐枣的，必须做到管护到位、刷白、修建、培土、防虫等，达到合格标准；并去掉了油用牡丹，增加了黄花、金银花 600 元/亩，杜仲 300 元/亩。在养殖业方面，将鸡扩展到家禽（包括鸡、鸭、鹅）10 元/只，并增加了养蚕、养蜂 1 张或 1 桶（含 1 张或 1 桶）300 元/张。① 2018 年桥镇又根据实际情况，在种植业当中增加了"有机水稻、土豆、油菜、黑黄豆 300 元/亩"②。

2018 年 9 月 16 日，林县再次调整产业奖补政策：一是扩大了奖补资金的资金来源，从"财政专项扶贫产业奖补资金"拓宽到"各级财政专项扶贫资金和统筹整合财政涉农资金"。二是再次调整了产业奖补的项目和标准，在种植业和养殖业方面都增加了一些内容："种植业——1. 优质粮油（含水稻、油菜、玉米、薯类、杂粮、黑黄豆）100 元/亩；2. 拐枣、花椒、烤烟、核桃、板栗、改造茶园 200 元/亩；3. 莲藕、黄花菜、桃李果树、油用牡丹、菊花、普通露地蔬菜 300 元/亩；4. 中药材、苗木花卉、新建茶园、猕猴桃 500 元/亩；5. 魔芋 1000 元/亩；6. 无公害拱棚蔬菜 1500 元/亩；7. 食用菌（含香菇、黑木耳、草菇）0.6 元/袋。养殖业——1. 养猪 2 头以上（含 2 头），双月

---

① 桥镇人民政府：《关于印发〈桥镇贫困村贫困户发展产业奖补办法（试行）〉的通知》（桥政发〔2017〕94 号），2017 年 6 月 8 日。

② 桥镇人民政府：《关于印发〈桥镇贫困村贫困户发展产业奖补办法（试行）〉的通知》（文件拍摄没有拍到文号），2018 年 3 月 26 日。

以上育肥猪 300 元/头，能繁母猪 1000 元/头（比 2017 年降低了标准——笔者注）；2. 养牛 1 头以上（含 1 头），肉牛 1500 元/头，能繁母牛（含产子牛 1 头）2000 元/头；3. 养羊 3 只以上（含 3 只），肉羊 200 元/只，能繁母羊 300 元/只；4. 养禽 10 只以上（含 10 只），10 元/只；5. 蚕茧，按销售量核算奖补，以茧站收购票据为准，每公斤奖补 10 元。"①

为了激发贫困户发展产业的动力，政府还为贫困户发展产业提供了其他扶持措施。一方面是为贫困户发展种养殖产业提供技术援助。在 2017 年《林县产业脱贫实施方案》中，明确提出："要广泛开展技术培训和送科技上门服务，组织技术人员到村到户传授生产技术，帮助每个贫困户掌握 1~2 门现代农业产业技术。要加大农技推广社会化服务组织培育力度，探索对贫困村、贫困户技术帮扶的新模式，依托传统的公益性农技推广机构，借助社会性技术服务组织开展产前、产中、产后'全产业链'技术帮扶。"② 为此，县、镇两级政府都建立了科技帮扶办法。在县级层面，林县出台了《科技特派员管理办法》，要求在全部贫困村实现"科技特派员"全覆盖，形成了"科技特派员全覆盖、法人

---

① 林县政府办公室：《关于印发〈林县贫困户发展产业奖补办法〉的通知》（林政办发〔2018〕112 号），2018 年 9 月 16 日。除了县、镇政府出台的这些产业奖补措施之外，各村还会根据自身的实际情况增加一些产业奖补的项目。例如，桥镇 SH 村《2018 年贫困户自主发展产业脱贫奖补实施方案》增加了"甜杆 0.1 亩以上（含 0.1 亩），每亩奖补 200 元，天麻、猪苓、茯苓等中药材 0.1 亩以上（含 0.1 亩即 40 平方米），每亩奖补 1000 元"；桥镇 HY 村《农业产业扶贫奖补实施方案》增加了"甜玉米，300/亩；养鱼，1000 尾起补，每尾奖补 0.4 元"；桥镇 LZ 村《产业奖补实施方案》增加了"元胡 1 亩以上（含 1 亩）300 元"。参考桥镇 SH 村村民委员会：《2018 年贫困户自主发展产业脱贫奖补实施方案》（S 发〔2018〕18 号），2018 年 5 月 5 日。桥镇 LZ 村委会：《LZ 村产业奖补实施方案》（无文号），2018 年 6 月 10 日。桥镇 CG 村委员会：《农业产业扶贫奖补实施方案》（无文号），2018 年 7 月 10 日。

② 林县政府办公室：《关于印发〈林县产业脱贫实施方案〉的通知》（林政办发〔2017〕73 号），2017 年 6 月 1 日。

科技特派员闯路子、专家服务团队攻难点、县镇村科技服务体系夯基础"的基本框架。根据工作汇报，在2018年就已经实现了计划脱贫村贫困户轮训全覆盖（共培训5600人次）。① 在镇级层面，则成立"产业脱贫技术服务队"。例如，桥镇在2018年3月以农业综合服务站为依托，成立了"产业脱贫技术服务队"，队长1人，由服务站站长担任；副队长1人，由服务站副站长担任；队员3人，由服务站成员担任。服务队每人分包1~2个行政村，负责林果产业、种植产业、蚕桑产业、养殖业、特色种植业的技术服务工作，对贫困户发展种养殖业提供技术方面的指导、培训。②

另一方面是为贫困户发展种养殖产业提供贷款资金。在这方面主要有两种资金支持方式：一是提供"5321"扶贫小额贷款。例如，桥镇在2018年的《贫困村贫困户发展产业奖补办法》中，就要求实现"5321"扶贫小额贷款全覆盖。③ 二是"互助资金"。所谓"互助资金"，是一种政府主导、贫困户参与的资金互助形式——政府投入启动资金，贫困户加入互助资金协会（每户入会会费200元）。贫困户加入互助协会以后，最高借款额不得超过20000元（借款对象必须是本村入会会员），借款占用费率按照千分之六（月利率）以内计，借款期限在一年内。④ 与"5321"扶贫小额贷款一样，互助资金借款的用途也限定

---

① 《科技能人下乡添力量——林县科技创新助力脱贫攻坚纪实》，http://www.sohu.com/a/169121199_159845（访问时间：2019年10月24日）。林县农林科技局：《林县产业脱贫工作汇报》（无文号），2018年7月19日。这份报告是林县农林科技局局长在与清华大学调研组、中国农业大学调研组开展座谈会时提供的一份讲稿。

② 桥镇人民政府：《关于成立产业脱贫技术服务队及包联村的通知》（桥政发〔2018〕34号），2018年3月2日。

③ 桥镇人民政府：《关于印发〈桥镇贫困村贫困户发展产业奖补办法（试行）〉的通知》（文件拍摄没有拍到文号），2018年3月26日。

④ 林县扶贫局、财政局：《对全县建档立卡在册贫困户在扶贫互助资金协会中的贷款占用费实行补贴的通知》（林扶发〔2017〕95号），无日期。

为生产经营活动。①

从实施情况来看,产业奖补的效果还是有的。以桥镇 LZ 村、JZ 村、SX 村、AP 村、SH 村、TQ 村为例,在 2018 年上半年,六个行政村发展产业的贫困户数量基本都占到了全村贫困户的一半以上(参见表 4-1),所有贫困户都从政府提供的产业奖补政策中获得了相应的奖励(尽管并不高)。在调研中,笔者也发现了一些贫困户依靠政府提供的奖补资金解决了发展产业的问题,他们对产业奖补政策也基本持肯定赞赏态度。当然,现在也并不能过高地估计产业奖补政策带来的作用,从现实情况来看,产业奖补更多的是提供了一种生计来源的补充,也并非地方政府开展产业扶贫工作的主要方式。

表 4-1　桥镇各行政村贫困户产业发展情况统计表(2018 年)

行政村名称	贫困户数量	发展种植业	发展养殖业
LZ 村	150 户 495 人	101 户 369 人	101 户 369 人
JZ 村	200 户 701 人	120 户 385 人	30 户 171 人
SX 村	103 户 284 人	45 人 123 人	28 户 79 人
AP 村	173 户 489 人	64 户 180 人	60 户 170 人
SH 村	331 户 981 人	250 户 437 人	104 户 383 人
TQ 村	212 户 576 人	134 户 440 人	122 户 403 人

数据来源:桥镇 LZ 村、JZ 村、SX 村、AP 村、SH 村、TQ 村填写的《林县产业发展情况摸底表(一)》,2018 年 4 月。林县曾经在 2018 年开展过一次产业发展情况摸底,这些表格即来自这次调查摸底。

---

① 按照林县扶贫局和财政局下发的《对全县建档立卡在册贫困户在扶贫互助资金协会中的贷款占用费实行补贴的通知》,政府对贫困户在互助资金的贷款占用费实行 100% 全额补贴。参考林县脱贫攻坚指挥部办公室:《关于印发〈林县贫困村互助资金协会管理办法(暂行)〉的通知》(林脱办发〔2017〕267 号),2017 年 7 月 31 日。

案例4—1 该贫困户家中有夫妇二人,一儿一女。2015年因收入不达标、无安全住房等原因,被纳入贫困户系统。2017年进行了危房改造,政府补贴了2万元。丈夫在2017年因病做过手术,花费3万元左右,报销2万多。丈夫手术后在四川工地上做小工,工钱100块钱一天。儿子在杭州服装厂打工,女儿还在学校上学。

现在主要是妻子在家从事种养殖业。在种植业方面,该贫困户家中本来只有四分地,后来流转了其他农户的土地4亩多(无偿流转),共计种了5亩地,主要种植了玉米、水稻、黄豆、油菜等。在养殖业方面,喂养了1头母猪(下了10只小猪仔)、2头肉猪,另外还有五六十只鸡。在2018年上半年政府提供了产业奖补,其中2亩玉米补了200元,2亩水稻补了200元,1亩黄豆补了100元,0.6亩油菜补了60元,种植业方面共计补了560元。另外,一头下崽母猪补了1000元,2头肉猪补了600元,60只鸡补了600元,在养殖方面共计补了2200元。两者相加,该贫困户在2017—2018年度共计获得了2760元的产业奖补。如果再加上种养殖业获得的利润,该贫困户依靠妻子在家务农大体就能解决2个人的收入达标问题。①

现在来看,产业奖补是一种优势和劣势并存的产业扶贫方式,有特定的作用范围,也有特定的功能边界。

产业奖补的政策优势1:这种产业奖补政策资源渗透更为到位。以往林县采取的产业奖补政策,大多只采取"扶持大户"的方式,例如2009年林县出台的《生猪产业扶持奖励办法》,就设置了一定的奖补门

---

① 案例4—1描述的内容并非访谈原文。2018年7月22日,笔者与其他调研伙伴、村干部一起到该贫困户家走访。案例内容是笔者根据对贫困户的访谈记录整理而成,既有事实描述,也有观点阐发。参考贫困户1访谈,访谈编号:20180722-PKH1,访谈时间:2018年7月22日。

槛，要求正大标准圈舍 60 平方米以上，母猪 5 头以上或出栏商品猪 100 头以上。① 这种"设门槛"的方式很可能会产生"资源渗透偏差"——大量的产业扶贫资金投入农村，只是奖补了一些具备发展能力的产业大户，贫困户因为达不到最低奖补门槛，反而没有在一波一波的产业奖补资金当中得到政策扶持。相比于 20 世纪 90 年代的产业奖补政策，新的产业奖补政策大幅度降低了"最低奖补门槛"。在种植业方面，无论是种植大田作物，如水稻、玉米、薯类、黑黄豆、杂粮；还是种植一些经济作物，如油菜、拐枣、花椒、烤烟、核桃、板栗等；还是种植一些中药材，如天麻、百合等，政府文件都没有设定最低奖补门槛，基本上只要贫困户种植就会有奖补。在养殖业方面，养猪 2 头以上（含 2 头），能繁育的母猪 1 头以上（含 1 头）；养牛 1 头以上（含 1 头），养羊 3 只以上（含 3 只）；养鸡 20 只以上（含 20 只），就可以获得产业奖补政策。按照这种标准，贫困户基本上都可以超过最低奖补门槛。这样，产业奖补政策的资源渗透就更为准确、更为到位，最终达到的效果是对贫困户进行"雪中送炭"，而不是对产业大户、龙头企业进行"锦上添花"。

产业奖补的政策优势 2：这种产业奖补政策带来的风险更可控。精准扶贫中采取的这种产业奖补具有小规模、分散化的特点。这种方式比较契合小农经济的发展逻辑。一方面，产业奖补适应了小农"规避风险"的行为逻辑。按照斯科特的说法，在风险和收益的偏好选择中，农民偏好"安全第一"，"宁愿以收益换取安全"。② 采取这种小规模、

---

① 林县政府办公室：《关于印发〈林县 2009 年生猪产业扶持奖励办法〉的通知》（林政办发〔2009〕38 号），2009 年 5 月 18 日。

② 斯科特认为，"安全第一的原则是农民生活中生态学依存性的逻辑结论，表明了生存安全比高平均收入更优先"，"农民微薄的经济利润使他要选择那些较为安全的技术，尽管这样会减少平均产量"。这种观点尽管立足于东南亚小农，但行为逻辑和中国小农户如出一辙。参考〔美〕詹姆斯·C.斯科特：《农民的道义经济学：东南亚的反叛与生存》，程立显、刘建等译，译林出版社 2013 年版，第 36、44 页。

分散化的种养殖发展方式，能够在很大程度上降低灾害风险和市场风险，不至于出现某个农作物、牲畜大规模减产，大幅度降价的高风险情况，也不至于出现某个贫困户家庭骤然背负巨大债务的情况。以产业奖补的方式为贫困户发展产业，相当于在市场利润之外给予贫困户一份新的保障，更是进一步降低了风险的可能性。政策执行很受欢迎，很少会出现贫困户反对的事例。另一方面，产业奖补适应贫困地区"半耕半工"的家庭结构。现在贫困地区的确面临了"老人农业""妇女农业"的局面，丈夫（也包括成年子女）在外打工，老人、妇女留守务农，实际承担产业扶贫任务的也多数是这些留守人口。这种以家庭为奖补对象的产业政策，能够较好地发挥留守人口的劳动能力，让他/她们在照顾家庭的同时有一份较为稳定的收入。

产业奖补的政策优势 3：这种产业奖补政策对政府工作的要求更低。在这种产业扶贫政策中，政府介入生产、介入市场的程度比较低，只是提供一份不多不少的财政奖补。这样做有三个好处：一是地方政府工作压力更小。在执行这种产业扶贫政策的过程中，扶贫干部只需要在发展产业的过程中提供相应的技术服务（也可以采取外包的形式），在发放奖补之前认定贫困户到底种植了多少农作物，养殖了多少家禽家畜。主要工作就是按照标准发放奖补，做好相关文字材料的记录，并不需要承担太多的开拓市场的工作。二是政府的财政压力较低。政府不用给贫困户提供发展种养殖业的启动资金，只需要提供奖补。而且每家每户从产业奖补政策中能够获得的资金最多不能超过 5000 元，即使林县所有的贫困户（28773 户）都达到峰值，政府在产业奖补方面支出的经费也不会超过 1.45 亿元（从实际情况来看，多数贫困户享受的奖补资金并没有达到峰值）。相对于整个扶贫工作而言，这个数字在政府财政能力承受范围之内。三是政府承担的责任较少。产业奖补的基本逻辑是"先有产业后有奖补"，贫困户自己先种植了农作物、养殖了家禽家畜，然后再到政府申请补贴，而不是政府先行号召、"画大饼"，贫困户再响应政府号召、一拥而上。采取这种产业扶贫政策，政府对生产经营的介入程度比较低，"无承诺则无责任"，即使后面贫困户发展产业真遇到了各种风险（如自然灾害、动物疫情、价格波动等），政府也不需要背负过多的责任。

产业奖补的政策劣势 1：政府提供的奖补资金有最高额度限制。如前所述，每家每户的产业奖补资金最多不超过 5000 元，而且这个数字并不是年度标准，而是贫困户能够享受的所有产业奖补政策累加。对于因为政策理解不清或操作失误，超标准享受政策的，政府还会要求予以返还。例如，2017 年 11 月桥镇政府发现 SH 村、HY 村就有 9 户贫困户超额获得奖补资金共计 4010 元，镇政府要求两个村的村委会对超发的产业奖补予以收回。① 从调研中来看，一般发展产业的贫困户一年能够获得的奖补资金多数维持在 1000~2000 元之间，那么按照这种情况，贫困户大体上能够连续享受三四年的政策。在现有标准的产业奖补和其他配套措施的扶持下，在享受完 5000 元的"额度"之后，贫困户必须依靠自身能力独立发展。

产业奖补的政策劣势 2：产业奖补有可能出现碎片化的问题。产业奖补的政策初衷是鼓励贫困户以家庭为单位，评估自己的发展能力，选择合适的产业，这种产业扶贫的方式本质上是与小农经济相配套的扶贫政策。在各种政策文件中，政府只是根据当地的产业发展传统和当前实际情况提供一个产业奖补的项目名单，供贫困户选择，至于贫困户如何选择，文件并不做强制性要求，也很少进行大规模的宣传动员。从 2017—2018 年度"产业脱贫一户一策"的调查情况来看，各家各户的产业选择可谓五花八门、不一而足。而且，各个贫困户自主发展的产业规模都比较小，一般都达不到家庭农场、产业大户的标准。这种多元

---

① 桥镇人民政府：《关于 2017 年贫困户产业奖补资金整改的紧急通知》（桥政发〔2018〕376 号），2017 年 11 月 29 日。该文件文号为"桥政发〔2018〕376 号"，但日期落款为 2017 年 11 月 29 日，笔者推测可能是文号年份有误，应该是"桥政发〔2017〕376 号"。

化、小规模的产业发展能够降低各种风险,但是也有可能带来产业过于碎片化的问题,一家一户无法形成规模效应、整体效应,在市场上与其他经营主体进行议价的能力就比较低,各贫困户只能被动适应市场价格的波动。

产业奖补的政策劣势 3:产业奖补在贫困户与市场之间的衔接机制上着力不够。如前所述,产业奖补本质上是与小农经济相配套的产业扶贫措施,对于贫困户自主发展产业,地方政府最多是提供一些生产技术培训,产业奖补政策很少涉及发展产业后的市场问题。在实践中,贫困户种植的农作物、养殖的家禽家畜,有一部分可能自己就消耗掉了,剩余的部分,大田作物可能卖给粮商,猪牛羊可能卖给屠宰场,一些瓜果蔬菜可能是由贫困户直接带到集镇菜市场卖给集镇社区的居民。这种生产经营方式本质上依然是一种小农经济的发展思路,贫困户和其他小农户一样,以集镇为中心(最多是以县城为中心),进行初级农产品的市场交易。即使一些农产品加工企业、合作社,收购贫困户的农产品,生产出更具市场利润的工业产品,后续产生的增值收益也是企业主的利润,和贫困户无关,他们无法通过产业奖补共享"农业+产业化"后续产生的增值收益。

当然我们也可以换一个思路,上面这些劣势并不能说是产业奖补没有发挥作用,只能说特定的产业扶贫方式有特定的功能,不能期待"一把钥匙开所有锁"。解决贫困户和市场之间的衔接机制,让贫困户共享农业产业化的增值收益,不能仅仅依靠产业奖补,还需要配套其他类型的产业扶贫方式。

三、类型二:主体带动

所谓"主体",是"从事农业生产和服务的新型农业经营主体"的简称,这个概念主要包括了农民专业合作社、农业产业化经营组织

（包括龙头企业）和农业社会化服务组织等，其中比较重要的就是合作社和龙头企业。① 2017年5月，中共中央办公厅、国务院办公厅印发的《关于加快构建政策体系培育新型农业经营主体的意见》对于新型农业经营主体的发展，提出了四个方面的要求："引导新型农业经营主体多元融合发展。引导新型农业经营主体多路径提升规模经营水平。引导新型农业经营主体多模式完善利益分享机制。引导新型农业经营主体多形式提高发展质量。"② 所谓"主体带动"，也就是由这些新型农业经营主体和贫困户进行产业合作，带动贫困户摆脱贫困。对于产业扶贫而言，扶持各种类型的新型经营主体，主要目的就是为了将贫困户嵌入农业产业化经营当中，让贫困户共享农业产业化发展成果。因此，"主体带动"的关键问题就在于"引导新型农业经营主体多元融合发展和引导新型农业经营主体多模式完善利益分享机制"这两点。对于地方政府而言，主要任务也就在于通过各种政策引导，在贫困户和主体之间建立起衔接机制。从调研情况来看，不同新型农业经营主体的规模可能存在大小不同，但无论是小型的合作社还是大型的扶贫龙头企业，采取的主体带动措施大多类同。总结而言，主要有以下几种具体的途径。

第一种途径是"合作社+贫困户"。这种途径是以往"公司+农户""农超对接"生产经营方式在扶贫领域中的体现，合作社和贫困户在原材料提供、生产过程、产品收购等环节进行合作。当然，因为

---

① 按照韩长斌同志的介绍，截止到2017年，全国依法登记的农民合作社188.8万家，农业产业化经营组织38.6万个（其中龙头企业12.9万家），农业社会化服务组织超过115万个。参考《农业部部长解读〈关于加快构建政策体系培育新型农业经营主体的意见〉》，http://www.gov.cn/zhengce/2017/06/01/content_5198866.htm（访问时间：2019年10月28日。

② 中共中央办公厅、国务院办公厅：《关于加快构建政策体系培育新型农业经营主体的意见》，载《中国农民合作社》2017年第7期。

具体的形态不同,"合作社+贫困户"的具体方式也存在差异。第一种形式是由新型农业经营主体和贫困户签订产品订购合同,由新型农业经营主体对农产品进行统一收购,帮助贫困户解决市场问题。这种方式类似于"订单农业",属于"管一头",贫困户购买种子、化肥、幼崽等支出的成本问题不归合作社负责。第二种形式是由新型农业经营主体解决前期原始生产资料(如种子、化肥、幼崽等),由贫困户种植、饲养,然后由新型农业经营主体统一收购。这种方式属于"管两头",由新型农业经营主体承担了启动资金和市场风险问题,贫困户只需要在中间环节承担生产性成本和劳动成本。第三种形式是进行土地流转+务工收入。合作社流转农户的土地进行产业化经营,农户还可以到合作社务工,既能够获得土地流转费,同时也能获得一定的务工收入(也有一些合作社流转土地不支付流转费,但必须雇佣流转土地的贫困户)。在实践中,这些"合作社+贫困户"的几种形式也可能同时出现。例如,桥镇SH村先辉合作社就采用了上面多种形式。

案例4—2 先辉合作社+贫困户。该合作社成立于2014年,注册资本200万元(理事长1人出资191.5万元,另外4人出资8.5万元)。截止到2017年4月份,合作社有理事会成员5人、监事会成员2人,入社社员共计有94户(其中贫困户72户),流转土地1000亩。该合作社主要种植中药材(天麻、茯苓)、魔芋、富硒板栗、猕猴桃,养殖土鸡为主。在带动贫困户方面,该合作社大体上能够解决22户贫困户的收入问题。解决的途径主要有三种:一是"代养土鸡"。以2017年下半年为例,当年6月份,先辉合作社以单价12元/斤的价格购入120只鸡苗,先无偿分给6户贫困户由其在山林间散养(收购时扣除鸡苗成本)。在散养过程中,合作社须无偿为贫困户提供养殖技术培训和技术指导服务。为了保证绿色产品质量,合作社还需要统一提供疫苗、药物(此项需贫困户支付费用)。年底12月份,先辉合作社再将成鸡以13

元/斤的价格予以收购。① 二是"代种天麻"。按照先辉合作社与 6 户贫困户的合同，合作社按照天麻种每斤 48 元、密环菌种瓶每瓶 5 元的价格卖给贫困户原材料，然后再以每斤 6 元的保底价格回收天麻（如果市场价格高于此，则按市场价）。在贫困户种植天麻的过程中，合作社要负责贫困户的生产技术培训，指导栽培、林间管理。② 三是雇佣劳务。合作社本身也流转了土地，需要大面积种植农作物，也需要进行必要的基础设施建设，因此也有一定的用工需求，在流转土地的合同中就明确要求，合作社每年最少需要提供 30 天以上的工作，实现年务工保底收入 2400 元以上。③ 从 2017 年《先辉合作社与贫困户对接帮扶情况登记表》来看，代种天麻是益贫效果最为明显的一种方式。通过代种天麻，6 户贫困户平均能收益 14240 元，能满足五口之家的收入达标任务。当然这也是对贫困户种养殖技术要求最高、投资最大的一种方式（贫困户必须先行购买天麻种和密环菌种瓶）。到合作社务工是比较稳妥的衔接方式，既不用承担成本，对生产技术要求也不高，通过劳务收入，20 户（包含 10 户贫困户）平均能收益 2797.5 元。代养土鸡则是适合劳动能力弱的老年人，通过代养土鸡，6 户贫困户平均也能收益 2080 元。④

---

① 《先辉合作社与贫困户土鸡养殖收购合同》（无文号），2017 年 1 月 10 日。《先辉合作社 2017 年 6 月发放土鸡详情》（无文号），无日期。《2017 年 12 月回收 6 月土鸡详情》（无文号），无日期。《先辉农林种养专业合作社物资发放花名册》（无文号），无日期。

② 《先辉合作社与贫困户天麻种植合同书》（无文号），2017 年 1 月 13 日。《先辉合作社物资发放花名册（天麻种和密环菌种瓶）》（无文号），无日期。

③ 《桥镇先辉合作社带动贫困户发展产业脱贫协议书》（无文号），2017 年 7 月 2 日。

④ 《林县先辉合作社与贫困户对接帮扶情况登记表》（无文号），照片拍摄于先辉合作社，拍摄时间：2018 年 7 月 24 日。

从案例来看，这种途径的好处在于比较契合小农经济，成本比较低，风险相对可控，对日常生活的影响也比较小，不用调整以前的生产生活方式。当然，这种方式的弊端也同样比较明显，这类合作社最终发展的规模一般都比较小，无法做大。在这种情况下，"合作社+贫困户"应对市场价格变动的能力比较弱，有可能出现"三天打鱼两天晒网"的情况。

第二种途径是"投资分红"。所谓"投资分红"，是当地扶贫干部和普通群众对"资产性收益扶贫"的通俗叫法。这种途径带有较为明显的"金融特征"，主要是将政府划拨到村集体的专项扶贫资金进行整合打包，以股金的形式投入农业、生产加工业、旅游服务业的各类市场经营主体当中，使其产生资产效用（利息或分红），进而形成持续、长期、稳定的减贫益贫效果。[①] 按照林县的相关文件，"资产性收益扶贫主要是指资金资产收益，即在不改变资金性质的前提下，将投入贫困村贫困户的财政专项扶贫资金、统筹整合财政涉农资金和各类社会帮扶资金等，折股量化为村集体和贫困户持有的资本金，投入有能力、有扶贫意愿、带动贫困户就业增收效果好的龙头企业（含社区工厂、光伏电厂）、农民专业合作社、家庭农场等经营主体。"[②]

在具体的操作中，这项工作大体上有四个比较重要的环节需要认真对待。**首先**是选择合适的投资对象。从调研情况来看，各个村集体选择的投资对象要么是县域内效益比较好的企业，要么是镇域内的农

---

① "十三五规划"中就提出"探索资产收益扶持制度，通过土地托管、扶持资金折股量化、农村土地经营权入股等方式，让贫困人口分享更多资产收益"。"资产性收益扶贫"即"让贫困人口分享更多资产收益"的体现。参考《国民经济和社会发展第十三个五年规划纲要》，http://www.xinhuanet.com//politics/2016lh/2016/03/17/c_1118366322_15.htm（访问时间：2019年10月30日）。

② 林县扶贫局：《关于印发〈林县增加贫困村贫困户资产性收益扶贫项目实施细则（试行）〉的通知》（林扶发〔2017〕77号），2017年7月10日。

民专业合作社。**其次**是与投资对象建立收益保底机制。在实践中,对收入稳定和易于核算的项目,一般采用"低保底+高浮动收益"的分配机制;对风险大和不易核算的项目,采取的多是"高保底+低浮动收益"的分配机制。按照文件的规定,保底收益一般不能低于投资总额的5%~8%。**再次**是进行股权量化。就是将投入的资金量化成股权(扶贫干部将之称为"扶贫股"),分配给村内身体有残疾、年龄比较大、没有劳动能力的贫困户。凡是实现脱贫的农户可继续拥有3年巩固持股期,巩固期结束后,村委会将"扶贫股"授给其他贫困户,滚动使用。全部贫困户稳定脱贫后,扶贫股转为集体股,收益用来发展村里的公益事业。**最后**是规避风险。村集体和合作社/企业双方一般都会约定,无论投资对象是否盈利,都必须保证村集体的保底收益,保证村集体"稳赚不赔"。① 对一些投资额比较大的项目,村集体还会要求投资对象提供担保,来应对投资对象经营不善、无法偿还本金的风险。

从实践情况来看,资产性收益扶贫的效果还是比较明显的,尽管收益数量并不是非常高,但优势在于风险较低。对此本书用桥镇SX村的具体情况来予以说明。2017年下半年,桥镇SX村开始按照上级文件,选择了1个本村的农民专业合作社和1个本县的生产加工型企业作为投资对象,开始尝试资产性收益扶贫,一年以内凭借45万元的资产性收益扶贫资金,可以获得将近7万元左右的红利,大体上能够解决将近10户25人的收入达标问题:

---

① 按照《合作社法》《公司法》,村集体作为投资人必须承担经营风险,各个股东之间也不得约定"到期返还股金"。从这个角度讲,村集体向各类经营主体"投资"并不是严格意义上的"入股行为",而是类似于"有担保权的借贷",无论投资对象盈利与否,村集体都"稳赚不赔"。一些合作社、企业之所以愿意接受这种"不太平等的条款",一方面是因为中小型企业都面临"融资难"的问题,另一方面是因为这种条款和后续的帮扶措施捆绑,合作社和企业可以享受产业扶贫的相关政策。

案例 4—3 桥镇 SX 村资产性收益扶贫投资项目（佳悦合作社）。该合作社现有固定资产 50 万元，主要从事种植业，种植一些中药材或经济作物，并对这些农产品进行初步加工。按照 2017 年 SX 村与佳悦合作社签订的合同，SX 村将上级政府下发的 5 万元扶贫专项资金投入佳悦合作社，投资期限 3 年。在投资期限内，佳悦合作社每年需按照不低于 8% 的比例向 SX 村返还分红（按照合同规定，合作社税后利润需要优先分配 SX 村委员会的红利，再依照剩余成员的出资比例分配剩余利润）。若合作社经营不善造成亏损的，合作社于次年签订合同日期 15 日内将上一年度股金分红支付给 SX 村。同时，佳悦合作社还需要帮扶 15 户贫困户，按照"合作社+贫困户"的形式带动他们发展产业或雇佣他们到合作社务工。2017 年 9 月 2 日，SX 村召开会议进行了股权量化。决定将投入合作社的 5 万元股份量化到本村 8 个村民小组 15 户贫困户，每户每年享受股本金 340 元分红。① 该 15 户贫困户脱贫后，SX 村将把这些股份重新量化到新增或返贫的贫困户实行滚动发展。2020 年全部脱贫后，分红作为集体收入用于本村公益性支出。②

案例 4—4 桥镇 SX 村资产性收益扶贫投资项目（佳佳乐陶瓷）。该公司是林县招商引资的成果，于 2016 年 7 月 29 日在林县注册成立，注册资本为 2000 万，主要经营各类砖瓦、瓷砖等建筑材料的生产、研

---

① SX 村的决议和《投资协议书》内容存在偏差。如果按照决议明确的数字计算，那么分红的比例就不是 8%，而是 10.2%。如果按照 8% 的比例进行计算，那么每户每年能分得 266.6 元的股金红利。无论是哪一种计算方式，贫困户每年获得的股金红利都不多。

② 《桥镇 SX 村支部委员会、村民委员会与佳悦合作社签订的林县扶贫专项资金投资协议书》（无文号），无日期。桥镇 SX 村支部委员会、村民委员会：《关于资产性收益扶贫项目股权量化的决议》（字〔2017〕01 号），2017 年 9 月 2 日。桥镇 SX 村支部委员会、村民委员会：《关于实施资产性收益扶贫项目的会议决议》（字〔2017〕02 号），2017 年 9 月 2 日。

发、销售。2018年3月25日，SX村与佳佳乐陶瓷签订了投资合同，将40万元扶贫资金投入佳佳乐陶瓷扶贫项目合作入股，入股期限1年。在收到股金之日起，以半年度为时限，佳佳乐陶瓷每年以不低于本金18%的比例支付给SX村入股分红资金7.2万元。入股期满后，若不再续签合作协议，佳佳乐陶瓷将股金40万元无条件返还。① 由于借款数量较大，林县YH工业园区投资开发有限公司（林县全资所有的平台公司）还为佳佳乐陶瓷公司提供了融资担保，如果佳佳乐陶到期无法偿还股金，由YH工业园区投资开发有限公司代为偿还。② 2018年5月，SX村对7.2万元红利进行了股权量化，将其量化到本村24名贫困户，每户每年享受2400元分红，剩余的1.44万元作为本村集体资产用于公益性开支。③

第三种途径是"三变改革"。从某种角度讲，这种方式是主体带动的进化版。所谓"三变"，指的是"资源变股权、资金变股金、农民变股民"。早在2013年11月，党的十八届三中全会就指出："加快构建新型农业经营体系，赋予农民更多财产权利。"④ 2015年，"中央一号文件"《关于加大改革创新力度加快农业现代化建设的若干意

---

① 《桥镇SX村支部委员会、村民委员会与林县佳佳乐陶瓷科技有限责任公司签订的林县扶贫资金投资合作协议书》（无文号），2018年3月25日。

② 佳佳乐陶瓷不仅从SX村融资40万元，还从JZ村、SH村、TQ村分别融资40万、20万元、50万元，共计150万元。融资量比较大，县政府协调由YH工业园区投资开发有限公司提供担保。参考林县YH工业园区投资开发有限公司：《关于为林县佳佳乐陶瓷科技有限责任公司提供融资担保的函》（林工投函字〔2018〕1号），2018年3月25日。

③ 桥镇SX村支部委员会、村民委员会：《关于资产性收益扶贫项目股权量化的决议》（字〔2018〕01号），2018年5月12日。桥镇SX村支部委员会、村民委员会：《关于实施资产性收益扶贫项目的会议决议》（字〔2018〕02号），2018年5月12日。

④ 《中国共产党第十八届中央委员会第三次全体会议公报》，http://www.xinhuanet.com//politics/2013-11/12/c_118113455.htm（访问时间：2019年10月29日）。

见》针对"赋予农民更多财产权利",提出"推进农村集体产权制度改革,探索农村集体所有制有效实现形式,创新农村集体经济运行机制""开展赋予农民对集体资产股份权能改革试点"。① 2016年,国务院颁布《关于完善农村土地所有权承包权经营权分置办法的意见》,提出将土地承包经营权分为承包权和经营权,实行所有权、承包权、经营权"三权分置"。② 这为"三变改革"提供了土地制度方面的基础。2017年"中央一号文件"首次写入"三变改革",提出"从实际出发探索发展集体经济有效途径,鼓励地方开展资源变资产、资金变股金、农民变股东等改革,增强集体经济发展活力和实力"③。之后,全国各地都开始尝试进行各种方式的"三变改革"。林县也是在这一时间之后,开始尝试将"三变改革"引入到扶贫领域,以此带动贫困户增收。

2017年10月,林县农村工作领导小组印发了《推进资源变资产、资金变股金、农民变股东改革试点方案》,要求通过一年左右时间的努力取得阶段性成效,初步形成可复制、可推广的改革成果。④ 次日,林县县委、县政府又印发了《关于开展农村资源变资产、资金变股金、

---

① 中共中央、国务院:《关于加大改革创新力度加快农业现代化建设的若干意见》,http://www.xinhuanet.com/politics/2015/02/01/c_1114209962.htm(访问时间:2019年10月29日)。

② 中共中央办公厅、国务院办公厅:《关于完善农村土地所有权承包权经营权分置办法的意见》,http://www.gov.cn/xinwen/2016-10/30/content_5126200.htm(访问时间:2019年11月1日)。

③ 中共中央、国务院:《关于深入推进农业供给侧结构性改革加快培育农业农村发展新动能的若干意见》,http://www.xinhuanet.com//politics/2017/02/05/c_1120413568_3.htm(访问时间:2019年10月29日)。

④ 林县农村工作领导小组:《关于印发〈林县推进资源变资产、资金变股金、农民变股东改革试点方案〉的通知》(林农工发〔2017〕1号),2017年10月25日。

农民变股东改革的指导意见》,提出了更加具体的改革措施。① 当年 11 月,林县农村三变改革领导小组办公室印发了《林县农村集体资产清产核资工作指导意见》《林县农村集体经济组织成员身份确认工作指导意见》《林县农村集体资产股份量化工作指导意见》等三份操作性文件,对"三变改革"进行具体的指导。② 随着精准扶贫工作的推进,"三变改革"逐渐被应用到扶贫领域当中,成为将贫困户嵌入产业链的有效方式。只不过需要说明的是,"三变改革"中"农民变股东"和"资金变股金"在本质上是一回事,在产业扶贫实践中转变成了"农民变劳工","三变改革"在产业扶贫中也转型成了"资源变资产、资金变股金、农民变劳工"。下面以桥镇 HY 村领航合作社为例,来展示贫困户和市场经营主体之间建立的利益联结机制。

---

① 具体包括:"资源变资产:在清产核资、确权登记、评估认定的基础上,村集体以集体土地、林地、荒山、滩涂、水域等自然资源性资产,以及房屋、建设用地、机械设备、基础设施等可经营性资产的使用权、政府投资形成交由村集体管护和使用的可收益物化资产,通过股份合作形式投资入股农业专业合作社、农业园区、农业产业化龙头企业、家庭农场等经营主体,或组建股份经济合作社,由合作社统一运营管理,享有股份权益,获得收益分红……。资金变股金:允许将各级财政投入到农村的发展类、扶贫类资金形成的可经营性资产,在符合资金使用要求的前提下,在一定范围内整合,量化为村集体或农民持有的资金资产收益权,通过契约合同入股方式,投资入股经营主体,享有股份权利,获得收益分红……。农民变股民:引导和组织农民自愿以土地林业经营权、集体资产股权、宅基地使用权、住房财产权等,以及自有生产设施、资金、技术等生产要素,贫困户小额贴息贷款资金投资必须尊重贫困户意愿自主确定,通过契约合同入股方式,投资入股经营主体,享有股份权利,获得收益分红。"参考中共林县县委、林县人民政府:《关于开展农村资源变资产、资金变股金、农民变股东改革的指导意见》(林发〔2017〕21 号),2017 年 10 月 26 日。

② 林县农村三变改革领导小组办公室:《关于印发〈林县农村集体资产清产核资工作指导意见〉〈林县农村集体经济组织成员身份确认工作指导意见〉〈林县农村集体资产股份量化工作指导意见〉的通知》(林三变办发〔2017〕2 号),2017 年 11 月 17 日。

案例4—5 桥镇 HY 村领航合作社与"三变改革"。领航合作社是桥镇人民政府在 2016 年通过招商引资落地的生产型企业。合作社出资人是隔壁县返乡创业人员，之前一直在外做生意。2015 年年底，桥镇政府和 HY 村两委与之沟通协商，在贷款、奖补等方面提供了很多优惠条件，他才到桥镇 HY 村建立了合作社。该合作社注册资金 500 万元，占地面积 5500 平方米（桥镇撤点并校以后，HY 村将村小学校舍、操场无偿供其使用）。该合作社集农产品种植、深加工、销售为一体，主要商品包含脱水干土豆系列、脱水蔬菜系列、食用菌、腌制品、蜂蜜、腊肉、高山野味等，主打产品是干土豆片和食用菌。现有管理人员和务工人员 50 人，其中务工人员中有贫困户 30 人。在 2018 年 7 月份笔者到领航合作社调研时，该合作社已经可以正常运转，商品已经在周边市场销售。

在"三变改革"的政策框架下，领航合作社与贫困户建立衔接机制的途径主要有三个：一是土地流转。2017 年下半年，领航合作社从 HY 村农民手中流转土地 100 亩，2018 年又流转了土地 60 亩。土地流转费用比较低，按照不同位置、不同质量，30~100 元/亩不等。但这样合作社就与贫困户建立了联系，贫困户既可以获得流转费，也可以将自己生产的农作物、家禽家畜卖给合作社。以土豆为例，每户可平均增收 3000 元左右。二是资产性收益扶贫。2017 年下半年，HY 村分两次将 10 万元、20 万元专项扶贫资金投入领航合作社，按照保底收益 10% 的比例向 HY 村返还红利，HY 村每年可获得 1 万、2 万元的红利，分发给 20 名贫困户（其中 10 户每户可得 1000 元，另外 10 户每户可得 2000 元）。① 三是吸纳贫困户务工。合作社在种植基地、食品厂、冷库储存等方面能提供 5~8 个固定岗位，每年贫困户能获得 1.8 万~2.2 万元的工资性收入。除此之外，合作社在每年土豆种植和采摘的过程

---

① 桥镇 HY 村支部会员会、村委会与领航合作社：《扶贫专项资金投资协议书》（无文号），2017 年 8 月 21 日。桥镇 HY 村支部会员会、村委会：《关于资产性收益扶贫项目股权量化的决议》（HTH 字〔2017〕7 号），2017 年 9 月 20 日。

中，对普工的需求量大（20 人左右）、时间长（大约 8 个月时间），临时性务工每人每天可得 60 元左右。① 按照这个水平计算，如果 1 户贫困户有 1 人在合作社能够连续务工半年以上，即可获得 1 万元以上的收入。

从上面这些论述可以看出，"主体带动"是比较多样的产业扶贫类型，而且这些具体的类型在实践中很可能同时进行。从具体情况来看，很多地区都采取了这种类型，并提供各种政策支持。如果总结在"主体带动"类型中地方政府承担的功能，大体上可以归结为牵头功能、帮扶功能、监督功能三点。

首先是地方政府的牵头功能。从上面主体带动的实施情况能够看出，很多合作社、企业的"老板儿"之所以愿意放弃在外务工或在外经商的发展前景，回到资源禀赋并不突出的地区进行投资，很大一部分原因是当地政府对这些"老板儿"有优惠政策方面的许愿。同样，作为地方政府在农村地区的延伸，行政村层面的党支部在"主体带动"的执行过程中也承担了具体的牵头功能，很多"主体带动"都是以"党支部+X+贫困户"的名义开展的。2016 年 12 月，桥镇还专门出台了《支部+X+贫困户精准扶贫的实施方案》，要求"以支部为核心，贫困村为主战场，消除贫困为目标，把特色产业链与脱贫致富链紧密结合，走出一条'融入党建带脱贫，抓好脱贫促党建'的新路子"②。在具体实践中，帮助经营主体寻找合适场地、解决流转土地、招聘工人、确定分红名单等问题，都需要党支部出面，由党支部在经营主体和贫困户之间建立起桥梁纽带。

---

① 领航合作社：《林县扶贫专项资金投资实施方案》（无文号），2017 年 8 月 21 日。

② 中共桥镇委员会：《关于开展"支部+X+贫困户"精准扶贫的实施方案》（桥发〔2016〕167 号），2016 年 12 月 13 日。

其次是地方政府的帮扶功能。如前所述，产业奖补并非仅针对贫困户，对那些能够带动贫困户脱贫致富的各类经营主体，政府也提供政策扶持。例如，林县在 2018 年 3 月出台的《产业脱贫扶持奖励办法》就明确了省、市级农业（林业）龙头企业、园区，县级农业（林业）龙头企业、园区、专业合作社，家庭农（林）场的规模认定标准，并明确提出，只要经营主体达到一定的生产规模，并能够带动一定数量的贫困户摆脱贫困，政府就会在金融扶持、资金支持、项目扶持、用工奖励、表彰奖励等方面予以支持和鼓励。① 在当前涉农类经营主体普遍存在融资难、融资贵的情况下，这些由地方政府提供的帮扶措施能够在很大程度上帮助经营主体克服起步阶段资金短缺的问题。而且，政府提供的帮扶政策与经营主体带动贫困户脱贫的数量挂钩，经营主体帮扶得越多享受到的帮扶力度就越大，这在很大程度上激励了经营主体流转贫困户土地、雇佣贫困户的动力。

最后是地方政府的监督功能。这一点主要体现在对贫困户权益的维护上，地方政府在其中审视双方合作的合法性、对贫困户的益贫性。例如，在资产性收益扶贫的项目投资中，县政府和镇政府会对经营主体进行考察，向村集体提供一份相对可靠的名单，对投资对象提出建议。村集体和经营主体签订的投资合同也是一式四份，双方各执一份，另外镇党委、政府留存一份，县扶贫局留档备案一份。对主体带动的具体操作过程中出现的各种意外事件，镇政府也会予以解决。例如，经营主体因为各种原因不履行"代种""代养"合同，对贫困户种植的农作物、养殖的家禽家畜不予收购，或者因为经营不善无法返还红利、无法偿还村集体投入的股本金的，镇政府、县政府要么会出面帮助协调解决，要么会联系其

---

① 桥镇人民政府：《关于转发〈林县产业脱贫扶持奖励办法〉的通知》（桥政发〔2018〕44 号），2018 年 3 月 13 日。

他的经营主体帮助解决问题,要么就会指导村集体直接到法院起诉。①

四、类型三:集体经济

尽管"主体带动"是当前落实产业扶贫的主要类型,也带来了一定的效果,但这种类型的确存在一定的弊端。资本的第一属性是逐利而不是扶贫,在贫困村/贫困户与经营主体合作过程中,经营主体的可选择空间比较大,可以到利润更高的地区投资,贫困村/贫困户的能动空间却很小,只能被动接受。经营主体是资本家,在经营主体和贫困户之间也存在剥削与被剥削的关系,即使政策文件对贫困村/贫困户的利益进行强制保障,他们依然处于事实上的弱势地位。② 面对这种情况,各地都尝试在主体带动之外探索新的产业扶贫路径。在 2019 年 6 月份,林县密集出台了一系列的政策文件,开始尝试"三个一"的产业扶贫路径。

根据《林县产业扶贫"三个一"实施方案(试行)》中的表述,之所以发展产业扶贫,主要就是"为切实做好产业扶贫工作,着力破解贫困户中的无能户、低能户、弱能户无业可扶、无力脱贫、增收无门,农业产能短小散、产业扶贫资金效果不明显,农村三变改革推进缓

---

① 在调研中,笔者曾跟随林县副县长入村开展调研,村民的确反映过合作社不履行"代种"合同,拒绝收购杭白菊的情况。也从镇干部那里听说过合作社接受村集体投资以后,因为经营不善无法返还到期红利和投资本金,"老板儿跑路"的情况。对合作社拒绝收购杭白菊的问题,县政府领导协调了另外一家合作社收购。对"跑路的老板儿",镇政府则指导村集体到法院起诉。

② 林县也面临了这种情况,经营主体卷钱跑路是一方面,另一方面政府给经营主体提供的产业奖补很可能还超过了贫困户的增收。"有的主体可能就是大忽悠,骗产业奖补资金的。搞得主体带动还不如直接给贫困户发钱。"林县副县长访谈记录,访谈编号:20190804-KDS,访谈时间:2019 年 8 月 4 日。

慢等难题"①。按照林县党委副书记在2019年6月5日政策对接视频会议上的讲话（"三个一"的产业扶贫新思路主要是由林县党委副书记主导），之所以要搞"三个一"，主要有四个理由：一是整个扶贫工作的要求。扶贫工作进入最后时期，从当前整个扶贫工作的推进看，硬件建设工作基本完成，软件政策也能全面普及，但后续扶持十分乏力，"三个一"是破解产业全覆盖难题、补齐就业和产业全覆盖短板、建立脱贫攻坚后续产业发展的长效稳定机制。二是产业发展的现实需要。落实县委发展"南茶北果"的战略部署，立足山、川、坝来发展产业并落到实处，必须借脱贫攻坚最后一年产业扶持的机会，把各镇、各村的产业从战略布局上落到实处。三是脱贫攻坚问题整改的重点。产业扶持资金效果不明显的问题，在林县较为突出。2017年、2018年连续两年1.5亿元的奖补资金，并没有把产业发展起来。这次中央巡视反馈陕西脱贫攻坚考核问题中，对陕西提出的最突出问题就是产业的后续发展问题。四是破解弱能、低能和失能户产业发展难题的必然选择。弱能、低能、失能户想发展产业，但没有能力和机会，拿不到奖补资金，一旦脱贫摘帽三年后，这些人必然要返贫。要解决稳定长期脱贫，必须要靠"三个一。"②

所谓"三个一"，是林县在2019年6月自主出台的新政策，是"加入一个产业专业合作社、发展一项长效特色产业、扶持一笔产业发展资金"的简称。从文件规定来看，"三个一"的减贫机制和"主体带动"具有很大的相似性，都是要发展农业产业化经营，都是将贫困户嵌入产业链当中，而且两者都借用了中央提出的"土地三权分置""三

---

① 林县农业农村局、扶贫局、财政局：《关于印发〈林县产业扶贫"三个一"实施方案（试行）〉的通知》（林农字发〔2019年〕98号），2019年6月5日。

② 《WY同志在6月5日政策信息对接视频会上的讲话（根据讲话录音整理）》（无文号），2019年6月5日。从讲话稿来看，林县县委副书记和林县副县长的表述具有很明显的相似性。

变改革"的政策东风，或者也可以说"三个一"也算是"三变改革"的一种实践形式，属于地方执行"土地三权分置""三变改革"的路径创新。但是，从具体的运行来看，两者依然存在比较明显的区别。其中核心区别就在于"主体带动"中的"主体"是私人所有的合作社或企业，无论是投资方式、生产方式还是收益分配方式都围绕资本、市场开展。"三个一"则是围绕"发展壮大集体经济"的思路，成立的合作社以及合作社的资产归集体所有，收益分配也按照集体主义原则向贫困户倾斜。也就是说，"三个一"的目标并不仅仅是为了解决贫困户的增收问题，而是意图以发展壮大集体经济为纽带，将贫困户（特别是贫困户当中最弱势的弱能、低能、失能户）嵌入产业链当中，来预防脱贫攻坚结束后这部分群体可能出现的返贫现象，最终实现"贫困户产业发展"和"再造集体经济"的双重目的。

从林县操作"三个一"的具体过程来看，这项工作的基本逻辑就是由村集体以上级财政下拨的扶贫专项资金为基础成立村集体经济组织（合作社），组织贫困户和非贫困户成立合作社，然后由县政府进行金融操作，放大资本数量，村集体经济组织利用放大后的资本发展农业产业。按照政策文件和县委、县政府的要求，地方政府和村集体落实这项工作大体有三个要点。

首先是"加入一个组织"。所谓"加入一个组织"，就是要求贫困户（也鼓励非贫困户）加入一个合作社，只不过和以往"主体带动"的方式不同，贫困户加入的这个经济组织不再是私人所有的合作社、公司等经营主体，而是由村集体发起的"股份经济合作社"。① 对于合作

---

① 在2018年，林县农林科技局就曾针对集体经济组织的登记问题专门下过通知，进行集体资产股权量化的农村集体经济组织登记名称为"林县××镇××村股份经济合作社"，未进行集体资产股权量化的农村集体经济组织登记名称为"林县××镇××村经济合作社"。参考林县农林科技局：《关于农村集体经济组织登记有关问题的通知》（林农林科字〔2018〕77号），2018年3月21日。

社的性质，各合作社章程大多会写明："本社是农村双层经营体制下，以行政村区域为范围、集体所有、合作经营民主管理、服务社员的社区性农村集体经济组织。"① 对地方政府和村两委而言，解决这个问题的难点也就不再是招商引资，而是完成一系列的宣传动员、拟定章程、选举机构等工作，直接成立一个村集体所有的股份经济合作社。因此，在成立"股份经济合作社"的过程中，党支部就不再仅仅发挥牵头功能、帮扶功能、监督功能，而是需要直接下场操盘②——先由党支部召集全体在册的贫困户以及拟以资金入股的非贫困户，向他们明确入股、退股、分红事宜；审议通过章程，选举产生理事长、理事和监事会成员，之后党支部还要完成一系列的工商登记程序。

按照《林县产业扶贫"三个一"实施方案（试行）》和林县党委副书记的讲话，"合作社的发起人数不少于 5 人，发起人的身份应该是具备完全民事行为能力的公民，可以是村上的能人大户或者有经营能力的村干部以及从事与农民专业合作社组织业务直接有关的生产经营活动的企业、事业单位、村集体经济或合作组织。"到了实践中，这些村集体组织成立的"股份经济合作社"的发起人大多是村两委的成员，一般是由书记做理事长，其他村干部担任理事会、监事会成员，除此之外，还会吸纳 1~3 名贫困户代表加入理事会或者监事会。至于合作社的成员，贫困户和非贫困户都可以参加。只不过贫困户的

---

① 这一条款是林县提供的合作社章程范本中的表述，各村合作社制定的章程大多模仿范本，对这一表述也大多都会予以接受。

② 按照文件要求，在这个过程中，要坚持支部引领。充分发挥基层党组织在产业扶贫中的核心领导作用，以村（社区）党支部为核心和纽带，引导贫困户加入产业专业合作组织并指导成立农民专业合作社，通过土地流转、带资入社等方式，统筹解决产业发展土地、资金、技术、市场等问题，促使合作社与贫困户结成利益共同体，帮助贫困户抱团发展，取得党建扶贫"双推进"的良好效果。参考林县农业农村局、扶贫局、财政局：《关于印发〈林县产业扶贫"三个一"实施方案（试行）〉的通知》（林农字发〔2019 年〕98 号），2019 年 6 月 5 日。

入社资金是政府财政提供的 5000 元奖补资金（不能将奖补资金取回自用）；非贫困户只能以自有资金、土地经营权、生产技术入社，属于自愿入社。①

其次是"发展一项产业"。这个问题的关键并不在于"发展"一项产业，而在于"确定"一项产业。其实在这个问题上，地方政府面临两难的选择，以往产业指导失败，群众种出来的产品卖不出去，诸如此类的案例并不少见。但另一方面，"小农户"分散化、多元化发展形态存在的弊端也是显而易见。林县在操作"三个一"的过程中，还是倾向了前者，不再由村集体分散发展，而是由政府进行统一规划。当然，当地政府在这方面还是比较谨慎，尽力去选择有发展前景、风险比较小、能够获得普通群众认可的产业类型："贫困户想发展产业，只有依靠组织才能壮大，单打独斗在产业的要素上不能集中，发展出来的产品没有市场。必须依靠组织解决土地、资金、技术、市场，这是产业发展的必然要素。发展一项产业，能在村上立足，能给百姓带来效益，这项产业才能长期持久。为保险起见，应重种植轻养殖，养殖的疫病风险和技术风险比市场风险大。历史告诉我们，只要是曾经发展过的，或者是在老百姓中有基础的产业，都是比较稳固的产业。任何标新立异的、毫无科学论证的、群众没有技术基础的，都是有风险的。"②

在反复调研、开会讨论的基础上，林县最终选择了风险相对比较低的种植业，确定了"南茶北果川道搞蚕桑"的产业发展格局，来落实"三个一"产业扶贫政策。所谓"南茶北果川道搞蚕桑"，就是在全县

---

① 林县农业农村局、扶贫局、财政局：《关于印发〈林县产业扶贫"三个一"实施方案（试行）〉的通知》（林农字发〔2019年〕98号），2019年6月5日。《WY同志在6月5日政策信息对接视频会上的讲话（根据讲话录音整理）》（无文号），2019年6月5日。

② 《WY同志在6月5日政策信息对接视频会上的讲话（根据讲话录音整理）》（无文号），2019年6月5日。

南部山区乡镇重点种植茶树，并发展叶品加工、茶旅一体；在北部山区乡镇重点种植林果；在县城川道乡镇重点发展桑蚕产业。① 至于各村在茶叶、林果、蚕桑等产业中选择哪一个具体的品种，特别是北山各村种植哪些林果，文件只是提出了四个建议："1. 科学定位。充分调查研究土壤环境和产业品种选择确定互适性，结合历史传统并综合分析产业效益、技术普及、市场开拓、群众认同等因素，进行比较，提出初步产业选择建议。2. 集体决策。召开全体社员大会，引导社员在专家咨询、市场调查、效益分析的基础上，围绕区域布局和产业生物学特点及市场优势等要素，研究确定合作社因地制宜计划发展的特色适宜主导产业。3. 市场导向。坚持市场长期需求什么，合作社发展什么，坚决杜绝行政命令，主观臆断、拍脑袋代替群众决策。4. 产业规模。按照贫困户户均年增收1万元以上的目标与本村贫困户数总量确定产业发展规模，坚持一村一品，杜绝散、小、杂。"② 这样最后得到的结果是，南山片区的村集体大多选择了绿茶作为主导产业，中部川道的村集体大多选了桑蚕产业，北山片区的村集体多围绕林果（桥镇作为北山片区的乡镇，10个行政村分别以花椒、拐枣、蚕桑、中草药、蜜蜂、肉牛等项目确

---

① 从第一章的内容也能看出来，这三个产业是林县的传统产业。在发展"三个一"的问题上，林县再次选择了这三个产业，也是认真选择的结果。"分析来分析去，就选择了这几个产业，现在能做下来的，稳扎稳打能挣钱的，都是这些传统的产业，这些传统的产业我们这里还算是有基础。真是大浪淘沙、几轮洗牌、反反复复，几轮以后还能留下来的产业，也就是南山的茶，川道的蚕桑，北山的拐枣、花椒、猕猴桃这些林果。搞其他的，搞一些新的，包括搞什么旅游的，觉得很新，听起来也很好听，但其实都是花架子，都不挣钱。"林县副县长访谈记录，访谈编号：20190804-KDS，访谈时间：2019年8月4日。

② 林县农业农村局、扶贫局、财政局：《关于印发〈林县产业扶贫"三个一"实施方案（试行）〉的通知》（林农字发〔2019年〕98号），2019年6月5日。

立了主导产业①）。

最后是"扶持一笔资金"。这一点的实质是"奖补一笔资金"，但是"三个一"政策中的奖补方式不同于对贫困户的奖补，其资金只是在贫困户手里"过一下"，随即就转入村集体股份经济合作社，然后由村集体股份经济合作社将股本金交给县扶贫公司，由其到农发行"放大资金"。这个相对复杂的过程主要分为两个大步骤（六个小步骤）：第一个大步骤是从贫困户手中集中资金。这一大步骤主要分为三个小部分：1）各镇将县级分配下达的产业奖补资金参照村财镇管的管理办法，由镇财政审计所统一将资金分村造册建立台账。2）根据产业建设实际规模及入社贫困户数量，由各村扶贫工作队核实各合作社入社贫困户产业奖补名单，经镇、村两级签字盖章确认后，贫困户出具产业奖补资金领条、合作社造册签字盖章，由镇财政审计所通过"一卡通"的方式奖补到户，奖补到户资金最高每户贫困户不超过 5000 元。3）贫困户与合作社签订入股协议，入股资金从"一卡通"由农商银行通过 e 终端转账到合作社账户，将产业奖补资金通过入股变为合作社股金，入股期限为十年，期满后由合作社与贫困户协商续约或退股相关事宜。如果贫困户不愿参与合作社统一发展产业且不与合作社签订带资入社协议，则不得享受该笔产业奖补资金。② 第二个大步骤是加入金融杠杆放大资金。这一大步骤也有三个小部分：1）各合作社根据需要意愿，与县扶贫开发公司签订土地入股，成为公司股东。2）合作社与县农业园区服务中心、扶贫公司签订产业发展合作协议，将入股资金注入县农业园区服务中心，作为扶贫公司在农发行贷款的风险补偿资金，由扶贫公司在农发行放大贷款（最大放大 10 倍、贷款利率比基准利率下浮 10%

---

① 《桥镇：精准推进"三个一"战略布局描绘产业发展新蓝图》，http://www.hanyin.gov.cn/Content-28155.html（访问时间：2019 年 11 月 5 日）。

② 非贫困户采取自愿，以自有资金入股或土地经营权作价方式加入合作社，入股资金不低于 1000 元，入股期限不低于十年，并颁发股权证。

以上，贴息三年）。3）各合作社与扶贫公司签订借款协议，按照合作社投入风险补偿资金数额的10倍放大借款发展各自选择的产业。①

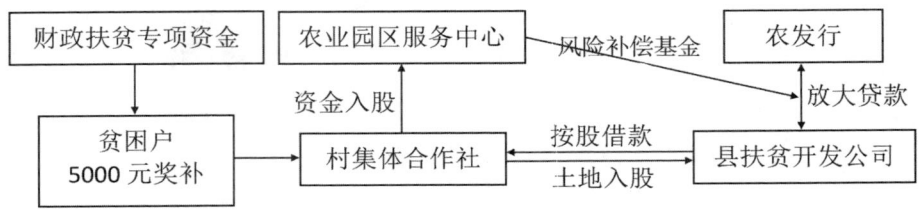

图4-3 "三个一"产业扶贫的基本流程

如果按照这个政策计算，假如一个贫困村100户贫困人口，种植了500亩猕猴桃或者茶园，每户贫困户5000元的产业奖补资金，股份经济合作社就有50万的产业奖补资金，再按照10倍的放大贷款，那么一个有100户贫困户的贫困村就能有500万的产业发展资金。再加上500亩茶园或猕猴桃40万元的奖补资金，以及其他的产业奖补资金，那么就有540万元以上的资金可以用来发展产业。这个资金规模对于贫困村而言，已经非常可观。

从具体实践来看，"三个一"带有明显的政府主导色彩。对于工作落实，县上成立了工作指导组，组长由县委副书记担任，副组长由农业农村局、财政局、扶贫局、发改局、行政审批局局长担任，办公室设在县农业农村局，农发行、农业园区服务中心、扶贫开发公司和各镇为成员单位。各镇也成立了镇长为组长、分管副镇长为副组长，农综站、财政审计所、经济办等相关人员组成的专项工作指导组，出台相应的工作

---

① 林县农业农村局、扶贫局、财政局：《关于印发〈林县产业扶贫"三个一"实施方案（试行）〉的通知》（林农字发〔2019年〕98号），2019年6月5日。对于之后的利润，村集体预留30%，主要用于还款准备金、合作社班子成员的工资及日常开支、风险金；剩下的70%用于贫困户之分红，分红的标准是按股份分红。从第4年到第10年逐年进行还贷。参考《WY同志在6月5日政策信息对接视频会上的讲话（根据讲话录音整理）》（无文号），2019年6月5日。

方案，明确时间节点，落实好各项工作任务。对于具体的工作，指导小组的成员各有其责：县农业农村局负责全县主导产业发展规划、项目申报管理、合作社业务指导等工作，并在生产经营过程中提供相关技术支持。县财政局负责财政涉农奖补资金的整合并按奖补办法规定及时足额拨付。县行政审批局负责指导各镇市场监督管理所办理合作社工商营业执照等工作。县扶贫局负责会同扶贫开发公司，协调推动各成员单位履职尽责；负责对企业和合作社发展农业产业带动贫困户的真实性予以审核认定。县农发行负责对扶贫公司的贷款审批办理，做好贷款的发放、收回和监督工作。县农业园区服务中心负责建立风险补偿基金，对各类现代农业园区建设市场主体发展农业产业的真实性予以审核认定。县扶贫开发公司负责准备整理相关贷款资料，协调县农发行申请贷款，做好合作社借款借用管还工作。各镇负责督促指导各村合作社有序推进"三个一"工作，配合扶贫开发公司做好合作社日常监督及资金财务代管工作。① 而且对于后续的市场发展问题，林县还打算在镇级、县级层面成立联合合作社，逐渐向产业链上游扩展，一步一步地提高生产能力和市场谈判能力。

从调研情况来看，到2019年年底，各村股份经济合作社选择的产业发展项目一般都刚刚落地。但是，村干部对"三个一"的政策还是比较认可的，倒也并不是仅仅因为能够获得几百万元的资金，而是觉得这个政策能够给村集体经济带来发展的可能性。当然，"三个一"产业扶贫的结果同样也有很大的风险，村集体组建的股份经济合作社和其他私人出资组建的合作社、公司一样，也会面临技术风险、市场风险。可以想象，在之后的发展过程中，有一些合作社可能会因为具备各种条件，集体经济得以发展壮大。但也不排除有一些村集体会因为各种各样

---

① 林县农业农村局、扶贫局、财政局：《关于印发〈林县产业扶贫"三个一"实施方案（试行）〉的通知》（林农字发〔2019年〕98号），2019年6月5日。

的原因，最终经济效益不好，无法给贫困户分红，也无法偿还贷款，留下一堆烂摊子。对这种希望与风险并存的两难选择，当地干部倒也有清晰的认识。

> 这个事（指"三个一"的风险——笔者注），是一个硬币的两个方面，有利有弊。话又说回来了，现在做什么产业都有风险，不同的做法面对的风险不一样罢了。你让那些老板儿来搞，他可能卷钱跑了，不仅有经济风险，还有道德风险。你不信任市场主体，不信任老板儿，把这些钱拿到政府手上来做了，拿到村社一体的集体经济合作社来做，村民参与了、有效益了。但是，这个事终究也面临着技术、管理人员、产业市场风险，村干部不一定干得成啊。所以，风险这个问题无法回避。现在我们的选择就是，宁可面临工作上的风险，我们可控，也好过我们引进那些乱七八糟的人过来。①

既然存在风险，那么地方政府和各村集体自然就需要采取各种措施来降低风险。除了前面所说的谨慎选择产业之外，各村集体还尝试在合作社规范化运作、对接市场主体方面采取措施，努力使村集体股份经济合作社能够运营下去。

一方面是在合作社内部采取公司化、专业化的运营方式。每个合作社都按照现代公司运行建立了财务会计制度，镇财政审计所还会专门对财务会计进行培训，并进行日常的督导检查，防止出现财务混乱的情况。除此之外，有些村集体股份经济合作社不仅建立了理事会、监事会，还建立了"职业经理人"制度，按照头脑灵活、经验丰富、实干

---

① 林县副县长访谈记录，访谈编号：20190804-KDS，访谈时间：2019年8月4日。

担当的标准,在各村"三委"班子成员中挑选本村产业发展职业经理人,他们的主要职责就是全面负责合作社的日常性事务,保证合作社能够得到长足的发展。① 另一方面,村集体股份经济合作社也在努力对接大型的农业生产企业,以行政和市场相结合的方式解决产品后续的销售问题。例如,桥镇选择发展林果产业之后,就由县政府出面帮助协调联络,与陕西果业集团建立了合作关系,由陕西果业集团按照市场价格收购林果。换句话说,村集体股份经济合作社并没有替代龙头企业的职能,而只是取代了其他私人合作社的位置,在贫困户和大型企业之间充当了新的衔接功能。

现在难以对"三个一"做出客观评价,结果还需要时间的检验。也正是基于这个考虑,当地政府并没有取消其他的产业扶贫措施,产业奖补、主体带动也依然在进行,这样短期政策和长期政策也算是能够形成互补。但如果从理论角度进行预测的话,笔者对"三个一"持"谨慎的乐观"态度——发展集体经济的方向是正确的,符合当前中国政府参与经济发展的基本逻辑,也是地方政府在现有条件下,利用政策优势发展产业的最可行选择。多年以后,不排除一些合作社会陷入困境,但应该也会有一批村集体股份经济合作社会成功,能够偿还债务、分发红利、壮大集体经济。当然,"思路正确"只是成功的必要条件而非充分条件,合作社的发展还会面临各种问题,但以"三个一"为基础,实现"贫困户产业发展"和"再造集体经济"的双重目的,有了现实的可能性。

---

① 到 2019 年 11 月,桥镇就有 3 个村集体股份经济合作社配备了职业经理人。参考《"三个一"再掀产业发展热潮》,http://ak.ishaanxi.com/2019/1106/1032867.shtml(访问时间:2019 年 11 月 6 日)。

五、本章小结：产业扶贫中的政府角色

从比较的角度讲，上述三种不同的产业扶贫方式各有优势，其中产业奖补更具针对性，具有分散风险的特点，比较契合小农经济的发展传统；主体带动能够发挥经营主体的作用，能够建立起小农户与大市场之间的衔接机制，成为当前被普遍采用的方式；集体经济立足长远，能够最大程度保障贫困户的长期利益。因此，无论是林县还是桥镇都没有固守某种类型，而是多种思路并用，以此来实现长短结合、分散风险。当然，优势和劣势是一体两面，上述三种不同的产业扶贫方式也有各自弊端，针对小农户/贫困户零散种养殖的产业奖补无法形成规模化效应，而且依然存在衔接市场的问题；主体带动可能导致贫困户受制于各种经营主体，无法形成稳定的减贫益贫效果；发展壮大集体经济则面临了难度大、风险大的问题，有一些集体组织可能无法完成政策目标。

上述三种不同的产业扶贫方式，在小农户/贫困户和市场之间构成了两种不同的衔接路径。其中第一种路径包含了产业奖补和主体带动两种具体的方式，在龙头企业—农民专业合作社—产业大户/家庭农场—小农户/贫困户之间建立起衔接机制，这是相对传统的路径，也是当前比较普遍的路径。第二种路径包含了发展集体经济和主体带动两种具体的方式，只不过村集体股份经济合作社取代了产业大户/家庭农场和农民专业合作社的位置，这是最近出现的新路径。两种不同的路径实践形态也就存在差异。第一种路径属于从大往小的发展思路，利用现有市场的有利条件，逐步往下延伸，最终目标是将贫困户嵌入农业产业化的链条当中。第二种路径属于从小往大的发展思路，从成立村集体股份经济合作社开始，以村集体经济为纽带扩大产业规模、延伸产业层级，保障村集体掌握产业发展的自主权，最终实现"贫困户产业发展"和"再

造集体经济"的双重目的。

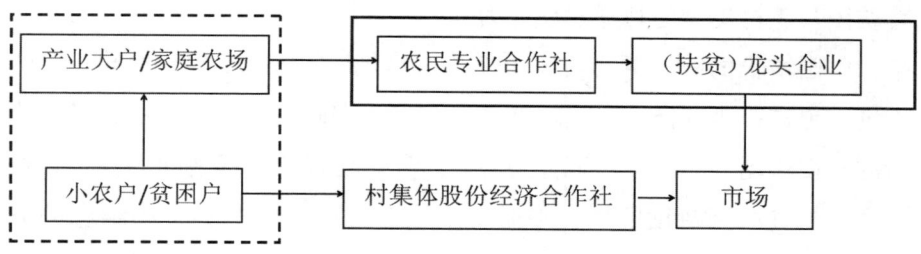

图 4-4 小农户/贫困户与市场之间的衔接路径

（注：虚线框内为以家庭为基础，实线框内已经超越家庭）

在"三种类型，两种路径"的实践过程中，地方政府介入市场活动的程度是不同的，与之相对应，"三种类型，两种路径"对政府能力的需求也是不同的。在由产业奖补、主体带动形成的第一种路径中，地方政府的主要工作就是对贫困户种养殖的情况进行调查了解，发放相应的补贴（产业奖补）；开展招商引资，对各类经营主体进行沟通协调，帮助他们和贫困户之间建立利益共享机制，监督经营主体的经营活动，防止出现损害贫困户利益的情况（主体带动）。但是，地方政府并不需要直接介入贫困户、村集体、经营主体的经济活动当中。在这个过程中，地方政府需要发挥识别功能、牵头功能、帮扶功能、监督功能。与之不同，在由集体经济—主体带动（龙头企业）形成的第二种路径中，地方政府介入经济活动的程度更深，可以说村集体股份经济合作社完全就是在地方政府的主导下建立起来的。在这个过程中，地方政府就不仅仅需要承担识别功能、牵头功能、帮扶功能、监督功能，还需要承担培育功能，从无到有地培育出一个能够独立运行、良性发展的村集体经济组织。

当然，和扶贫搬迁政策执行过程中面临的问题一样，地方政府在产业扶贫发展过程中也面临了培育能力不足的困境。依靠行政力量推动农业产业化发展，政府直接介入农业生产和市场经济活动，必然存在能力的边界，在边界之内，地方政府可以通过政治动员的方式完成一定的目标,发放补贴、招商引资、建立组织都相对容易;但是在边界之外,培育贫困户、村集体的独立发展能力却并不容易。如果说改革开放四十年来,中国增长的故事要点在于"官场+市场"①,那么对于改革开放的推进,更进一步的措施还是转变政府职能,在政府、市场、社会三者能力的权衡中动态调整政府职能边界②,明晰政府和市场之间的分工。对于产业扶贫的可持续发展,则需要采取多种产业扶贫类型相结合的方式。地方政府可以帮助发放补贴、招商引资、建立组织,但是后面的发展还是需要和市场主体进行合作,激励贫困户、村集体发挥主动性。从调研情况来看,扶贫干部对此还是有比较清晰的认识,出台的政策大方向并没有太大偏差,也是鼓励政府+市场,尽管后续可能面临大量困难,但毕竟有了达成政策目标的可能性。

---

① 周黎安:《"官场+市场"与中国增长故事》,载《社会》2018 年第 2 期。
② 朱光磊:《中国政府职能转变问题研究论纲》,载《中国高校社会科学》2013 年第 4 期。薛澜、李宇环:《走向国家治理现代化的政府职能转变:系统思维与改革取向》,载《政治学研究》2014 年第 5 期。

第五章　干部帮包与地方政府的情感联系

按照现代科层制的工具理性思维，官僚作为科层组织的核心要素，应该具有"非人格性""去特殊化""去情感化"的特征。在执行公共政策的过程中，官僚只需要按照普遍适用的行政准则，照章办事即可，并不需要和对面的公民个人、市场主体、社会组织建立起人格化、特殊化、情感化的关系。这既是为了防止官僚出现厚此薄彼的行为，也是在国家—社会界限划分原则下，体现官僚组织现代化、官僚行为理性化的重要标志。在相当长的一段时期内，这曾被看作中国干部体制改革的发展方向。但是在精准扶贫过程中，地方政府意图通过"干部帮包"的制度安排，打破行政主体和行政相对人之间的隔阂，在干部和群众之间重新建构起人格化、特殊化、情感化的人际关系。

本章的主要任务即围绕精准扶贫中的干部帮包制度，沿着结构功能主义的视角，分析干部帮包在脱贫攻坚中所发挥的作用和面临的局限。具体而言，这一章主要分为以下内容：一是对干部帮包制进行简单的历史—事实描述，分析干部帮包的制度源流，在精准扶贫中的不同类型和执行形态。二是从制度初衷的角度分析干部帮包的功能定位，既从现实角度分析其弥合政策空隙的执行功能，也从情感角度分析干部帮包意图强化干群关系、塑造政治正当性的情感功能和政治功能。三是按照自下而上的视角,分析贫困户在接受干部帮包时体现出来的个体化差异,同时也分析帮包过程中的多重行为逻辑。最后进行原因分析和理论总结,从客观条件和主观因素两个角度解释干部帮包所面临的制度悖论,以此来说明地方政府在情感维度上能够发挥的作用和发挥作用的边界。

一、干部帮包的制度源流与当前形态

深入群众当中了解民生疾苦,帮助群众解决日常生活中的困难,是中国共产党历史上很有传统的工作方法。早在土地改革时期,为了发动解放区的群众积极参加土改运动,土改工作队既会组织大规模的诉苦会,在诉苦会上营造整体性的社会氛围,同时也会对一些特定的贫下中农进行"访贫问苦",对其进行特殊化的情感动员,在个人生活与国家意识形态之间建立起联系,与普遍性的诉苦运动形成合力。① 中华人民共和国成立后,农村社会中的访贫问苦逐渐演化、延伸到城市空间,一些国营厂矿企业建立起定期或不定期的职工家访制度,由企业行政干部、工会干部、妇联干部或者是车间领导、工友到困难职工家里了解家庭生活状况,帮助解决日常困难,协调家庭邻里矛盾纠纷。② 改革开放之后,作为一种群众路线的实践形式,诸如此类的工作方法一直延续到当下。例如,从20世纪90年代开始的"送温暖工程"就是这种形式的延续。1992年前后,面对部分国企出现亏损,拖欠、停发职工工资和离退休金的问题,全国总工会决定把一年一度为职工送温暖的活动进一

---

① 李放春:《苦、革命教化与思想权力——北方土改期间的"翻心"实践》,载《开放时代》2010年第10期。

② 管田欣:《社会主义生产体制中的小组自治:郝建秀小组的个案分析(1956—1966)》,中国人民大学硕士论文,2015年。

步拓展为经常化、规范化、社会化的"送温暖工程",要求各级工会牵头搞送温暖活动,"进万家门、知万家情、解万家难、暖万家心"①。之后,"送温暖"这一表述方式也逐渐演化成了关心困难群众、帮助困难群众解决问题的特定名词,向社区群众送温暖、向灾区送温暖、向贫困户送温暖、向残疾人送温暖、向孤寡老人送温暖、向困难学生送温暖,诸如此类的表述在当前的日常生活和媒体报道中已经变得习以为常、屡见不鲜。

从制度渊源上说,干部帮包也带有"访贫问苦""家访制度""送温暖工程"的特点,帮包干部要经常到贫困户家中探望、慰问、送温暖。② 与此同时,干部帮包也是以往扶贫领域"对口支援、定点扶贫"的微观化延伸——帮包层级越来越微观、越来越具体,逐渐从单位、部门帮包延伸到干部与贫困户帮包。

事实上,在干部和贫困户之间建立正式化的帮包制度是一个很晚近才出现的现象。在20世纪80—90年代,中央文件并没有要求干部和贫困户之间建立正式的、制度化的帮包关系,只是提出了各单位和贫困县、乡、村对口支援、定点扶贫的相应措施。在1994年4月,《国家八七扶贫攻坚计划》提出"中央和地方党政机关及有条件的企事业单位,

---

① 本刊评论员:《稳定社会的一项实际措施》,载《中国工运》1994年第6期。

② 例如,1996年2月,民政部、国务院扶贫办、公安部等九个部门就以"扶贫济困送温暖"为主题开展了一次捐赠活动,要求"通过经常性、社会性的募集活动,动员重大城市群众将多余的衣被和生活物品捐赠出来,送到重灾民和贫困户手中"。民政部、国务院扶贫开发领导小组、公安部、财政部、铁道部、交通部、全国总工会、共青团中央、全国妇联:《关于开展"扶贫济困送温暖"捐赠活动的通知》(民政发〔1996〕7号,1996年2月26日),见国务院扶贫开发领导小组办公室、国务院扶贫开发领导小组专家咨询委员会主编:《扶贫工作文件汇编(1978—2000)》,内部资料,2014年,第763—765页。

都应积极与贫困县定点挂钩扶贫，一定几年不变，不脱贫不脱钩"①。这一时期中央文件要求的帮包制度还停留在"部委—贫困县"层面，中央各大部级党政机关、企事业单位以及东部沿海发达省份都和中西部地区的贫困地区建立了对口帮扶制度。例如，1988年，就有国家科委、商业部、农业部等28个国家部委机关确定了各自定点帮助的联系点。② 1996年7月，国务院牵头，各个省份协商同意，确定北京与内蒙古，天津与甘肃，上海与云南，广东与广西，江苏与陕西，浙江与四川，山东与新疆，辽宁与青海，福建与宁夏，大连、青岛、深圳、宁波与贵州，开展东西部省份扶贫协作。③ 1996年10月，中共中央、国务院下发《关于尽快解决农村贫困人口温饱问题的决定》，要求将"对口支援、定点扶贫"的层级下降到乡、村一级，明确提出"凡有条件的单位都要确定自己的帮扶对象，派出定点扶贫工作团组。中央党政机关要

---

① 《国家八七扶贫攻坚计划》将党政机关、企事业单位与贫困县之间建立的对口支援、定点扶贫概括为"社会动员"，并对中央和地方政党机关及有条件的企事业单位，各民主党派和工商联，工、青、妇、科协、残联，中国扶贫基金会和其他各类民间扶贫团体，北京、天津、上海等大城市，广东、江苏等沿海较为发达的省，大专院校、科研单位，人民解放军和武警部队，都提出了相关的要求。不过在笔者看来，这些机构多数都是"体制内"的单位，并不是"社会力量"的代表，因此更准确的说法应该是"体制动员"。参考《国务院关于印发国家八七扶贫攻坚计划的通知》，见国务院扶贫开发领导小组办公室、国务院扶贫开发领导小组专家咨询委员会主编：《扶贫工作文件汇编（1978—2000）》，内部资料，2014年，第641—654页。

② 《关于1988年国家机关扶贫工作情况的报告》（1989年2月16日），见国务院扶贫开发领导小组办公室、国务院扶贫开发领导小组专家咨询委员会主编：《扶贫工作文件汇编（1978—2000）》，内部资料，2014年，第371页。

③ 《国务院办公厅转发国务院扶贫开发领导小组关于组织经济较发达地区与经济欠发达地区开展扶贫协作的报告的通知（国办发〔1996〕26号）》（1996年7月6日），见国务院扶贫开发领导小组办公室、国务院扶贫开发领导小组专家咨询委员会主编：《扶贫工作文件汇编（1978—2000）》，内部资料，2014年，第782页。1996年7月确定的结对方式非常稳定，一直到现在，绝大多数结对方式都没有发生调整。

定点帮扶到县；省、地、县机关要定点帮扶到贫困乡、村"。至于更具体的下延目标，《决定》要求："领导联系到村，帮扶对口到村，计划分解到村，资金安排到村，扶持措施到户，项目覆盖到户，真正使贫困户受益。"① 也就是说，这一时期中央要求的帮包制度还是停留在行政村的层面，并没有提出帮包到户的要求。

干部和贫困户之间建立直接的帮包关系实际上是来自基层实践。20世纪90年代中期，辽宁、江苏等地出现了一些基层干部和贫困户结对的探索。例如，辽宁省辽阳市在1994年就尝试建立"干部联系贫困户"制度，第一批有1031名副县级以上干部帮扶1029户贫困户。1995年12月，全国组织工作座谈会之后，辽阳市将"干部联系贫困户"制度扩大，发展到9273名各级干部或社会团体帮扶7784户贫困户。1997年2月，辽阳市的"先进经验"登上了国务院办公厅《参阅文件》刊物，获得了国务院办公厅的高度赞赏："领导干部联系贫困户制度，符合中央关于扶贫到户、责任到人的精神，意义重大深远。领导干部联系贫困户，不仅是一种扶贫解困的好办法，也是保持和发扬党的优良传统作风，加强同人民群众的血肉联系，对领导干部进行全心全意为人民服务宗旨教育的好形式，是一项符合党心民意、具有重要政治意义和深远社会影响的重要活动。辽阳市委开展这项活动取得了贫困群众脱贫致富和领导干部加强自身思想政治建设的双项成果。辽阳市的经验，易于操作，便于落实，见效迅速，可供各地参考。"② 与辽阳市的探索几乎是

---

① 中共中央、国务院：《关于尽快解决农村贫困人口温饱问题的决定》，见国务院扶贫开发领导小组办公室、国务院扶贫开发领导小组专家咨询委员会主编：《扶贫工作文件汇编（1978—2000）》，内部资料，2014年，第806页。

② 国务院办公厅：《印发中共辽阳市委关于辽阳市实施领导干部联系贫困户制度的情况报告》，见国务院扶贫开发领导小组办公室、国务院扶贫开发领导小组专家咨询委员会主编：《扶贫工作文件汇编（1978—2000）》，内部资料，2014年，第834—837页。

同一时间段，1996 年 6 月，江苏省盐城市滨海县委也在全县党政机关干部当中开展"结穷亲、搞帮扶、谋发展、奔小康"活动。该县动员 508 名科投级干部与全县 508 个农村贫困户搞结对帮扶。到 9 月底，参与结亲的县直 34 个单位、25 个乡镇中县定的帮扶对象都已和贫困户会了亲。24 个乡镇把"结穷亲"活动由县到乡延伸至村，全县"结穷亲" 2700 对。除县定的 508 户以外，乡镇领导班子结亲 275 户，乡镇机关干部结亲 511 户，乡镇直办单位负责人结亲 705 户，村一级负责人结亲 413 户，党员和专业大户结亲 288 户，在全县形成了县、乡、村三级帮扶网络。"截止到 1996 年 9 月底，全县范围内已为贫困户捐助解困资金 24.5 万元，为贫困户借贷生产资金 36 万元，捐赠衣物 2.6 万件，落实 177 名儿童秋学期准时入学，为贫困户提供苗猪 1650 头，母猪 345 头，羊 720 只，家禽 6000 余只，捐助化肥 56.5 吨，落实短、平、快、种、养、加工项目 2600 个，占受帮扶贫困户的 96.2%。"[①] 之后，由干部和困难群众之间以结对子的方式建立的帮包制度逐渐扩散到了全国，成为各地都采取的一种扶贫方式。

至于林县的"干部帮包"，最早出现在五保户供养领域。进入 21 世纪，国家要求提高农村地区的社会保障力度，但是由于国家财政力量不足，无法给五保户提供较为充分的生活支持。在这种局面下，2003 年林县尝试在五保户供养领域推行"并户帮包"（先在桥镇 SH 村开展试点，然后在全县推广）。全县帮包对象共计有 3112 户 4597 人（含农村特困户），除了一部分采取集中安置的方式之外，还采取了亲友帮包、能人帮包、党员干部帮包的形式落实供养责任。[②] 不过，随着农村社会保障体系的不断完善，资金投入越来越多，保障力度不断提高，很

[①] 樊训文（滨海县扶贫办）：《滨海党员干部结对帮扶成效明显》，载《江苏统计》1996 年第 11 期。滨海的这个经验做法停留在了地方层面，并没有在全国推广。

[②] 林县县志编纂委员会：《林县新修县志（草稿版）》，尚未出版，无年份，第 656 页。

多五保户要么享受了国家提供的最低生活保障,要么住进了集中供养的养老院,五保户供养领域出现的这种"并户帮包"很快也就失去了继续执行的现实必要。尽管五保户供养领域的帮包制逐渐消散在历史当中,但是这个制度的影子却遗留了下来,到2014年精准扶贫政策开始之后,当地政府再次激活了这个曾经出现过的制度,并逐渐将之演化成为一种非常重要的扶贫方式。

最早在2014年6月,安康市委就决定在全市范围内开展"万名干部送温暖,万名企业家献爱心"活动(简称"双万帮困")。6月13日,安康市委还专门召开了视频会议,市委副书记针对"双万帮困"做出具体指示,要求"组织动员全市各级党员干部、企业家、个体工商户以及社会各界人士,为特困群众做好事、办实事,帮助他们早日摆脱贫困。各县区、各单位要尽快落实'一对一'的帮扶任务,深入帮扶对象家中摸清贫困原因,逐户制定切实可行的帮扶计划,从思想、政策、资金、生活上全面落实帮扶措施。要坚持领导带头,夯实帮扶责任,建立考核机制,以求真务实之心,尽结对帮扶之责。要大力宣传活动的目的意义,宣传先进典型,引导更多的爱心人士参与到活动中来,共同促进民生持续改善、社会更加和谐……市帮扶办和各县区、各帮扶单位要加强督促指导,建立工作台账,及时掌握帮扶情况,迅速确定结对帮扶名单,使困难群众及时得到救助,逐步渡过难关、摆脱贫困"[1]。随后,林县贯彻上级指示,印发《开展双万帮困活动实施方案》,要求全县党政机关和各乡镇党政机关,针对本年度计划脱贫的贫困村开展帮扶帮困工作,明确帮扶名单,提供有针对性的帮困措施。[2]

---

[1] 《我市全面启动"双万帮困"活动》,http://www.ankang.gov.cn/Content-68788.html(访问时间:2019年11月12日)。

[2] 林县县委办公室、政府办公室:《关于印发〈林县开展双万帮困活动实施方案〉的通知》(林办发〔2014〕21号),2014年7月2日。

但实际上，在 2014 年各个乡镇并没有把"双万帮困"工作当回事。2013 年 6 月，全国范围内开展第一批"党的群众路线教育实践活动"，林县只是以开展"党的群众路线教育实践活动"的名义，在小范围内开展了干部"帮包制"，"全县 84 个单位选派 43 名科级领导和 98 名干部帮包 47 个扶贫重点村，着力帮助困难群众脱贫致富。"① 当年林县的政府工作报告无论是对扶贫工作还是对这个"双万帮困"工作，都是寥寥数语、一笔带过。② 想来当时的扶贫工作和"双万帮困"可能是没有太多实质性的内容。到 2016 年 4 月，林县要求进一步做好"双万帮困"活动，提出了更为具体的要求，并把"双万帮困"纳入年度综合目标责任考核范围（县直部门及中省驻林县单位考核分值为 1 分，各镇考核分值为 2 分）③，各乡镇才开始重视这个事情——很快桥镇便成立了以镇长为组长，副书记（兼任纪委书记）、副镇长为副组长，扶贫办主任、财政所所长、规划办主任、经济办主任为成员的"双万帮困活动领导小组"，小组办公室就设在了扶贫办（当时还没有成立脱贫攻坚指挥部办公室）。④ 桥镇还印发了《桥镇双万帮困活动实施方案》，明确了"双万帮困"的帮扶主体、帮扶对象、帮扶内容和目标任务，并提出了更加具有操作性的方法步骤和保障措施。

---

① 《清风涤荡万象新》，http：//www.hanyin.gov.cn/Content-6794.html（访问时间：2019 年 11 月 7 日）。

② 2015 年林县政府工作报告只是提到"驻村扶贫、'双万帮困'、扶贫连片开发等工作扎实推进，9930 人实现脱贫"，并没有具体说"双万帮困"的执行情况。参考林县县长：《在林县第十七届人民代表大会第四次会议上的政府工作报告》（无文号），2015 年 2 月 4 日。

③ 林县帮困办：《关于进一步做好双万帮困活动的通知》（林帮困办〔2016〕1 号），2016 年 4 月 20 日。

④ 桥镇人民政府：《关于成立双万帮困活动领导小组的通知》（桥政发〔2016〕45 号），2016 年 4 月 19 日。

帮扶主体：挂联桥镇的部门（单位）副科级（含副主任科员及以上非领导职务）以上所有干部；镇党委、政府全体干部职工。

帮扶对象：全镇范围内低保户中的特困户。帮扶对象由各村在低保户自愿申报的基础上负责集中推荐，镇政府审定，挂联我镇的部门（单位）副科级（含副主任科员及以上非领导职务）以上所有干部帮扶67户（每人三户）；镇党委、政府全体干部职工帮扶80户（每人两户），共计147户。

内容与目标任务："双万帮困"活动按照"一帮三年不变"的要求，采取"一帮一、交友结对"的方法，以解决困难群众生产生活中的实际困难为重点，以物质帮扶和精神关爱相结合为原则，通过实施日常走访、节日慰问，帮助解决实际困难等帮扶措施，帮助困难家庭逐步改善生产生活，提高生活质量。一是帮生活、扶家业。通过结对子、送钱物、助学助医等方式，帮助特困家庭帮助生活上遇到的困难，监督各项补贴活动政策的落实兑现。对于按政策能够纳入大病救助、临时救助、希望工程等项目的，要与有关部门对接，落实帮扶资金。二是帮创业、扶产业，通过帮助有创业（原文为"企业"，笔者猜测应为"创业"的笔误）、就业能力的特困户，找到就业岗位，抓好致富项目，增加家庭收入，早日脱贫致富。三是讲实情、暖人心。坚持物质帮扶与精神关爱相结合，通过宣传政策，情感交流，人文关爱，加强与帮扶对象心灵沟通，使帮扶对象真切感受社会温暖。①

按照桥镇的工作总结，2016年全镇"双万帮困"取得了一定的成效。"通过组织全体机关干部访民情、听民声、解民难，帮助了一批贫

---

① 桥镇人民政府：《关于印发〈桥镇双万帮困活动实施方案〉的通知》（桥政发〔2016〕44号），2016年4月19日。

困群体脱贫解困,改善了生活,就业致富,提高了弱势群体的生活水平和幸福指数。通过深入基层困难家庭受教育,增强了干部的公仆意识、社会责任感,真正做到雪中送炭,让帮扶对象切切实实地感受到党的关怀和温暖,使'双万帮困'活动成为密切联系党群关系的'暖心工程',改善贫困弱势群体生产生活的'民生工程',为建设幸福和谐新桥镇打下坚实基础。"这种说法很可能是官方的自我吹嘘,实际上"双万帮困"的实际功效不一定如此显著——2016年桥镇共有65名干部参加"双万帮困"活动,帮扶贫困户、低保户147户,这个数字既没有覆盖全部贫困村,更没有覆盖全部贫困户。帮困的力度也并不明显,累计帮扶物资折合金额6万元,户均也无非是408元。① 按照《林县桥镇2016年双万帮扶活动台账》的记录,这400元包括300元的现金和100元的帮扶物资(食用油、大米、月饼)。② 从主观指标上看,至于领导干部是否真正"通过深入基层困难家庭受教育,增强了干部的公仆意识、社会责任感"就更是一个无法进行经验验证的主观判断。但不管怎样,"双万帮困"活动都算是一种比较有意义的实践尝试,也为后面建立更为正式的干部帮包制度提供了前期探索。

与此同时,地方政府也没有忽略以往存在的各单位与贫困村之间的对口帮扶二作。2016年3月,林县印发了《干部进驻贫困村开展精准脱贫工作方案》,要求县级国家机关各部门(含一级预算单位),各人民团体,中省驻林县各单位要整合省、市、县帮扶部门(单位)力量,统筹安排驻村帮扶全县27个贫困村,其中民政局、交通局、中国银行林县分行、国税局、邮政局、供销联社、新华书店对口帮扶桥镇,民政

---

① 桥镇人民政府:《关于2016年开展双万帮困活动的工作总结》(桥政字〔2016〕122号),2016年12月20日。

② 《林县桥镇2016年双万帮扶活动台账》(无文号),无日期。此表附属于桥镇人民政府:《关于进一步做好双万帮困活动的紧急通知》(桥政发〔2016〕52号),2016年5月8日。

局是帮扶牵头单位。各对口帮扶部门的工作责任主要包括以下三点："一要选派驻村干部。各帮扶部门（单位）指定1名科级领导负责与被帮扶村和有关部门沟通联络，至少选派1名优秀干部到贫困村驻村工作，每批次驻村工作时间不得少于1年，首批驻村干部在2016年3月31日前到村开展工作。二是定期研究驻村帮扶工作。县级部门（单位）负责确定1名驻村干部，掌握驻村干部的工作情况，落实驻村工作经费，协助争取帮扶项目和资金，发动本单位和下属单位干部职工支持驻村干部开展工作。单位一把手要定期听取驻村干部工作汇报，每半年至少1次到驻点村调研指导。单位分管领导负责组织协调，每季度开展1次调查研究，解决1~2个突出问题。三是关心关怀驻村干部。驻村干部在派驻工作期间，派出部门（单位）原则上不抽调或安排其他工作，积极帮助村干部及其家庭解决实际困难，确保驻村干部安心工作。"①

2016年6月，安康市又确定了112个市级部门和中省驻安单位组建驻村工作队，对全市106个贫困村开展驻村帮扶工作。其中市司法局、市工商银行安康分行、市土地统征中心、市电信安康分公司、安康职业技术学院分别帮扶林县 PL 镇 JD 村、GYH 镇 YW 村、XW 镇 QY 村、PL 镇 EL 村、桥镇 SX 村等五个贫困村。这些部门的工作重点就是："按照目标任务要求，深入村户调研，与贫困群众一起商讨确定精准扶贫良策，坚持加大驻村帮扶力度，既要扶持项目资金，更要加强教育培训，扶志扶力，引导贫困村干部和贫困户发扬自力更生、艰苦奋斗精神，主要依靠自身力量脱贫困、奔小康，过上幸福生活。"在这五个村子当中，安康职业技术学院与桥镇 SX 村开展对口帮扶，在2016年的主要工作任务就是："1. 党员干部普遍参与贫困户结对帮扶工作；2. 天麻种植2亩，核桃建园300亩，香菇54054袋，养鸡3000只，养猪100

---

① 中共林县县委办公室、林县政府办公室：《干部进驻贫困村开展精准脱贫工作方案》（林办发〔2016〕26号），2016年3月28日。

头,养羊 500 只,养牛 75 头;3. 新建产业路 100 米;4. 危房改造 50 户;大病救助 26 人。"①

2016 年 9 月,桥镇又借用原有的领导挂联、部门包联制度,在精准扶贫中采取领导挂联、部门包联,印发了《2017 年度镇属(驻镇)单位及驻镇企业精准扶贫挂联帮扶方案》,要求在五个贫困村建立"挂联帮包制",镇政府所有科级领导都需要挂联一个贫困村,其分管的办、站、所需要包联一个贫困村,其中镇农综站(牵头单位)、镇人大办、镇扶贫办、镇中心小学、BLM 金矿包联 SH 村;镇财政审计所(牵头单位)、镇社保站、镇市场监管所、镇卫生院包联 HY 村;TQ 工作站(牵头单位)、镇社会治理办、镇公用事业站包联 TQ 村;镇党政办(牵头单位)、桥镇农商行包联 AP 村;镇经济办(牵头单位)、桥镇派出所包联 GT 村。挂联帮包的内容就是开展"八送八助活动":向困难家庭送温暖,助脱贫;向残疾人家庭送爱心、助生活;向孩子就学困难家庭送资助、助就学;向"城镇零就业家庭"和"农村富余劳动力家庭"送岗位、助择业;向重病患者家庭送医疗、助健康;向有劳动能力无致富渠道的家庭送信息、助创业;向无生产资料的家庭送培训、助就业;向弱势群体送法制、助维权。具体帮扶方式是:

(一)挂联村镇领导牵头,镇属各包联单位要结合贫困户识别确认工作,迅速到村开展调查走访,依据贫困户 8 个不准 9 条红线的标准,按照"户申请、组初评、村民代表大会评定、村党支部审核"的程序,认真精细精准确认贫困户,落实贫困户评定审核信息五级审签(即小组长、村主任、村支书、镇干部、联村单位负责人),做到一户一档,确保贫困户确认精准。

---

① 安康市脱贫攻坚指挥部办公室:《关于下达 2016 年度市级部门、中省驻安单位驻村帮扶工作目标任务的通知》(安脱办发〔2016〕20 号),2016 年 6 月 12 日。

（二）各包联单位、企业要组织党员干部职工按照工作安排，深入帮扶对象家中摸清包联户急需解决的困难和问题，找准致贫根源，制定帮扶计划，明确帮扶工作目标。

（三）各包联单位、企业每季度要组织党员干部职工至少走访包联户一次，重大节日要看望慰问贫困户"送温暖"不少于2次，并及时为帮扶贫困户解决生产和生活中的困难和问题。

（四）各包联单位、企业要组织党员干部职工面对面、心贴心地宣传精准扶贫系列政策和措施，宣传各项惠民政策、法律法规，及时掌握群众的思想动态，切实做好维护稳定各项工作。

（五）各包联单位、企业要建立联系卡制度，明确帮扶责任人、联系方式。要建立帮扶工作台账，详细记载被帮扶贫困户的现状、帮扶过程、帮扶措施、帮扶效果等文字、影像资料。①

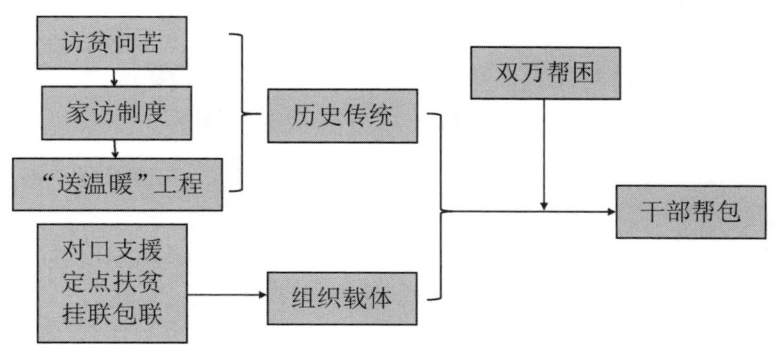

图 5-1　干部帮包的制度渊源和生成逻辑

一边是革命时期"访贫问苦"和新中国成立后"家访制度""送温暖工程"的历史传统，一边是"对口支援、定点扶贫、挂联包联"的制度载体。经过长期发展和后续地方尝试，两种因素融合其中，前者为

---

① 中共桥镇委员会、桥镇人民政府：《关于印发〈桥镇2017年度镇属（驻镇）单位及驻镇企业精准扶贫挂联帮扶方案〉的通知》（桥发〔2016〕128号），2016年9月2日。

干部帮包制提供正当性支持和情感因素,后者为干部帮包制提供了组织上的载体。① 再加上当地"双万帮困"的试验,不同因素逐渐演化成了林县扶贫领域中采取的干部帮包制。在这种发展逻辑下,基本形成了中央、省、市、县、镇五级部门结对帮扶制度,也形成了从中央到基层的五级扶贫干部帮包制度。到 2016 年前后,这一制度逐渐成为精准扶贫工作中非常正式的制度形式,结对帮扶部门的所有驻村干部以及部分不驻村的干部,所有乡镇干部和村干部(包括部分在村的党员、人大代表和中心户长②),以及一些有扶贫任务的事业单位、国企员工,甚至包括一些私人企业、合作社的成员,都需要帮包若干贫困户。以桥镇为例,2016 年该镇对 SX 村,2017 年该镇对 SH 村、HY 村、TQ 村、AP 村、GT 村,都确定了帮包方案。

建立贫困户帮扶制度 采取一对一、一帮 X 等方式开展结对帮扶。以贫困户为基本单元落实帮扶责任人,实现所有贫困户都有帮扶责任。村组干部和有帮扶能力的党员,原则上帮扶 1 户,机关一般工作人员帮扶 2 户,副科级干部帮扶 3 户,正科级干部帮扶 4 户,副县级以上干部帮扶 5 户(但实际上,由于干部人数不够,各

---

① 也正是因为干部"帮包制"立基于单位、部门与贫困县、贫困村之间的结对帮扶,因此在很多政策文件中,干部帮包制也被描述为"结对帮扶""一对一帮扶"。在同一个政策文件中,也会对部门定点帮扶、领导挂联、部门包联、干部帮包一起提出要求。

② 为了解决干部人数不够的问题,林县还发动村里的党员、人大代表、中心户长来承担半正式化的政府职能,同样参与到干部帮包工作中,这些人员被统称为"三线人员"。治理核心为"网格化、精细化"(合称"两化"),发挥作用的平台就是"以村党组织为核心、村民代表大会为决策主体、村委会为执行主体、村监委会为监督主体、村级经济社会组织为补充的'五位一体'村民自治平台"("一平台"),这套治理模式被称为"三线两化一平台,321 治理模式"。参考林县人民政府:《林县"321"打造一支不走的脱贫攻坚队伍》(无文号),无日期。

第五章 干部帮包与地方政府的情感联系

村都没有达到这个标准,实践中经常出现干部帮包数量超标的情况——笔者注)。

严明工作纪律 干部到村组农户家要带着深厚感情,带着政治责任,带着爱民之心,力戒形式主义,不做表面文章,不增加群众负担。要严格遵守各项纪律规定,树立自身良好形象,严格做到"四个不":不得干扰群众的正常生产和生活,不得收受任何礼品,不在工作期间饮酒,不参与有损党员干部形象的各项活动。

强化考核督查 在活动开展过程中,镇纪委组织专人定期不定期巡回各村各组贫困户,采取走、访、查、看、听等有效方式,对干部进组入户情况、帮扶责任落实情况进行全程监督检查,并每月随机抽取干部在大会上汇报,实行月收集汇总,季考核通报,考核等次分优秀、合格、基本合格、不合格,考核结果与干部个人评优树模和工作津贴发放挂钩。①

到 2018 年之后,随着脱贫攻坚压力和干部动员程度的不断提升,桥镇在所有的行政村都建立起了一对一、一帮 X 的干部帮包制度,每个贫困户都确定了一个帮包责任人(参考表 5-1)。从帮包数量上来看,承担绝大多数帮包责任的是县、镇、村级部门的干部,其中承担最多的是村干部,单人压力最大的是乡镇干部——在这些帮包责任人当中,省级派出部门共有 2 名干部参与帮包制,共计帮包 3 户贫困户,平均每人帮包 1.5 户。市级派出部门共有 18 名干部参与帮包制,共计帮包 30 户贫困户,平均每人帮包 1.67 户。县级派出部门共有 147 名干部参与帮包制,共计帮包 492 户贫困户,平均每人帮包 3.35 户。乡镇部门共有 68

---

① 中共桥镇委员会、桥镇人民政府:《关于印发〈市县镇驻 SX 村帮扶贫困户开展精准脱贫工作方案〉的通知》(桥发〔2016〕38 号),2016 年 4 月 13 日。中共桥镇委员会、桥镇人民政府:《关于 2017 年脱贫攻坚帮扶责任到人的通知》(桥发〔2017〕19 号),2017 年 5 月 7 日。

表 5-1 桥镇 10 个行政村干部帮包制基本情况（2018 年）

帮包单位和帮包干部		CG 村	TQ 村	JZ 村	HY 村	GT 村	GF 村	AP 村	LZ 村	SX 村	SH 村
贫困户数量（户）		60	168	249	293（死亡 2 户）	65	193	156	201	161	415
省级	帮扶单位数量（个）		1								
省级	帮包干部数量（人）		2								
省级	帮包贫困户数量（户）		3								
市级	帮扶单位数量（个）									1	
市级	帮包干部数量（人）									18	
市级	帮包贫困户数量（户）									30	
县级	帮扶单位数量（个）		2	1	1	1	2	3	1	1	2
县级	帮包干部数量（人）		13	52	30	3	6	6	5	1	34
县级	帮包贫困户数量（户）		35	143	71	14	41	8	46	6	142
镇级	帮扶单位数量（个）	1	3	2	4		2	3	2	3	5
镇级	帮包干部数量（人）	2	6	5	12		8	7	4	9	12
镇级	帮包贫困户数量（户）	12	17	35	70		67	51	40	34	130

（续表）

帮包单位和帮包干部		CG村	TQ村	JZ村	HY村	GT村	GF村	AP村	LZ村	SX村	SH村
贫困户数量（户）		60	168	249	293（死亡2户）	65	193	156	201	161	415
帮扶单位数量（个）		1	1	1	1	1	1	1	1	1	1
帮扶干部数量（人）（含三线人员和党员）		24	26	11	16	10	10	14	13	20	18
帮包贫困户数量（户）		48	126	63	91	51	85	97	115	91	143
村级	帮扶单位数量（个）		1	1	3						
	帮包干部数量（人）		2	3	8						
	帮包贫困户数量（户）		4	8	59						

备注：省级帮扶单位主要有陕西煤化集团；市级帮扶单位主要有安康市职业技术学院；县级帮扶单位主要有县人大、人武部、财政局、国税局、交通局、供销联社、新华书店、县科协等单位；镇级帮扶单位主要是指各办、站、所、镇农商银行、镇卫生院、镇中心小学等单位；村级帮扶单位主要是指村三委；其他主要是指一些与贫困村有合作关系的企业。

名干部参与帮包制,共计帮包 470 户贫困户,平均每人帮包 6.91 户。村干部(包含党员、人大代表、中心户长)共有 162 人参加帮包制,共计帮包 910 户贫困户,平均每人帮包 5.61 户。其他组织(如企业、合作社等)共有 13 人参加帮包制,共计帮包 71 户贫困户,平均每人帮包 5.46 户(参考表 5-2)①。

表 5-2　各层级部门在桥镇的帮包干部数量和帮包责任情况(2018 年)

层级	帮包责任人数量(人)	帮包贫困户数量(户)	平均每人帮包数量(户)
省级派出部门	2	3	1.5
市级派出部门	18	30	1.67
县级派出部门	147	492	3.35
乡镇部门	68	470	6.91(单人帮扶最多)
村级	162	910(总量最多)	5.61
其他组织	13	71	5.46

二、干部帮包的制度初衷与功能定位

从政策制定的初衷来看,作为一种衔接国家与社会关系的重要方式,干部帮包应该是一个具备多重功能的制度载体。在笔者看来,大体而言,这项制度的功能定位基本可以分为四个不同的层次:一是意图以干部帮包为"抓手"实现"责任到人",由帮包干部深入到贫困户家中

---

① 表格来自桥镇脱贫攻坚指挥部办公室:《关于按时报送帮扶责任人名单的通知》(桥脱指办发〔2018〕10 号),2018 年 4 月 11 日。该文件后面附了 2018 年度该镇 10 个行政村建档立卡贫困户帮扶责任一览表,表 5-1 中的数字即来自附属表格,由笔者逐个统计而来。

了解基本信息和基本情况,协助贫困户申请各种项目补贴,督促他们发展扶贫产业,解决扶贫中出现的各种问题,将精准识别、精准帮扶、精准管理的工作落实下去。二是通过帮包干部和贫困户结对子、交朋友,"面对面交流、手拉手谈心"的方式,在干部和群众之间重新建立起人格化、特殊化、情感化的人际关系。三是意图以干部帮包的方式超越科层等级秩序和等级观念,将"高高在上的干部"推到最艰苦的农村基层,扭转"干部官僚化"的趋势(或者按照官方话语来讲,是以此来解决党政领导干部存在的"四风问题")。四是在干部帮扶、政策宣传的过程中渗透"恩情话语",以这种方式在贫困户中树立起"感党恩—知党情—跟党走"的情感逻辑,最终在政治层面建构起"国家帮助—生活改善—情感认同"的正当性逻辑。

上面这四重功能定位各有侧重,由表及里,不断深入。其中,第一个功能基于政策执行的现实考虑;第二和第三个功能存在很大的相关性,一体两面;第四个功能是精准扶贫的政治目标之一。这四个功能的前三个是外显的(甚至会直接写在文件中),第四个功能则是隐含的,在文件中并不会明文体现。

首先,来分析干部帮包在辅助政策执行方面的功能。从调研情况来看,干部帮包制的确成了实现政策执行"责任到人""任务到人"的"抓手"(因此,帮包干部也被称为"帮包责任人",贫困户也被称为"帮包对象")。如前所述,在这个过程中,帮包干部需要"面对面、心贴心地宣传扶贫政策,宣传各项惠民政策、法律法规,及时掌握群众的思想动态,切实做好维护稳定各项工作"。这是帮包干部承担的普遍性工作,贯穿在精准扶贫的始终。按照帮包制度的规定,干部帮包制度在帮包干部和贫困户之间建立起了紧密捆绑的关系,确定了帮包关系之后,贫困户不脱贫,帮包关系不脱钩(意即"一帮到底")。在这种情况下,帮包干部除了这种普遍性的工作之外,还需要根据精准扶贫政策执行的不同阶段承担一些具有阶段性、特定性的任务,甚至在同一个帮包对象那里也需要根据他不同的发展过程提供不同的帮助。这导致的一个结果就是干部帮包的具体内容会随着工作节奏的发展（甚至是随着贫困户的生产生活周期）而随时调整。①

在精准识别阶段，贫困户的所有信息资料的核实、清洗，帮扶工作纪实资料簿的填写等后续工作就全部分到了具体的帮包干部头上，帮包干部需要经常到帮包的贫困户家中采集信息、了解情况（如果帮包干部是乡镇或县级领导，那这项工作就会转到村干部或乡镇干部头上）。在精准帮扶阶段，帮包干部需要深入帮包对象的家中，根据帮包对象的具体情况，选择切实可行的脱贫产业，采取切实可行的帮扶措施，帮助他们申请一些项目补贴，鼓励贫困户的信心，激发贫困户自我发展的内生动力，帮助他们摆脱贫困。在贫困退出阶段，帮包干部同样还是需要以"体验式"的方式深入帮包对象的家中，一边需要参加退出培训会，弄清退出标准、弄清工作认定、弄清退出程序、弄清补救办法（在贫困退出环节的这一要求被称为"四清"）②；一边需要到帮包对象家中检查他的住房情况、医疗教育情况、产业发展情况、通水通电情况，一笔一笔地核算家庭年收入。在后续的管理方面，帮包干部还要及时疏解贫困户对扶贫政策的不满，化解因资源分配可能出现的心理问题和社会问题，对于一些因扶贫而引发的上访问题，帮包干部也需要和镇干部一起协调处理。即使是在一个特定的贫困户身上，帮包干部也需要根据他

---

① 在帮包制刚开始的时候，很多帮包责任人都还没有认识到"一帮到底"意味着什么。对此，体制内的扶贫干部自然无话可说，一些公司、专业合作社可能就有些"受不了"。例如，桥镇 HY 村领航合作社的副经理对此就有怨言，"村里给我们也分了 40 个贫困户，和村里签合同的时候，这个就确定了。刚开始我们真是没想到填那些表、弄那些信息会那么麻烦，后面各种信息表，这个要这个，那个要那个，我包了这 40 个贫困户，他后续的所有问题村上都分给我，那真是累死人。"桥镇 HY 村领航合作社副经理访谈记录，访谈编号：LHFJL-20180721，访谈时间：2018 年 7 月 21 日。

② 《林县召开 2018 年贫困退出业务培训会》，http://www.kjfp.akfz.cc/news/201809/18/429.h-ml（访问时间：2019 年 12 月 12 日）。

的生产生活节奏，提供不同的帮助。

我一共包了四个贫困户，其中有一个屋里有学生，家里有一个劳动力。春季的时候，肯定我就要催他，务工的这个人要早点出去务工。春节过了，你可以早点出去务工了。然后，这个在屋里不能出去打工了，这春耕生产季节到了，你该准备，搞些啥子产业，我要让他早点准备。学生开学了，学生在哪上学，你有啥想法。然后，你还要跟他沟通，问他你今年的合疗交了没有，这就是我春节后一个月要搞的事情。到了二月、三月，结合他自己的实际，你跟他制定的这些情况，看他执行到位了没有。你籽种买了没有，你差不差钱，你承包人家的土地，流转费怎么解决，如果他没办法的话，你给他联系村上的互助资金协会可以贷款，搞产业你搞好大的规模，如果需要贷款，你到村上去贷款，你可以给他出主意。再干一个月下来，你先把你的地弄好了没有，肥料买回来没有。你就根据他这一家子的情况，你去指导他。好，这慢慢到了种的时候，那就催他种，种好了让他管理。学生开学了，上了这么久，你跟学校联系了没有，他在学校的基础生活补助，给你兑现了没有，每天的伙食学校是怎么跟他们安排的。看他教育扶贫享受的政策是啥情况。然后，打工的在外面，做的是什么工作，一个月的纯收入是多少，那个工厂是不是按月兑现了你的工资。这些情况你了解清楚了以后，比方说工资不能按时兑现啊，有什么困难啊，是不是需要我们当地政府协助你解决啊，针对那样的情况，那我每一个月都是按照他的情况，问他享受了我们当地的什么政策，如果没有享受，我就要叫他享受政府给他的各种帮助，然后调动他的积极性，发挥他的作用，多挣钱。

另外，我包的还有低保户。这一户去年他有劳力，就安排一个公益性岗位。60岁以上都不能安排了，那我就看他能不能享受五保的政策，把他从低保申请到五保。因为他低保到了六十岁，如果还有残疾，那就可以申请到养老保险啊，这些政策。一般这种情况，他都不识字，我就给他想办法，给他在民政局、残联，办这些手续，给他争取到最大限度的兜底。①

在这种运行模式下，帮包干部成为衔接国家政策和贫困户的中介桥梁。对国家政策而言，帮包干部成为将政策贯彻到贫困户家中的重要途径。在这个视角下，国家政策是自上而下的输入过程，并不一定都能到达每个贫困户家中（这个成本太高），地方政府将扶贫政策传达到帮包干部，然后再由帮包干部传达到贫困户家中，这样就省掉了很大的传递成本和执行成本。对贫困户而言，帮包干部既是督促、监督自己生产生活状态，督促自己按照正常节奏组织生产的"准家长"，也是自己接触国家政策信息、获取项目补贴的中介桥梁——国家政策以及国家政策的执行程序都带有较强的专业性，贫困户并不一定能够了解，通过帮包干部，很多不清晰的政策可以从帮包干部那里获得解释，很多具体的项目补贴也可以由帮包干部协助申请，很多贫困户的利益也可以由帮包干部协助争取。

其次，再来分析干部帮包如何在干部和群众之间重新建立起特殊化、情感化的人际关系。从延续性上讲，这一点带有情感维度的特征，很明显地体现了革命传统中访贫问苦，新中国成立以后干部家访、送温暖的历史传统。从逻辑上讲，通过帮包干部和帮包贫困户之间结对子、交朋友，"面对面交流、手拉手谈心"的方式，的确可以在帮包干部和贫困群众之间重新建立起人格化、特殊化、情感化的关系，毕竟"人心换

---

① 林县农林科技局干部访谈记录，访谈编号：DGB-20181112，访谈时间：2018年11月12日。这名帮包干部之前在农林科技局从事蚕桑技术推广和良种繁育，做了八年桑蚕一代杂交种的培育、培训、技术推广工作，和农民打交道的经验比较丰富，所以对农业生产比较了解，做帮包工作也比较得心应手。

人心"在当前中国的乡土社会还是一个被普遍认可的行为规范（尽管这个过程很难进行指标测量）。当然，在具体的实践过程中，不同的贫困群体对干部帮包的这种作用会有不同的看法，对人格化、特殊化、情感化的人际关系可能也会有不同的期待（后文中有进一步论述）。

一方面是对那些有发展能力的贫困户而言，他们有发展产业的意愿，对帮包干部就有较为具体的利益诉求，需要帮包干部解决实际的生产问题。那么，在这类贫困群众和帮包干部之间重新建立起人格化、特殊化、情感化的关系主要是通过帮助解决实际问题实现的。刚开始的时候，帮包干部和贫困户之间还是立足工作考虑，关系比较程序化。例如，在信息收集阶段，所有扶贫干部都需要深入农民家中调查了解信息，召开三委成员、群众代表、村民小组长、部分党员会议，严格按照"九条红线、八不准、六进六不进"的精神确定贫困户，这个时候贫困户和帮包干部之间并没有什么特定的关系，甚至有一些贫困户对扶贫干部还比较排斥，觉得他们问的内容太细了，不愿意说实际情况。到后面政府开始提供一些扶贫项目，下发一些扶贫优惠政策，帮包干部开始提供一些有价值的信息和支持，贫困户从帮包干部那里的确获得了一些帮助之后，两者之间的关系就会往前推进一步，完成"从冷淡到利益再到认同"的转变。

对此，笔者曾经有过两次近距离的观察。一是在 2018 年 7 月 17 日，笔者跟随桥镇农综站站长入户走访，其中一个贫困户询问自己身体有残疾，为何没有享受残疾人补助，站长对他的问题进行回答，并承诺提供必要的帮助。在这种有特殊性、有针对性的入户访问中，在帮包干部和贫困户之间一问一答一许诺的过程中，还是能够感觉到贫困户对帮包干部的期待。[1] 二是 2018 年 11 月 12 日，笔者曾跟随林县副县长到他

---

[1] 《干部入户录音整理资料》，入户人员：桥镇农业综合服务站站长，访谈编号：LZZ-20180717，访谈时间：2018 年 7 月 17 日。

帮包的贫困户家中入户走访，副县长采取了开会的方式和帮包的贫困户以及村干部进行集中交流。开始时各位贫困户和村干部还只是"说好话"，后面贫困户和村干部就开始反映问题：本村一个加工杭白菊的合作社以价格波动为理由，拒绝收购贫困户的杭白菊，杭白菊无法长期储存，希望政府帮忙责令合作社收购或者找另外的合作社帮助解决问题。对此，副县长仔细询问了基本情况，提出要协调另外一家合作社收购杭白菊，并表示要处理违约的合作社。① 通过这些微小的案例大体也能看出来，干部帮包在政策预期和实践偏差之间承担了衔接作用，这种帮包行为尽管非常微小，但还是很有现实作用的。

另一方面，并不是所有的贫困户都有发展产业的意愿，他们可能更需要一些社交活动和情感活动。例如，一些没有劳动能力的残疾贫困户，他们可能并没有什么产业发展问题，也已经享受了应有的政策。还有一些子女在外打工、自己居住的老年贫困户（或者是一些鳏寡孤独），他们同样没有能力发展产业，只是生活比较凄苦。那么，对于这部分没有发展意愿和发展能力的贫困户而言，在帮包干部和贫困群众之间重新建立起人格化、特殊化、情感化的关系，就不需要提供什么产业发展的援助，也并不要求帮包干部能够带来什么实际的政策优惠和经济利益，只是需要隔三岔五去看望一下，或者在逢年过节去慰问一下、送一些简单的慰问品，陪他们聊聊天、说说话，让他们有被关注、被关心的感觉，这样也就足够了。正如桥镇一位年轻的帮包干部所言，"其实我也没啥可干的""他们也不需要你能给他多少好处""你去看看他们，他们就很高兴了"：

---

① 《干部入户录音整理资料》，入户人员：林县副县长，访谈编号：KDS-20181112，访谈时间：2018年11月12日。之后，林县副县长的确是协调了另外一家收购菊花的合作社帮助解决了问题，并把违约的合作社负责人拉入了黑名单，表示以后不再给他提供任何政策上的扶持。

第五章　干部帮包与地方政府的情感联系

刚开始的时候还可以送东西，有一些是干部自己买的，有一些是单位集体组织发给他们的，后来上面也不让送东西了①……有事你去帮着解决事，没事你就去问个好。你说我去也不一定能做啥，你想啊，要求我一个月去两次，哪有那么多的事情要解决？我包的就有这么一个贫困户，家里就是老头和老太太，他就种点菜，出去卖菜。你说我能帮他啥？其实也没啥可干的。那我就下班的路上去看看他们，签个到，陪他们聊聊天。其实他们也不需要你干啥，看我来了，他们就可高兴了，能有人说话了嘛。②

再次，是干部帮包的第三个功能，也就是消解干部的官僚主义习惯和等级观念。这一点主要是针对省、市、县的干部。当然，相对于第二个功能而言，消解干部的官僚主义习惯更是一个难以进行准确测量的指标，地方政府只是意图通过"将干部推到扶贫一线"的方式让他们"接地气"。为了达到这个目的，最简单的方式就是规定帮包干部必须达到一定的入户频率。2016 年，当地政府对入户走访的频率要求还不是很正式，对党员干部职工入户走访频率的要求还比较低，只是要求各包联单位、企业每季度组织党员干部职工至少走访包联户一次，重大节日要看望慰问贫困户、送温暖不少于 2 次。到 2017 年，对帮包干部入户走访的频率就提高到了一个月两次，而且还有专门的考核制度。在 2018 年有一段时间，林县在这个问题上走了极端，要求一个星期两次。

---

①　之前有一段时间，当地政府允许帮包干部给帮包对象送慰问品。后来发现不同部门、不同干部送的礼品不一样，可能会引发贫困户的攀比心态，当地政府就不再允许私下送慰问品。只有在春节、中秋节这些传统节日，当地政府会以"扶贫送温暖"的名义统一向贫困户送一些米面粮油、月饼、水果等礼品。

②　桥镇党政办公室干部访谈记录，访谈编号：20180720LNS，访谈时间：2018 年 7 月 20 日。这位干部在 2017 年 7 月份刚从大学毕业，分配到桥镇党政综合办公室，工作职责是办文办会、登记分流文件、编辑信息简报。在扶贫工作上，并没有承担很多直接的扶贫任务，只是帮包了 3 户贫困户。

对此帮包干部多少是有一些怨言的，认为这是新的形式主义。之后县政府将频率又重新调整回之前的频率，要求帮包干部入户走访依然一个月两次，并一直稳定到2019年基本完成扶贫任务。

问：你现在包的贫困户，一般一个月去几次？

答：今年（指2018年——笔者注）的10月份之前，是每个月两次到户，"十一"过了以后，要求每周两次入户。县上没有发文，书记说了。不过我觉得一个周两次，有点太频繁了。你看我发现了这个问题，我不敢说。

问：你这一周去两次主要都是去干什么呢？还有，你怎么证明你来了呢？

答：来了要签到，你要跟你包的贫困户拍照，填写纪实，贫困户要签字的。一个星期来两次这就太辛苦了，近一点的还能当天回，去那些偏远地区的那就回不去了，只能住在村上。不是每次都有项目要对接的呀。有些贫困户就说，你刚来，该叫我做啥我都做了，你又来了，贫困户都烦了。今天我礼拜一，你去跟他说，油菜种下云了，可以上肥料了，你跟他一说，你再跟他说果树要打农药了，他就烦了。你来了找不到他，你跟他打电话，他说我刚出门，在哪做啥啥啥，你又让我回去干啥。弄得是有些不耐烦了。……一个月两次，我觉得还是比较合适的，一周两次那就太频繁了。一个月两次，群众也需要，然后我们干部的压力也不大，也能达到帮扶的效果。①

---

① 客观地讲，这个频率确实不合适，超出了一些帮包干部可以承受的程度，而且成本太高。按照这位干部的表述，"从县里来这，单趟20块，一个来回就是40块钱的车费。一周两次，那就是80块钱，费用太大了。农林科技局大，有200人，这一周就是1.6万元。一年就是五六十万，这还光是路费。贫困县哪有那么多钱啊？"林县农林科技局干部访谈记录，访谈编号：DGB-20181112，访谈时间：2018年11月12日。

除了这种制度化的、定期的入户走访之外，当地政府还会在一个特定的时期，要求进行"集中走访"。例如，2017年年底，林县就要求开展"贫困户大走访"活动。要求从2017年11月30日到2017年12月15日之前，各镇各部门要集中开展一次贫困户大走访活动。各联镇县领导要到村指导督查联村帮扶工作，推进年度任务落实；驻村工作队要主动配合，积极落实所驻村脱贫攻坚年度任务；帮扶干部要全员进村入户走访，做到建档立卡贫困户、一般贫困户和已脱贫户全覆盖。对于具体的走访程序，提出了要求："以精准帮扶为主要内容，以扶志扶智为走访重点，做好群众的政策宣传、心理疏导和矛盾化解工作，务必做到村情户情全面掌握、政策兑现清楚明白、帮扶措施精准有效、帮扶纪实资料完整规范。要通过面对面交流、手拉手谈心，总结全年帮扶工作，征求群众对帮扶工作的意见建议，了解贫困群众生产生活中的实际困难，帮助谋划今后的增收措施，协调解决面临的困难和问题。要帮助贫困户注册使用'中国社会扶贫网APP'，做到线下帮扶走访和线上帮扶同推进同落实。要帮助贫困户算好收入账，激发贫困群体内生动力，增强贫困群众脱贫致富信心，营造脱贫光荣的深厚氛围，切实提升群众获得感和满意度。"对于走访过程中的纪律要求，则明确提出："各镇各部门要把开展贫困户大走访活动作为'脱贫攻坚冬季行动'的重要内容，作为迎接全省脱贫攻坚第四季度考评和全国年度成效考核的有力举措，用心用情、用力用智推动大走访获得成效。要严格遵守中央八项规定的要求，合理安排走访时间和方式，坚持轻车简从、亲自走访结对贫困户，严禁他人或下属单位代替走访等弄虚作假，严禁干扰基层和群众正常生产生活秩序，做到助民不扰民、帮忙不添乱，自觉维护帮扶干部良好形象。"①

---

① 林县脱贫攻坚指挥部办公室：《关于开展贫困户大走访活动的通知》（林脱办发〔2017〕444号），2017年11月30日。

在这种制度安排下，如果严格按照制度执行，那么帮包干部最少每半个月就要到帮包的贫困户家中一次，在一些特定时期内还要专门完成入户走访的任务。需要驻村的帮包干部自然不在话下。即使那些不驻村的帮包干部，也不得不从办公室里走出来，直接到扶贫一线，每个月两次到最艰苦的农村地区，感受真实的贫困生活，帮助帮包对象解决最实际的问题。

最后，是在结对帮扶的过程中渗透"恩情话语"。发挥这个作用的基本策略是在帮扶的过程中加入一些政治性的内容，通过生活状态的前后对比，在贫困户心里树立起"国家帮助—生活改善—情感认同"的情感逻辑，在政治层面建构起"感党恩—知党情—跟党走"的正当性逻辑。不过需要说明的是，这个作用已经不再是单个帮扶干部能够完成的事情，而是依托了帮扶单位的力量，以单位组织群众活动的形式将"恩情话语"渗透其中，既教育群众以激发他们的内生动力（按照政策文件的说法，是解决贫困户"精神贫困"的问题），也向群众进行宣传，强化他们对国家政策的认可与支持。当然，这一点和前面第二、第三个作用一样，也无法进行有效测量。同时，这一点也很少会直接写进政策文件当中，只是体现为实践中帮扶单位和帮包干部所采取的各种微观技术。

例如，2019年5月31日，林县政协作为帮扶单位，到所帮扶的XDH村（属于桥镇隔壁乡镇）开展了一次"一帮二联五教育"主题活动①。活动的主题就是"感恩、法纪、励志、习惯、新风"。当地官方

---

① "一帮二联五教育"指的是帮包贫困户，联系非贫困户和已脱贫户，对群众进行感恩教育、法纪教育、习惯教育、励志教育、新风教育。按照官方的说法，联镇县领导到镇到村指导工作，在12个村陆续召开会议150场次，做到了对所有村民小组、所有在家村民的全覆盖，收集意见建议350余条。这次群众会有百余名村民参加，是30年来规模最大的群众会。参考《县政协开展"一帮二联五教育"访民情、解难题、办实事》，http://www.hanyin.gov.cn/Content-627295.html（访问时间：2019年12月14日）。

网站报道很有意识地将这次活动进行了"包装":"手牵手、心连心,脱贫摘帽一家亲。4月份以来,县政协牵头八个联镇帮扶部门率先在 PX 镇开展'一帮二联五教育'主题活动,通过访民情、解难题、办实事,实现了政策宣传到位、问题整改落实、产业发展推进、群众满意度提升、干部作风改进的'五赢'目标,群众的获得感显著增强,这一做法也得以在全县各镇全面推广。"并且,借贫困群众之口,表述了开展活动的目的是为了拉近党群的"鱼水之情"。

> "今天来参加这个活动,我对村上工作和这些帮扶部门有了更多了解,也激励我今后要牢记党的恩,永远跟党走。""史主席介绍的这些帮扶干部,我都认识,我都满意,他们为我们付出了很多……""罗书记介绍的'三个一'产业发展模式,我听懂了,一定按照村上的安排积极参与。"与会村民的心里话,再一次拉近党群的"鱼水之情"。……一手抓贫困户帮包,一手抓非贫困户帮联,用群众听得懂的话感染人,用群众身边的事教育人,用干部和群众的互动交流鼓舞人,不管是贫困群众,还是非贫困群众,大家都听得进去、听得明白,大家的思想再一次找到了"最大公约数"、画出了"最大同心圆"。①

2019 年 12 月,桥镇则在 HY 村组织了"群众谈变化、脱贫话感恩"夜访夜谈活动(一个类似于"诉苦会"的"说甜会"),由贫困户说一说在精准扶贫中获得的实惠,谈一谈生活发生的变化——"一张桌子,几盆炭火、几杯清茶,十几把椅子,没有发言席,没有讲话稿,人人都是宣讲员。群众围坐在一起,谈起了脱贫攻坚以来家乡的变

---

① 《县政协开展"一帮二联五教育"访民情、解难题、办实事》,http://www.hanyin.gov.cn/Content-627295.html(访问时间:2019 年 12 月 14 日)。

化,谈走了新民风扶贫扶志带来的好日子,谈起了党的扶贫惠民好政策。……温暖的火炉旁边,群众你一言我一语地拉家常、谈变化、话感恩。对于群众的发言,扶贫干部认真听、仔细记,面对面询问群众还有哪些困难和建议,并现场答疑解惑,一个个来自群众的脱贫故事和一条条来自扶贫干部的致富建议,让干部和群众的感情进一步升温,也让知恩感恩的暖流浸润着整个会场。"对此,当地官方网站的报道同样借贫困群众之口,表述了对国家政策的感激之情。

"我以前生活得那么困难,住在半山腰,交通不便不说,房子也是危房。这几年靠脱贫攻坚政策,我搬到了安置点,通过申请3万产业贷款发展了土鸡、山羊养殖,今年纯收入近2万元,这都是党的好政策带给我的。脱贫之后我还要继续发展产业,让家里的日子越过越好。"今年脱贫的 WGB 谈起了自己几年来的变化。……"我虽然不是贫困户,但我们这里一直交通不便,日常出行难、炊水不方便,正是有了脱贫攻坚,通组路才修到了我家院坝边,炊水厂也建好了,自来水通到了家里,我们也不用再挑水吃了。我感到很满足,对党和政府也很感激。"非贫困户 WDX 对脱贫攻坚政策也很认可。①

如果说革命时期对群众进行情感联系、树立政权合法性的方式是召开"诉苦会""访苦",发动群众"诉苦"②,那么可以说,在精准扶贫

---

① 《林县桥镇:夜访夜谈话脱贫 围坐火炉讲感恩》,http://mini.eastday.com/a/191204154058180.html(访问时间:2019 年 12 月 14 日)。

② 关于诉苦中这种前后对比的情感叙述,可以参考李里峰:《土改中的诉苦:一种民众动员技术的微观分析》,载《南京大学学报》2007 年第 5 期。彭正德:《土改中的诉苦:农民政治认同形成的一种心理机制——以湖南省醴陵县为个案》,载《中共党史研究》2009 年第 6 期。

时期，对群众进行情感联系、树立政权合法性的方式就转变成了"说甜"，由群众进行前后比较，"拉家常、谈变化、话感恩"。尽管内容存在差异，但其中的动力机制并无本质的区别——其中的关键就在于通过前后比较，在贫困户心中建立起"国家帮助—生活改善—情感认同"的因果机制。当然，我们现在并不能简单地认为这种官方报道就是真实的效果（毕竟官方报道存在宣传的目的），"牢记党的恩，永远跟党走"诸如此类的表述显然不是贫困户的日常语言，很可能是基层干部进行文字加工后的宣传话语。① 但通过这些表述，我们大体上能够看出地方政府组织这些活动背后的基本动机：希望通过这种方式提高贫困群众对精准扶贫工作的认可，同时也是为了政治表态，表明地方政府对精准扶贫政策理解到位、执行到位。

三、干部帮包的执行状态与实践差异

现在不能否定干部帮包的实际功效，事实上，一些帮包干部的确发挥了作用。笔者询问过一些帮包干部，他们对帮包对象的情况还是比较熟悉的，基本能做到"一口清"，想来应该是经常到贫困户家中走访，对帮包的贫困户情况比较了解。一些帮包干部也确实在尽心尽力地帮助贫困户摆脱贫困，正如前面所提到的，他们就像家长一样，会不断地督促帮包的贫困户按照节气安排生产，发展一些产业，申请一些项目，让贫困户"多挣钱"，也会帮助那些不识字的贫困户去办一些手续，帮着争取补贴。按照帮包干部的说法，"每家的情况不一样，不管他家里有怎样不一样的情况，你帮扶的贫困户，只要你用心帮了，一个月去那么

---

① 在当前地方政府的扶贫工作中，"宣传"也是一个很重要的工作内容，并列入年度考核加分项目当中（根据刊发媒体的不同等级算分）。基层干部在撰写新闻稿的过程中，会按照主流话语进行润色。

两次,去他家,完全能够达到帮扶的效果,效果很明显。"① 但同时我们也应该看到,干部帮包的执行状态并不都是这么"积极向上""充满正能量",还是存在一些问题。传达政策、提供信息这些不涉及情感的功能比较容易实现,涉及感情的功能就不太容易实现:一些贫困户可能会比较冷漠,对干部帮包持可有可无的态度;部分帮包干部对帮包工作有怨言,对贫困户比较排斥,走访入户就是为了完成职务晋升的要求。在这种情况下,由制度推进的帮包措施可能就会偏离制度初衷,实现帮包制度的情感功能和政治功能可能就比较艰难。

第一,不同的贫困户对干部帮包制度的需求和态度是不一样的。 如前所述,贫困户也是分类型的。首先是他们的个体特征不同,有一些是年龄比较大的老年人,有一些是年纪比较小的青壮年;有一些有完整的家庭结构,有一些是"没家没业的光棍儿";有一些身体比较健康,有劳动能力,有一些身体有残疾,不具备劳动能力或者只具备部分劳动能力。其次是他们对帮扶措施的需求存在差异,年纪比较小、家庭结构完整、身体健康、有劳动能力的贫困户就期待帮包干部能够给他们提供一些就业机会,或是给他们申请一些产业发展资金、小额贴息贷款。年龄比较大、身体有残疾、没有劳动能力的贫困户可能就期待帮包干部能够帮他申请一些补助。最后,他们的个人品性也各有千秋。有一些会很积极地配合帮包干部的工作,很感谢帮包干部提供的支持和帮助,在帮包干部和贫困户之间就能建立起相互信任的关系。而有一些没有产业发展能力、没有就业技能、没有什么发展动力,对生活也没有什么期待的贫困户(例如,一些"没家没业的光棍儿")就会存在"等、靠、要"的想法,对帮包干部的工作也是不冷不热,觉得可有可无,对帮包干部衔接政策、传达政策信息的作用没有什么感激之情,甚至会对他们经常到家里入户走访表现得不耐烦。

---

① 林县农林科技局干部访谈记录,访谈编号:DGB-20181112,访谈时间:2018年11月12日。

第五章　干部帮包与地方政府的情感联系

2018年9月，《人民日报·海外版》公众号"侠客岛"上发表的一篇文章就反映了这个问题——帮包干部到贫困户家中入户走访、送慰问品，结果却看到贫困户家门旁用黑色墨汁歪歪扭扭地写着"各位领导：本人已脱贫，请不要再来打扰了"几个字，当时还引起了很大的争议。① 在林县尽管没有发生这种事情，但是对于一些发展产业、外出就业已经走上正轨的贫困户而言，他们的确也存在这种"不耐烦"的情况。就像前文中那位帮包干部所说："一个星期来两次，这个就有些太频繁了，不是每次都有项目要对接的呀。有些贫困户就说，你刚来，该叫我做啥我都做了，你又来了，贫困户都烦了。今天我礼拜一，你去跟他说，油菜种下去了，可以上肥料了，你跟他一说，你再跟他说果树要打农药了，他就烦了。你来了找不到他，你跟他打电话，他说我刚出门，在哪做啥啥啥，你又让我回去干啥。弄得是有些不耐烦了。"② 尽管这种表述针对的是"一个星期两次"的极端情况，但并不排除对"一个月两次"的入户走访，贫困户也会感觉厌烦。

相比较而言，贫困户"不耐烦"还是一件好事情，起码能够说明贫困户已经有了自己的内生动力，还有其他更重要的事情要做，帮包干部继续提供帮助对他而言已经没有太大价值。对于这些已脱贫的群体，国家权力以及作为国家权力载体的地方政府、帮包干部适时退出应该是一个很圆满的结果。③ 除了上面这些对干部帮包"不耐烦"的贫困户之

---

① 根据吕德文的了解，当日上门的扶贫干部其实是自掏腰包，买了一壶油、一袋米，"私车公用"翻山越岭来走访，结果却吃了闭门羹。而且按作者的说法，"事实上，类似的场景，在岛叔这两年调研扶贫中遇到的普遍现实中，不算少见。"吕德文：《一张火爆网络的照片背后的真问题》，https://mp.weixin.qq.com/s/qvbd7CUAjlsOxI2LS6WFog（访问时间：2019年12月15日）。

② 林县农林科技局干部访谈记录，访谈编号：DGB-20181112，访谈时间：2018年11月12日。

③ 在笔者看来，这种情况并不是反映了扶贫政策的失败，恰恰反映的是扶贫政策的成功，贫困户在国家扶贫措施的帮助下，能够自我发展。对于这种情况，国家权力以及作为国家权力载体的地方政府、帮包干部适时退出是最恰当、最完美的退场方式。

外，其实干部帮包面临的最大难题是贫困户"无所谓"的态度。这些贫困户缺少自身发展的内生动力，对政府提供的帮助也没有兴趣，他们觉得帮包干部来也行，不来也行。其中最无所谓的可能就是前面所说的那些"光棍儿"——在乡土社会当中，没有子嗣的"光棍儿"在乡土社会当中会被认为不具有完整人格，他们自身也觉得人生无意义，因此就没有积极有为的心气。现在的政策文件，把这种状态称为"精神贫困"，按照扶贫干部的说法，这些"光棍儿"就是"精神贫困的典型代表"。在他们看来，对于这些"光棍儿"，即使配备了帮包干部，也并不能解决他们的精神贫困问题。

> 现在产生新的贫困，最严重的就是精神贫困，坦诚地说，目前还没有很好的办法来解决它。现在也是我们头疼的一些问题，有些光棍儿，不是靠扶贫就能解决的。现在我们聊天开玩笑，要让他摆脱贫困，最有效的办法就是给他找个媳妇儿，不然他四十多岁的光棍汉，没有任何动力，反正就是早上起来，啥也不干。你说就这种人，你给他提供一些产业？给他几箱蜂，他说他不会养。给他几只鸡苗，还没等到养大，他就杀了吃了。就这种情况，你说我们这些干部就算天天到他家里去，又有啥用？现在每个贫困户都有帮包的干部，那也没什么用。他爹妈都没有教育好的事情，我们能教育好了？①

这部分精神贫困的群体对干部帮包和国家扶贫政策是没有什么期待的，更不会有什么感激之情的。甚至不排除有极少部分的贫困户会

---

① 桥镇副镇长访谈记录，访谈编号：WZZ-20180717，访谈时间：2018 年 7 月 17 日。在扶贫过程中，一些政府部门也会把"贫困户娶上了老婆"看作扶贫的成绩，进行宣传报道。这种情况只要是两相情愿，倒也无可厚非。但是，不排除有一些没结婚的贫困户会向扶贫干部提要求，要他们帮助"介绍对象"，甚至是"送老婆""分老婆"，这就是一种很过分的要求，应该批评教育了。

"故意使坏",在上级部门入户检查的时候,会故意说"帮包干部没来过、没见过、不知道是谁,也没提供过什么帮助"。所以,对这部分群体,也很难期待干部帮包制度能发挥多大的作用,更遑论在帮包干部和帮包贫困户之间建立起人格化、特殊化、情感化的人际关系。一线扶贫干部还是更倾向于帮助那些有发展意愿的贫困户。对于这部分态度比较冷漠的群体,不能对干部帮包制度期待太多,只要帮包干部能够将国家政策传达到他们那里,也就基本达到了干部帮包的政策执行功能。①

第二,不同类型的帮包干部发挥作用的方式是不同的。首先,科层组织体系是分层的,不同层级之间的行为逻辑、目标追求以及发挥作用的方式都存在很大的差异。在不同层级的问题上,干部帮包制度也面临了同样的局面,在不同的层级上,距离贫困户的远近不同,不同的帮包干部能够发挥的作用不同。以桥镇为例,在2018年全镇有1个省级帮包单位(陕煤集团),派出了1名第一书记、2名驻村工作队员。因为这些省级单位的帮包干部需要驻村参加扶贫工作,所以他们开展帮包还比较认真,在开展扶贫工作的同时就能"顺带"完成入户走访的任务。有1个市级帮包单位(安康职业技术学院)派出了18名帮包干部,其中只有2名第一书记、4名驻村工作队员,另外的12名帮包干部就是普通的学校行政人员或普通教师。② 这些不驻村的

---

① 按照王雨磊的研究,国家扶贫政策提供的"帮穷"话语本身就与基层的"帮能""帮亲""帮弱""帮需"等社群伦理之间存在分歧与张力。在干部帮包制度中,帮包干部直面了这个冲突。王雨磊:《技术何以失准?——国家精准扶贫与基层施政伦理》,载《政治学研究》2017年第5期。

② 按照安康职业技术学院在2016年制定的《帮扶贫困村开展精准脱贫的工作方案》,学院"安排了34名党员干部实施1+1结对帮扶贫困户,确保每户贫困户都有2名责任人一对一结对帮扶"。这种方式有个问题,就是很可能出现2名责任人都不上心,甚至互相推辞的问题。之后安康职业技术学院减少了帮扶人员数量,改成每户贫困户都有1名责任人一对一结对帮扶。安康职业技术学院:《关于印发〈帮扶贫困村开展精准脱贫的工作方案〉的通知》(安职院发〔2016〕20号),2016年4月27日。

帮包干部平日需要承担本职工作，而且工作/生活地点距离帮包贫困村比较远，来回一次并不容易，因此这些市级帮包单位派出的帮包干部只是达到基本的频率标准。而且，这些职业技术学院的行政人员和普通教师对扶贫工作、村情村貌也并不了解，即使到贫困户家中走访，也只是去"坐一坐、问一问、看一看、填一填"，最多传达一下上级提供的一些扶贫信息，逢年过节送一些慰问品，并不能在干部和群众之间建立起紧密的关系。从不同层级帮包干部的帮包效果来看，真正能够达到帮扶效果的还是县级、镇级、村级的帮包干部（尽管这些帮包干部也存在差异），相比较而言，这些县级、镇级、村级的基层干部比较熟悉扶贫政策，也比较熟悉乡土社会的生产生活实际和乡土社会的文化行为规范，能够在国家政策和乡土社会之间承担桥梁中介作用。

其次，即使是同一个帮扶单位，不同级别的干部的帮包工作也是存在差异。这里面最基本的情况就是一些分管工作比较多的党政领导很可能就是在扶贫信息系统当中"挂名"——从信息系统上来看，是他们承担帮包任务，但是在具体操作中，他们很可能是把帮包任务转移到了其他"三线人员"（人大代表、党员、中心户长）那里了，这些"挂名"的党政领导干部本身很可能并没有承担专门性的帮包任务，也没有专门到贫困户家中入户走访。例如，在2018年的干部帮包责任表中，就有一些县级部门、乡镇部门的领导名字后面以加括号的方式跟着一到两名"三线人员"的名字。这种情形也就意味着这些县级部门、乡镇部门的领导很可能只是"挂名"，实际的帮包工作、入户走访工作是由"三线人员"承担的——这些三线人员本身并不一定是政府部门的工作人员，也不一定是村干部，但是因为政府、村三委的工作人员数量不足，无法达到国家规定的帮包比例（每名干部最多帮包9户贫困户），于是当地政府将这些三线人员吸纳到体制内，将之打造成"半正式的干部"，协助承担扶贫工作和帮包任务，缓解政府工作人员的工作压力。① 除了这些"挂名"的帮包干部之外，在这些帮包干部当中，承担责任最多的可能是县政府、乡镇政府的普通干部和村三委中的普通村干部。这些人员不但熟悉乡村社会的基本情况，能够从事帮包工作，而且没有权力和资历将自身的帮包工作转移到其他人身上（地方政府也不会出台这种政策），只能自己承担相应的帮包任务，按照文件规定的频率要求入户走访、解决帮包对象的生产生活问题。②

最后，即使是同一个单位、同一个级别的帮包干部，帮包的效果也会存在很大差异。尽管政策文件要求帮包干部承担的职责是类似的，但是每个帮包干部的年龄不同、能力不同、意愿不同，这就导致帮包的效果自然是因人而异。在这一点上，最重要的影响因素可能是干部个人的工作经验（不考虑帮包干部的个人态度）：在政策要求相似的情况下，农村工作经验比较丰富的干部开展帮包工作会更加得心应手，农村工作经验欠缺的干部开展帮包工作则可能会流于形式。例如，前文所提到的林县农林科技局的那位帮包干部，她个人年龄比较大（40岁以上），农村工作经验比较丰富——之前在农林科技局从事蚕桑技术推广和良种繁育，做了八年桑蚕一代杂交种的培育、培训、技术推广工作，自己开展实验的工作站就在当地农村。因此，她和农民打交道就不存在太大的障碍，对农业生产也比较了解，做帮包工作也比较得心应手，能够给帮包对象提供切合实际的发展思路。与之形成对比，前文提到的桥镇党政综

---

① 对于这种情况，许汉泽等人将这些三线人员称为"任务型乡贤"，意指这些人员是由地方政府"制造"出来，主要功能在于承担政策执行的任务。许汉泽、徐明强：《"任务型乡贤"与乡村振兴中的精英再造》，载《华南农业大学学报（社会科学版）》2020年第1期。

② 从调研情况来看，乡镇干部处在国家科层组织的最低端，与乡土社会直接接触。他们在日常工作中也经常需要"下村"，这批人成为干部帮包制度最主要的承载者。

合办公室的年轻干部，开展帮包工作就没有这么得心应手——她在2017年7月份刚从大学本科毕业，考上公务员以后就分配到桥镇党政综合办公室工作，主要职责就是办文办会、登记分流文件、编辑信息简报，并没有承担很多直接的扶贫任务。而且，她年龄比较小（不到25岁），工作经验相对匮乏，更没有太多的扶贫工作经验。那么，在落实帮包工作的过程中，她能够做的也就是去帮包对象家中"坐一坐、问一问、看一看、填一填"，至于提供实质性的帮扶，可能就已经超出了她的能力范围。

第三，部分帮包干部对贫困户的态度是相对消极、负面的。从公共政策的角度讲，国家扶贫政策延续了以往革命传统的既有认知，对贫困群体采取的是相对正面的评价，将贫困归结到东西部之间、城乡之间、工农业之间发展不均衡、不充分这些因素上，认为贫困群体没有充分享受到改革开放四十年带来的成果，并没有对贫困群体进行污名化，而且还要求尽力给贫困户提供各种政策支持与公共服务，帮助他们摆脱贫困。从学术研究的角度讲，对于贫困产生的原因，不同学派也有不同的观点，尽管众说纷纭，但当前已经很少有学者会将贫困简单地归因于贫困群体的懒惰、愚蠢、无能，而是将之归因于各种客观条件的限制。即使最强调主观能动性的文化视角，也依然突出文化作为外部变量的作用。

但是，国家政策和学术研究的设定并不一定等同于社会的普遍观念。事实上，在现实生活中，贫困人口在乡土社会中一直生活在底层，属于被排斥、被嘲弄、被鄙夷的对象。很多非贫困群体在普遍观念的影响下，也往往会将贫困归咎为贫困群体的懒惰、愚昧、无能，甚至对贫困群体进行人格否定。这种观念在乡土社会当中并不少见，深处乡土社会的帮包干部很可能也会受到这种观念的影响，对贫困户采取相对消极、负面的价值判断，认为他们的贫困是懒惰、愚昧、无能的结果，认为他们对国家扶贫政策提供的帮助是冷漠的、贪得无厌的。特别是在一些贫困户表现出负面行为、负面情绪之后，更会强化这种观念。① 在这种情况下，部分帮包干部和帮包对象之间的关系自然就有可能是疏离的，甚至是相互排斥的。② 笔者在调研过程中，就曾经听过多名干部对贫困户表示不满，埋怨他们不思劳作、贪得无厌，对国家政策、对扶贫干部的辛苦工作没有感恩之心。

桥镇党政办干部：贫困户之所以是贫困户，一部分人肯定是有自身的原因的。有一些人，中间有百分之四五十，可能你教一教，督促一下，他就出来了。有些贫困户，你再怎么教，他还是那个样子，他好吃懒做还是好吃懒做。特别是一些单身汉，中午你十二点半去敲门，咚咚咚，门还锁着，在里面睡觉呢。饿了一天就吃两顿，酒瓶、烟，扔得满地上都是。一个月发的那些低保，就这么整，你说这样怎么教他？每次镇上招工啊，或是有公益性岗位啊，村上、帮包干部都会给他介绍，可他不好好做啊。③

林县脱贫办干部：不能说这些贫困户就多坏，其实他们对我们也是欢迎的。但你说关系多好，那也不好说。现在跟以前不一样了，现在天天宣传要感恩，那不就是因为这些贫困户不感恩嘛，觉得国家给他们的政策是他们应得的。看到别人家有什么政策，享受

---

① 在贫困研究理论中，刘易斯、班费尔德等人曾经提出过"贫困文化"的观点。在这种观点看来，"贫困文化一旦形成，就必然倾向于永恒。"李小云认为，很多人将这一研究观点简单地移植到贫困的研究中，一般化地将贫困视为穷人个体和文化的责任，认为贫困是因为穷人的懒惰、愚昧。"等靠要"几乎成了主流的批评穷人的话语。李小云：《贫困是因为懒惰吗？》，https://mp.weixin.qq.com/s/bqDHeZnUGqRj3I9iL_PgJA（访问时间：2019 年 12 月 19 日）。

② 笔者无意评价这种观念的好坏，也无意对社会大众、扶贫干部的这种观念做道德判断，只是陈述这个事实，并将这一事实当作影响结对帮扶效果的因素之一。

③ 桥镇党政办干部访谈记录，访谈编号：20190724CGB，访谈时间：2019 年 7 月 24 日。

了什么政策,他还会攀比,他就会问:"哎,谁谁享受了什么政策,为啥我没有?"我们就给他们解释,我们就说,并不是所有贫困户享受的政策都是一样的,人家享受的你没享受,同样,也有一些你享受了人家没享受的。你就算这么说了,他认不认还不知道呢。说不定转头他又去县政府上访去了。①

现在很难准确地判断,上面扶贫干部的这些说法是真实存在的还是他们对贫困群体有偏见,即使是真实存在的,也不好判断这些"懒惰""不感恩"的贫困户到底有多少,占多大比例。不排除有一些贫困户的确存在懒惰、不感恩的情况,正如上面所提到的"光棍儿"就可能不思进取、好逸恶劳,对扶贫政策提供的帮扶措施和帮包干部提供的帮包工作冷漠以对,对介绍给他的工作机会不知道珍惜。另一方面,也并不是所有的贫困户都存在这种问题。在现实生活中,通过自己的努力发展产业,外出务工,摆脱贫困的案例也比比皆是。但不管怎样,在部分帮包干部和帮包对象之间存在分歧的确是难以避免的现象。在这种情况下,让帮包干部完成政策宣传、信息传递的任务可能还勉为其难,但期待所有帮包干部和帮包对象之间都能够建立人格化、特殊化、情感化的关系就有些强人所难了。

第四,部分帮包干部对帮包工作的态度是比较现实的。按照干部帮包的制度初衷和功能定位,干部帮包不仅是为了衔接国家政策和乡土社会,便利政策执行,给贫困户提供必要的帮扶措施,同时也是为了解决干部的官僚主义、形式主义、享乐主义、奢靡之风等四风问题。从这个角度讲,帮包干部在心理上对这一措施理应有一定的认同,认可帮包制度的作用与价值,在心理层面能够出现"认识问题—应对问题—解决

---

① 林县脱贫办干部访谈记录,访谈编号:20190719FGZ,访谈时间:2019 年 7 月 19 日。

问题"的发展历程。但现实情况是，部分帮包干部并没有充分认识到政策意图，也没有对帮包制度产生心理上的认同，也就无所谓"解决问题"的发生。实际上，部分干部之所以能够执行帮包任务，背后的动机是比较现实的，这种现实主要有制度强迫和晋升诱导两个维度的体现。

一方面是迫于制度要求，不得不入户走访，这一点主要是针对部分不驻村的帮包干部而言。近些年随着城镇化的推进，很多干部也开始迁移到城市生活，和农村越来越远。这种"干部的城市化"基本特征就是"越级购房"，也就是村干部在乡镇或县城购买住房，乡镇干部在县城或市区购买住房，县干部则到市区或省城购买住房。他们平时就在单位工作，但是到了周末就回到城里生活。① 这种方式既是为了积攒财富，也是为了解决教育、医疗的问题，更是社会发展的客观情况所在，属于人之常情，无可厚非。例如，林县民政局的帮包干部就讲："我家里也有孩子，周一到周五我得去学校接送他们上学放学，周末孩子要上培训班，我就得陪着，只能抽时间去我帮包的贫困户家中看一眼。"② 但这种现象导致的一个意外结果就是，很多基层干部与乡土社会是脱离的状态——镇级、县级干部下班以后就要回到城市小区，很难再对农村社会有强烈的认同，帮包干部和帮包对象之间因为地理空间上的区隔加剧了心理认同方面的疏离。在这种情况下，不驻村的帮包干部之所以还

---

① 当前在桥镇，干部的基本工作方式和生活方式是工作日在乡镇工作，或在镇政府坐班或到行政村入户走访，工作日下班以后多数也住在乡镇集体宿舍，到了周末则回到位于县城或市区的家中（住在县城的居多）。脱贫攻坚任务相对较轻的时候一个星期回家一次，脱贫攻坚任务比较重的时期则是一个月休息一天。在林县，县级部门的干部有一部分家住县城，一部分家住市区。县级部门科层化程度较高，扶贫任务相对较轻，多数干部还能按时上下班，周末加班的频率比乡镇干部要低一些。

② 林县扶贫局干部访谈记录，访谈编号：20181116ZGB，访谈时间：2018年11月16日。扶贫局这位干部的情形并不是个别现象，而是当前社会很普遍的情况。

能执行帮包任务，很大一部分原因就是帮包制度的强制性要求，使得他们不得不一个月两次入户走访。如果上级要求这些不驻村的帮包干部做更多的事情，那么就会出现一些怨言，把这种工作定性为"形式主义"，以反对形式主义的名义来反对干部帮包。或者干脆出现新的形式主义问题——把工作总结、汇报材料写得绘声绘色一些，各种表格做得漂亮一些，和贫困户的合照多多益善，以此来应付上面施加的工作压力，但实际的工作依然是到贫困户家中"坐一坐、问一问、看一看、填一填"，并没有太多实质性的进展。

另一方面，也有一些干部觉得和贫困户结对帮扶是一次表现机会，通过帮包能够令自己获得晋升资历，这一点主要针对驻村的第一书记、驻村工作队员和乡镇期待晋级的干部。这部分干部有职级晋升的政治意图，愿意在扶贫工作上好好表现，获得一定的政治资本。上级组织部门也很"巧妙"地利用了这一点。有传闻讲，县委组织部内部掌握了一条科级干部晋升的基本要求——科员晋升副科级领导职务、副科晋升正科级领导职务，必须到贫困村担任一年以上的第一书记或驻村工作队员；科员晋升副科级非领导职务、副科晋升正科非领导职务，必须和贫困户建立一年以上的结对帮扶关系（按照当地干部的说法，"脱贫攻坚"的战场是出干部的地方，想晋升就得到脱贫攻坚的战场上来滚一滚）。如果按照这种政策执行，驻村扶贫和结对帮扶就已经演变成基层干部晋升的前提性条件，一些有晋升意图的干部就会受到激励，很积极主动地承担驻村扶贫、结对帮扶的任务，以此积攒晋升的资格。从某种角度讲，这种方式有其作用，我们不能期待所有帮包干部都是无私奉献的模范，毕竟干部本身也是理性人，存在自身的现实生活，也存在自身的利益诉求，以这种方式能够在最大程度上激励干部的主动性，将干部动员起来，将驻村扶贫和干部帮包制度执行下去。但从另外一个角度讲，这种以晋升诱导为激励机制的帮包制度多少偏离了干部帮包的制度初衷，在激励之外是否让干部理解了制度设计的目的，能否很好地抑制干部出现官僚主义、享乐主义、形式主义、奢靡之风的趋势，就成了一个悬而未决的问题，不排除一些干部在驻村扶贫、结对帮扶、职务晋级以后并没有受到多少教育，依然走向官僚主义，脱离群众。

总结而言，正是由于上述问题的存在，使得干部帮包在实践中的效果存在很大的差异。地方政府通过干部帮包制，基本能够实现一些"比较硬"的目标任务（如了解情况、收集信息、宣传政策、传达信息等），但对于一些"比较软"的目标任务（如建立亲密的干群关系、建立贫困群体的感恩之情等），就不太容易实现。可能这也是干部帮包制在当前的政治社会环境下所面临的主要困局。

四、本章小结：联系群众与制度化情感

情感因素一直是近代中国历史进程中隐而不彰的因素，在近些年的学术研究中这一因素才逐渐显现。裴宜理就认为，在中国共产党执政以后的土地改革、镇压反革命、反右运动、"大跃进"运动以及"文化大革命"中，都存在了"情感"因素，情感构成了中国共产党不同于其他政党的重要特征。[①] 按照王雨磊的观点，精准扶贫中的"送温暖"是社会主义新传统的体现，通过情感仪式化过程构建出国家的在场，从而建构出一套沟通国家与民众情感的渠道，以此开启治理者与民众的良性社会互动，形成"缘情治理"。[②] 从这个角度讲，在精准扶贫中实行干部帮包也带有情感因素的影子。不过在笔者看来，前面这种历史追溯还是薄弱了，在科层制当中加入人格化、特殊化、情感化的影子，与古代中国信奉的民本主义、社会主义中国信奉的父爱主义（群众路线）一

---

① 裴宜理：《重访中国革命：以情感的模式》，李寇南、何翔译，载《中国学术》2001年第8期。

② 王雨磊：《缘情治理：扶贫送温暖中的情感秩序》，载《中国行政管理》2018年第5期。

脉相承。只不过在市场经济、城市化、个体化的发展趋势下，社会结构和社会心态都发生了很大的变化，对于民本主义和父爱主义（群众路线），无论是帮包干部还是贫困群众，有可能都不太认可，在两者之间形成良性社会互动面临了新的困难，这导致的一个结果就是干部帮包出现了制度初衷和实践状态的偏离。

尽管从1912年开始，学术界对民本主义的认识就存在"专制思想"和"民主思想"两种判断的重大分歧①，但其中对民生问题的关注却一直是传统帝国维持统治的必要方式，也是传统帝国维护政权正当性的必要条件。这种观念延伸到基层治理领域就会出现"父母官""子民"的说法——官员是"父母"，其治下的民众是"子女"，父母要为子女负责，使其治下的子民能够享受美好生活。换言之，在官员和民众之间存在人格化、特殊化、情感化的关系（拟亲属关系）。到中华人民共和国成立以后，集体主义时期发展了这种因素，在集体主义时期形成了"父爱主义"的社会治理模式。例如在就业领域，国家要解决单位职工后代的就业问题，出现"子女顶替制度"，形成职工和单位之间的紧密联系；② 在精简职工之后，也依然会对被精简的职工提供各种关怀，形成"父爱主义的延展"③。在改革开放后，无论是民本主义还是父爱主义，都没有消失，而是渗透到了当前中国的政法体制当中。例如

---

① 对民本思想不同观点的分歧可能是因为不同学者关注的是民本思想的不同侧面。关于两者的分歧，主要参考胡波：《20世纪中国民本思想研究述评》，载《学术月刊》2001年第5期。一些学者认为，民本思想本身就是多重因素的结合，按照张分田等人的观点，民本思想的基本思路是"立君为民""民为国本""政在养民"。参考张分田、张鸿：《中国古代"民本思想"内涵与外延刍议》，载《西北大学学报（哲学社会科学版）》2005年第1期。

② 田毅鹏、李珮瑶：《计划时期国企"父爱主义"的再认识——以单位子女就业政策为中心》，载《江海学刊》2014年第3期。

③ 林盼：《"父爱主义"的延展及其机制——以20世纪六七十年代上海国营企业精简职工为例》，载《开放时代》2019年第4期。

在法律领域，孙笑侠等人认为，在当前中国法律领域，就形成了"法律父爱主义"。在他们看来，法律父爱主义与中国法律文化传统、法律规范与社会现实颇有契合之处，且与中国当前注重以人为本的新"民本"理念相适应，因此有广泛的适用空间。① 在政治领域，杨光斌等人认为，群众路线是实现民主集中制的中介机制，而民主集中制是具体实现共和制的政治制度即政体，而中国的共和制必然是以"以民为本"的民本主义思想为纲。② 可以说，这些历史传统和制度载体的存在，为当前精准扶贫领域中出现的干部帮包制度提供了前提资源，国家权力以扶贫的名义强力介入乡村社会，帮包干部作为国家权力的载体，则以结对帮扶的名义介入农民的感情世界，形成新的民本主义、新的父爱主义。

在现有的制度话语下，这种新时期的民本主义、父爱主义就体现为一种新形式的"群众路线"。例如在林县，扶贫领域最早开始的结对帮扶就是以开展"群众路线教育实践活动"的名义开展的。在这些活动的名义下，当地政府意图重新和群众建立起紧密的关系。但问题在于，传统的群众路线强调"发动群众"，新时期的群众路线只是在联系群众——在地方干部看来，到群众家中入户走访，了解一些生产生活方面

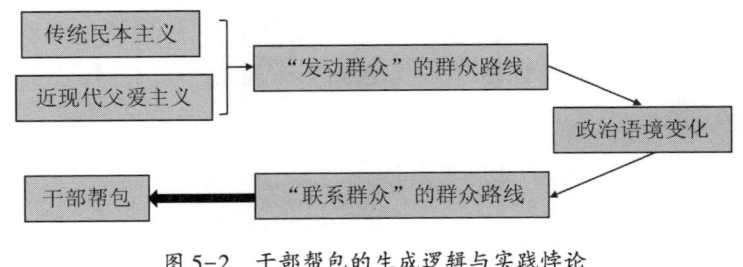

图 5-2　干部帮包的生成逻辑与实践悖论

---

① 孙笑侠、郭春镇：《法律父爱主义在中国的适用》，载《中国社会科学》2006年第1期。

② 杨光斌、乔哲青：《论作为"中国模式"的民主集中制政体》，载《政治学研究》2015年第6期。

的信息，帮助解决一些力所能及的困难，嘘寒问暖一番，然后和贫困户一起拍几张照片，就是实践群众路线的主要方式、最佳方式。这种想法不能说是错误，毕竟能从办公室里走出来到贫困户家中就已经是很大的进步。但这种群众路线并不完整，在联系群众的过程中，干部是能动者，是整个活动的控制方，而被联系的贫困户只是一个被动的客体，是整个活动的接受者。

除此之外，更为严峻的问题是，这种联系群众的形态，也因为主观心态、客观条件和社会普遍观念的限制，无法完全实现干部帮包的制度初衷。在主观心态上，部分干部（特别是一些年轻的干部）已经出现了较为隐晦的精英主义、专业主义倾向，对专制主义中国信奉的民本主义、集体主义中国信奉的父爱主义并不是十分认同。在这些干部看来，"干好自己的一摊活""对得起自己拿的这份工资了"就已经足够了，他们并没有十分强烈的意向和贫困群众建立起人格化、特殊化、情感化的关系。而且在客观条件上，很多干部已经不再是"乡土干部"。有一些年轻干部可能从小在城市长大，对农村并没有太多的了解；一些年老的干部也在努力实现"城市化"的个人目标，在城市买房、在城市生活，只不过工作的地点在农村而已。让这些已经"城市化"的干部重新扎根农村，并不具备客观上的条件。在社会普遍观念上，"贱农主义""笑贫文化"更是让很多人（包括一些基层干部）不愿意和农村、农民、农业建立什么样的紧密联系。面对这种局面，当地政府就不得不采取"威逼利诱"的方式，或是依靠强制性的纪律考核，明确规定帮包干部入户走访的频率，或是以职务晋升为诱导，激励帮包干部做好结对帮扶工作。

也正是因为这种政治理念上的差异和现实情况的变迁，使得地方政府只能通过干部帮包构造出"制度化情感"，以硬性制度的方式构建软性情感。这种制度化情感有其价值，能够基本完成信息收集、政策宣传等政策执行层面的目标，也能在一定程度上实现克服官僚主义的目标。

但是，这种"制度化情感"的问题在于，这一概念本身是一个"偏正概念"，是一种悖论式的存在——将软的情感嫁接在硬的制度之上，得到的结果自然是硬性制度压倒软性情感，这也就使得干部帮包中的硬任务容易实现，而软任务不好实现，以干部帮包为制度载体实现国家与社会之间的良性互动，只完成了一半。

当然，上面这些分析并不能直接推导出消极的发展预期，认为干部帮包制是落后的，需要抛弃的。在笔者看来，这种状态更像是地方政府在情感维度上所面临的基本局面，解决问题的途径并不在于抛弃民本主义、父爱主义、群众路线，走向非人格性、去特殊化、去情感化的理性科层模式。关键在于如何在宏观层面对这些理念进行革新，使其更加适应新时代的社会结构和社会心态，在微观层面更加精细化、精准化，给不同的贫困户提供多样的帮包模式，避免一刀切，也避免制度太过僵硬，走向新的形式主义。

第六章　督查考核与政策执行的外在压力

精准扶贫从一项常规工作提升为中心工作，甚至成为一项国家战略。但即使是一项国家战略，也依然需要多层级的科层组织来贯彻执行。在漫长的委托—代理关系中，地方政府就可能会利用信息不对称，对国家战略进行常规执行，甚至是拖延执行、变通执行、不执行。为了解决这个问题，最直接的方式就是进行督查考核，由上级政府（包括中央、省、市等多个层级）派出专门的督查考核人员，定期、不定期地对县级政府、乡镇政府的扶贫效果进行测量、评估、排名。可以说，督查考核给精准扶贫的政策执行提供了至关重要的外在压力。

本章的主要任务就是聚焦"督查考核"，分析督查考核在精准扶贫政策执行过程中发挥的作用及其引发的复杂后果：一是简要交代精准扶贫中的督查考核，描述督查考核的具体类型，不同类型的督查考核如何指标化、如何施加压力。二是描述地方政府"应对"督查考核的具体策略，包括自查自验、迎检准备、掌控行程/陪同考察、参观典型等，以此来体现地方政府面对督查考核时体现出来的能动性。三是分析督查考核与文牍主义之间的关系问题，描述督查考核中存在的"文本化"现象，以此来阐释督查考核带来的一些消极后果。四是进行理论总结，透过"委托—代理"关系的视角，解释地方政府在面对外在压力的行为逻辑，总结督查考核在这一领域中的作用和局限。

一、督查考核的制度安排

从正式制度的角度讲，考核与督查是两种不同的工作绩效测评方式。其中，考核一般指的是具有日常性、规律性的工作绩效测评，这类测评的实施主体多数都是本部门或上一级部门，考核的内容也主要是一些比较常规的工作类型。例如，当前公务员或事业单位工作人员的年度考核就是按照德、能、勤、绩、廉等五个标准划分出优秀、称职、基本称职、不称职四个等级。① 而督查指的是带有非日常性、非规律性的工作绩效测评，实施主体可能是上一级部门，也可能是更上两级、三级的部门（如中央督查、省级督查）。在以往的工作中，常规考核是政府工作人员面临的主要压力，具体的形式就是各种各样的年终绩效考核。但是，近几年国内形势发生了很大的变化，带有政治性、动员性的督查越来越成为政府工作人员主要的压力来源。② 在这种情况下，常规的考核

---

① 根据2018年新修订的《公务员法》，公务员的考核应当按照管理权限，全面考核公务员的德、能、勤、绩、廉，重点考核政治素质和工作实绩。考核指标根据不同职位类别、不同层级机关分别设置（第三十五条）。公务员的考核分为平时考核、专项考核和定期考核等方式。定期考核以平时考核、专项考核为基础（第三十六条）。根据2014年国务院出台的《事业单位人事管理条例》，事业单位应当根据聘用合同规定的岗位职责任务，全面考核工作人员的表现，重点考核工作绩效。考核应当听取服务对象的意见和评价（第二十条）。考核分为平时考核、年度考核和聘期考核。年度考核的结果可以分为优秀、合格、基本合格和不合格等档次，聘期考核的结果可以分为合格和不合格等档次（第二十一条）。这些法律法规都没有规定"督查"的相关内容，也没有将督查规定为考核的方式之一。

② 在当前的学术研究中，督查被认为是运动式治理的体现。例如，陈家建就认为，督查是"科层运动化的实践渠道"——各个地方政府中广泛存在督查机制，其所发挥的主要功能即实现常规治理和运动式治理的连接。在传达重要政策文件、处理部门间矛盾、追踪重点工作和解决疑难问题时，督查机制都有可能被启动，在横向层面协调部门间关系，在纵向层面贯彻上级决策。通过督查机制的运作，行政资源被重组，能够协调集中，成为实现科层组织运动式治理的基础。参考陈家建：《督查机制：科层运动化的实践渠道》，载《公共行政评论》2015年第2期。

就逐渐演变为非常规的督查考核——对于一些带有政治性的工作任务（如精准扶贫、污染防治等），地方政府的工作人员就需要接受不同层级的督查考核。[1] 而且更为重要的是，督查考核结果的重要性越来越突出，和干部的职级晋升、年终奖金、个人荣誉等现实的政治经济利益关系也越来越密切。因此，对于各种形式的督查考核，地方政府和地方政府的工作人员都不敢掉以轻心，需要做好充分准备、认真对待。[2]

从实际情况来看，地方扶贫干部在精准扶贫工作中面对的并不是单独一次的督查考核，而是面对一个制度比较完备、内容比较丰富、层级比较严密的督查考核体系，逐级督查考核和逐级委托—代理关系之间基本上已经形成了匹配关系。从这些督查考核的级别上看，最高级别的是中央扶贫办的督查，这种来自中央的督查尽管非常重要，地方政府和扶贫干部也非常重视，但中央扶贫办并不可能覆盖全国所有地区，而是进

---

[1] 当然，对于地方政府和扶贫干部而言，考核还是督查考核并没有实质意义上的区别。在地方干部看来，这些都是"上级过来检查工作的落实情况"，区别无非是检查主体的级别不同，检查结果的重要性程度不同（很多地方干部将考核、督查等合称为"检查"）。

[2] 除中央督查之外，十八大以后，中央还采取了"巡视制度"，对重要工作、重要部门，派出巡视组进行巡视。在扶贫领域同样也开始执行巡视制度，组织开展"脱贫攻坚专项巡视"。例如，2018年10月，经党中央批准，十九届中央第二轮巡视就对内蒙古、吉林、安徽、江西、湖北、广西、重庆、云南、西藏、陕西、甘肃、青海、新疆、国家发展和改革委员会、教育部、民政部、财政部、人力资源和社会保障部、住房和城乡建设部、交通运输部、水利部、农业农村部、国家卫生健康委员会、国务院扶贫开发领导小组办公室、中国农业发展银行、中国农业银行股份有限公司等26个地方、单位党组织开展脱贫攻坚专项巡视。参考《十九届中央第二轮巡视将对26个地方和单位党组织开展脱贫攻坚专项巡视》，http://www.xinhuanet.com/politics/2018-10/09/c_1123534790.htm?baike（访问时间：2020年1月3日）。但同样，这种来自中央的巡视制度也很难完全覆盖到基层每个县、镇、村，而且巡视制度主要侧重于纪律、廉洁方面的问题，具体的政策执行效果并非重点关注对象。关于巡视制度的作用与功能，参考刘燃：《中央巡视工作新方针及其实践导向》，载《求是》2014年第5期。

行抽查，全国贫困县的数量那么多，各地被抽中的概率并不高（迄今为止，无论是桥镇还是林县，都尚未直接接受过来自中央扶贫办的督查）。对地方政府（包括村两委）而言，最重要的督查考核来自市、县、镇三级政府（省级督查的次数也相对较少）。

首先，县级政府需要接受来自市级政府的督查考核。早在2014年4月，安康市委、市政府就印发了《扶贫开发工作考核办法（试行）》，将全市九县一区、市直承担行业扶贫开发工作的部门、驻村帮扶贫困村的市直和中省驻安单位列入考核范围。由市扶贫开发领导小组牵头，成立市扶贫开发专项考核工作组，负责各县区、行业部门、市直帮扶部门和中省驻安单位扶贫开发工作考核，并抽查部分镇和县直部门。各县区负责组织对驻村帮扶工作队、镇村、县直部门扶贫开发工作全面进行考核。当时提出的考核构成还比较简单："1.平时抽查占30%，在加强日常督查的基础上，每半年抽查一次工作开展情况、驻村帮扶情况、工作配合情况、信息和数据报送情况等，按比例计入年度专项考核。2.年度专项考核占70%。每年12月中旬，市扶贫专项考核工作组统一安排，专项考核组和县区驻村考核组各司其责，对照年度任务，对各项扶贫工作逐项进行考核，确定考核分值，综合评议确定考核结果，纳入年度目标责任考核得分之中。"①

其次，乡镇政府的扶贫工作也需要接受来自县脱贫攻坚指挥部的督查考核。2016年11月21日，林县脱贫攻坚指挥部办公室印发了《林县脱贫攻坚督查考核办法》，将各镇、各部门单位、各督查组列入督查考核对象，并对脱贫督查工作做出了较为详细的规定："（一）督查方式。采取日常性督查、月督查、季度督查相结合的方式进行。日常督查、月督查、一季度督查、三季度督查按照县委、县政府《关于调整

---

① 中共安康市委办公室、安康市政府办公室：《关于印发〈安康市扶贫开发工作考核办法（试行）〉的通知》（安办字〔2014〕27号），2014年4月23日。

完善林县脱贫攻坚指挥部的通知》（林字〔2016〕10号）文件中督导考核组下设的10个督导组分工进行督查，半年督查、四季度督查采取交叉督查方式进行。（二）督查时间。各督查组每年至少开展6次以上督查，一、二、三季度督查一般安排在季末下旬进行，四季度督查安排在11月中下旬进行，日常性督查和月督查根据工作需要随时安排。（三）贫困户抽查。日常性督查、月督查中，一个村至少随机抽样10%贫困户进行督查，季度督查对所有贫困户进行督查……督查考核对象。扶贫督查工作对各镇、各部门单位、各督查组同时进行考核。各镇：主要督查镇党委政府落实脱贫攻坚主体责任，主要考核督查组每次提出的整改清单整改情况。各帮扶部门：主要督查各部门帮扶情况和驻村工作队、帮扶干部开展工作情况，主要考核督查组每次提出的整改清单整改情况和帮扶情况。各督查组：主要考核督查组履行督查工作执行情况。"① 如果按照这个标准执行，就相当于将镇政府的脱贫工作放在了一个随时随地被上级监督的境地，镇政府每月、每季、每年都肯定会接受到一次正式的上级督查（月督查、季度督查、年度督查），几乎每天都可能接受上级单位的督查（日常性督查）。乡镇扶贫干部必须时刻保持警惕性，认真做好相关的软硬件资料的准备工作，随时准备被督查考核（具体情况可参考表6-1）。

最后，行政村作为最终的政策执行者，也需要接受来自乡镇的督查考核。尽管行政村不是一级政府，但也是扶贫政策的执行者，在镇政府和行政村两委之间存在实际上的"委托—代理"关系，因此，镇政府还是会对行政村的扶贫工作进行督查考核。② 例如，桥镇在2016年1月

---

① 林县脱贫攻坚指挥部办公室：《关于印发〈林县脱贫攻坚督查考核办法〉的通知》（林脱办发〔2016〕53号），2016年11月21日。

② 当然，行政村作为最低一级的政策执行者，并不是只需要接受来自镇政府的督查考核。事实上，"进村入户"也是各级督查考核的必备环节，无论是来自哪一个层级的督查考核（包括中央、省、市、县四级），最终都需要落实到行政村层面。

表6-1 县级政府对镇级政府的督查考核形式

督查主体	督查形式	督查时间	督查方式	督查内容
县脱贫攻坚指挥部考核督查组	日常性督查	根据工作随时安排	一个村至少随机抽样10%贫困户进行检查	各镇每周工作落实情况、扶贫工作队、包帮干部到户开展工作情况。
	月督查			各项扶贫工作推进情况。
	一季度督查	季度末月下旬		各镇扶贫对象动态调整情况，上年度贫困村退出的"7710"标准精准确定情况，当年脱贫计划、工作思路制定情况，各部门到村开展工作情况，包项目落实情况，驻村及经费落实情况。
	三季度督查	季度末月下旬		贫困户收入测算情况，调查脱贫政策知晓率，扶贫干部知晓率，满意度情况。
	半年督查	季度末月下旬	对所有贫困村进行督查	基础设施建设项目进展情况，"七个一批"扶贫措施到户情况，联镇部门帮扶资金及项目落实情况。
	四季度督查（年度督查）	11月下旬		各镇年度脱贫目标任务及完成情况，考评估准备工作情况，对各帮扶部门、扶贫工作队、驻村干部、第一书记、包户包帮干部工作开展情况和到户情况进行督查汇总。
县属各镇交叉督查				

就将各村党支部、村委会、包扶挂点单位工作队列为考评对象:"2016年12月由镇精准扶贫工作指挥部组织对各村和包扶挂点单位工作队进行集中考评。对工作成效的考评,主要依据各村上报的脱贫名单,以随机抽查方式进行。抽查20%以上的脱贫农户,上门了解结对帮扶干部一年来所做的帮扶工作,贫困户一年来的经济收入增长情况,是否达到脱贫标准。精准扶贫示范点建设通过各村报送再现场探勘验收。对于贫困户信息系统调整,各种资料发放,相关资料、表册填写上报等工作以平时督查抽查以及平时掌握的情况为主。2016年年底前,镇精准脱贫工作指挥部将组织人员,对各村精准扶贫工作进行定期或不定期督查,督查结果作为年终考评的重要依据。集中考评与平时督查分别按60%、40%的权重计算总体考评得分。"①

督查考核的结果对地方政府和扶贫干部主要有两个重要的影响。一是构成扶贫绩效考核和扶贫单项考核的重要组成部分。例如,安康市的考核规定就明确指出:"扶贫开发工作实行单项考核与奖励,并将专项考核得分纳入市委、市政府年度目标责任考核得分之中。"②同时,林县也规定了督查考核结果的运用方式:"1. 实行扣分制。年底将各镇各部门单位扣分事项和扣分制书面报告县脱贫攻坚指挥部,直接应用到扶贫绩效考核和脱贫攻坚单项考核总分中。各镇:对督查组反馈的问题和整改事项,按照整改时限完成的不扣分,未按照整改时限完成的,由县脱贫攻坚指挥部进行通报批评,并在年终扶贫绩效考核中扣0.5分。各部门:每出现一例未落实帮扶措施、帮扶干部未履行帮扶职责、群众满意率低等情况,在扶贫绩效考核中扣减0.5分;未按照整改时限完成或到年底仍未完成整改事项的,每出现一项在扶贫绩效考核中扣减0.5分。2. 实行通报评比加分制。在半年督查和第四季度督查结束后,各进行

---

① 《桥镇2016年度精准扶贫工作考核办法》(无文号),2016年1月6日。

② 中共安康市委办公室、安康市政府办公室:《关于印发〈安康市扶贫开发工作考核办法(试行)〉的通知》(安办字〔2014〕27号),2014年4月23日。

一次督查通报,对工作成效明显,知晓率、满意率高的镇各加 0.25 分,直接运用到脱贫攻坚单项考核总分中。3. 督查结果作为扶贫绩效考核和脱贫攻坚单项考核中的'日常督查'项目的主要评分依据。"①

二是督查考核结果直接和经济绩效、政治待遇挂钩。一方面是对单位的奖励。例如,安康市规定,"设立年度扶贫工作先进县,对全面完成年度目标任务且考核前三名的县区由市委、市政府通报表彰,并从下一年度市级配套专项扶贫资金中给予 10% 的奖励。对未完成年度目标任务且扶贫工作考核最后一名的县区,取消年度目标责任考核评选优秀资格,扣减下一年度 10% 的财政专项扶贫资金并由县区财政足额补充,县区主要领导向市委、市政府写出书面报告,分析原因,提出限期整改意见。连续两年未完成年度目标任务且考核最后一名的县区取消年度目标责任考核评选良好以上资格,扣减下一年度 20% 的专项扶贫资金并由县区财政足额补充,对县区主要领导进行诫勉谈话。"2016 年,桥镇对各行政村的考核办法就规定了奖惩制度:"(一)奖励。按总体得分情况,对考评得分前三名的村(包扶挂点单位工作队)分别给予 1000元、800 元、600 元奖励;评选精准扶贫工作先进个人若干名,并给予每人 500 元奖励,对符合任用条件的干部优先向上级组织推荐。(二)处罚。对年度考核不达标的村,追究其主要领导人的责任,对不达标且位于后三名的村,实行'一票否决'制。"②另一方面则是对干部个人的奖励。例如,安康市规定,"帮扶干部考核每年评选 30% 的扶贫帮扶先进个人,在年度公务员考核中确定为优秀等次,连续三年被评为扶贫帮扶先进个人的,在全市通报表彰。"③林县对各镇的考核办法则提出:

---

① 林县脱贫攻坚指挥部办公室:《关于印发〈林县脱贫攻坚督查考核办法〉的通知》(林脱办发〔2016〕53 号),2016 年 11 月 21 日。

② 《桥镇 2016 年度精准扶贫工作考核办法》(无文号),2016 年 1 月 6 日。

③ 中共安康市委办公室、安康市政府办公室:《关于印发〈安康市扶贫开发工作考核办法(试行)〉的通知》(安办字〔2014〕27 号),2014 年 4 月 23 日。

"对未完成年度脱贫任务或扶贫绩效考核位居本序列最后一名的,取消本年度目标责任考核评优资格,并对主要领导进行诫勉谈话。对于绩效考核优秀的镇和帮扶部门(单位),设置一、二、三等奖各一名,奖励标准为一等奖20000元,二等奖15000元,三等奖12000元。"① 在这种情况下,如果在年终绩效考核排名中比较靠后,那么无论是部门领导,还是普通干部,自然是与升迁、奖励无缘了。②

除了这些制度化、定期化的督查考核之外,地方政府还需要面对一些临时性、不定期的督查考核,这些临时性、不定期的督查考核可能是以"明察"的方式进行,也有可能是以"暗访"的形式进行。例如,2016年3月17日至3月23日,县委督查室、政府督查室、纪委(监察局)、考核办、扶贫局抽调15名工作人员,组成四个督查组,对10个镇20个村(其中包括桥镇SX村、GT村)开展了首轮暗访督查,在扶贫对象精准识别和驻村帮扶工作两个大的方面发现了各种问题(并"点"了很多乡镇和行政村的名字,指出了具体的问题表现)。其中,扶贫对象精准识别存在基本信息不精准、基础资料不齐全、兜底对象不准确、致贫原因不精准、动态更新不及时、政策宣传不到位、干部力量不稳定等七个问题;驻村帮扶工作存在驻村工作较为滞后、整体进展不平衡、帮扶措施不精细、脱贫增收手段单一、联系不够紧密等五个问题。③ 4月25日至4月27日,脱贫攻坚第一次全体会议召开之后,林县县委督查室、

---

① 林县目标责任考核领导小组办公室、林县脱贫攻坚指挥部办公室:《关于印发〈林县2016年脱贫攻坚工作单项奖考核办法〉的通知》(林考办发〔2016〕29号),2016年11月30日。

② 在2018年年底,林县换上了比较强势的副书记主管扶贫工作。该副书记还尝试采取"末尾淘汰"制度,各个县政府组成部门、各乡镇,在扶贫年终考核中排名倒数第一位的一把手、二把手,就地免职。但是,这个政策争议较大、阻力也较大,最终并没有真正执行。

③ 林县脱贫攻坚指挥部办公室:《关于全县精准扶贫首轮专项督查工作通报》(林脱办发〔2016〕3号),2016年4月21日。

政府督查室、纪委（监察局）、考核办、脱贫攻坚指挥部办公室又组织了 15 名工作人员，组成四个督查组，对 10 个镇 12 个村（其中包括桥镇 SX 村）开展了第二轮暗访督查，提出了"基础工作有待进一步加强、宣传工作有待进一步深入、驻村帮扶工作有待进一步提高、软件资料有待进一步完善等四个问题"①。之后，暗访就成了督查考核的重要方式，上级政府会定期不定期地对下级政府的扶贫工作开展暗访督查。

另外，为了增加督查的真实性，避免出现走形式的问题，"交叉互查"成为督查的重要方式，也就是在县与县之间、镇与镇之间进行互相检查，"互相挑毛病"。例如，2017 年 9 月，安康市脱贫攻坚指挥部就组织了 2017 年第三季度脱贫攻坚工作县际交叉检查。9 月 13 日，市脱贫攻坚指挥部召开了动员大会，主管扶贫的副市长在动员大会上提出："随着脱贫攻坚工作的深入，考核和检查督查将常态化、经常性地开展，每个县区既是检查者，也是被检查者。在检查过程中，一定要严守纪律规定，对照省、市考核指标和评分标准，坚决做到公平公正、实事求是，发现问题、扎实整改。"出席动员大会的县级领导现场抽签决定了交叉检查的对象。② 在交叉检查的工作制度下，各个县、镇政府为了避免自己排名靠后，一方面要认真做好自己的扶贫工作，避免工作出现较大的纰漏，以免在交叉检查的时候被别人"抓住把柄"；另一方面则是在交叉检查的时候"鸡蛋里挑骨头"，想方设法地把其他县、镇"拉下来"，让自己的排名能够靠前。

从理论层面讲，这种自上而下的督查考核体现的是一种"总体性权力"，其目的就在于给扶贫干部施加政治压力，让他们在外在压力的

---

① 林县脱贫攻坚指挥部办公室：《关于全县精准扶贫第二轮暗访督查情况通报》（林脱办发〔2016〕6 号），2016 年 5 月 5 日。

② 王柯、阮山：《我市启动第三季度脱贫攻坚工作县际交叉检查》，http://www.ankang.gov.cn/Content-113542.html（访问时间：2019 年 12 月 26 日）。当然，交叉检查并不是只在县级层面开展，县政府也会组织乡镇开展交叉检查。

强制压迫下能够"动起来"。但是，这种"总体性权力"并不能"落地"，督查考核背后的"总体性权力"必须进行操作化，转化成具体的指标体系，完成"在地化"的过程。① 当然，伴随着改革开放之后政府绩效考核水平的提升，当前中国地方政府已经在目标管理责任制方面积累了大量的经验，任何一项督查考核都可以被指标化——总体目标被分解为一个个的大项目，大项目又被分解为一个个的小项目，一个个的小项目又被拆解为各种具体的指标，以此来完成考核的"在地化"。在这一点上，扶贫领域的督查考核也不例外。而且，这种数字化并不是在督查考核阶段才开始，在整个精准扶贫的政策执行过程中，数字建设渗透到了扶贫政策执行的整个环节，在精准识别和精准帮扶阶段，地方政府一直都在做数字建设。

一方面是在前期的精准识别环节，地方政府即以表格、材料为核心，将治理对象文本化、数字化、指标化，扶贫工作就贯穿着数字、表格以及各种文字材料。而且，在扶贫过程中注重数字更新，不断地进行数据清洗。例如，在2017年4月份开展的扶贫对象核实和数据清洗工作，各镇需要填写各种各样的表格，具体需要填的内容有几百个指标。② 为了做到数据准确，林县脱贫办在2017年4月22日至5月5日连续下发了九份《扶贫对象核实及数据清洗工作政策指引》，对表格数据填写方式进行说明，《政策指引》列出的条款涉及表格填写的各个方面，可以说是面面俱到。③ 随着数字材料的逐渐丰富，每一户贫困户形成的文本材料有四五十页，各种数字、表格、文字、记录充斥其中。另

---

① 从"总体性权力"转化为"技术权力"，这个过程被王雨磊称为"技术动员"。参考王雨磊：《农村精准扶贫中的技术动员》，载《中国行政管理》2017年第2期。

② 林县脱贫攻坚指挥部办公室：《关于印发〈林县扶贫对象核实及数据清洗工作实施细则（试行）〉的通知》（林脱发发〔2017〕28号），2017年4月20日。

③ 林县脱贫攻坚指挥部办公室：《扶贫对象核实及数据清洗工作政策指引》（林脱办函〔2017〕14号—25号），无日期。

一方面，在中期的精准帮扶阶段，地方政府同样也会将扶贫干部的扶贫行为文本化。其中最为核心的，是以"台账"为基础将扶贫干部的工作"痕迹化"。例如，第一书记和驻村工作队员就必须填写《考勤表》，第一书记还需要填写《日常办公情况统计表》，表格具体到每一天，必须写清一天的工作情况以及具体办理的业务。① 除此之外，为了监督真实到岗情况，林县还要求所有第一书记和扶贫工作队员安装"钉钉"办公软件，在软件上进行考勤登记。② 各贫困户家里也会有一张"扶贫明白卡"，写明享受到的扶贫政策、正在开展的帮扶措施以及帮包干部的联系方式。镇脱贫办留有"贫困户帮扶责任一览表"，表上写明贫困户户主姓名、家庭人数、贫困户属性、致贫原因和帮扶单位、包帮干部。脱贫攻坚指挥部督查考核组可以拿着责任一览表按图索骥，以明察暗访的方式考核帮包干部的扶贫责任。

除此之外，最为重要的就是按照"八个一批"的标准，将各种扶贫政策进行"项目分解"，转化为一项项具有操作性的指标体系。例如，在2017年4月，桥镇就将该年度的扶贫重点村建设任务分解为9个大项目，包括住房保障脱贫、金融脱贫、教育脱贫、兜底脱贫、产业发展脱贫、务工创业脱贫、健康脱贫、基础设施建设、公共服务项目（如第二章描述，大项目的分解方式和桥镇脱贫攻坚指挥部的"办组系统"存在一定的对应关系），并确定了具体的包抓责任领导、牵头责任单位、责任人、协助配合单位和完成时限。在每个大项目之下，又细分具体的小项目。比如：住房保障脱贫分为新建、进城入镇、危房改造、村内搬迁、交钥匙工程等5个具体指标。兜底脱贫分为五保户、低保户、残疾户等3个具体指标。公共服务项目分为阵地建设、生活超市、

---

① 参考《桥镇HY村第一书记、驻村工作队员考勤表，桥镇第一书记驻村工作台账（2016年度）》（无文号），无日期。

② 中共林县县委组织部：《关于认真做好驻村第一书记和专职工作队员日常考勤的通知》（林组通字〔2017〕81号），2017年4月22日。

路灯安装、垃圾集中收集点、垃圾填埋场、垃圾中转站、垃圾箱、改建公厕、文化活动场所、卫生室、电子商务室、扶贫协会等14个具体指标，每个指标都有当年必须完成的具体数量。①

在这些前期工作的基础上，上级政府才能在督查考核环节有效地开展"项目分解"，按照准确的项目分类和指标数据对扶贫干部进行考核。例如，2016年度，桥镇对各行政村的督查考核内容就分解为五个大项目（共计100分），分别是：1. 工作成效30分，完成年度脱贫任务30分，每少一个百分点扣5分，扣完为止。2. 精准扶贫示范点建设（20分），没有的不计分。3. 及时调整贫困户信息系统20分，每错一户扣0.5分，扣完为止。4. 及时发放各种资料、图册10分，视发放情况计分。5. 相关材料、表册填写认真，保质保量按时上交20分，视平时各种情况综合计分。② 林县目标责任考核领导小组办公室、林县脱贫攻坚指挥部办公室联合制定的2016年度《脱贫攻坚工作单项奖考核办法》，对各个乡镇和各个帮扶单位的绩效考核更为详细，其中对乡镇的考核分为述职述效（10分）、减贫成效（35分）、精准识别（20分）、精准帮扶（15分）、财政专项扶贫资金管理使用（15分）、日常督查（5分）等6个大项目，共计100分（具体的项目参考表6-2）。为了防止弄虚作假情况的出现，《考核办法》还强调："在扶贫资金管理使用中有贪污挪用行为，在项目建设等考核数据方面有弄虚作假，在贫困村、贫困户退出中玩数字游戏、逼脱贫、假脱贫、被脱贫的，经调查核实，考核成绩一律定为不合格，并按照有关规定予以处理。"③

---

① 中共桥镇委员会、桥镇人民政府：《关于分解下达2017年脱贫重点贫困村目标任务及责任的通知》（桥发〔2017〕64号），2017年4月12日。

② 《桥镇2016年度精准扶贫工作考核办法》（无文号），2016年1月6日。

③ 林县目标责任考核领导小组办公室、林县脱贫攻坚指挥部办公室：《关于印发〈林县2016年脱贫攻坚工作单项奖考核办法〉的通知》（林考办发〔2016〕29号），2016年11月30日。

第六章　督查考核与政策执行的外在压力

表6-2　林县2016年镇脱贫攻坚工作考核计分表

序号	考核指标	分值	评分标准	考核方式
1	述职述效	10分	各镇党委、政府要在次年1月底前，对照县委、县政府和县脱贫攻坚指挥部下达的脱贫攻坚目标任务，向县脱贫攻坚指挥部报告现场调研了解情况，结合年度脱贫攻坚述职述效和减贫测评，测评分为优秀、良好、一般，按照标准，较差计0分的标准，一般差计5分，较差计0分的标准，一般按照得票情况折算测评得分。	听取汇报、现场测评打分。
2	减贫成效	35分	贫困村减少（15分）。依据安康市贫困村脱贫退出标准组织验收，围绕基础设施改善、主导产业发展、人居环境改变、公共服务提升，村级班子建设和精准扶贫6个方面，市考核组（第三方评估机构）按县级申请脱贫认定，实行百分制评分，综合评分95分以上可以脱贫认定。完成年度贫困村脱贫计划任务的得15分，超额10%完成的加0.5分，未完成年度贫困村脱贫计划任务的不计分。贫困人口减少（10分）。贫困人口减少以户为单位，依据安康市贫困户脱贫退出标准，围绕收入、住房、教育、医疗、养老等六个方面，委托市第三方评估机构申报贫困户的10%进行抽样核查，按照核查比例认定年度脱贫人口，完成年度贫困户脱贫计划任务的得10分，超额10%完成的加0.5分，最高加1分，未完成年度贫困户脱贫计划任务的不计分。农民人均可支配收入增长（5分）。依据统计部门提供数据进行考核，增长幅度达到全县平均增长幅度计5分，每提高1%加0.5分，最高加1分，每降低1%扣0.5分。住房安全保障（5分）。完成年度危房改造任务和建档立卡贫困户人口移民（脱贫）搬迁任务的计5分，未完成年度任务的，每少1个百分点，扣0.5分，低于90%）的计0分。	提供文件资料、会议记录，实地走访调查。以统计部门数据为准，实地走访农村测算。实地走访调查，资金兑付凭证。

303

(续表)

序号	考核指标	分值	评分标准	考核方式
3	精准识别	20分	贫困信息系统动态管理（5分）。按照省、市、县要求按时完成系统数据清洗、更新及扶贫对象动态调整，信息采集准确、数据清洗干净，更新及时，做到清洗无差错计5分，省、市、县会审无差错计5分，因信息采集人工作不到位造成不良后果的，酌情扣分，扣完为止。建档立卡贫困人口识别及脱贫退出精准度（15分）。依据第三方机构评估结果，核查贫困人口识别及脱贫退出精准度达到98%以上计15分，精准度90%~98%之间，精准度低于0.5分，精准度低于90%的计0分。	系统查看，平时掌握。第三方评估数据。
4	精准帮扶	15分	1. 各镇以贫困村为单位，车度工作总结的计4分，每缺少1项扣1分，扣完为止。以贫困户为单位，建立贫困户基本信息档案，脱贫计划认定档案，制定有翔实的村级脱贫攻坚规划，产业发展规划、车度工作推进方案、脱贫计划档案和脱贫认定档案、实施情况良好计6分，未完成计0分。 2. 每个贫困村落实1名党员干部结对帮扶，精准帮扶满意度达到95%以上领导包抓和一个办站所驻村帮扶，每个贫困户落实1名党员副科级以上领导包抓和一个办站所驻村帮扶，每个贫困户落实1名科级以上领导包抓和一个办站所驻村帮扶，每个贫困户落实，精准帮扶满意度90%~95%之间，每少1个百分点扣0.5分，精准度低于90%的计0分。	提供会议资料，会议记录，实地走访调查。

（续表）

序号	考核指标	分值	评分标准	考核方式
5	财政专项扶贫资金管理使用	15分	1. 财政专项扶贫资金管理严格按照《财政扶贫资金管理暂行办法》和《财政扶贫资金报销制管理规定》进行管理，财务手续健全计5分，因财务手续不健全、资金监管使用不规范的、资金报销不规范的，扣2分，形成违规违纪的不计分。 2. 每个拔当年退出的贫困村按照落实帮扶行业帮扶资金400万元以上计4分，每少10万元扣0.1分，项目资金使用按照贫困村下达的项目计划使用，按项目要求及规定程序报账的计1分。 3. 项目资金及时拨付到贫困户，无挤占、截留、滞留，项目资金使用纪行为的计0分。 4. 财务制度健全，凡出现违规违纪行为的计2分，挪用和私分贪污等违纪违法行为的计0分。 5. 到户资金使用公开、公正、透明，足额兑现到户计1分。每缺少一项扣0.5分，扣完为止。	查阅文件、资料、凭证、会议记录，实地走访调查。
6	日常督查	5分	主要考核县对各镇脱贫改坚工作，日常工作明察暗访情况。全年未被市县级通报批评的计5分；每被县委督查室、县政府督查室、县脱贫攻坚指挥部办公室明察暗访通报批评1次扣0.5分，累计通报批评4次以上的不得分。在半年督查和第四季度督查结束后，各进行一次督查通报，对工作成效明显、知晓率、满意率高的加0.25分。	提供文件资料。

这种方式并不能简单地理解为官僚主义、文牍主义、形式主义的问题（后续对此有更加详细的分析），而是反映出地方政府希望以这种任务分解、指标细化的方式更好地掌握扶贫工作的具体情况，将脱贫攻坚这项已经被高度政治化的任务重新纳入可操作化的政策执行语境当中，以任务分解和指标考核为基础，将脱贫攻坚工作从政治化的氛围中"降维"，重新回归数字化、技术化、常规化的轨道，使精准扶贫能够真正落地。

二、地方政府的"应对策略"

当然，地方政府并不是被动地接受督查考核，而是具有很明显的主动性，会采取各种有效的措施展现成绩、遮蔽问题，以此来应对上级政府的督查考核。例如，艾云对华中地区某农业县 2007 年度计划生育年终考核进行过程分析，她发现上级政府通过"指标数量化""一杆到底""一票否决"等制度设计来监控下级政府的执行过程，下级政府则通过"造假""接待""陪同""收买""越级求助"等策略来破解上级政府的考核检查。[①] 周雪光则发现，上下级政府在执行来自上级部门特别是中央政府的各种指令政策时，常常采取"上有政策、下有对策"的各种手段，来应付这些政策要求以及随之而来的各种检查，导致了实际执行过程偏离政策初衷的结果，而且在督查考核中，上下级政府间还形成了"共谋"，共同来应对更上一级的考核。在他看来，在中国行政体制中，地方政府间的共谋行为已经成为一个制度化了的非正式行为，属于地方政府所处制度环境的产物，有着广泛深厚的合法性基础和特定的制度逻辑。[②]

---

① 艾云：《上下级政府间"考核检查"与"应对"过程的组织学分析：以 A 县"计划生育"年终考核为例》，载《社会》2011 年第 3 期。

② 周雪光：《基层政府间的"共谋现象"——一个政府行为的制度逻辑》，载《社会学研究》2008 年第 6 期。

尽管这些文献大多不是以精准扶贫为案例，但是对精准扶贫政策执行的督查考核也并不例外，同样存在各种"应对策略"和"共谋现象"——从制度设计的初衷来说，县乡政府是精准扶贫督查考核的对象，必须接受来自上级的政治压力。但从能动性的角度讲，县乡政府同样也会采取各种各样的方式来应对督查考核，形成县乡政府的"应对策略"；县级政府、乡镇政府和行政村之间也存在一定程度的"共谋"，来应对更上一级的督查考核。不过和以前的应对策略不同，从调研得到的信息来看，县乡政府应对扶贫督查考核已经很难再明目张胆地"造假""收买"，而是主要采取自查自验、迎检培训、掌控行程/陪同考察、参观典型等方式（其中前两个是前期准备采取的措施，后两个是在督查考核过程中采取的措施）。和艾云所提到的策略相比，这些新策略更有技巧，更加具有隐蔽性，并没有超出现有制度框架走到违法的程度。

首先是自查自验。所谓自查自验，是指县乡政府和行政村在接受督查考核之前会先按照督查考核的各种标准进行自我检查。自查自验的内容一方面是总结以往扶贫工作的成绩（包括精准识别、驻村工作队帮扶、扶贫资金项目发放、减贫成效等内容）。除此之外，更重要的则是发现以往政策执行中存在的问题，在接受正式的督查考核之前准备好材料、补齐工作短板。从调研情况来看，在政治高压之下，县乡政府和一线扶贫干部为了避免在后续的督查考核中被上级查出问题，已经开始大范围地采取这种"应对策略"。而且，在"不出事""基层共谋"的行为逻辑下，县级政府、乡镇政府和行政村会一同开展这种预防性的"自查自验"。扶贫干部会联合一起来做自查自验的事情，一起撰写自查报告、一起规划后续的补救措施，防止被中央、省、市等更高一级的政府部门查出问题。

例如，在 2016 年 11 月，桥镇扶贫干部和驻村干部、村干部一起对 SX 村进行了一次"自评"，形成了"自评报告"。报告中涉及基本情况、脱贫攻坚目标任务等客观情况;列清了精准识别工作开展情况及成效、精准退出工作开展情况及成效、驻村工作队帮扶具体情况、帮扶干部具体情况、"七个一批"重点脱贫措施和政策落实情况、减贫成效、其他情况等相对正面的工作成绩。同时也提出了存在的问题,主要包括:"1. 少数贫困户缺乏自主脱贫、自主发展意识,依然存在等、靠、要等问题;2. 村集体经济组织少,产业发展后劲不足;3. 村部建设还未完工,部分旧房改造在进行最后的完善。"① 2017年6月,桥镇HY村也开展了一次自查自验。HY村向桥镇脱贫攻坚指挥部提交了一份《脱贫攻坚自查报告》,在报告中,HY村罗列了当年扶贫工作及数据清洗工作开展情况、帮扶计划措施、驻村帮扶队伍情况等客观内容,并提出了当前存在的主要问题:"1. 缺项目、缺资金、缺技术的总体局面未根本解决。2. 诸多客观因素影响扶贫工作难以有成效。全村贫困人口的存量比较大,村干部对扶贫政策认识不足,思想上还没有真正从数字脱贫转为走精准脱贫的路子;有些包户干部由于自己所在部门没有项目、资金,无法给贫困户带来具体的变化,在扶贫工作上似乎不能发挥很大的作用,难以受到村民欢迎。3. 脱贫项目与脱贫计划、实际操作匹配有难度。在落实项目上花费了大量的人力、物力、财力,但成效甚微,严重挫伤了村级脱贫积极性。"《脱贫攻坚自查报告》还从"切实做好建档立卡精准核实工作,多举措瞄准贫困人口、增强脱贫效果,全面压实工作责任、加大脱贫攻坚主动性,加强政策宣传,解决政策梗阻问题"等方面提出了后续发展措施。特别是在多举措瞄准贫困人口、增强脱贫效果这些方面,提出了很多具体的内容:"一是突出抓好产业脱贫。对贫困户实行分类帮扶,选择有潜在发展能力的贫困户实施产业扶贫,通过技能培训、干部包户、政策扶持、能人带动等组合手段,编制HY村产业脱贫发展规划,因户因人扶持发展脱贫产业,扶持贫困户

---

① 《桥镇2016年度重点贫困村脱贫自评报告》(无文号),2016年11月28日。

宜养则养、宜种则种，发展产业脱贫。二是突出抓好就业脱贫。选择劳动力状况相对较好的贫困户，通过定向推荐，提供公益性就业岗位，促进就业脱贫。特别要发挥农业合作社、家庭农场等优势，提供多种岗位，引导贫困户就近就地就业，实现就业一人，脱贫一户。"①

尽管这种自查自验并不是督查考核的一部分，但通过这种前期的自查自验，地方政府基本上能够实现三个目标：一是能够"摸清家底"。脱贫户和未脱贫户的数量，各项政策执行程度，都能通过自查自验得到有效的信息。以这些数据信息为基础，应对后续的督查考核也算是有了准备，扶贫干部在汇报时就可以做到"一口清"。二是总结了扶贫工作取得的成绩。这种成绩总结多少带有"邀功"的意思，在后续督查考核的汇报会上，这些成绩会作为汇报的重点。三是表明后续政策执行的决心。自查报告中总结的工作不足以及提供的后续发展措施一般都比较笼统，与其说是具体的措施，倒不如说更像是一种政治表态，向上级政府表明，我们有继续贯彻执行扶贫政策的决心，有解决问题的思路。

其次是迎检准备。在这方面，地方政府可谓煞费苦心。一方面是提前学习借鉴其他地区的"先进经验"。例如，在2017年9月，林县脱贫攻坚指挥部就第三季度交叉考核举办了一次专门的培训会，全县所有乡镇扶贫办都派出了1~2名扶贫干部去接受培训，培训讲义就有19页之多，涉及基本原则、情况说明（13个小项）、指标说明（12个小项）、重点工作进展（8个小项）、驻村帮扶情况（4个小项）、扶贫资金保障（4个小项）、问题整改、成果巩固、内生动力和民风建设（2个小项）、效果及评价（2个小项）等内容。② 除此之外，地方政府还会请专业人士做讲解。例如，在笔者调研期间，有一名调研同伴参加过多次贫困退出第三方评估的工作。得知这个情况之后，桥镇分管扶贫的副镇长、脱

---

① 《HY村脱贫攻坚自查报告》（无文号），2017年6月13日。
② 《2017年度第三季度脱贫攻坚交叉考核培训讲义》（无文号），2017年9月30日。

贫办的全体工作人员就专门用了一下午的时间,让其讲解第三方评估的特定事项。①

另一方面则是提前准备好各种应对的材料。例如,对于2017年度省级脱贫攻坚第三方评估工作,林县脱贫攻坚指挥部办公室就下发了通知,对各村应对工作、需要准备哪些材料,提出了较为明确的要求:"各相关镇村和有关部门要高度重视,认真配合评估机构开展工作,及时向调查组提供所需材料。村级提供贫困户名单(含年度脱贫户名单、现有贫困户中本年度新增贫困户名单、现有贫困户中本年度返贫户名单)、非建档立卡户名单等抽样基础资料,有关脱贫攻坚工作资料以及评估所需的其他材料。"②

当然,这些还不是全部。为了更好地做好迎检准备,使得整个迎检工作更加规范化、标准化,在2017年10月林县脱贫攻坚指挥部办公室还专门制定了《脱贫攻坚迎检工作规范》和《脱贫攻坚工作情况汇报提纲》,在更新情况简介(3个具体要求)、明确陪检人员(2个具体要求)、提供抽样对象(3个具体要求)、准备档案资料、熟记基本政策、注意有关细节(6个具体要求)、检查基本程序(3个具体要求)等七个方面提出了相应的规范性建议。提供了《脱贫攻坚工作情况汇报提纲》的标准格式,以期扶贫干部能够按照《脱贫攻坚迎检工作规范》的要求联系相关人员、准备文字材料,能够按照《脱贫攻坚工作情况汇报提纲》的框架汇报工作,更有针对性地迎接督查考核。

---

① 当前贫困退出第三方评估一般都是采用"政府购买服务"的方式,委托给一些涉农院校和科研院所的专家,专家再组织团队(一般就是自己的学生)开展评估。笔者的这位调研同伴就是农业大学的博士研究生,一直研究贫困问题,在全国范围内也参加过几次贫困退出第三方评估工作,具有一定的经验。

② 林县脱贫攻坚指挥部办公室:《关于配合做好2017年度省级脱贫攻坚第三方评估工作的通知》(林脱办发〔2017〕482号),2017年12月18日。

《脱贫攻坚迎检工作规范》的相关内容：

（一）更新情况简介。1. 准备一页纸的最新的村情简介，内容包括三个部分：一是区位、人口和贫困户情况；二是经济发展简况；三是脱贫攻坚特色亮点工作（内容由镇上把关认可）。2. 选定一名口齿伶俐、熟悉村情的镇村领导，提前演练，不要照稿子念。3. 镇上相应准备简介，连同村级简介和驻村工作队名单一起给检查组人手一份，提前放置在会议室桌前（材料提纲参照附件模板）。

（二）明确陪检人员。1. 明确3~4人为陪检人员，确定1人负责与检查组对接抽户，并安排陪同检查分工。2. 陪检工作人员要求：一是熟悉脱贫攻坚基本政策和村情户情；二要遵守检查要求，搞好联系服务；三是衣着整洁得体，语言热情大方；四是不失时机地介绍镇村脱贫攻坚特色亮点工作，灵活处理突发情况。

（三）提供抽样对象。1. 提供地图或者画出本村各村民小组分布草图。2. 以村民小组为单位，列出本村贫困户名单，标明当年计划脱贫户、其他贫困户和八个一批类别户；3. 准备卡纸和签字笔备用。

（四）准备档案资料。按照镇、村级档案目录要求，提前准备好档案资料备查。

（五）熟记基本政策。要求镇上陪检人员（包括书记、镇长）、村脱贫攻坚工作队成员（队长、第一书记、村两委班子、驻村干部）熟记应知应会的脱贫攻坚最新政策。

（六）注意有关细节。1. 信息联系要畅通，主动衔接。2. 村容村貌要整洁，树立形象。3. 座谈会场要到位，提前落座（所有接待人员提前到会议室落座）。4. 书记支书要迎接，门前等待。5. 专岗专责要分工，不打乱仗。6. 信访维稳要注重，不出事情。

（七）检查基本程序。1. 到会议室落座抽户，同时介绍村情。

2. 分组入户检查。3. 查看档案资料，村卫生室，与镇村干部访谈（或测试）。

《脱贫攻坚工作情况汇报提纲》的相关内容：

一、基本情况。主要包括村概况（人口、面积、上一年度生产总值、农民人均纯收入），贫困人口数据，按脱贫方式分类数据，规划目标，当年脱贫计划等。二、脱贫攻坚工作进展情况。（一）年度减贫计划完成及重要政策落实情况。一是产业扶贫方面，二是易地扶贫搬迁方面，三是转移就业方面，四是教育扶贫方面，五是健康扶贫方面，六是生态扶贫方面，七是兜底保障方面，八是电力扶贫方面，九是危房改造方面，十是基础设施和公共服务方面，十一是水利扶贫方面，十二是卫生室建设方面。（二）驻村帮扶工作开展情况。一是力量整合方面，二是在岗履职方面，三是责任落实方面，四是任务完成方面。（三）互助资金组织运行情况。（四）已脱贫户和返贫户政策落实情况。三、主要做法和工作成效。四、下一步工作打算。①

对于这种迎接检查的准备工作，很难说县乡政府是在明目张胆地"作假"，毕竟这不是"作假"。但是能够看出来，县乡政府对上级的督查考核的确是"严阵以待"。至于在这种"严阵以待"的"迎检准备"中，县乡政府会不会有意无意地遮盖一些负面、消极的信息，着重向督查考核人员展示正面、积极的内容，就成了很难判断的事情，无论是从林县的情况来看，还是从全国范围内其他地区的新闻报道中来看，的确

---

① 桥镇脱贫攻坚指挥部办公室：《关于转发林县脱贫攻坚指挥部办公室〈脱贫攻坚迎检工作规范〉的通知》（桥脱指办发〔2017〕16号），2017年10月9日。实际上在笔者调研的过程中，一些不太熟悉的乡镇干部和村干部也会"按照标准"介绍本村情况，想来他们对督查考核的上级领导很可能也是如此应对。

不能完全排除这一点。

再次是掌控行程/陪同考察。按照制度设计,对县、镇政府的督查考核在形式上分为定期和不定期两种。从理想状态上讲,定期的督查考核会明确告知检查时间、检查重点、人员安排和日程安排等事项(在通知中会写清楚)。这样县乡政府就会有相对充足的时间做好准备,有针对性地来应对检查。与之形成对比,不定期地督查考核具有随机性、突发性的特点,而且上级政府倾向采取明察和暗访相结合的方式,使得不定期检查带有一定程度的隐蔽性。在这种情况下,县乡政府可能就难以充分了解到不定期检查的安排,也无法进行充分的准备,督查考核人员就有可能获得更为真实的信息。可能也正是为了防止县乡政府了解到上级的督查考核后有富余的时间提前做好相应的准备,不定期的、不公开的督查考核就逐渐成为一种重要的督查考核形式。

不过,这两种考核方式的区别只是一种理想化的理论假设,并没有考虑到基层的复杂情况。在这个类似于"猫捉老鼠"的游戏当中,"捉老鼠的猫"处在被监视的位置,"被捉的老鼠"反而是处于暗处,掌握更多的信息:一方面,县乡政府的工作人员并不是脱离社会关系的存在,而是具备各种正式或非正式的人际关系(不仅包括上级政府内部的人际关系,也包括平级政府内部的人际关系),上级政府的不定期检查并不能做到完全保密,很容易通过各种渠道传递出去。而且,其他地区被督查考核过之后,消息就会在当地"官场"传播开来(最典型的就是在"微信群"里传播信息)。另一方面,农村基层社会是熟人社会,村里所有的人基本都互相认识,"几个坐小轿车的生人"进村入户以后,直奔贫困户家中问东问西是一件比较反常,也比较扎眼的事情。① 在这种情况

---

① 在调研过程中,笔者曾经和调研同伴去扶贫搬迁集中安置点了解情况。去之前没有和村干部打招呼,给搬迁户做自我介绍的时候也说"我们是做暑期社会调查的大学生"。即便如此,被访谈的贫困户还是会时不时地询问:"你们是不是上面来检查的?"从这一点推测,这些搬迁到集中安置点居住的贫困户可能经常会接触到"上面来检查的"。

下，即使不定期督查考核的消息被封锁了，但只要督查考核人员一进村，和贫困户一接触，就会"暴露自己的行程"，包括暗访组的人员数量、行程安排、检查重点这些信息基本就暴露在扶贫干部的"监视"之下。

> 说是不定期地开展明察暗访，但你想啊，他们能藏得了吗？开着黑色的小轿车，三五个穿着板板正正的人，一看就不是村里面的。一到我们县里，我们就知道他们来了。我们就在群里说，到哪哪哪了，要往哪里拐了，后面沿线的几个村都做好准备。现在公安部门不是有天眼系统嘛，那就直接用来监视上面过来检查的人了，只要他们走公路，没有拐到偏僻的土路上去，那就是实时监控，看得一清二楚。
>
> 就算是我们没发现他们，真让他们悄没声地进村了，那些贫困户见的检查的那真是多了，过来问这个问那个，八九不离十，就是过来检查的。等他们走了，贫困户就给村干部说，那村干部马上就会跟上去，给镇上打电话，说来人检查了。那后面，那就没法再继续暗访了，那就是陪着检查了。①

获悉了暗访人员的行程之后，村干部、乡镇干部自然就会跟着暗访人员一起陪同检查。事实上在《脱贫攻坚迎检工作规范》中，当地政府就明确要求："选定一名口齿伶俐、熟悉村情的镇村领导，提前演练，不要照稿子念。……1. 明确3~4人为陪检人员，确定1人负责与检查组对接抽户，并安排陪检查分工。2. 陪检工作人员要求：一是熟悉脱贫攻坚基本政策和村情户情；二要遵守检查要求，搞好联系服务；三是

---

① 林县副县长访谈记录，访谈编号：20181115KXZ，访谈时间：2018年11月15日。副县长所说的"群"，指的是他们当地干部联络工作用的"微信群"。

衣着整洁得体，语言热情大方；四是不失时机地介绍镇村脱贫攻坚特色亮点工作，灵活处理突发情况。"① 而有村干部、乡镇干部陪同的检查，基本上就很难发现什么负面的信息了——在乡土社会中，除非是遇到一些比较极端的情况，很少有贫困户会在扶贫干部在场的情况下直接说扶贫政策不好，也很少会有贫困户当着村干部的面说扶贫干部工作不到位、政策执行有偏差（对于笔者这种不涉及检查的研究人员，贫困户也大多是"说好不说坏"，很少直接反映问题，最多就是埋怨、嘟囔几句，面对"上面下来检查的人"，就更不会直接说问题了）。即便有个别贫困户因为不理解政策或者没有享受到他所期待的帮扶措施，对国家扶贫政策、对扶贫干部的工作有意见，发发牢骚、埋怨几句，有扶贫干部在旁边陪同检查，也可以根据情况随时进行解释：既向有意见、发牢骚的贫困户解释政策，消除不满情绪，防止他把问题扩大化；也向检查人员说明情况，"把存在的问题再重新圆回来"，或者会表明后续将采取的进一步措施，给督查考核人员留下一个负责任的印象，将负面影响降到最低。

最后是参观典型。按照各种文件的要求，"进村入户"是督查考核的必要程序，上级政府的督查考核人员必须深入到贫困村当中了解精准扶贫政策的执行情况。从笔者调研了解到的信息来看，督查人员进村以后参观的对象除了村委会之外，主要还包括三类：一是会参观一些从事农业生产、加工、销售的"主体"，也就是当地从事扶贫产业、带动贫困户脱贫的各类合作社、公司、龙头企业等经济组织，了解一下这些主体的生产规模、具体发展的产业类型、带动贫困户发展的数量、减贫益贫的具体机制。参观这些主体的目的主要就是了解当地农业经济发展的基本情况，以此来判断产业扶贫的实践效果。二是会调研若干贫困户

---

① 桥镇脱贫攻坚指挥部办公室：《关于转发林县脱贫攻坚指挥部办公室〈脱贫攻坚迎检工作规范〉的通知》（桥脱指办发〔2017〕16号），2017年10月9日。

(不同形式的督查考核，抽查贫困户的比例不同①)，其中既包括一些已经脱贫的，也包括一些未脱贫的。这一点主要对应了贫困户自家的发展情况。督查考核的干部会通过实地观察、和贫困户聊天、查看"贫困户帮扶责任书"，来了解贫困户的住房、医疗、教育、就业等方面已经获得的政策扶持，同时也询问一下帮包干部入户的频率，以此来了解干部帮包的实践情况。三是会参观集中安置小区。如前面第三章所讲，扶贫搬迁是当地政府财政支出非常大的一项扶贫措施，地方政府投入了很大的精力，同时扶贫搬迁对贫困户摆脱贫困的影响也非常深远，因此各种督查考核标准对此都比较重视。在每次督查考核的过程中，考核组必然会到这些集中安置小区考察一番，与安置小区负责人、贫困户座谈交流，询问贫困户入住情况、"三产"发展情况，以了解扶贫搬迁的实践效果。

这本来是一项比较有意义的考核方式，能够脱离文件、数字，了解到精准扶贫的真实绩效。但是，到了实践当中就可能会走样，扶贫干部会向督查考核人员展示一些比较正面的贫困户或者经营主体。这其中的"奥秘"并不复杂——尽管政策是一样的，但是不同主体、贫困户获取政策扶持的能力是不同的，发展产业的资源多寡是存在区别的，在这种情况下，自然就会有一些主体、贫困户发展得更好，能搞出一些亮点和

---

① 从各个文件来看，督查考核抽查贫困户的数量一般是在每个村 5~10 户左右。例如，2016 年 6 月，安康市对管辖区县开展脱贫攻坚督查考核，要求"在每个县区随机抽查 2 个镇，每个镇随机抽查 2 个村，其中 1 个村为 2016 年度贫困退出村，3 个村为 2017 年度计划脱贫退出村，每个村随机走访 10 户以上"。林县开展第二次专项督查，针对 2016 年度 13 个已脱贫村和 2017 年计划脱贫的 70 个村，要求"每个贫困村随机抽取 5 户以上贫困户入户调查识别准确率、政策宣传入户率等"。参考安康市脱贫攻坚指挥部：《关于开展脱贫攻坚问题整改和当前重点工作督查抽查的通知》（安脱指发〔2017〕17 号），2017 年 6 月 4 日。林县脱贫攻坚指挥部办公室：《关于对全县脱贫攻坚工作进行第二次专项督查的通知》（林脱办发〔2017〕133 号），2017 年 6 月 22 日。

特色，也能取得不错的减贫益贫效果。而一些主体、贫困户可能就比较一般，甚至还会因为各种各样的原因而对扶贫政策、扶贫干部有一些怨言。在这种情况下，扶贫干部大多会选择一些发展情况更好的主体、贫困户，用这些"典型"来表现政绩。其中，贫困户是随机抽取的，进行人为控制的可能性比较小，但是扶贫干部依然有办法来解决这个问题。抽到了情况比较好的，自然无事；如果抽到了情况不是很好、对扶贫政策有怨言的，那么当地村干部、第一书记就可能以"他们家出去打工了""赶集去了""走亲戚去了"为理由，建议督查组换一户，而更换的这一户很有可能就是当地的"典型"，既有更好的脱贫表现，应对督查考核也"更有经验"。即使督查组坚持要去这些贫困户家中，当地的村干部、第一书记也会以带路、敲门的名义陪同，在检查的过程中由这些村干部、第一书记临场应对，随时准备"把问题圆回来"。①

而对于经营主体的选择就带有更明显的倾向性了。地方的资源分配存在一定的"马太效应"，随着近几年精准扶贫资源的不断输入，每个村都会有那么几个发展还不错的合作社，每个乡镇也都会有几个益贫效果比较明显的农产品加工企业，每个县也会有几个规模比较大的农业龙头企业。对于这些发展比较好的主体，县、镇政府和行政村就会为其堆积各种资源、提供各种优惠措施，将其打造成"示范点"，这样既能够完成脱贫攻坚"主体带动"的产业扶贫目标，也可以提供一个用来参观考察的"典型"，体现当地政府的政绩，而且这些主体在多次接待上级督查考核、参观考察之后，对这套程序也比较熟悉，能够得心应手地

---

① 按照王雨磊对精准扶贫中的国家基层治理秩序的研究，了解基层信息的村干部在这个环节中发挥了非常大的作用。在他看来，国家正式权力掌握的是总体性权力（进行政治动员），督查组掌握的是技术权力（按照指标进行督查考核），而村干部掌握的是"实践权力"，他们了解当地的基本情况，没有他们的配合，无论是上级领导还是督查组，都很难找到贫困户的家门。参考王雨磊：《村干部与实践权力——精准扶贫中的国家基层治理秩序》，载《公共行政评论》2017年第3期。

配合。对此，各类经营主体自然也是比较欢迎，成为"典型"以后，就有各个级别的领导来参观，之后就可能带来新的扶持，可以进一步扩大规模。例如，笔者在调研期间就曾经在一个农产品加工企业居住过三天。这个农产品加工企业就是当地政府打造的一个"典型"，对其倾斜了很多扶贫方面的政策资源（如场地优惠、税费减免、贷款额度等），每当有上级政府派人下来开展督查考核（也包括一些学者来开展学术调研），就会安排到这里（在会议室里贴满了各种领导考察的照片），企业负责人也隐晦地表示这样对他们有好处，"我们得和领导搞好关系，领导来的次数多了，有什么优惠政策我们就能知道，我们就能申请一下项目，有什么要求、有什么困难，我们也能提一下，请领导帮着协调解决。"① 除了这些发展比较好的合作社、农产品加工企业之外，其他一些发展情况比较一般、也没有获得多少政策支持的主体很可能就会成为统计报表中一个数据，工作汇报中的一段文字，督查考核人员对此并不会有什么具象的认识。

当然，从实践效果来看，督查考核在很大程度上也发挥了作用，特别是进村入户的考核方式，能够更加真实地展现精准扶贫的实施效果。但同样也不能否认，正是在上面这四种策略的影响下，上级政府派下来从事督查考核的干部很有可能就会出现"浮于表面""走马观花"的问题，在扶贫干部的引导下，只是看到了一些比较正面的案例，很难获得完全的真实信息。紧接着，这种情况导致的另外一个后果就是，上级政府侧重于根据文本、数字、汇报来衡量县乡政府执行扶贫政策的实践效果，文本材料成为督查考核的核心，进村入户、实地观察反而成了文本材料的补充。而这一点自然就会引发新的问题——扶贫干部为了应对检查、规避责任，就会将扶贫行为、扶贫效果、扶贫问题、整改措施都文

---

① 领航合作社副总经理访谈记录，访谈编号：20180721LH-LW，访谈时间：2018年7月21日。

本化，痕迹管理转化为痕迹主义，文本考核转化为文牍主义（也就是下面所要论述的观点，督查考核与文牍主义互为因果）。

三、考核督查与文牍主义

按照科层制的原理，书面文件是科层制运行的基本要素。① 正如韦伯所说的，"对现代官职的管理是以书面文件（'档案'，以原件或草稿形式保管起来）、一个下属官员班子以及各种文员为基础的。"② 这种情况发展到极端就会出现"文牍主义"的问题，各种各样的书面文件本身成为工作的核心，至于书面文件背后的工作实效反而被淡化处理。作为一个具有悠久的科层制传统的国家，中国政治语境中的文山会海、文牍主义并不少见。③ 从某种角度讲，开展运动式治理的目的之一也是为

---

① 〔美〕乔纳森·R.汤普金斯：《公共管理学说史：组织理论与公共管理》，夏镇平译，上海译文出版社2010年版，第52页。

② 〔德〕马克斯·韦伯：《经济与社会（第二卷·上册）》，阎克文译，上海人民出版社2010年版，第1096页。

③ 按照学者的研究，文牍主义从宋代开始就逐渐出现，到明清时期，繁文之弊已经发展成为政府公文的一大恶疾，严重干扰了国家正常的行政管理活动。在新中国成立初期，党和国家的工作刚刚开展，全国范围内就出现了统计报表过多的现象，"统计报表数量巨大、项目纷繁复杂、内容重复，很多调查项目无效，浪费了大量人力、物力、财力。"在改革开放之后，文牍主义以及对文牍主义的批评也一直存在，文牍主义被看作"文风中的形式主义""事务主义"，属于"官僚主义"的体现。参考何庄：《论明清的繁文之弊及其成因》，载《档案学通讯》2006年第3期。侯桂红：《共和国党政公文制度探析（1949—1966）——以河北省石家庄专区为例》，载《首都师范大学学报》2009年第1期。张富文：《中华人民共和国成立初期治理统计报表过多问题初探》，载《中共党史研究》2017年第3期。王培：《力戒文风中的形式主义》，载《人民论坛》2019年第11期。于建嵘：《基层工作切莫陷入事务主义》，载《人民论坛》2019年第S1期。曹东勃、宋锐：《克服县域治理中的官僚主义》，载《文化纵横》2019年第5期。

了消解官僚主义、形式主义和文牍主义的问题——以政治动员的方式将政策执行到第一线,而不是在文山会海中出现"以文件落实文件"的政策空转现象。精准扶贫政策的执行也同样如此,各种各样的政治动员方式,将精准扶贫的政策和扶贫干部推到了农村基层,督促他们贯彻落实中央政策。

现在来看,这种政治动员的效果还是比较明显的,精准扶贫政策基本被贯彻到了基层。但是较为悖论的现象是,在这种政治动员的过程中,精准扶贫的文牍主义现象并没有消失,在一定程度上反而更为明显了。特别是考虑到督查考核对文字材料的重视程度,扶贫干部在落实扶贫政策的过程中不得不处处留痕、处处留下印证材料,从痕迹管理走向痕迹主义;在应对督查考核的时候也不得不准备大量的文字材料(如工作报告、统计表格、各种印证资料等)来证明工作绩效。痕迹主义也就演化为文牍主义,出现帮扶行为、减贫效果、执行问题和整改措施的文本化,文本不再只是工作的载体,而是成为工作的目的。

第一是帮扶行为文本化。科层组织的基本习惯就是将各种行为转化为文字,实现行为文本化,这既是行政行为严谨性的体现,也是明确责任的有效方式。在精准扶贫工作中,"痕迹管理"就成为一种体现精准的重要方式,只不过现在的问题在于,地方政府要求事事留痕,"痕迹管理"走向了"痕迹主义"。例如,2016年4月,桥镇印发《市县镇干部驻SX村帮扶贫困户开展精准脱贫工作方案》(以下简称《工作方案》),《工作方案》明确要求建立帮扶台账,建立定期汇报制度。① 同月,林县针对"双万帮困"活动,发布《关于进一步做好双万帮困活动的通知》,其中也明确提出,"各帮扶单位根据帮扶对象的不同需求,制定符合当下困难情况的帮扶措施实施方案,落实一对一的帮扶实

---

① 中共桥镇委员会、桥镇人民政府:《关于印发〈市县镇干部驻SX村帮扶贫困户开展精准脱贫工作方案〉的通知》(桥发〔2016〕38号),2016年4月13日。

施方案，务必于 5 月 15 日前报县帮扶办，以确保帮扶工作能实实在在起到有针对性的成效。与此同时，完善好 2016 年度双万帮困活动的台账，便于帮困。"① 2017 年 5 月，桥镇发布《关于 2017 年脱贫攻坚精准帮扶责任到人的通知》，其中依然要求，"为确保精准帮扶取得实效，加快推进制度创新工作力度，建立完善各项制度。确定每半个月上报一次工作进度至脱贫攻坚指挥部办公室，并报告工作进展。对工作中存在的问题，及时与镇脱贫攻坚指挥部办公室联系解决。"② 至于后续的进村入户，更是要求扶贫干部写帮扶方案、帮扶纪实，如果发放一些纪念品，还要求贫困户签字按手印，甚至要求帮扶干部和贫困户一起在门前拍照，并打印出彩色图片，以佐证明。

从科层制度的运作规范性角度来讲，上面这些要求主要是为了防止扶贫干部上下其手、变通执行，实现精准扶贫的"精准要求"，本也无可厚非。但现在的问题是，所有的方案、台账、纪实都需要以文本的形式出现，成为扶贫干部的工作任务（当地扶贫干部将这些文本资料称为"软件资料"）。而当前精准扶贫中需要提供"软件资料"的工作又太多了，搞得扶贫干部疲于应付、不胜其烦。在这种情况下，扶贫干部对这些文字材料怨言颇多，觉得没意义、没价值，是在搞花架子、搞形式主义，也就可以理解了。

> 哎，那段时间（大体指的是 2017 年之前——笔者注）就这么弄软件资料，一户一户的。里面很多都是没用的，全是印证资料，照片啊，表格啊，证明你去看过了，证明收入是准确的，多少补助，多少项目，都得有印证资料。……一堆纸，那么多，那真是太

---

① 林县双万帮困活动领导小组办公室：《关于进一步做好双万帮困活动的通知》（林帮困办发〔2016〕1 号），2016 年 4 月 20 日。

② 中共桥镇委员会、桥镇人民政府：《关于 2017 年脱贫攻坚精准帮扶责任到人的通知》（桥发〔2017〕19 号），2017 年 5 月 7 日。

多了。卡子（指的是帮扶纪实资料卡——笔者注）、皮皮（指的是帮扶资料本外面的包装皮——笔者注），三块钱一页的那个彩印的纸（帮扶干部和贫困户的合照需要彩印——笔者注），那个不知道花了多少钱，每户都有，一户好几十页的材料。要我说啊，这些纸质资料本身意义都不大，因为很多材料也都是从系统里面贫困户那里复印过来的，这些奖补的资金啊，给的各种政策的，系统里都有。你说再放在这个本本（指的是帮扶纪实资料本——笔者注）里有什么意义呢？17 份材料，我们这儿的本是 70 多页，去年是按照 49 页的整理的，今年就成了 70 多页，花里胡哨的，看着很好看，真是没有太大意义。①

第二是减贫效果文本化。所谓减贫效果文本化，也就是将各种扶贫政策的效果转化为文字，将扶贫政策的总体执行情况转化为工作报告，将贫困户得到的各种扶持、减贫效果转化为表格，以文本化的方式体现政策执行的最终绩效。一方面，每年行政村、镇政府、县政府都需要准备大量的工作总结和汇报。在这些工作总结和汇报中，扶贫干部会详细记录干了什么，取得了怎样的效果。以 2016 年为例，在 6 月份桥镇撰写了上半年精准扶贫的工作总结，报告分为基本情况与现状、脱贫攻坚工作情况、工作中存在的困难和问题、下一步工作打算等四个部分的内容，其中最为重要的就是脱贫攻坚工作情况，这一部分包括精准识别、脱贫规划、信息录入、人力物力、两房建设、电商扶贫、金融扶贫、产业发展、基础设施、驻村工作等更加具体的内容，各种具体的项目体现自身的工作业绩。在 12 月份桥镇又撰写了一年的工作总结，报告包括基本镇情、脱贫攻坚工作开展情况、"七

---

① 桥镇党政办干部访谈记录，访谈编号：20190724CGB，访谈时间：2019 年 7 月 24 日。

个一批"政策措施落实情况、资金投入情况、帮扶工作等六个方面的内容,其中比较重要的依然是"七个一批"政策措施落实情况,具体包括了搬迁脱贫、教育脱贫、产业脱贫、金融脱贫、生态脱贫、健康脱贫、兜底脱贫等。① 在 2017—2020 年精准扶贫政策执行阶段,诸如此类的工作报告不胜枚举。通过这些报告,各种贫困户脱贫的情况得以转化为能被科层组织接受的文本,既成为展示成绩的重要载体,也成为应对督查考核的重要依据。

另一方面,则是将精准扶贫取得的效果转化为各种数字报表。这些报表一般都是由上级扶贫部门制作,下发到各层级的扶贫干部手中,扶贫干部填写后再上报给上级扶贫部门,作为数据统计的主要来源,以此直观地体现扶贫政策的执行情况。例如,在 2016 年陕西省就制作了一份《扶贫开发统计年报表》,从省、市、县、乡,一直下发到行政村。该《年报表》项目众多,从第 28 项开始一直到第 299 项,林林总总,共计有 271 个表格需要行政村填写各种数据,可谓事无巨细。另外,则是各种各样的花名册和统计表,包括贫困户总体花名册、贫困户退出花名册、未脱贫贫困户花名册、返贫人员花名册、残疾人花名册、外出务工人员花名册、致贫原因统计表,等等。但实际上,这些统计年报、统计表格中一些指标要么不符合当地的实际情况,要么是重复统计,给一线扶贫干部增添了很多麻烦。按照桥镇脱贫办干部的说法,这就属于上面乱作为:"上面统计数据他不是一次统计完,他是今天要一点,明天又要一点,今天要返贫人员的数量,明天又要返贫人员里面残疾人的数量。刚开始我还一个一个统计,后来我发现了,这样弄累死我也弄不完啊。后来我学聪明了,我就弄了一个大表,你问我要什么,我就给你提

---

① 桥镇人民政府:《关于 2016 年上半年精准扶贫工作总结的报告》(桥政字〔2016〕87 号),2016 年 6 月 20 日。《桥镇人民政府 2016 年脱贫攻坚工作总结》(无文号),2016 年 12 月 22 日。从报告的抬头来看,这两份报告应该是提交给林县脱贫攻坚指挥部的工作总结。

供什么。"① 但不管怎样，填写各种表格，上报各种数据，准备各种台账、清单、照片、花名册、签到表、进度表、制度文件、兑付凭证等文本资料，就成了扶贫干部的一项重大负担，甚至成了工作的主要内容。②

第三是执行问题文本化。所谓执行问题文本化，一方面指的是自查自验的报告总结，这是接受督查者的自我应对。如前所述，在地方政府应对督查考核的过程中，会开展自查自验、撰写自查自验报告、自评报告。在诸如此类的自查报告、自评报告当中，地方政府一般会先"自我表扬"，总结扶贫工作取得的成绩，如精准识别情况、"八个一批"的帮扶措施、资金投入情况、驻村干部帮扶情况等（这些成绩性的文字占自查自验报告的大部分篇幅）。紧接着则会总结问题，反映扶贫工作面临的困难，如贫困户缺乏自主发展意愿、产业发展后劲不足、集体经济组织薄弱、缺少项目发展资金等（这些问题和困难占自查自验报告的小部分篇幅）。通过这种方式，地方政府得以展现自己在落实扶贫

---

① 桥镇扶贫办干部访谈记录，访谈编号：20190801-ZMM，访谈时间：2019年8月1日。

② 在2017年第三季度县际交叉检查中，行政村就需要准备几十项材料。1. 当年计划退出贫困户、一般贫困户、非贫困户花名册；2. 集体经济组织的印证和工作资料，合作社花名册等；3. 互助资金协会花名册、发放资金花名册和拨付凭证、各种资料等；4. 百日大会战任务清单、进度表，标兵选树1~2名，交万名朋友花名册等；5. 贫困退出任务清单；6. "三变改革"内容，本村"三变改革"思路和工作进展情况；7. 四支力量整合文件，工作制度和考勤签到表；8. 问题整改情况，"三单制"专用档案盒；9. 资金方面：上级文件，下达村的资金计划，资金管理制度，小额贷款审批台账和花名册等；10. 已脱贫户的帮扶措施等；11. 新民风方面：村规民约、树立正反典型情况，扶贫公益救助名单；12. "八个一批"内容：产业（帮扶措施和发展计划表）、验收表、资金兑付表，教育（有无辍学学生和享受补助花名册等），健康（贫困户健康档案、健康证发放花名册、体检照片、健康政策知晓情况、家庭医生签约台账、农村合疗收缴台账、大病慢性病花名册等资料），就业（转移就业计划、公益性岗位文件、花名册、待遇兑付凭证、各类培训花名册和照片等资料），生态扶贫（生态护林员花名册和工资兑付凭证，生态补偿金兑付情况），易地搬迁（搬迁花名册和奖补名册），危房改造（危改花名册和奖补名册等），兜底保障（低保金、五保户的确定和资金兑付凭证）。参考《第三季度脱贫攻坚县际交叉检查中村级需要准备的材料》（无文号），无日期。

政策的过程中工作是多么扎实，同时也是给现实中存在的问题寻找合理的解释。在日常工作当中，这些报告占据了很大的时间精力，特别是对于行政村、镇政府"写材料"的干部而言，撰写这些报告几乎成为他们的主要任务。

另一方面，执行问题文本化还指上级督查考核的结果呈现，这是实施督查者的施压过程。按照制度安排，上级部门在督查考核结束以后，会下发情况通报，向地方政府反馈督查考核的结果。这些通报有的会涉及一些总体性的问题，有的会"点"到一些特定问题，有的还会说一些"冠冕堂皇"的"官话"。例如，在2017年12月，林县县委巡察办按照县委统一部署，成立了三个专项督查组，对全县10个镇13个拟退出的贫困村和部分重点贫困村脱贫攻坚工作落实情况进行了专项督导检查。督导检查结束后，反馈了镇政府在执行扶贫政策的过程中存在的问题，包括："（一）四支队伍履职情况。1.部分镇村贫困户动态调整程序不规范。2.贫困户信息填写不完整。3.四支队伍工作履职不够到位。（二）产业奖补资金兑付情况。1.产业奖补资金兑付不及时。2.产业奖补政策执行不严格。3.产业奖补资金发放方式不规范。（三）危房改造审核对象把关不严。（四）交钥匙工程建设滞后。（五）易地扶贫搬迁政策执行把关不严。（六）村级互助资金协会管理运行不规范。（七）部分项目工程建设中违规使用扶贫项目资金。"[①]

诸如此类的通报数量很多，其中既有这种整体性的通报，也有特定部门展开督查后反馈的通报。但这种文本化的通报同时也可能导致新的问题——不同的督查考核关注的焦点并不一定完全相同，不同的通报结果自然也是差别很大（甚至相互矛盾）。各种通报"满天飞"，真正需要整改的问题并没有得到有效地整改，扶贫干部反而陷入新的文牍主义

---

① 中共林县县委巡察工作领导小组办公室：《关于开展脱贫攻坚专项督导检查工作情况的通报》（林巡办发〔2017〕37号），2017年12月22日。

当中，疲于应付。

第四是整改措施文本化。按照督查考核的制度安排，在上级部门通报督查考核问题之后，下级政府需要对照通报所列出的各种问题进行问题整改，或是增加资金投入力度，或是提高工作的严谨细致程度。而且，问题整改的情况将成为下一次督查考核的重点内容，"问题整改不到位"同样是非常严重的问题。从制度设计的初衷来讲，在这种"检查—反馈—整改—再检查—再反馈—再整改"的循环过程当中，精准扶贫的政策执行偏差能够得到纠正。但是在实践当中，这种循环过程就会伴随各种各样的文字材料。下级政府需要通过这些文字材料来总结整改措施，展示改进过程，体现对上级通报的重视程度。同样，上级部门也需要通过这些文字材料来考察问题整改取得的效果。

从调研收集到的资料来看，整改方案、整改报告、整改台账、整改责任落实报告等诸如此类的文字材料很多。在落实之前，下级政府需要制定"整改方案"。例如，在特定的扶贫措施方面，2018年6月，桥镇针对县人社局督导就业提出的5个问题，制定了《就业扶贫存在问题的整改实施方案》，提出了5条整改措施，并明确责任人和整改时间节点。① 在整体性的扶贫措施上，2018年7月，桥镇针对2018年上半年

---

① 县人社局提出的问题以及桥镇的整改措施分别是：1. 特设公岗劳动力合同不规范。整改措施：根据人社局的合同样板，重新规范签订全镇31名特设公益岗位聘用合同书。2. 2018年1月上岗聘用人员无公示资料。整改措施：加强管理，严格执行公益性岗位上岗流程，迅速将2018年1月上岗的聘用人员进行公示，并保存印证资料。3. 公益性岗位存在聘用人员超龄。整改措施：加强审核公益性岗位聘用人员，对聘用人员的年龄一定控制在男18~60周岁、女18~50周岁以内，对到龄或即将到龄的及时更换并签订聘用合同，并不定时到村抽查到岗情况。4. 劳动合同岗位职责不详细，没有确定具体区域，工资没有按要求月兑现。整改措施：将在近日召开公益性岗位培训会，对在岗的工作人员进行培训，明确工作职责和纪律，由分管领导监督公益性岗位工资发放，每月15号由社保站会计将工资打卡兑付。5. 一库五册信息资料需完善。整改措施：对不完善的信息资料及时完善，并按时间节点上报县人社局。桥镇人民政府：《关于县人社局到我镇督导就业扶贫工作存在问题整改实施方案》（桥政字〔2018〕125号），2018年6月14日。

市级交叉核查反馈的问题制定了《反馈问题整改方案》；针对县脱贫办反馈的 21 条问题，提出了 21 条整改措施，并要求落实整改责任、建立工作机制、严格督查问责。① 在整改结束以后，下级政府还需要向上级部门反馈整改后的效果，也就是上报"整改报告""责任清单"等材料。例如，在 2016 年年底，桥镇针对林县脱贫攻坚指挥部督查工作组的意见反馈，提出了整改措施，并上报了问题整改的完成情况。在 17 个大项 48 个小项目的问题中，有 20 个问题显示"已完成/已落实"，有 28 个问题显示"正在落实"。②

诸如此类的"整改报告""责任清单"数量同样也很多，通过这些"整改报告""责任清单"，下级政府能够总结在接到反馈意见后所采取的整改措施。但这种文本化的"整改报告"同时也可能导致新的问题——不同的整改报告很可能只是扶贫干部"制造"出来的文字材料，后面的"责任清单"也很有可能只是从文字材料当中摘出来的内容，无非是以表格的方式替换了文本的方式。实际上，扶贫干部对这种现象也非常反感，正如桥镇党政办干部所说："你说这些责任清单有什么用？我们已经写了整改报告，后面还非得写一个责任清单，两个内容其实是完全一样的，无非就是报告是文字的形式，清单是做成了一个表格，其实内容是完全一样的，这就是典型的瞎折腾。"③

对于当前督查考核中存在的文牍主义的问题，实际上中央政府已经

---

① 2018 年上半年市级交叉核查反馈的 21 条问题和桥镇提出的 21 条整改措施内容太过庞杂，不再一一列举。具体可参考桥镇脱贫攻坚指挥部办公室：《关于印发〈桥镇 2018 年上半年市级交叉核查反馈问题整改方案〉的通知》（桥脱指发〔2018〕15 号），2018 年 7 月 12 日。

② 桥镇人民政府：《关于上报脱贫攻坚专项督查问题整改责任落实的报告》（桥政字〔2016〕182 号）及附录的《桥镇 2016 年扶贫开发工作成效考核中省市县反馈意见和自查整改责任清单》（无文号），2016 年 12 月 24 日。

③ 桥镇党政办干部访谈记录，访谈编号：20190724CGB，访谈时间：2019 年 7 月 24 日。

有所认识。在 2018 年 10 月,中共中央办公厅就印发了《关于统筹规范督查检查考核工作的通知》,提出要求,"从中央和国家机关做起,各级党委和政府要坚决撤销形式主义、劳民伤财、虚头巴脑的督查检查考核事项,大幅度压缩数量,对县乡村和厂矿企业学校的督查检查考核事项要减少 50% 以上。"① 2019 年年初,中共中央办公厅发出《关于解决形式主义突出问题为基层减负的通知》,提出将 2019 年确定为"基层减负年",要求"从中央层面做起,层层大幅度精简文件和会议,确保发给县级以下的文件、召开的会议减少 30%~50%"②。得益于中央的推动,基层文牍主义的问题有所缓解,但是在扶贫领域当中依然存在,为了应对督查考核,扶贫干部需要提供的文件材料数量依然很多。这种情况就说明文牍主义的出现有其制度性原因,在督查考核和文牍主义之间存在某种制度性的联系。通过田野调查,笔者认为,对这个问题的解释需要纳入三个层面的因素。

首先,文本化是科层制的固有因素,政治动员提高了文书生产的数量,并进一步催生了文牍主义的出现。如前所述,文本是科层制的固有要素,即使在没有政治动员的情况下,科层组织每天也会制作大量的文件、报告、表格,这是科层组织执行政策的应有之意。例如,在之前扶贫工作并没有出现高强度政治动员的时候,地方政府依然也会制作一些

---

① 中共中央办公厅:《印发〈关于统筹规范督查检查考核工作〉的通知》,http://www.gov.cn/xinwen/2018/10/09/content_5328884.htm(访问时间:2020 年 1 月 15 日)。

② 《通知》强调,"2019 年要解决一些困扰基层的形式主义问题,切实为基层减负。"要求发给县级以下的文件、召开的会议减少 30%~50%。发扬"短实新"文风,坚决压缩篇幅,防止穿靴戴帽、冗长空洞,中央印发的政策性文件原则上不超过 10 页,地方和部门也要按此从严掌握。地方各级、基层单位贯彻落实中央和上级文件,可结合实际制定务实管用的举措,除有明确规定外,不再制定贯彻落实意见和实施细则。中共中央办公厅:《印发〈关于解决形式主义突出问题为基层减负〉的通知》》,http://www.gov.cn/zhengce/2019/03/11/content_5372964(访问时间:2020 年 1 月 9 日)。

文件、报告、表格，这些文本数量并不多，大多都会转化为记载以往扶贫工作的档案。但是现在的情况是，在精准扶贫的政策执行过程中，贫困人口数量巨大、扶贫措施多样、督查考核频繁，这从客观环境上就提高了文本制作的量级。一方面需要撰写的文本数量变多。精准扶贫非常直观的一点就是瞄准对象更加聚焦，以往的扶贫工作只是聚焦到村，一个村一个表格，而精准扶贫要求聚焦到户，那么就变成了一户一册，文本数量会骤然增加。另一方面需要撰写的文本类型变多。以往的扶贫工作主要侧重基础设施建设、社会兜底保障，而精准扶贫是一项综合性的系统工程，涉及政府工作的方方面面，那么地方政府制作的文本材料类型自然就会大幅度增加。与之对应，在督查考核中需要准备的文本材料也会大幅度增加。

因此，对于督查考核中存在的文牍主义问题应该分开看待。在这些林林总总的文本材料当中，有一些属于科层组织的必要因素，即使在常规治理模式下，地方政府也依然需要制作文本（例如，前期的方案、后期的总结）。有一些属于政治动员后增加的必要文本数量，这是地方政府扩大的工作量（如一户一册的各种资料）。这两者其实都可以看作行政管理过程中的必备文本，不能认为是文牍主义。除了上述两类文本之外的文本材料，例如地方政府在督查考核中需要提供的各种资金兑付证明、帮包干部和贫困户的合影照片、文字改表格/表格改文字的重复材料等，才能看作文牍主义的体现。换言之，政治动员和文牍主义之间存在了一定的相关性，政治动员的程度越高，意味着地方政府需要做的工作越多，需要准备的文字材料越多，出现文牍主义的可能性也就越大。

其次，科层组织内部关系（信息不对称）与科层组织外部关系（科层逻辑与乡土逻辑的冲突）的结构性因素激化了文牍主义的程度。一方面是在科层组织内部存在上下级之间的信息不对称。如前所述，督查考核的制度初衷之一就在于解决上下级之间信息不对称的问题，通过文本查验、进村入户等方式，上级政府部门能够准确了解到下级政府对精准扶贫的政策执行情况。但是，解决信息不对称的问题并不是这么简单。在于展督查考核的过程中，上级政府部门尽管在努力地获取更真实的信息，但依然面临了信息不对称的困境——在督查考核之前，下级政府会有意识地提前进行自查自验、做好迎检准备；在应对督查考核的过程中，下级政府也会掌控行程/陪同考察，带领督查考核组参观典型。也就是说，督查考核组进村入户看到的信息依然有可能是被筛选过的信息。另一方面，在科层组织和乡土社会之间还存在行为逻辑的差异问题——科层组织强调数字化、精细化，对享受到的政策要有准确的计算；而乡土社会是模糊的、非正式的，贫困户对一些扶贫措施可能并不敏感，比方说他们享受到了教育扶贫、医疗扶贫政策，但因为没有拿到实打实的现金，没有分到实打实的物品，就会觉得没有享受到什么政策。面对督查组的询问，他们所说的一些信息也有可能不是非常准确，甚至不排除有一些贫困户会故意隐瞒自己享受到的扶贫政策。①

事实上，上级政府部门也很清楚进村入户和科层组织存在一定程度的逻辑矛盾，他们也知道进村入户得到的信息只能作为文本信息的有效补充。在这种情况下，上级政府部门为了更加充分地了解真实信息，就不得不依靠文本化的文件、报告、表格，要求下级政府在督查考核的过程中提供各种各样的文本材料。科层组织更加倾向文本化的内容，从这个角度讲，文牍主义是科层组织的必备产物，现实性的结构性因素又将

---

① 在访谈中，基层扶贫干部就反映，在督查考核的过程中，贫困户会向督查干部隐瞒自己享受的政策。"问他享受了什么政策没有，他说'啥也没享受！'你把他的存折啊，卡啊什么的打开，你就看到什么补贴都有，生态林的补贴什么的，都给他打上去了。他就死不承认，他见到检查的就这么说，他见了村里的人又是一个说法，村里知道他的情况呀，你说你啥也没享受，村里的也不信呀。村里还要办事，他怎么着也得说个八九不离十，检查的去了，他才不管呢，就啥也没享受了，又开始哭穷了。"桥镇党政办干部访谈记录，访谈编号：20190724CGB，访谈时间：2019年7月24日。

督查考核引向了更加明显的文牍主义路径——只有文本化的内容才具有准确、精细的特征。对于下级政府而言，文本是体现自身工作成绩的重要方式，对于上级政府部门而言，文本也是获取信息的最重要载体。双方所面临的共同的结构因素导致督查考核中的文牍主义愈演愈烈。

最后，科层官僚在主观层面所秉持的"避责逻辑"对文牍主义的出现也有比较显著的促进作用。科层官僚的心理动机主要分为"邀功"和"避责"两种类型，前者是为了获得政治（职级晋升）、经济（薪资待遇）、声望（荣誉）方面的利益，后者是为了规避责任，避免受到政治（降职降级）、经济（绩效降低）、声望（被批评）方面的惩罚。按照倪星等人的研究，随着当前政治经济环境的变化，全球性的避责时代已经来临，避责逐渐取代邀功成为政府官员行为的主要特征。中国地方政府官员常用的避责策略则包括忙而不动、纳入常规、隐匿信息、模糊因果关系、转移视线、找替罪羊等。① 在精准扶贫的督查考核中，地方政府官员的行为逻辑尽管也有"邀功"的偏好，但随着督查考核越来越严格、越来越多的干部受到处分，扶贫干部也出现了"从邀功到避责"的行为逻辑转换。只不过扶贫干部避责行为的具体表现形式除了倪星等人所说的忙而不动、纳入常规、隐匿信息、模糊因果关系、转移视线、找替罪羊这些手段之外，还有其他的表现形式。在笔者看来，准备文本的过程中出现"层层加码"的现象就是基层扶贫干部"避责"行为的具体体现。

所谓文本准备过程中的层层加码，就是在准备文本、应对督查考核这个问题上，越是下级政府对文本的数量、类型要求越多，对于一些可有可无的材料，下级政府都要求准备，要求"处处留痕"，痕迹管理转化为混迹主义。其中的逻辑也并不复杂：对于这些可有可无的材料，如

---

① 倪星、王锐：《从邀功到避责：基层政府官员行为变化研究》，载《政治学研究》2017年第2期。

果上级督查考核时要求提供而下级政府没有提供，那就可能面临被问责的风险；如果上级督查时没要求提供，下级政府也不用承担责任，说不定还能落一个"严谨细致、准备充分"的表扬。那么，在规避风险的行为偏好下，下级政府自然倾向于准备更多的文本材料，而且文本材料准备得越多就越能体现工作扎实到位，扶贫干部也就越安全，至于这些材料是否真的会促进减贫，就不再是下级政府考虑的重点内容了。

四、本章小结：督查考核的多重后果

从实践效果来看，督查考核给地方政府贫困治理带来的作用是多样的。必须承认的是，督查考核已经成为中心工作下地方政府运行的必备要素，为精准扶贫的政策执行提供了外在动力。从时间节点上讲，陕西省之所以在2017年4月能够提高扶贫工作力度，在很大程度上也是因为中央扶贫办的督查考核。其实，不仅是省级政府，对县乡政府而言，督查考核的动员效果还是比较明显的——尽管每一名扶贫干部对上级下来检查都会有不满、抱怨、牢骚乃至咒骂，但虚与委蛇、敷衍塞责、欺瞒拖延的"官僚病"在高压之下的确得到了一定程度的遏制。从理论层面讲，这种督查考核构成了总体性权力的重要来源，能够通过科层组织内部的政治压力，解决委托代理关系中的上下级博弈问题，倒逼县乡政府贯彻执行国家扶贫政策。同时，总体性权力也在"技术化"，通过各种在地化、指标化的考核数据，上级政府能够依靠各类指标对下级政府进行精准考核，而不至于出现"以口号落实口号、以文件落实文件、以会议贯彻会议"的政策空转现象。

当然，督查考核的实践形态也并非尽善尽美，既没有完全消解委托代理关系下的科层组织弊端，同时还有可能带来一些新的负面问题。

一方面是在科层组织内部，督查考核依然面临了很大的问题。从某种角度讲，通过督查考核来强化政治压力，其实反映出了地方政府对国家政策重要性的把控能力不足，无法准确判断哪些政策是"政治性的"，需要不计成本予以完成；哪些政策是常规性的，只需要常规执行。等到政治压力骤增之后，地方政府又面临了目标与过程之间的双重挤压，来自高层的政治压力经过层层加码后已经超出了正常范围，扶贫干部不得不在短时间内完成脱贫攻坚的任务，实行所谓的"一鼓作气、连续作战""挂图作战、压茬推进"。但在"精细""精准"的工作要求下，上级督查组又强调"过程监督""痕迹管理"，要求扶贫干部提供大量的文件、数据、表格，甚至是提供一些照片、录像等过程性的印证材料，这种局面相当于在增加扶贫工作量的同时提高扶贫工作的质量标准，面对双重压力，一线扶贫干部不得不加班加点地准备一些没有太大意义的文字材料。也就是说，这种政治压力和精细化管理，很容易在督查考核的推动下，助长文牍主义。

另一方面，这种治理模式面临了科层逻辑与乡土逻辑之间的对冲矛盾。督查组并不一定能够真正深入到贫困户的真实生活语境中，督查考核也并不意味着就一定能够了解到最真实的信息，很有可能会面临地方政府的各种"应对策略"，上级政府部门派下来从事督查考核的干部很有可能只是看到了一些被筛选过的信息。而且更为重要的是，科层组织强调自上而下的压力推进，通过各种政治化、技术化的方式将扶贫工作任务贯彻到基层。督查考核的要点也是各种具体的、准确的数字指标，意即实现总体性权力的技术化。但这些数字指标和贫困户的非正式生活存在很大的差异，贫困户并不一定能够认识到这些指标的生活意义。即使督查考核的干部能够深入到贫困户家中，科层制下的官僚和乡土社会中的贫困户也可能存在政策认知、语言表达等方面的差异，双方互相不理解。

现在不好判断这些负面问题本身是不是中心工作下地方政府运行的固有弊病和自然结果，只能说对于各级政府而言，修正督查考核存在的弊端，还有很多工作要做。

一是解决信息不对称的问题。科层组织内部只要存在上下级之间的委托代理关系，下级政府就必然有夸大成绩、隐瞒问题的倾向，这一点可以说是科层组织的固有特征。督查考核能够在一定程度上解决这个问题，通过督查考核，上级政府部门能够施加政治压力，同时也能够通过进村入户、审查文本，大体上了解到精准扶贫政策在农村基层的执行情况。但不能否认的是，现有的督查考核制度依然存在很大的不足，并不能完全实现制度设计的初衷，不排除下级政府部门采取各种策略应对上级政府部门的督查考核。对于上级政府部门而言，依然需要采取更具准确性的方式，例如，更加规范化的财务制度、大数据技术，超越传统科层组织内部信息逐级传递的结构，直接了解精准扶贫政策的执行情况。

二是解决文牍主义的问题。客观地讲，文本是科层组织的必备要素，西方语境中的文官制度如此，中国语境中的干部体制也不例外。但是在中心工作模式下，督查考核催生出了很多没有必要的文本（也就是说，文牍主义的问题是中心工作模式在督查考核维度上的副产品）。因此，解决督查考核中的文牍主义问题也需要从完善地方政府的政策执行过程入手，在保留政治动员的同时消解各种形式主义弊病。其中的要点在于，区分出哪些文本是科层组织的必要手段，哪些文本是工作数量增大之后的必然结果，哪些文本是没有意义的文牍主义。如果一些文本属于科层组织的必要手段或是工作数量增大之后的必然结果，那么就需要继续予以保留；如果一些文本属于没有意义的文牍主义（例如，提供和贫困户合拍的照片、文本后再加表格等），那就需要及时予以删减，降低扶贫干部的工作量，保证扶贫干部将更多的精力投入到扶贫工作当中，而不是浪费在拍摄照片、填写表格、撰写心得体会这些没有实质意义的工作上。

三是解决群众（贫困户）参与不足的问题。事实上，群众（贫困户）参与不足这一点并不是督查考核的特殊性问题，而是整个精准扶贫政策执行中的共性问题。在督查考核中，贫困户的政策知晓率、政策满意率（合称为"两率"）是重要指标之一，涉及扶贫问题的越级上访、进京上访是一票否决事项，这是群众发挥作用的几个小点。除此之外，贫困户在督查考核中主要扮演了被调查者、信息提供者的被动角色，并没有制度化的渠道对地方政府的政策执行情况进行实质性的评议。对于这个问题，其实可以将贫困户识别、退出户识别程序中采取的"村民评议"制度移植到督查考核当中，给贫困户提供更加充分、更加具有实质意义的表达渠道，来点评扶贫干部、帮包干部的工作，而不能只是提供两个形式化、没有实质意义的百分比数字。

第七章　结语："运动式治理的演化模式"

从运动式治理向常规治理转型，一直被看作中国国家治理的应然趋势，也被看作政策执行模式的发展方向。但通过对林县精准扶贫的过程描述可以看出，当前精准扶贫的政策执行（即地方政府的贫困治理）并没有完全遵循既有的转型思维，而是在吸纳常规治理手段的同时，依然保持了较为明显的政治动员特征。尽管存在各种各样的不足，但这种政策执行模式基本完成了预期目标，产生了较好的减贫绩效。鉴于当前学界对运动式治理大多秉持转型思维，本研究提出"运动式治理的演化模式"，描述地方政府在精准扶贫政策执行过程中所体现的组织与行为特征。在笔者看来，在未来可预期的一段时期内，这种以政治动员为动力，吸纳现代治理技术的治理模式并不会消失，而是会不断调整，嵌入"治理体系与治理能力现代化"的目标当中，成为政府能动性的体现。

本章立足林县精准扶贫的实践过程，对"运动式治理的演化模式"进行理论总结。具体包含四个部分。一是总结"运动式治理的演化模式"在贫困治理中发挥的实践功能以及发挥实践功能的具体机制，这是"运动式治理的演化模式"的正面价值。二是分析"运动式治理的演化模式"的适用范围和功能边界，明确"运动式治理的演化模式"可以适用的领域和不宜适用的领域，能够完成的目标和难以完成的目标，以此说明"运动式治理的演化模式"的"条件性"和"有限性"。

三是从类型定位和未来发展的角度，解释"运动式治理的演化模式"与传统运动式治理、常规治理之间的属种关系，指出这一治理模式在"治理体系与治理能力现代化"目标下进一步演化的方向。四是说明本研究在案例选择、资料获取、价值倾向等方面的不足，提出进一步拓展的空间。其中前三点可以看作本研究的发现与结论，第四点是对本研究的评估与展望。

一、实践功能与具体机制

在笔者看来，地方政府在精准扶贫政策执行过程中所体现出来的组织与行为特征（即"运动式治理的演化模式"），具体功能大体上可以分为推进政策执行、塑造干群关系、巩固政治合法性三个层次。

一是实现减贫脱贫的政策执行功能。在现行标准下实现贫困人口全面脱贫、贫困县全部摘帽，这是中央给精准扶贫政策定下的基本目标，也是地方政府需要完成的首要任务。从实践情况来看，地方政府之所以能够完成这个目标，其原因主要就在于，在"运动式治理的演化模式"下，地方政府有更大的能动性。一方面，得益于政治动员的推进，国家加大了对精准扶贫的资源投入力度，地方政府有更多的财力物力开展各项扶贫措施，地方干部也被动员起来，深入一线执行扶贫政策。另一方面，在强调政治动员的同时，地方政府又调整了具体的扶贫思路，加入了很多新的、具有现代化特征的治理手段，例如，通过扶贫信息系统强化数字能力，实现了"数目字管理"[①]；采用易地搬迁、产业扶贫、结对

[①] 黄仁宇以明代为例，认为当时"最下层的数字既不能复实，中上层之经理亦受影响，所谓各种黑暗与腐败，并非全系道德问题，而是有这样一个基本的技术问题存在"。并提出"以道德代替技术是近代中国失败的根源，并今日中国趋向现代化，必须彻底解决此根本技术问题"。参见黄仁宇：《万历十五年》，生活·读书·新知三联书店1997年版，第245页；黄仁宇：《资本主义与二十一世纪》，生活·读书·新知三联书店1997年版，第27页。

帮扶等新的扶贫方式，给贫困户提供更具根本性的生活改变，更具稳定性的收入来源，更具制度化的帮扶措施，实现了贫困治理绩效的长效性。

二是通过精准扶贫重新塑造了干群关系，扭转干部官僚化趋势。这是精准扶贫的隐含功能，其核心内容就在于通过政治化的干部动员，将"高高在上的干部"推到最艰苦的农村地区，以此来扭转干部官僚化、特权化的发展趋势。例如，在精准扶贫过程中，地方政府就通过"干部帮包"的方式，让扶贫干部和贫困户结对子、交朋友，扶贫干部深入贫困户家中了解贫困户的生产生活状况，协助贫困户申请各种项目补贴，鼓励贫困户树立起自立自强的意识，督促贫困户发展适合自身条件的扶贫产业。通过这种"面对面交流、手拉手谈心"的方式，在干部和群众之间重新建立起人格化、特殊化、情感化的人际关系，以此来扭转干部队伍内部存在的等级秩序和特权观念，将等级化、特权化的"官僚"重新塑造成能够深入群众、服务群众的"干部"。

三是以改善民生为抓手巩固政治合法性。一方面是在国内层面。中国政府将提高人民福祉、改善民生状态作为自身使命，以这种方式来证明政治合法性。精准扶贫也是这一思路下的产物，通过政治动员，将国家提供的反哺资源分配到贫困地区，提高贫困地区的基础设施水平，改善贫困群体的生活状态。在这种大规模的脱贫成果之下，贫困群体（也包括非贫困群体）就可能出现"精准扶贫—生活改善"的心理归因，进而出现"感党恩—知党情—跟党走"的情感逻辑。这种实质意义上的合法性可能要比形式合法性更符合中国普通群众的心理认知。① 另一方面则是在国际层面。大规模降低贫困人口比例，是中国政府承担

---

① 对于正当政体，姚洋等人提出了三个原则：一是保证政治职位对所有人开放，二是保障个人自由，三是保障良治（政治秩序、合理的决策和社会福利的改进）。在他看来，中国的政治选拔具有开放、竞争和选贤任能的特征，因此满足第一个原则。另外也保证了个人和社会福利的提高，部分满足了第三个原则。参见姚洋、席天扬主编：《中国新叙事：中国特色政治经济运行机制分析》，格致出版社、上海人民出版社2018年版，第12—16页。从这个角度讲，开展扶贫工作，也是履行第三个原则的体现。

大国责任、树立大国形象的重要体现。这种大规模的资源投入、高强度的政治动员、全方位的扶贫措施，不同于西方国家采取的扶贫思路。更为重要的是，良好的减贫绩效向国际社会证明了中国政治体制在解决贫困问题上具有特定的优势。这是从特定的贫困治理领域证明了"中国特色社会主义拓展了发展中国家走向现代化的途径，为解决人类问题贡献了中国智慧、提供了中国方案"①。

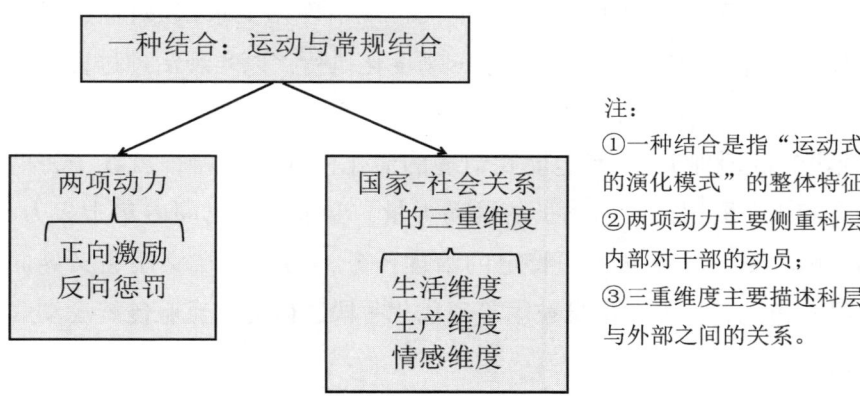

图 7-1　"运动式治理的演化模式"的基本特征

从具体情况来看，中国政府之所以能够完成这个目标，实现上述功能，主要原因就在于采取各种措施，努力实现政治动员与现代治理技术的有效结合，在科层组织内部完成正向动员与反向惩罚，在国家

---

①　2017 年 7 月 1 日，习近平总书记《在庆祝中国共产党成立 95 周年大会上的讲话》中提出："中国共产党人和中国人民完全有信心为人类对更好社会制度的探索提供中国方案。"2017 年 7 月 26 日，在中央党校省部级主要领导干部专题研讨班重要讲话中，习近平总书记再次强调："中国特色社会主义拓展了发展中国家走向现代化的途径，为解决人类问题贡献了中国智慧、提供了中国方案。"参见习近平：《在庆祝中国共产党成立 95 周年大会上的讲话》，载《人民日报》，2016 年 7 月 6 日（001）；习近平在省部级主要领导干部"学习习近平总书记重要讲话精神，迎接党的十九大"专题研讨班开班式上发表重要讲话，（2017 年 7 月 27 日）［2020-3-5］.http：//www.gov.cn/xinwen/2017/07/27/content_5213859.htm.

与社会之间实现有效互动（笔者将其概括为"一种结合、两项动力、三重维度"）。

首先是"一种结合"，也就是政治动员和现代治理技术相结合。从类型特征上讲，传统的运动式治理侧重政治动员，主要凭借"高昂的革命激情和大规模的群众参与"来完成治理目标，强调革命激情和群众参与，对各种制度化、信息化、数字化的治理技术不是很重视（或者说当时也并不具备这些条件）。现代常规治理则要求依靠科层组织、信息技术、专业知识进行科学决策、制度化执行，以实现治理过程的稳定性、专业性，反而比较排斥政治动员、群众运动等这些被认为是"前现代"的治理手段。"运动式治理的演化模式"的特征就在于将两者结合起来，既强调政治动员的推动力量，要求在短时间内集中人力、物力、财力专门攻克某一项特定的治理任务，同时又在实用主义导向下，吸收市场、金融、信息技术等现代化手段，以此来克服传统运动式治理的弊端。

在之前的论述中，笔者曾把这种结合概括为"运动其外、常规其内"[1]，现在笔者依然坚持这个判断，只不过在这一判断的基础上有三点需要予以补充。一是政治动员和常规治理在贫困治理中的权重并不均衡。在地方政府执行扶贫政策的过程中，政治动员的特征要更为明显一些，这是首要特征；技术治理只是补充因素，在具体的帮扶措施上发挥作用。[2] 二是两者存在时间和逻辑上的前后顺序。政治动员是前置性程序，在中国这种超大规模的国家，精准扶贫作为一项被提升到国家战略的公共政策，要想在地方得到有效执行，自然就需要进行超高强度的政治动员。在此之后，才是采取具体的、技术性的减贫脱贫措施。三是

---

[1] 徐明强、许汉泽：《运动其外与常规其内："指挥部"和基层政府的攻坚治理模式》，载《公共管理学报》2019年第2期。

[2] 正因如此，笔者才会将"运动式治理的演化模式"界定为运动式治理的亚类型，而不是常规治理的亚类型。

第七章 结语:"运动式治理的演化模式"

"运动式治理的演化模式"中的政治动员存在一定的限度。如果说传统的群众运动会发动群众参与某项活动,在精准扶贫过程中,政治动员的对象主要是科层组织内部的干部,在发动群众这一点上反而保持了相对审慎的态度。①

其次是两项动力,也就是科层组织内部的正向激励与反向激励。其中正向激励主要是指将某项政策政治化,从一项常规工作转型成为地方政府必须高度重视的中心工作。在精准扶贫过程中,中央政府的正向激励主要是频繁出台政策文件,党和国家领导人就扶贫工作开展调研、做出批示,财政部门、组织部门投入更多的扶贫资金和人力资源。地方政府所面临的正向激励主要是科层组织重构,成立更具政治权威和政策执行能力的脱贫攻坚指挥部,提高扶贫机构的政治权威;通过派出第一书记、扶贫工作队、帮扶工作队等具体做法,延伸组织触角。反向激励主要是建立相应的督查考核制度和惩罚制度。建立更加体系化、指标化的督查考核制度,将扶贫绩效和干部晋升、工资待遇等问题挂钩,奖掖先进,惩罚落后,敦促扶贫干部严格落实扶贫政策。

这两项动力是一体两面的统一体,构成了科层组织内部动员的核心机制。对于中央政府(也包含广义的上级政府)而言,这两项动力是大国施政的必备要素,也是解决一统体制(集权体制)和有效治理悖论的重要策略之一。② 通过这种自上而下的政治推动,能够更好地约束漫长的委托代理关系,防止下级官员依靠信息不对称的优势阳奉阴违、欺瞒拖延,实现权力集中与有效治理的双重目的。对于地方政府的政策

---

① 当然,这一特征导致的一个负面结果就是贫困群体的主体性没有得到很好的体现,存在自主发展意识不足、主动参与不足的问题。

② 周雪光认为,当前中国国家治理过程中,解决一统体制和有效治理之间矛盾的应对机制有:决策一统性与执行灵活性之间的动态关系、政治教化的礼仪化、运动型治理等三个。参见周雪光:《中国国家治理的制度逻辑——一个组织学研究》,生活·读书·新知三联书店 2017 年版,第 7—41 页。

执行过程而言,这两项动力就意味着高强度的工作氛围和实打实的考核指标。在科层组织内部使用这种策略,"一级压一级",整个科层组织体系就被动员起来,最后反应到扶贫干部身上,就出现了"白加黑、五加二"的工作状态,按照考核指标中的具体项目,将政策执行到每家每户。①

最后是三重维度,也就是地方政府在政策执行过程中需要处理的三重"国家—社会"关系。一是生活维度。在精准扶贫过程中体现最为明显的就是易地扶贫搬迁,地方政府通过扶贫搬迁为贫困户提供生存型帮扶措施。其核心特征就在于,国家权力高度介入农民生活之中,将贫困户搬离原有的生活环境,改变了贫困户的生活方式和社会关系结构。二是生产维度。在精准扶贫过程中体现最为明显的就是产业扶贫,地方政府通过"产业奖补""主体带动""集体经济"等具体的产业扶贫方式,为贫困户提供发展型帮扶措施。其中的要点就在于通过政府提供的产业扶贫政策,在贫困户和市场之间建立衔接机制,将贫困户嵌入农业产业化的链条当中。三是情感维度。在这一点上体现最为明显的就是干部帮包制,通过这种一对一、一对多的结对帮扶,既为贫困户提供特殊化的帮扶措施,同时也在干部和群众之间重新建构起更加紧密的人际关系,最终实现国家的在场,使贫困群体能够在情感上认可国家在农村社会的正当性。

在这三重维度上,地方政府依然是政治动员和技术治理相结合的状态。例如,在易地扶贫搬迁中,既有运动式的拆房建房,也有解决生计问题的社区工厂。在产业扶贫方面,政府推动的产业发展项目既需要和市场进行有效衔接,还融合了各种更具现代意义的金融措施,已经带有很明显的市场化运作特征。即使是"最传统"的干群关系,也纳入了

---

① 当然,也不排除在两项动力之下还会出现新的形式主义,督查考核过多,基层扶贫干部以阳奉阴违、欺瞒拖延的方式来应付这些形式化的督查考核,形式主义出现"再生产"。

各种更为制度化、技术化的操作方式。在笔者看来，此次精准扶贫之所以能够取得这些成绩，完成政策目标，很大一部分原因就在于地方政府采取各种措施尽力实现两种治理元素的结合，尽力避免传统运动式治理和常规治理的弊端。对于"2020后扶贫时代"而言，建构相对贫困治理的长效机制，防止出现大规模的返贫现象，其着力点依然落在三重维度之上，也就是进行更合理的制度设计，实现国家与社会之间的良性互动。

二、适用范围与功能边界

上述机制在很大程度上解释了精准扶贫何以能够完成政策目标这一问题。但同时也应该注意，"运动式治理的演化模式"有其特定的适用范围，并不是在各个问题领域都能发挥作用。同样，"运动式治理的演化模式"也并不能完成所有的目标任务，有其功能边界。对此应该保持更加审慎的态度，不可随意扩展这种模式的适用范围，也不能期待这种治理模式能够完成所有任务目标。

如果按照功能目的进行粗线条的划分，国家治理行为大体上可以分为汲取、规制和施惠三种类型。其中汲取型国家治理行为主要指国家从社会当中汲取资源，以提高国家的财政支配能力，进而完成后续的国家财政过程。这种资源汲取不仅包含显性行为，如税费征缴、粮油征收等，也包括隐性行为，如操纵货币流通数量、控制工农业产品价格差异（工农业剪刀差）、垄断大宗能源资源的所有权和交易方式等。这种行为是任何国家都必须解决的核心治理问题，也是国家建构的根本性特征。规制型国家治理行为则是国家机关采取的各种各样的管理、约束行为。这种规制型国家治理行为大多带有秩序导向，主要是为了维持市场秩序、社会秩序、生态秩序、公共卫生秩序等。例如，政府部门为维持市场运行而采取的各种市场监管行为，为实现社会安全而打击犯罪，为实现良好生态环境而采取的环境治理行为，为实现公共卫生采取的各种疾病预防控制措施。施惠型国家治理行为主要是指国家提供各种服务型政策，改善民生福祉。在这方面，最重要的例子就是提供各种公共服务、兴建各类基础设施、反哺各种财政资金。精准扶贫即属于施惠型国家治理行为，核心在于通过财政转移支付的途径给贫困群体提供必要的扶持和帮劝。在当前服务型政府目标趋势下，施惠的重要性越来越突出，逐渐成为体现国家有效性、正当性的重要方式。

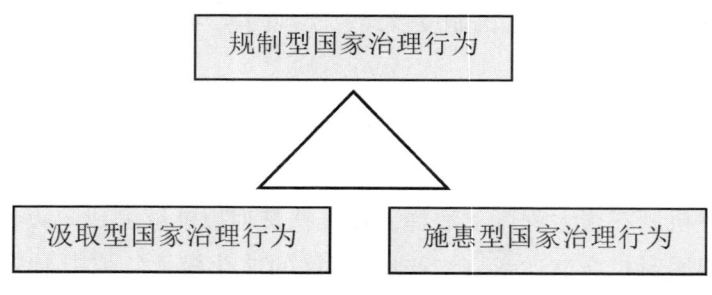

图 7-2　国家治理行为的类型划分

从精准扶贫的实践效果来看，"运动式治理的演化模式"在精准扶贫中的效果还是比较明显的，能够将干部动员起来，将资源分配下去，完成脱贫的目标。之所以能够出现这种结果，除了前面所讲到的"一种结合、两项动力、三重维度"的具体机制之外，还在于精准扶贫本身属于施惠型国家治理行为，比较适合采取这种政治动员为主、技术治理为辅的方式。一是这种国家治理行为不存在价值层面的冲突。如前所述，摆脱贫困是最具有价值公约数的社会追求，并不存在价值分歧。政府制定政策、执行政策以解决贫困问题，带有天然的正当性。在这种情况下，地方政府采取政治动员的方式执行政策也就不会受到价值层面的否定。二是精准扶贫的专业性比较弱。尽管在精准扶贫过程中存在各种各样的信息技术、数字指标、金融运作，但相比于其他的汲取型国家治理行为（如税收）、规制型国家治理行为（如市场监管、疫情防控）而言，精准扶贫对专业技术的要求并不高，对扶贫干部也并不要求具备特定的专业知识，只要具备基本的文件理解能力、政策执行能力和群众沟通能力，就能完成工作任务。

除此之外，在汲取型、规制型国家治理行为当中，"运动式治理的演化模式"就不一定能够适用。一方面，汲取型和规制型国家治理行为大多存在利益分歧或价值冲突，如果进行强有力的政治动员，很有可能引发舆论争议。其中汲取型国家治理行为的基本逻辑就在于从社会当中汲取资源，在国家权力和群众利益之间存在零和关系，国家汲取的过多就意味着群众利益受损更严重。对于这种治理行为，显然不能采取政治动员的方式，而是应该以法律法规、稳定制度为基础，注重国家利益和群众利益之间的平衡。规制型国家治理行为更为复杂，既存在利益分歧，也存在价值冲突。例如，对于环境治理行为，就面临了蓝天绿水和经济发展之间的现实矛盾；打黑除恶这些社会治安行为，就面临了社会稳定和法治思维、人权保障之间的观念冲突。另一方面，汲取型和规制型国家治理行为大多带有较强的专业性，在这些领域采取政治动员的方式，可能效果并不好，甚至会适得其反，引发更多的问题。所以，"运动式治理的演化模式"必须保持谦抑性，将适用范围限定在施惠型国家治理行为之内，不宜进行范围扩散。

与此同时，即使"运动式治理的演化模式"能够在施惠型国家治理行为当中予以适用，取得一定的治理绩效，也并不意味着这一治理模式能够完成所有的治理目标。相反，这一治理模式还存在一些比较明显的弱势与短板，需要进一步完善。从实践情况来看，这一治理模式主要存在两个方面的弊端。

一方面是在科层组织内部，这种治理模式很可能会引发新的官僚主义、形式主义、文牍主义等问题。从客观角度讲，文书行政是科层组织的固有因素，文书是信息传递、政策落实、绩效考核的基本载体。从文书行政发展到文牍主义也就意味着科层组织出现了官僚主义的问题，文书从一种载体演变成为目的，至于载体承载的现实情况反而变得相对次要。从某种角度讲，在精准扶贫中开展政治动员的目的之一也是为了消解官僚主义、形式主义和文牍主义的现象，将实际效果再次提到显要的位置。但现实情况是，在精准扶贫的过程中，以文牍主义为主要表现形式的官僚主义、形式主义并没有消失，在一些特定的领域甚至还出现了更加严重的情况。例如，在督查考核过程中，扶贫干部为了应对督查考核，不得不处处留痕，以此来证明自己的工作绩效或者以此来规避被问责的风险。换言之，对官僚主义、形式主义、文牍主义的抑制已经超出了"运动式治理的演化模式"的功能边界，对这些问题的解决，需要采取其他的措施。

另一方面是在科层组织与外部的关系上，这种治理模式可能出现社会、市场力量不足，"官动民不动"的局面。事实上，无论是扶贫搬迁，还是产业扶贫，甚至包括结对帮扶，在其中发挥主导作用的一直都是科层组织所体现的行政力量。这种行政主导能够解决一些"硬任务"，但是对于一些"软任务"，可能就会表现得不尽如人意，很有可能造成社会、市场力量不足，也很有可能导致贫困群体主动意识薄弱。现在很值得担忧的一点就是，当行政力量消退以后，搬迁安置小区是否会再次"贫困化"，政府主导培育起来的各种扶贫产业是否会成为"半拉子工程"，贫困群体能否具备自主发展的动力。也就是说，这种以行政主导为基础的贫困治理模式能够在一定程度上解决贫困问题，但对于贫困群体的长远发展而言，除了这种行政主导之外，依然需要再增加社会力量和市场因素，也依然需要采取其他的扶贫方式（例如，20世纪曾经出现的参与式扶贫、社会组织扶贫等）来激活社会组织、市场主体、人民群众的力量，最终在行政主导和社会、市场、群众之间实现良好的平衡。

三、结构定位与发展方向

在英美等西方发达国家，政治动员被限定在了选举领域，除非在一些极为特殊的状态下（如战时状态、紧急状态），政策执行一般不会出现政治动员特征，而是采取常规治理的模式。[①] 但在中国语境中，"政

---

① 如果按照主流现代化理论的假设，常规治理模式曾被看作"现代化、理性化、技术化"的治理模式，能够维持官僚体系的效率和专业。但现实证明，在采取常规治理的西方国家，同样也存在各种各样的"官僚病"。

治动员"扩展到了政策执行领域,成为政策执行的重要方式。在笔者看来,政治动员在具体的执行过程中的确存在短板和不足,但这并不意味着政治动员在政策执行过程中就没有意义,更不意味着国家治理就应该完全走向常规治理。在一些特定政策的执行过程中,采取政治动员的方式具有一定的正当性、结构性。在政府性质和政治结构不发生重大变化的条件下,"演化"要比"转型"更具现实可能性。

一方面是政府性质的影响。现有政治体制在国家治理过程中为何对政治动员有强烈的偏好,以往的研究大多归因于基础性国家能力弱化、政策政治工具不足、威权治理的结构性矛盾等因素。尽管具体分析路径存在差异,但本质上就是采取一种"病理分析",将这种偏好看成是"不正常的病态"。在这种思路下,自然就会产生"转型思维",将"病态—转型"看作理所应当。但是,这种"理所应当"高估了国家能力、政策工具、治理技术这些因素的重要性,低估了政府性质在治理模式选择中所起到的作用。在笔者看来,从中央到地方,各级政府之所以如此偏好采用政治动员的方式来执行政策,并不完全是因为"问题化"的原因。除此之外,还在于各级政府具有目标—任务导向,需要主动地去完成各种治理目标和治理任务。这种目标—任务导向的动力并不是来自竞争性选举,而是因为各级政府秉持了改造社会、提供福祉的"使命伦理"①。在这种使命伦理下,中央政府有追求治理绩效和政治合法性

---

① "使命伦理"这个概念来自"使命型政党"。按照陈明明的观点,一个政党如果:(1) 有一套精致而系统的理论学说作为思想基础;(2) 有一个关于未来社会远景的构设作为奋斗目标;(3) 有精心设计的并获得理论支持的战略和策略作为实现目标的手段;(4) 有统一严密的中央、地方和基层组织网络作为行动支撑;(5) 有成熟而富有经验和激情的职业化政治精英集团作为协调行动的"总参谋部";(6) 有倡导为主义不惜献身的精神教育作为党员的道德律令。这样一种政党就可以被称为"使命型政党""动员型政党""意识形态型政党"。按照这个标准,中国共产党就是一个典型的使命型政党。在党政体制下,广义的政府也就会带有明显的使命型特征。参考陈明明:《作为一种政治形态的政党—国家及其对中国国家建设的意义》,载《江苏社会科学》2015 年第 2 期。

的动力，因之就会出台各种惠民政策，并以政治动员的方式督促基层干部贯彻落实这些政策。① 至于基础性国家能力的提升、政策工具的完善、治理技术的更新，并不意味着政治动员就会消亡，反而有可能给运动式治理提供更有利的条件，将之推向新的高度。

另一方面是政治结构的影响。"党政体制"不仅是地方政府能够开展政治动员的必要性条件，同时也是地方政府选择政策执行模式的约束性条件。之所以说"党政体制"是地方政府能够开展政治动员的必要性条件，是因为"运动式治理的演化模式"所需要的科层组织重构、领导包抓任务、干部结对帮扶以及督查考核，都需要由政党—国家结构发挥作用。具备强大政治权威的中国共产党在国家治理过程中发挥了统合作用，能够在横向和纵向维度上整合不同层级、不同部门的政府机构，打破科层组织条块分割的弊端，扭转干部官僚化、等级化的发展趋势。同时党组织又没有脱离社会，能够有效地整合社会力量，在政党—政府—社会之间形成了相互交织的状态。② 之所以说"党政体制"是地方政府能够开展政治动员的约束性条件，主要是因为党政体制需要不断地提供公共服务、改善人民生活，以此来证明自身正当性。为了完成这一目标，中央政府就会设置各种政策目标。同样，为了保证地方政府能够执行这些政策，就会出现压力型体制。依靠政治动员来推进政策执行就成了很符合逻辑，也很符合现实的选择。

---

① "完成历史使命"与"追求政治合法性"之间并不冲突，只是从两个不同但又密切相关的角度说明了中国政府采取政治动员的动力所在，前者是从正向角度说明这个问题，后者是从反向角度说明这个问题。

② 按照景跃进的观点，"中共党组织具有自身的相对独立性，在政府系统之外存在着广大的党员以及渗透于整个社会的党的基层组织。""党国体制的出现带来了一个全新的现象，作为整体代表的政党嵌入于国家权力结构之中，与此同时又没有脱离于社会。"参考景跃进：《党、国家与社会：三者维度的关系——从基层实践看中国政治的特点》，载《华中师范大学学报（人文社会科学版）》2005年第2期。景跃进：《将政党带进来——国家与社会关系范畴的反思与重构》，载《探索与争鸣》2019年第8期。

第七章　结语:"运动式治理的演化模式"

因此,在运动式治理的发展方向上,笔者比较认可"演化思维",而非"转型思维"①——在笔者看来,"政治动员"是当前国家治理体系的构成性因素,只要党政体制不发生重大转折,这种政策执行的方式在可预期的未来一段时期内就不会消失,只会发生进一步的演化,最终作为政府能动性的体现嵌入"治理体系与治理能力现代化"的目标当中,成为地方政府运行的要素之一。

一方面,"运动式治理的演化模式"本身就是运动式治理不断发展的产物。如前所述,现有文献对于运动式治理的研究大多采取二元论,认为当前中国地方政府运行模式分为常规治理和运动式治理,两者在治理实践中具有不同特征。这种划分在类型学上有意义,但并不一定符合现实情况——经过改革开放四十年的发展,地方政府对社会问题的解决,并不是教条主义式,更不是故步自封的僵化状态,而是本着高度实用主义的原则,不断地学习。② 只要有利于问题的解决,无论是政治动员、技术治理,还是其他的不同方式,都可以被纳入其中。在当前的精准扶贫过程中,地方政府并不排斥常规治理,反而是积极采用市场、信息等手段来克服运动式治理的弊端。尽管这种努力处在初级阶段,融合与演化的程度比较薄弱,还存在各种各样的问题,但发展的方向却是比较清晰的——以政治动员为动力,吸纳常规治理、技术治理的有利因

---

① 虽然"演化思维"和"转型思维"都认为中国国家治理模式会随着时代进步、问题语境而不断发展变化,但"转型思维"期待运动式治理能够转化为常规治理,实现"现代化",运动式治理的进一步演化并不意味着国家治理会发生常规化转型,这是两个不同的状态。

② 王绍光以农村合作医疗体制变迁为案例,分析了中国模式得以形成的原因。在他看来,高适应体制的"中国模式"之所以能够逐渐成型,其活力来自从不相信任何"放之四海而皆准"的标准,这种学习能力和适应能力是中国模式得以成功的重要因素。参考王绍光:《学习机制与适应能力:中国农村合作医疗体制变迁的启示》,载《中国社会科学》2008年第6期。王绍光:《学习机制、适应能力与中国模式》,载《开放时代》2009年第7期。

素。可以说，"运动式治理的演化模式"就是融合的产物，在政治动员方面，中央政府强力施压将工作任务传导到农村基层，以此解决漫长的委托代理关系；地方政府同样也会通过政治动员整合部门力量，解决信息孤岛与合作困境的问题。透过政策执行的外部视角来看，从中央到地方，各级政府有意识地规避国家权力和市场经济、乡土社会之间的冲突与分歧。从类型上讲，"运动式治理的演化模式"属于运动式治理，政治动员是其核心特征，但"运动式治理的演化模式"同样也是传统运动式治理的进一步发展，吸纳了常规治理、技术治理作为补充（这是次要特征），这两点就是"运动式治理的演化模式"在治理类型上的基本定位。

另一方面，随着中国国家治理体系与治理能力现代化的发展，"运动式治理的演化模式"还将出现更进一步的演化。之所以做出这个判断，正是因为前面所讲，"运动式治理的演化模式"在实践中表现出来的效果并非尽善尽美，而是表现出了功能和短板并存的状态。在笔者看来，精准扶贫既有成绩又有问题并不是矛盾的事情，相反，两者并存的状态正是体现了中国政府在贫困治理问题上的基本形态——精准扶贫之所以能够取得成绩，关键就在于地方政府能够在很大程度上克服传统运动式治理存在的弊端。同样，精准扶贫之所以会出现各种各样的问题，原因就在于地方政府对传统运动式治理弊端的修正还没有完成，依然还带有一些缺陷。基于这些因素的考虑，对于"运动式治理的演化模式"的后续发展问题，笔者秉持更为开放的态度——"运动式治理的演化模式"仍然处在发展变化中，需要继续演化、自我革新。具体地讲，对于地方政府而言，还需要进一步协调政治动员和常规治理之间的关系，在国家—社会之间形成更加良善的互动。只有如此演化，"运动式治理的演化模式"才能修正自身存在的各种短板和不足，政治动员和常规治理才能形成合力，以更加恰当的方式嵌入治理体系与治理能力现代化的目标当中，真正发展成为中国政治体制的比较优势。

四、本研究的不足与拓展

当然,由于各种主客观因素的限制,本研究还存在很多不足。对于"中心工作与政策执行"这个话题,也还有很多值得拓展的问题。

首先是本研究的案例选择存在不足。本研究是基于经验的个案研究,笔者将案例选定在陕南秦巴山区林县,并在桥镇蹲点开展田野调查,以此透视地方政府的组织与行为特征。但本研究在案例选择上存在两个缺点,一是选择林县作为案例存在代表性不足的问题。笔者在其他地区也做过前期调研,在综合考虑之后选择林县作为田野地点。但事实上,在全国范围内,比林县更贫困的地方还有很多,扶贫工作做得更好的地方也有很多,林县并不一定能够代表全国的普遍情况。二是对乡镇的案例选择也不够充分。在林县调研期间,笔者只选择了桥镇进行深入调研,以参与式观察的方式获得了系统性的历史资料、政府文件、访谈录音等。尽管笔者也试图补充其他乡镇,但是由于调研时间有限,对其他乡镇的了解不够深入,没有获得较为充分、较系统的资料,所以本研究只重点关注了桥镇这一个乡镇,没有纳入其他的乡镇进行比较。

其次是本研究的资料来源不够多元。一方面是在文字资料和访谈记录上,本研究比较侧重文字资料。在调研期间笔者发现,获取文字性的资料相对容易,而且文字性的资料也比较有利于形成条理清晰、数据准确的论文。相对而言,获取访谈性的资料就比较困难,因此本研究比较倚重政府公文、工作报告、数据报表等材料,访谈性的资料相对较少。另一方面是在访谈方面,扶贫干部会讲普通话,思维也更有条理,对他们开展访谈比较容易;对普通农民、贫困户的访谈就相对困难,当地方言只能听懂大概情况,访谈到的内容也可能是一些碎片化、不准确,甚至是前后矛盾的信息。因此,针对普通农民、贫困户的访谈资料略显单薄。尽管这是客观情况,但导致了一个很不利的结果:普通农民和贫困户的反馈不足，没有形成对于政策执行效果的全方位考察，对自上而下的资料缺少自下而上的视角予以矫正，这在很大程度上影响了本研究的说服力。

最后是本研究的价值立场并没有做到完全的客观中立。学术研究要尽量保持"价值无涉"，在本研究中，笔者也尽力以客观中立的态度来呈现地方政府在精准扶贫中的组织与行为状态。但每个社会科学研究者也都清楚，完全的"价值无涉"要么是理想状态，要么是自欺欺人。本研究的任务之一是"总结精准扶贫的经验"，自然会论证中国贫困治理取得的成绩以及中国贫困治理的优势所在，因此在本研究中有很多相关的论述是从正面角度阐释这个问题。但需要注意的是，任何一项政策执行过程都带有两面性，既有政策执行的优势与合理之处，也必然会存在各种各样的不足与缺陷，精准扶贫政策也不例外。在前面各章节的叙述过程中，虽然笔者穿插了负面后果的分析，但是从整体上讲，对这些负面后果的分析仍然不够深入，起码没有将之上升到理论层面进行系统解释。

地方政府的政策执行一直是政治学和公共管理的重要研究领域，中心工作下地方政府的组织与行为更是具有中国特色的学术议题。以精准扶贫为"抓手"分析地方政府的政策执行，成为近几年的热门话题。但如前所述，本研究还可以从以下几个方向进行更加深入的研究和拓展。

第一，对政策执行过程微观机制的深入分析。在本研究中，笔者按照"政治化—组织—执行（搬迁、产业、帮扶）—督查"的逻辑分析了地方政府执行精准扶贫政策的基本过程，归纳了"一种形态、两项动力、三重维度"的框架。但实事求是地讲，本研究的主题依然比较宏大，涉及方方面面，在这种情况下，对上述微观机制的分析就显得比较粗糙，无论哪一点都还有很大的可挖掘空间。例如，在组织这个维度上，常规科层组织与新科层组织具有怎样的关系；在产业扶贫问题上，为何有的产业扶贫措施能够有效,而有的产业扶贫措施效果一般;在干部帮包问题上,哪些干部发挥的作用更明显,哪些干部在虚与委蛇地应付,其中原因何在。上面这些问题有些可以按照结构—制度分析进一步细化,有些可以形成"差异性社会事实",寻找出其中更加具体的因果关系。对笔者而言,这些问题也值得开展进一步的跟踪调查,根据事实发展进行更深入的分析。

第二,"运动式治理的演化模式"的负面影响与建设性意见。在精准扶贫的政策执行过程中,的确出现了一些负面现象,影响了贫困治理的效果。这些问题很重要,但现在缺少系统化的研究。当然,这样说并不是要否认之前对运动式治理的研究成果。实际上,以往对运动式治理的研究涉及了这些问题,但以往研究大多采取了"转型思维",认为运动式治理要向常规治理转型,这些负面现象会随着转型而消失,没有必要"予以解决",因此并没有提出多少建设性意见。现实情况是,运动式治理并没有向常规治理转型,而是出现了"运动式治理的演化模式",尽管演化模式在一定程度上克服了一些弊端,但很多问题依然存在。因此,学术研究就不应该再回避这个问题,分析"运动式治理的演化模式"的负面影响并提出一些建设性意见,就不仅仅具有学术意义,还具有突出的现实意义。

第三,不同治理模式与不同治理问题的匹配适用问题。笔者将政府治理分为汲取、施惠和规制三类,分析了"运动式治理的演化模式"的适用范围问题,并提出在执行施惠政策时可以采用政治动员的方式,在执行汲取型、规制型政策时应该更加侧重常规性、技术性、专业性的治理手段。但这只是一种高度概括的分类方式,不同治理问题与治理模式之间的匹配关系也缺少实证分析。事实上,公共政策的类型要比这种分类更为多样,很多公共政策可能具备多重属性。而且,政策执行是一项整体性的综合工程,扶贫领域的国家治理逻辑与其他领域的治理逻辑存在什么样的相同或者差异之处,不同的公共政策与不同的政策执行模式之间又存在怎样的匹配关系。对于这些问题的回答,不仅能够更好地理解国家治理的学术问题,也会为今后的政策执行、国家治理提出更有价值的建设性意见。这就为今后的研究提出了一个指引,研究者需要进行不同治理模式的横向比较,既要分析不同治理问题的特殊性,又要分析不同治理模式所具备的基本要素,有哪些优势与劣势,不同治理模式和治理问题之间该建立怎样的匹配关系。

第四,"运动式治理的演化模式"何以产生的解释问题。在本研究中笔者提出,地方政府之所以采用"运动式治理的演化模式"来执行政策,并不完全是因为"问题化"的原因。除此之外,还有更具深层的原因。一方面是因为地方政府秉持了"使命伦理",在这种政治伦理之下,动员干部完成施惠型治理行为,具有道义上的正当性。另一方面是在政治结构上,"党政体制"是地方政府能够开展政治动员的必要前提,党组织为精准扶贫的政策执行提供动员的组织基础,政党之间的分工合作为"运动式治理的演化模式"提供了结构性条件。但这一判断现在只是一种假设,并没有充足的实证材料、深厚的历史分析和系统的理论阐释。对于这个问题的回答,个案分析是不充分的,还需要发掘新的案例,透过长时段的历史分析,进行更加抽象化的理论解释。

参考文献

一、领导人文集、讲话（按时间排列）

[1] 列宁：《关于人民委员会工作的报告》，见《列宁选集》（第四卷），人民出版社 1960 年版。

[2] 斯大林：《关于苏联经济状况和党的政策》，见《斯大林选集》（上卷），人民出版社 1979 年版。

[3] 毛泽东：《关于农业合作化问题》，见当代中国农业合作化编辑室主编：《建国以来农业合作化史料汇编》，中共党史出版社 1992 年版。

[4]《温家宝同志的讲话（2001 年 5 月 24 日）》，见国务院扶贫开发领导小组办公室、国务院扶贫开发领导小组专家咨询委员会主编：《党和国家领导人论扶贫（1978—2001）》，内部资料，2014 年。

[5]《江泽民、朱镕基和温家宝同志在中央扶贫开发工作会议上的讲话（2001 年 5 月 25 日）》，见国务院扶贫开发领导小组办公室、国务院扶贫开发领导小组专家咨询委员会主编：《党和国家领导人论扶贫（1978—2001）》，内部资料，2014 年。

[6] 习近平：《携手消除贫困 促进共同发展——在 2015 减贫与发展高层论坛的主旨演讲》，载《老区建设》2015 年第 19 期。

［7］习近平：《在庆祝中国共产党成立95周年大会上的讲话》，载《人民日报》，2016年7月6日。

［8］习近平：《在全国脱贫攻坚总结表彰大会上的讲话》，载《人民日报》，2021年2月25日。

［9］《中共中央政治局召开会议 听取2016年省级党委和政府脱贫攻坚工作成效考核情况汇报 中共中央总书记习近平主持会议》，载《人民日报》，2017年4月1日。

［10］习近平：《在省部级主要领导干部"学习习近平总书记重要讲话精神，迎接党的十九大"专题研讨班开班式上发表重要讲话》，http://www.gov.cn/xinwen/2017/07/27/content_5213859.htm（访问时间：2020年3月5日）。

［11］习近平：《决胜全面建成小康社会 夺取新时代中国特色社会主义伟大胜利——在中国共产党第十九次全国代表大会上的报告（2017年10月18日）》，人民出版社2017年版。

［12］《习近平主持中共中央政治局第三十九次集体学习》，http://www.gov.cn/xinwen/2017/02/22/content_5170078.htm（访问时间：2019年8月14日）。

［13］《国家主席习近平发表二○一九年新年贺词》，http://www.gov.cn/xinwen/2018/12/31/content_5353857.htm（访问时间：2020年1月3日）。

二、中央、部委文件（按时间排列）

［1］中共中央、国务院：《关于尽快解决农村贫困人口温饱问题的决定》，见国务院扶贫开发领导小组办公室、国务院扶贫开发领导小组专家咨询委员会主编：《扶贫工作文件汇编（1978—2000）》，内部资料，2014年。

［2］中共中央、国务院：《中国农村扶贫开发纲要（2011—2020

年）》，http://www.gov.cn/gongbao/content/2011/content_2020905.htm（访问时间：2019年5月31日）。

[3] 中共中央、国务院：《关于加大改革创新力度加快农业现代化建设的若干意见》，http://www.xinhuanet.com/politics/2015/02/01/c_1114209962.htm（访问时间：2019年10月29日）。

[4] 中共中央、国务院：《关于打赢脱贫攻坚战的决定》，http://www.cpad.gov.cn/art/2015/12/7/art_46_42386.html（访问时间：2019年10月21日）。

[5] 中共中央、国务院：《关于打赢脱贫攻坚战三年行动的指导意见》，http://www.cpad.gov.cn/art/2018/8/20/art_624_88161.html（访问时间：2018年9月17日）。

[6] 中共中央、国务院：《关于深入推进农业供给侧结构性改革加快培育农业农村发展新动能的若干意见》，http://www.xinhuanet.com//politics/2017/02/05/c_1120413568_3.htm（访问时间：2019年10月29日）。

[7] 中共中央：《关于加快农业发展若干问题的决定（节录）》，见国务院扶贫开发领导小组办公室、国务院扶贫开发领导小组专家咨询委员会主编：《扶贫工作文件汇编（1978—2000）》，内部资料，2014年。

[8] 国务院：《关于支持农业产业化龙头企业发展的意见》（国发〔2012〕10号），http://www.gov.cn/zwgk/2012/03/08/content_2086230.htm（访问时间：2019年10月20日）。

[9] 国务院：《关于印发中国农村扶贫开发纲要（2001—2010年）的通知》（国发〔2001〕23号），http://www.gov.cn/zhengce/content/2016/09/23/content_5111138.htm（访问时间：2019年5月13日）。

[10] 国务院：《关于印发国家八七扶贫攻坚计划的通知》，见国务院扶贫开发领导小组办公室、国务院扶贫开发领导小组专家咨询委员会

主编：《扶贫工作文件汇编（1978—2000）》，内部资料，2014年。

[11] 国务院：《关于加强贫困地区经济开发工作的通知》，见国务院扶贫开发领导小组办公室、国务院扶贫开发领导小组专家咨询委员会主编：《扶贫工作文件汇编（1978—2000）》，内部资料，2014年。

[12] 《国民经济和社会发展第十三个五年规划纲要》，http：//www.xinhuanet.com//politics/2016lh/2016/03/17/c_1118366322_15.htm（访问时间：2019年10月30日）

[13] 《中国共产党第十八届中央委员会第三次全体会议公报》，http：//www.xinhuanet.com//politics/2013/11/12/c_118113455.htm（访问时间：2019年10月29日）。

[14] 中共中央办公厅、国务院办公厅：《关于创新机制扎实推进农村扶贫开发工作的意见》（中办发〔2013〕25号），http：//www.gov.cn/zhengce/2014/01/25/content_2640104.htm（访问时间：2018年10月30日）。

[15] 中共中央办公厅、国务院办公厅：《印发〈关于完善农村土地所有权承包权经营权分置办法的意见〉》，http：//www.gov.cn/xinwen/2016/10/30/content_5126200.htm（访问时间：2019年11月1日）。

[16] 中共中央办公厅、国务院办公厅：《关于加快构建政策体系培育新型农业经营主体的意见》，载《中国农民合作社》2017年第7期。

[17] 中共中央办公厅、国务院办公厅：《关于促进小农户和现代农业发展有机衔接的意见》，http：//www.gov.cn/zhengce/2019/02/21/content_5367487.htm（访问时间：2019年10月21日）。

[18] 中共中央办公厅：《印发〈关于统筹规范督查检查考核工作的通知〉》，http：//www.gov.cn/xinwen/2018/10/09/content_5328884.htm（访问时间：2020年1月15日）。

[19] 中共中央办公厅：《印发〈关于解决形式主义突出问题为基

层减负的通知〉》，http://www.gov.cn/zhengce/2019/03/11/content_5372964.htm（访问时间：2020年1月9日）。

[20]《国务院办公厅转发国务院扶贫开发领导小组关于组织经济较发达地区与经济欠发达地区开展扶贫协作的报告的通知》（国办发〔1996〕26号）（1996年7月6日），见国务院扶贫开发领导小组办公室、国务院扶贫开发领导小组专家咨询委员会主编：《扶贫工作文件汇编（1978—2000）》，内部资料，2014年。

[21] 国务院办公厅：《印发中共辽阳市委关于辽阳市实施领导干部联系贫困户制度的情况报告》，见国务院扶贫开发领导小组办公室、国务院扶贫开发领导小组专家咨询委员会主编：《扶贫工作文件汇编1978—2000）》，内部资料，2014年。

[22] 国务院办公厅：《关于成立国务院贫困地区经济开发领导小组的通知》（国办发〔1986〕39号）（1986年5月16日），见国务院扶贫开发领导小组办公室、国务院扶贫开发领导小组专家咨询委员会主编：《扶贫工作文件汇编（1978—2000）》，内部资料，2014年。

[23] 国务院扶贫开发领导小组办公室：《关于申报国家扶贫龙头企业的通知》（国开办〔2004〕83号），2004年11月29日。

[24] 国务院扶贫开发领导小组办公室、中国农业银行：《关于印发〈关于大力支持国家扶贫龙头企业发展的意见〉的通知》（国开办发〔2005〕19号），见国务院扶贫开发领导小组办公室主编：《中国扶贫开发年鉴2010》，中国财政经济出版社2010年版。

[25] 国务院扶贫开发领导小组办公室：《关于〈扶贫开发建档立卡工作方案〉的通知》（国开办发〔2014〕24号），http://www.cpad.gov.cn/art/2014/4/11/art_50_23761.html（访问时间：2019年8月13日）。

[26] 国务院扶贫开发领导小组办公室：《关于〈扶贫开发建档立卡工作方案〉的通知》（国开办发〔2014〕24号）的附件2《贫困人口

规模分解参考方法》,http://www.cpad.gov.cn/art/2014/4/11/art_50_23761.html(访问时间:2019年8月13日)。

[27] 国务院扶贫开发领导小组办公室等:《建立精准扶贫工作机制实施方案》(国开办发〔2014〕30号),http://www.cpad.gov.cn/art/2014/5/26/art_50_23765.html(访问时间:2018年10月30日)。

[28] 国务院扶贫开发领导小组办公室:《关于完善扶贫龙头企业认定和管理制度的通知》(国开办发〔2017〕62号),http://www.cpad.gov.cn/art/2018/1/4/art_50_76182.html(访问时间:2019年10月20日)。

[29] 国家发展与改革委员会、国务院扶贫开发领导小组办公室、财政部、国土资源部、中国人民银行:《"十三五"时期易地扶贫搬迁工作方案》,http://www.cpad.gov.cn/art/2015/11/29/art_1744_82.html#(访问时间:2019年9月16日)。

[30] 农业部:《关于促进家庭农场发展的指导意见》,http://www.moa.gov.cn/nybgb/2014/dsanq/201712/t20171219_6105426.htm(访问时间:2019年10月21日)。

[31]《农业部部长解读〈关于加快构建政策体系培育新型农业经营主体的意见〉》,http://www.gov.cn/zhengce/2017/06/01/content_5198866.htm(访问时间:2019年10月28日)。

[32] 民政部、国务院扶贫开发领导小组、公安部、财政部、铁道部、交通部、全国总工会、共青团中央、全国妇联:《关于开展"扶贫济困送温暖"捐赠活动的通知》(民政发〔1996〕7号)(1996年2月26日),见国务院扶贫开发领导小组办公室、国务院扶贫开发领导小组专家咨询委员会主编:《扶贫工作文件汇编(1978—2000)》,内部资料,2014年。

[33]《中共民政部党组推动农村扶贫工作的意见(节录)》,见国务院扶贫开发领导小组办公室、国务院扶贫开发领导小组专家咨询委员

会主编：《扶贫工作文件汇编（1978—2000）》，内部资料，2014年。

［34］国务院贫困地区经济开发领导小组：《关于"三西"地区十年农业建设的总结报告》，见国务院扶贫开发领导小组办公室、国务院扶贫开发领导小组专家咨询委员会主编：《扶贫工作文件汇编（1978—2000）》，内部资料，2014年。

［35］国务院贫困地区经济开发领导小组：《关于"八五"期间扶贫开发工作部署的报告》，见国务院扶贫开发领导小组办公室、国务院扶贫开发领导小组专家咨询委员会主编：《扶贫工作文件汇编（1978—2000）》，内部资料，2014年。

［36］住房和城乡建设部：《关于印发〈农村危险房屋鉴定技术导则（试行）〉的通知》（建村函〔2009〕69号），2009年3月26日。

［37］《关于1988年国家机关扶贫工作情况的报告》（1989年2月16日），见国务院扶贫开发领导小组办公室、国务院扶贫开发领导小组专家咨询委员会主编：《扶贫工作文件汇编（1978—2000）》，内部资料，2014年。

［38］《十九届中央第二轮巡视将对26个地方和单位党组织开展脱贫攻坚专项巡视》，http://www.xinhuanet.com/politics/2018/10/09/c_1123534790.htm? baike（访问时间：2020年1月3日）。

三、地方政府文件

1. 省、市级政府文件（按时间排列）

［1］中共陕西省委办公厅、陕西省政府办公厅：《陕西省贫困村驻村工作队选派管理办法》（陕办发〔2018〕12号），http://www.shaanxifpb.gov.cn/newstyle/pub_newsshow.asp? id=29020542&chid=100234（访问时间：2019年9月4日）。

［2］中共陕西省委组织部、陕西省扶贫办：《关于对建档立卡贫困村、党组织软弱涣散村、升级晋档差类村第一书记和驻村工作队实现全

覆盖的通知》（陕扶办发〔2016〕4号），2016年1月3日。

［3］陕西省扶贫办、省委组织部、省人力资源和社会保障厅、省财政厅：《关于印发〈陕西省驻村扶贫工作队管理办法（试行）〉的通知》（陕扶办发〔2017〕39号），http://www.shaanxifpb.gov.cn/new-style/pub_newsshow.asp?id=29017027&chid=100234（访问时间：2019年9月4日）。

［4］陕西省委副书记：《作风硬、扶贫赢——在全省脱贫攻坚整改推进视频会议上的讲话》（2017年5月25日），见桥镇：《中省市县领导在脱贫攻坚会议上的讲话》，2017年。

［5］毛万春（时任陕西省委副书记）：《学好讲话增动力 求实求效抓扶贫——在学习深度贫困地区脱贫攻坚座谈会精神暨全省脱贫攻坚推进视频会议上的讲话》（2017年7月5日），见桥镇：《中省市县领导在脱贫攻坚会议上的讲话》，2017年。

［6］安康市人民政府：《关于印发〈安康市移民（脱贫）搬迁工作实施方案〉的通知》（安政发〔2016〕35号），2016年10月11日。

［7］安康市人民政府：《关于加快推进毛绒玩具文创产业发展打造安康新兴支柱产业的意见》（安政发〔2018〕16号），2018年7月6日。

［8］中共安康市委办公室、安康市政府办公室：《关于印发〈安康市市县区选派干部进驻贫困村开展扶贫工作实施方案〉》（安办字〔2014〕28号），2014年4月23日。

［9］中共安康市委办公室：《中央对我省2016年扶贫开发工作成效考核情况通报指出的突出问题（2017年5月4日）》，见桥镇：《中省市县领导在脱贫攻坚会议上的讲话》，2017年。

［10］安康市脱贫攻坚指挥部：《关于开展脱贫攻坚问题整改和当前重点工作督查抽查的通知》（安脱指发〔2017〕17号），2017年6月4日。

［11］安康市政府办公室批转安康市脱贫攻坚指挥部办公室和安康市财政局：《关于加快推进贫困县涉农资金整合工作的指导意见》（安政办发〔2017〕67号），2017年6月8日。

［12］安康市脱贫攻坚指挥部办公室：《关于下达2016年度市级部门、中省驻安单位驻村帮扶工作目标任务的通知》（安脱办发〔2016〕20号），2016年6月12日。

［13］安康职业技术学院：《关于印发〈帮扶贫困村开展精准脱贫的工作方案〉的通知》（安职院发〔2016〕20号），2016年4月27日。

［14］《郭青同志在全市新社区工厂发展座谈会上的讲话》，http://www.ankang.gov.cn/Content-156823.html（访问时间：2019年10月3日）。

［15］王柯、阮山：《我市启动第三季度脱贫攻坚工作县际交叉检查》，http://www.ankang.gov.cn/Content-113542.html（访问时间：2019年12月26日）。

［16］《我市全面启动"双万帮困"活动》，http://www.ankang.gov.cn/Content-68788.html（访问时间：2019年11月12日）。

2. 县、镇级政府文件（按类型—时间排列）

［17］中共林县委员会、林县人民政府：《关于坚决打赢脱贫攻坚战的实施意见》（林发〔2015〕15号），2015年12月31日。

［18］中共林县委员会、林县人民政府：《关于开展农村资源变资产、资金变股金、农民变股东改革的指导意见》（林发〔2017〕21号），2017年10月26日。

［19］中共林县委员会、林县人民政府：《林县脱贫攻坚工作情况汇报》（无文号），2018年7月。

［20］林县人民政府：《关于印发〈林县推进精准扶贫工作实施方案〉的通知》（林政办发〔2014〕86号），2014年9月16日。

［21］林县人民政府：《林县"十三五"移民（脱贫）搬迁工作实

施方案》（林政发〔2017〕2号），2017年1月5日。

[22] 中共林县县委办公室、林县政府办公室：《关于下发〈林县选派干部进驻贫困村开展扶贫工作实施方案〉的通知》（林办发〔2014〕20号），2014年6月9日。

[23] 中共林县县委办公室、林县政府办公室：《关于印发〈林县开展双万帮困活动实施方案〉的通知》（林办发〔2014〕21号），2014年7月2日。

[24] 中共林县县委办公室、林县政府办公室：《关于召开全县脱贫攻坚工作会议的通知》（林办通字〔2015〕20号），2015年12月25日。

[25] 中共林县县委办公室、林县政府办公室：《干部进驻贫困村开展精准脱贫工作方案》（林办发〔2016〕26号），2016年3月28日。

[26] 中共林县县委办公室、林县政府办公室：《关于强化县级领导包抓脱贫攻坚工作责任的通知》（林办发〔2017〕52号），2017年8月7日。

[27] 中共林县县委办公室：《桥镇的主要职责、机构设置和人员编制规定》（林办发〔2016〕18号），2017年3月15日。

[28] 中共林县县委办公室：《关于进一步加强脱贫攻坚专题学习的通知》（林办字〔2017〕61号），2017年7月5日。

[29] 林县政府办公室：《关于印发〈林县2009年蚕桑产业扶持奖励办法〉的通知》（林政办发〔2009〕24号），2009年4月22日。

[30] 林县政府办公室：《关于印发〈林县2009年生猪产业扶持奖励办法〉的通知》（林政办发〔2009〕38号），2009年5月18日。

[31] 林县政府办公室：《关于印发〈林县避灾搬迁安置后续产业扶持办法（试行）〉的通知》（林政办发〔2016〕5号），2016年1月20日。

[32] 林县政府办公室：《县扶贫局主要职责、内设机构和人员编

制规定》（林政办发〔2016〕73号），2016年9月20日。

［33］林县政府办公室：《关于印发〈林县2016—2019年搬迁脱贫实施方案〉的通知》（林政办发〔2016〕31号），2016年10月20日。

［34］林县政府办公室：《关于印发〈林县农村贫困户危旧房改造工作方案〉的通知》（林政办发〔2016〕35号），2016年10月21日。

［35］林县政府办公室：《关于开展调查摸底确定"十三五"移民（脱贫）搬迁对象的通知》（林政办发〔2017〕2号），2017年1月11日。

［36］林县政府办公室：《关于印发〈林县移民（脱贫）搬迁建房补助资金兑付办法〉的通知》（林政办发〔2017〕3号），2017年1月11日。

［37］林县政府办公室：《关于印发〈林县2017年度易地扶贫搬迁工作实施方案〉的通知》（林政办发〔2017〕72号），2017年6月1日。

［38］林县政府办公室：《关于印发〈林县产业脱贫实施方案〉的通知》（林政办发〔2017〕73号），2017年6月1日。

［39］林县政府办公室：《关于印发〈林县2017年生态脱贫实施方案〉的通知》（林政办发〔2017〕75号），2017年6月1日。

［40］林县政府办公室：《关于印发〈林县就业创业脱贫实施方案〉的通知》（林政办发〔2017〕74号），2017年6月1日。

［41］林县政府办公室：《关于印发〈林县健康脱贫实施方案〉的通知》（林政办发〔2017〕76号），2017年6月1日。

［42］林县政府办公室：《关于印发〈林县教育脱贫实施方案〉的通知》（林政办发〔2017〕77号），2017年6月1日．

［43］林县政府办公室：《关于印发〈林县社会保障兜底脱贫实施方案〉的通知》（林政办发〔2017〕78号），2017年6月1日。

［44］林县政府办公室：《关于印发〈林县金融脱贫实施方案〉的

通知》（林政办发〔2017〕79号），2017年6月1日。

［45］林县政府办公室：《关于印发〈林县统筹整合使用财政涉农资金管理办法〉的通知》（林政办发〔2017〕176号），2017年11月21日。

［46］林县政府办公室：《关于印发〈矿山企业生态环境问题整治实施方案〉的通知》（林政办发〔2017〕180号），2017年11月28日。

［47］林县政府办公室：《关于印发〈促进易地扶贫搬迁入住及旧宅腾退复垦奖补暂行办法〉的通知》（无文号），2019年3月6日。

［48］林县政府办公室：《林县支持苏陕扶贫协作和经济合作优惠政策（试行）》（无文号），http://www.hanyin.gov.cn/Content-25058.html（访问时间：2019年9月15日）。

［49］林县脱贫攻坚指挥部办公室：《关于全县精准扶贫首轮专项督查工作通报》（林脱办发〔2016〕3号），2016年4月21日。

［50］林县脱贫攻坚指挥部办公室：《关于全县精准扶贫第二轮暗访督查情况通报》（林脱办发〔2016〕6号），2016年5月5日。

［51］林县脱贫攻坚指挥部办公室：《关于印发〈林县脱贫攻坚督查考核办法〉的通知》（林脱办发〔2016〕53号），2016年11月21日。

［52］林县脱贫攻坚指挥部办公室：《扶贫对象核实及数据清洗工作政策指引》（林脱办函〔2017〕14号—25号），无日期。

［53］林县脱贫攻坚指挥部办公室：《关于印发〈林县扶贫对象核实及数据清洗工作实施细则（试行）〉的通知》（林脱办发〔2017〕28号），2017年4月20日。

［54］林县脱贫攻坚指挥部办公室、林县信访局：《关于印发〈脱贫攻坚信访工作实施方案〉的通知》（林脱办发〔2017〕65号），2017年6月1日。

［55］林县脱贫攻坚指挥部办公室：《关于对全县脱贫攻坚工作进

行第二次专项督查的通知》（林脱办发〔2017〕133号），2017年6月22日。

[56] 林县脱贫攻坚指挥部办公室：《关于进一步整合"四支队伍"力量推进脱贫攻坚工作的通知》（拍摄文件时文件阅办单遮挡住了文号），2017年7月5日。

[57] 林县脱贫攻坚指挥部办公室：《关于印发〈林县贫困村互助资金协会管理办法（暂行）〉的通知》（林脱办发〔2017〕267号），2017年7月31日。

[58] 林县脱贫攻坚指挥部办公室：《关于开展贫困户大走访活动的通知》（林脱办发〔2017〕444号），2017年11月30日。

[59] 林县脱贫攻坚指挥部办公室：《关于配合做好2017年度省级脱贫攻坚第三方评估工作的通知》（林脱办发〔2017〕482号），2017年12月18日。

[60] 林县脱贫攻坚指挥部办公室、林县财政局、林县住房和城乡建设局：《关于下达2018年农村危房改造项目计划及第一批补助资金的通知》（无文号），2018年4月2日。

[61] 林县扶贫局、林县财政局：《关于下达2015年财政专项扶贫资金项目实施计划的通知》（林扶发〔2015〕68号），2015年7月6日。

[62] 林县扶贫局：《关于拨付2015年度第二批精准扶贫县级财政配套资金的通知》（林扶字〔2016〕18号），2016年3月24日。

[63] 林县扶贫局：《关于公开招聘精准扶贫信息员的通知》（林扶字〔2016〕41号），2016年5月11日。

[64] 林县扶贫局：《关于印发〈林县增加贫困村贫困户资产性收益扶贫项目实施细则（试行）〉的通知》（林扶发〔2017〕77号），2017年7月10日。

[65] 林县扶贫局、财政局：《对全县建档立卡在册贫困户在扶贫

互助资金协会中的贷款占用费实行补贴的通知》（林扶发〔2017〕95号），无日期。

［66］林县扶贫办：《关于认真做好 2009 年扶贫开发劳动力转移技能培训的通知》（林扶办发〔2009〕5 号），2009 年 3 月 2 日。

［67］林县扶贫办：《关于认真做好移民扶贫示范村项目规划的通知》（林扶办发〔2008〕36 号），2008 年 12 月 19 日。

［68］林县教体局：《关于进一步做好扶贫"雨露计划"培训招生工作的通知》（林扶发〔2008〕13 号），2008 年 1 月 4 日。

［69］中共林县县委组织部：《关于向后进村党组织选派"第一书记"的通知》（林组通字〔2014〕8 号），2014 年 1 月 20 日。

［70］中共林县县委组织部：《关于认真做好驻村第一书记和专职工作队员日常考勤的通知》（林组通字〔2017〕81 号），2017 年 4 月 22 日。

［71］中共林县县委组织部：《关于进一步做好第一书记研判和选派管理工作的通知》（林组发〔2017〕48 号），2017 年 4 月 29 日。

［72］中共林县县委组织部、林县人力资源与社会保障局：《关于印发〈林县第一书记和驻村专职队员管理"八条铁规"〉的通知》（林组发〔2017〕66 号），2017 年 6 月 21 日。

［73］中共林县县委组织部、林县人社局、林县财政局：《关于印发〈林县农村党组织"第一书记"管理办法（试行）〉的通知》（林组发〔2015〕61 号），2015 年 8 月 31 日。

［74］中共林县县委组织部、林县脱贫攻坚指挥部办公室：《关于进一步加强第一书记管理工作的通知》（林组发〔2017〕117 号），2017 年 11 月 6 日。

［75］中共林县委宣传部、林县脱贫攻坚指挥部：《关于印发〈脱贫攻坚宣传工作实施方案〉的通知》（林脱字〔2016〕1 号），2016 年 4 月 15 日。

［76］林县机构编制委员会：《关于为各镇脱贫攻坚指挥部办公室设置领导职数的通知》（林编发〔2017〕××号），拍摄文件时，只拍到了正文部分，不确定具体文号。2017年9月7日。

［77］中共林县县委巡察工作领导小组办公室：《关于开展脱贫攻坚专项督导检查工作情况的通报》（林巡办发〔2017〕37号），2017年12月22日。

［78］林县团委、人力资源与社会保障局、职教中心：《关于扎实开展农村青年春季培训行动的通知》（林团联发〔2009〕1号），2009年2月16日。

［79］林县双万帮困活动领导小组办公室：《关于进一步做好双万帮困活动的通知》（林帮困办发〔2016〕1号），2016年4月20日。

［80］林县目标责任考核领导小组办公室、林县脱贫攻坚指挥部办公室：《关于印发〈林县2016年脱贫攻坚工作单项奖考核办法〉的通知》（林考办发〔2016〕29号），2016年11月30日。

［81］林县农村工作领导小组：《关于印发〈林县推进资源变资产、资金变股金、农民变股东改革试点方案〉的通知》（林农工发〔2017〕1号），2017年10月25日。

［82］林县农村三变改革领导小组办公室：《关于印发〈林县农村集体资产清产核资工作指导意见〉〈林县农村集体经济组织成员身份确认工作指导意见〉〈林县农村集体资产股份量化工作指导意见〉的通知》（林三变办发〔2017〕2号），2017年11月17日。

［83］林县农业综合（扶贫）开发领导小组办公室：《关于我办新设股室职能和人员调整的通知》（林农办发〔2009〕41号），2009年10月26日。

［84］林县发改局、林县扶贫局：《关于印发〈林县"十二五"扶贫开发规划〉的通知》（林发改发〔2012〕20号），2012年2月9日。

［85］林县发改局、林县财政局：《关于下达2015年度第二批财政

预算内以工代赈计划的通知》（林发改字〔2015〕455 号），2015 年 10 月 12 日。

［86］林县财政局：《关于下达 2015 年慈安便民桥项目补助资金计划的通知》（林财建字〔2015〕20 号），2015 年 9 月 1 日。

［87］林县财政局：《关于下达 2016 年度财政扶贫项目资金的通知》（林财预字〔2016〕59 号），2016 年 4 月 28 日。

［88］林县人力资源和社会保障局、财政局、脱贫攻坚指挥部办公室：《关于大力培育和发展"社区工厂"就业扶贫项目的通知》（林人社发〔2017〕132 号），2017 年 7 月 9 日。

［89］林县农林科技局：《关于农村集体经济组织登记有关问题的通知》（林农林科字〔2018〕77 号），2018 年 3 月 21 日。

［90］林县农林科技局：《林县产业脱贫工作汇报》（无文号），2018 年 7 月 19 日。该材料是林县农林科技局局长在与清华大学调研组、中国农业大学调研组开展座谈时的讲稿。

［91］林县农业农村局、扶贫局、财政局：《关于印发〈林县产业扶贫"三个一"实施方案（试行）〉的通知》（林农发字〔2019 年〕98 号），2019 年 6 月 5 日。

［92］林县信息中心：《图解 林县机构改革方案公布 共设置党政机构 35 个》，http://www.hanyin.gov.cn/Content-26103.html（2019 年 9 月 3 日）。

［93］林县 YH 工业园区投资开发有限公司：《关于为林县佳佳乐陶瓷科技有限责任公司提供融资担保的函》（林工投函字〔2018〕1 号），2018 年 3 月 25 日。

［94］林县人民政府县长：《在林县第十七届人民代表大会第四次会议上的政府工作报告》（无文号），2015 年 2 月 4 日。

［95］林县人民政府县长：《在林县第十八届人民代表大会第三次会议上的政府工作报告》（无文号），2019 年 2 月 16 日。

[96]《WY 同志在 6 月 5 日政策信息对接视频会上的讲话（根据讲话录音整理）》，2019 年 6 月 5 日。

[97]《林县城乡安居工程领导小组办公室关于公开 2015 年财政决算情况的说明》（无文号），2016 年 8 月 26 日，http://www.hanyin.gov.cn/Content-15351.html（访问时间：2019 年 9 月 15 日）。

[98]《我县召开移民（脱贫）搬迁工程建设现场会》，http://www.hanyin.gov.cn/Content-14315.html（访问时间：2019 年 9 月 15 日）。

[99]《林县召开 2016 年度易地扶贫搬迁迎检工作会》，http://www.hanyin.gov.cn/Content-17663.html（访问时间：2019 年 9 月 15 日）。

[100]《林县移民（脱贫）搬迁工作办公室关于公开 2016 年财政决算情况的说明》（无文号），http://www.hanyin.gov.cn/Content-19749.html（访问时间：2019 年 9 月 15 日）。

[101]《科技能人下乡添力量——林县科技创新助力脱贫攻坚纪实》，http://www.sohu.com/a/169121199_159845（访问时间：2019 年 10 月 24 日）。

[102]《县国土局全力督导易地扶贫搬迁"冬春大会战"》，http://www.hanyin.gov.cn/Content-20605.html（2019 年 9 月 15 日）。

[103]《林县积极培育和发展毛绒玩具产业新社区工厂》，http://www.hanyin.gov.cn/Content-22818.html（访问时间：2019 年 9 月 15 日）。

[104]《林县召开 2018 年贫困退出业务培训会》，http://www.kjfp.akfz.cc/news/201809/18/429.html（访问时间：2019 年 12 月 12 日）。

[105]《林县全力助推毛绒玩具社区工厂在移民搬迁安置社区落地生根》，http://www.hanyin.gov.cn/Content-24986.html（访问时间：2019 年 9 月 1 日）。

[106]《林县五千户贫困群众实现易地扶贫搬迁"安居梦"》，ht-

tp://www.hanyin.gov.cn/Content-25322.html（访问时间：2019年9月16日）。

[107]《林县提前两年全面完成"十三五"易地扶贫搬迁任务》，http://www.hanyin.gov.cn/Content-25982.html（访问时间：2019年10月2日）。

[108]《县政协开展"一帮二联五教育"访民情、解难题、办实事》，http://www.hanyin.gov.cn/Content-627295.html（访问时间：2019年12月14日）。

[109]《清风涤荡万象新》，http://www.hanyin.gov.cn/Content-6794.html（访问时间：2019年11月7日）。

[110]《"三个一"再掀产业发展热潮》，http://ak.ishaanxi.com/2019/1106/1032867.shtml（访问时间：2019年11月6日）。

[111]《林县全面持续推进易地扶贫搬迁旧宅腾退工作》，https://mp.weixin.qq.com/s/vM1mGB5ZtJ6yrpcHuHqN4w（访问时间：2020年2月1日）。

[112]《林县2018年度危房改造扶贫资金项目成效公告及农村危房改造2018年花名册》（无文号），2018年12月10日。

[113]《林县"321"打造一支不走的脱贫攻坚队伍》（无文号），无日期。

[114]《林县2018年"新社区工厂"补贴公示名单》（无文号），2018年9月27日。

[115]《林县"社区工厂"吸纳劳动力就业人员花名册》（无文号），2018年9月27日。

[116]《林县2019年度新社区工厂补贴资金公示名单》（无文号），2019年9月15日。

[117]《省级交办林县2017年群众反映扶贫领域信访事项统计表》（无文号），无日期。

[118]《市级交办林县 2017 年群众反映扶贫领域信访事项统计表》（无文号），无日期。

[119]《县级交办林县 2017 年群众反映扶贫领域信访事项统计表》（无文号），无日期。

[120] 中共桥镇委员会、桥镇人民政府：《关于成立社会主义新农村建设领导小组的通知》（桥发〔2009〕12 号），2009 年 1 月 18 日。

[121] 中共桥镇委员会、桥镇人民政府：《关于明确扶贫开发办公室和经济发展办公室职能职责的通知》（桥发〔2009〕10 号），2009 年 2 月 4 日。

[122] 中共桥镇委员会、桥镇人民政府：《关于成立桥镇脱贫攻坚指挥部的通知》（桥发〔2016〕5 号），2016 年 1 月 14 日。

[123] 中共桥镇委员会、桥镇人民政府：《关于印发〈坚决打赢脱贫攻坚实施方案〉的通知》（桥发〔2016〕6 号），2016 年 1 月 14 日。

[124] 中共桥镇党委、桥镇人民政府：《关于印发镇机关站办所撤并整合方案的通知》，（桥发〔2016〕19 号），2016 年 2 月 18 日。

[125] 中共桥镇委员会、桥镇人民政府：《关于镇机关干部工作岗位调整的通知》（桥发〔2016〕22 号），2016 年 3 月 2 日。

[126] 中共桥镇委员会、桥镇人民政府：《关于印发〈市县镇干部驻 SX 村帮扶贫困户开展精准脱贫工作方案〉的通知》（桥发〔2016〕38 号），2016 年 4 月 13 日。

[127] 中共桥镇委员会、桥镇人民政府：《关于印发〈桥镇 2017 年度镇属（驻镇）单位及驻镇企业精准帮扶挂联帮扶方案〉的通知》（桥发〔2016〕128 号），2016 年 9 月 2 日。

[128] 中共桥镇委员会、桥镇人民政府：《关于调整完善桥镇脱贫攻坚指挥部的通知》（桥发〔2016〕157 号），2016 年 11 月 16 日。

[129] 中共桥镇委员会、桥镇人民政府：《桥镇 2017 年脱贫攻坚工作实施方案》（桥发〔2017〕15 号），2017 年 2 月 15 日。

[130] 中共桥镇委员会、桥镇人民政府：《关于调整脱贫攻坚工作机构组成人员的通知》（桥发〔2017〕16号），2017年2月22日。

[131] 中共桥镇委员会、桥镇人民政府：《关于2017年脱贫攻坚帮扶责任到人的通知》（桥发〔2017〕19号），2017年5月7日。

[132] 中共桥镇委员会、桥镇人民政府：《关于充实镇脱贫攻坚指挥部组成人员的通知》（桥发〔2017〕97号），2017年5月27日。

[133] 中共桥镇委员会、桥镇人民政府：《关于分解下达2017年脱贫重点贫困村目标任务及责任的通知》（桥发〔2017〕64号），2017年4月12日。

[134] 中共桥镇委员会、桥镇人民政府：《关于调整脱贫攻坚工作机构组成人员的通知》（桥发〔2017〕144号），2017年7月20日。

[135] 中共桥镇委员会、桥镇人民政府：《关于调整脱贫攻坚工作机构组成人员的通知》（桥发〔2017〕146号），2017年8月11日。

[136] 中共桥镇委员会、桥镇人民政府：《关于强化镇级领导包抓脱贫攻坚工作责任的通知》（桥发〔2017〕148号），2017年8月16日。

[137] 中共桥镇委员会、桥镇人民政府：《关于调整"八个一批"组织机构的通知》（桥发〔2018〕72号），2018年4月10日。

[138] 中共桥镇委员会：《关于印发〈桥镇农村"第一书记"管理办法〉的通知》（桥发〔2015〕76号），2015年7月13日。

[139] 中共桥镇委员会：《关于开展"支部+X+贫困户"精准扶贫的实施方案》（桥发〔2016〕167号），2016年12月13日。

[140] 中共桥镇委员会：《关于明确驻村第一书记、专职工作队员及其工作职责的通知》（桥发〔2017〕92号），2017年5月14日。

[141] 中共桥镇党委会：《关于加强脱贫攻坚驻村帮扶管理和考核工作的通知》（桥发〔2017〕103号），2017年6月5日。

[142] 中共桥镇委员会：《关于明确脱贫攻坚"四支队伍"人员及

职责任务的通知》（桥发〔2017〕124号），2017年6月24日。

［143］中共桥镇委员会：《关于在全镇范围内开展"为政不为"专项整治的工作方案》（桥发〔2017〕175号），2017年9月21日。

［144］中共桥镇委员会：《关于明确2018年驻村第一书记和脱贫攻坚专职工作队员的通知》（桥发〔2018〕28号），2018年2月8日。

［145］中共桥镇委员会：《关于任命脱贫攻坚工作队队长的通知》（桥发〔2018〕85号），2018年2月18日。

［146］中共桥镇委员会：《关于进一步明确脱贫攻坚帮扶力量人员及工作职责的通知》（桥发〔2018〕75号），2018年4月14日。

［147］桥镇人民政府：《关于申报CG村扶贫开发重点村立项的报告》（桥政字〔2008〕44号），2008年7月2日。

［148］桥镇人民政府：《关于分解落实2009年春夏秋蚕种任务的通知》（桥政发〔2009〕21号），2009年4月24日。

［149］桥镇人民政府：《关于2009年度实施移民扶贫（千村示范）搬迁户竣工的请验报告》（桥政字〔2009〕157号），2009年12月20日。

［150］桥镇人民政府：《关于报送〈林县桥镇RX村社会主义新农村建设规划〉的报告》（桥政字〔2011〕143号），2011年1月20日。

［151］桥镇人民政府：《关于印发〈桥镇2012年防汛工作预案〉的通知》（桥政发〔2012〕16号），2012年4月18日。

［152］桥镇人民政府：《关于2016年度精准扶贫工作方案》（桥政发〔2016〕9号），2016年1月13日。

［153］桥镇人民政府：《关于印发〈桥镇双万帮困活动实施方案〉的通知》（桥政发〔2016〕44号），2016年4月19日。

［154］桥镇人民政府：《关于成立双万帮困活动领导小组的通知》（桥政发〔2016〕45号），2016年4月19日。

［155］桥镇人民政府：《关于2016年上半年精准扶贫工作总结的

报告》（桥政字〔2016〕87号），2016年6月20日。

［156］桥镇人民政府：《关于2016年开展双万帮困活动的工作总结》（桥政字〔2016〕122号），2016年12月20日。

［157］桥镇人民政府：《关于上报脱贫攻坚专项督查问题整改责任落实的报告》（桥政字〔2016〕182号）及附录的《桥镇2016年扶贫开发工作成效考核中省市县反馈意见和自查整改责任清单》（无文号），2016年12月24日。

［158］桥镇人民政府：《关于印发〈桥镇贫困村贫困户发展产业奖补办法（试行）〉的通知》（桥政发〔2017〕94号），2017年6月8日。

［159］桥镇人民政府：《关于2017年贫困户产业奖补资金整改的紧急通知》（桥政发〔2018〕376号），2017年11月29日。

［160］桥镇人民政府：《关于成立产业脱贫技术服务队及包联村的通知》（桥政发〔2018〕34号），2018年3月2日。

［161］桥镇人民政府：《关于转发〈林县产业脱贫扶持奖励办法〉的通知》（桥政发〔2018〕44号），2018年3月13日。

［162］桥镇人民政府：《关于县人社局到我镇督导就业扶贫工作存在问题整改实施方案》（桥政字〔2018〕125号），2018年6月14日。

［163］桥镇人民政府：《关于ZJZ上访问题的答复意见函》（桥政函字〔2018〕59号），2018年6月30日。

［164］桥镇脱贫攻坚指挥部办公室：《关于人员分工的通知》（无文号），2017年8月16日。

［165］桥镇脱贫攻坚指挥部办公室：《关于转发林县脱贫攻坚指挥部办公室〈脱贫攻坚迎检工作规范〉的通知》（桥脱指办发〔2017〕16号），2017年10月9日。

［166］桥镇脱贫攻坚指挥部办公室：《关于按时报送帮扶责任人名单的通知》（桥脱指办发〔2018〕10号），2018年4月11日。

[167] 桥镇脱贫攻坚指挥部办公室：《关于印发〈桥镇2018年上半年市级交叉核查反馈问题整改方案〉的通知》（桥脱指办发〔2018〕15号），2018年7月12日。

[168] 桥镇党委书记：《在全镇打赢脱贫攻坚战工作动员大会上的讲话》（无文号），2016年1月14日。

[169]《桥镇首批42户易地扶贫搬迁贫困户喜获安置房钥匙》，http://www.hanyin.gov.cn/Content-20428.html（访问时间：2019年9月15日）。

[170]《桥镇SH安置小区举行第二次分房仪式》，http://www.hanyin.gov.cn/Content-21070.html（访问时间：2019年9月15日）。

[171]《桥镇又一批贫困户喜迁新居》，http://www.hanyin.gov.cn/Content-24109.html（访问时间：2019年9月15日）。

[172]《社区工厂招工信息（9月2日）》，https://mp.weixin.qq.com/s/0FSA1pK3BE77lbY9lDzgzw（访问时间：2019年10月4日）。

[173]《桥镇新增一家社区工厂》，http://www.hanyin.gov.cn/Content-27000.html（访问时间：2019年9月15日）。

[174]《桥镇：精准推进"三个一"战略布局描绘产业发展新蓝图》，http://www.hanyin.gov.cn/Content-28155.html（访问时间：2019年11月5日）。

[175]《林县桥镇：夜访夜谈话脱贫 围坐火炉讲感恩》，http://mini.eastday.com/a/191204154058180.html（访问时间：2019年12月14日）。

[176]《桥镇SH安置小区社区工厂正式开业运营》，http://www.hanyin.gov.cn/Content-28757.html（访问时间：2019年9月15日）。

[177]《桥镇2016年度精准扶贫工作考核办法》（无文号），2016年1月6日。

[178]《林县桥镇2016年双万帮扶活动台账》（无文号），无日期。

此表附属于桥镇人民政府：《关于进一步做好双万帮困活动的紧急通知》（桥政发〔2015〕52号），2016年5月8日。

[179]《桥镇2016年度重点贫困村脱贫自评报告》（无文号），2016年11月28日。

[180]《桥镇先辉合作社带动贫困户发展产业脱贫协议书》（无文号），2017年7月2日。

[181]《2017年度第三季度脱贫攻坚交叉考核培训讲义》（无文号），2017年9月30日。

[182]《桥镇2018年镇级扶贫信息员招聘公告》（无文号），2018年9月6日。

[183]《桥镇易地扶贫搬迁对象"三业"落实花名册》（无文号），2019年7月。

[184]《桥镇HY村第一书记、驻村工作队员考勤表、桥镇第一书记驻村工作台账（2016年度）》（无文号），无日期。

[185]《桥镇2016年脱贫攻坚工作总结》（无文号），无日期。

[186]《桥镇2016—2018年扶贫攻坚领域信访矛盾纠纷排查登记表》（无文号），无日期。

3. 行政村及其他文件（按类型—时间排列）

[187]《HY村脱贫攻坚自查报告》（无文号），2017年6月13日。

[188] 桥镇HY村支部委员会、村委会与领航合作社：《扶贫专项资金投资协议书》（无文号），2017年8月21日。

[189] 桥镇SX村支部委员会、村民委员会：《关于资产性收益扶贫项目股权量化的决议》（字〔2017〕01号），2017年9月2日。

[190] 桥镇SX村支部委员会、村民委员会：《关于实施资产性收益扶贫项目的会议决议》（字〔2017〕02号），2017年9月2日。

[191] 桥镇HY村支部委员会、村委会：《关于资产性收益扶贫项目股权量化的决议》（HTH字〔2017〕7号），2017年9月20日。

[192]《桥镇 SX 村支部委员会、村民委员会与林县佳佳乐陶瓷科技有限责任公司签订的林县扶贫资金投资合作协议书》（无文号），2018 年 3 月 25 日。

[193]《桥镇 LZ 村、JZ 村、SX 村、AP 村、SH 村、TQ 村填写的林县产业发展情况摸底表（一）》（无文号），2018 年 4 月。

[194] 桥镇 SH 村村民委员会：《2018 年贫困户自主发展产业脱贫奖补实施方案》（S 发〔2018〕18 号），2018 年 5 月 5 日。

[195] 桥镇 SX 村支部委员会、村民委员会：《关于资产性收益扶贫项目股权量化的决议》（字〔2018〕01 号），2018 年 5 月 12 日。

[196] 桥镇 SX 村支部委员会、村民委员会：《关于实施资产性收益扶贫项目的会议决议》（字〔2018〕02 号），2018 年 5 月 12 日。

[197] 桥镇 LZ 村村民委员会：《LZ 村产业奖补实施方案》（无文号），2018 年 6 月 10 日。

[198] 桥镇 CG 村村民委员会：《农业产业扶贫奖补实施方案》（无文号），2018 年 7 月 10 日。

[199]《桥镇 SX 村支部委员会、村民委员会与佳悦合作社签订的林县扶贫专项资金投资协议书》（无文号），无日期。

[200]《先辉合作社与贫困户签订的土鸡养殖收购合同》（无文号），2017 年 1 月 10 日。

[201]《先辉合作社与贫困户的天麻种植合同书》（无文号），2017 年 1 月 13 日。

[202]《林县先辉合作社与贫困户对接帮扶情况登记表》（无文号），照片拍摄于先辉合作社办公室展板，拍摄时间：2018 年 7 月 24 日。

[203]《先辉合作社 2017 年 6 月发放土鸡详情》（无文号），无日期。

［204］《先辉合作社 2017 年 12 月回收 6 月土鸡详情》（无文号），无日期。

［205］《先辉农林种养专业合作社物资发放花名册》（无文号），无日期。

［206］《先辉合作社物资发放花名册（天麻种和密环菌种瓶）》（无文号），无日期。

［207］领航合作社：《林县扶贫专项资金投资实施方案》（无文号），2017 年 8 月 21 日。

［208］《领航合作社简介》（无文号），照片拍摄于领航合作社办公室展板，拍摄时间：2018 年 7 月 21 日。

四、史志、统计年鉴

［1］林县县志编纂委员会：《林县县志》，陕西人民出版社 1991 年版。

［2］林县县志编纂委员会：《林县新修县志（草稿版）》，尚未出版，无年份。

［3］国家统计局农村社会经济调查司：《2007 中国农村贫困监测报告》，中国统计出版社 2008 年版。

［4］国家统计局国民经济综合统计司编：《新中国六十年统计资料汇编（1949—2008）》，中国统计出版社 2010 年版。

［5］国家统计局住户调查办公室：《中国农村 2011 贫困监测报告》，中国统计出版社 2012 年版。

［6］中国社会科学院农村发展所、国家统计局农村社会经济调查总队：《1995 年中国农村经济发展年度报告》，中国社会科学出版社 1996 年版。

五、媒体新闻（按时间排序）

[1] 本刊评论员：《稳定社会的一项实际措施》，载《中国工运》1994年第6期。

[2] 樊训文（滨海县扶贫办）：《滨海党员干部结对帮扶成效明显》，载《江苏统计》1996第11期。

[3] 郑蔚：《希望工程，点亮千万双大眼睛》，载《文汇报》，2015年5月15日。

[4]《2016中国扶贫国际论坛在京召开 分享中国扶贫经验》，http://www.xinhuanet.com//politics/2016/05/09/c_128971108.htm（访问时间：2019年11月20日）。

[5]《2017中国扶贫国际论坛举行 中国对全球减贫贡献率超过70%》，http://news.cctv.com/2017/05/26/ARTIkIyDOSn3DsKDyuvKcOTJ170526.shtml（访问时间：2019年11月20日）。

[6]《2018中国扶贫国际论坛举行 共建没有贫困的人类命运共同体》，http://baijiahao.baidu.com/s?id=1601314276164833126&wfr=spider&for=pc（访问时间：2019年11月20日）。

[7]《2019中国扶贫国际论坛举行 助力全球贫困治理》，http://mil.chinanews.com/tp/2019/10-17/8981383.shtml（访问时间：2019年11月20日）。

[8] 李小云：《贫困发生率已低于5%，如何"精准扶贫"》，载《文汇报》，2018年3月8日。

[9] 吕德文：《一张火爆网络的照片背后的真问题》，https://mp.weixin.qq.com/s/qvbd7CUAjlsOxI2LS6WFog（访问时间：2019年12月15日）。

[10] 李小云：《贫困是因为懒惰吗?》，https://mp.weixin.qq.com/s/bqDHeZnUGqRj3I9iL_PgJA（访问时间：2019年12月19日）。

六、中文著作

1. 中文专著（按姓名首字母排列）

［1］费孝通：《基层政府的僵化》，见《费孝通文集》，群言出版社1999年版。

［2］贺雪峰：《城市化的中国道路》，东方出版社2014年版。

［3］黄仁宇：《万历十五年》，生活·读书·新知三联书店1997年版。

［4］黄仁宇：《资本主义与二十一世纪》，生活·读书·新知三联书店1997年版。

［5］黄小勇：《现代化进程中的官僚制——韦伯官僚制理论研究》，黑龙江人民出版社2003年版。

［6］李允杰、丘昌泰：《政策执行与评估》，北京大学出版社2008年版。

［7］林毅夫、蔡昉、李周：《中国的奇迹：发展战略与经济改革》，上海三联书店、上海人民出版社1994年版。

［8］欧阳静：《策略主义：橘镇运作的逻辑》，中国政法大学出版社2011年版。

［9］荣敬本等：《从压力型体制向民主合作体制的转变——县乡两级政治体制改革》，中央编译出版社1999年版。

［10］帅传敏：《中国农村扶贫开发模式与效率研究》，人民出版社2010年版。

［11］吴毅：《小镇喧嚣：一个乡镇政治运作的演绎与阐释》，生活·读书·新知三联书店2018年版。

［12］姚洋、席天扬主编：《中国新叙事：中国特色政治经济运行机制分析》，格致出版社、上海人民出版社2018年版。

［13］张静：《基层政权：乡村制度诸问题》，上海人民出版社2007

年版。

[14] 张磊主编：《中国扶贫开发政策演变：1949—2005》，中国财政经济出版社2007年版。

[15] 赵德宇：《公共政策：共同体、工具与过程》，上海人民出版社2011年版。

[16] 赵树凯：《乡镇治理与政府制度化》，商务印书馆2012年版。

[17] 郑永年：《中国农村的贫困与治理》，见《大趋势：中国下一步》，东方出版社2019年版。

[18] 周黎安：《转型中的地方政府：官员激励与治理》，上海人民出版社2008年版。

[19] 周天勇等：《中国行政体制改革30年》，格致出版社、上海人民出版社2008年版。

[20] 周雪光：《中国国家治理的制度逻辑——一个组织学研究》，生活·读书·新知三联书店2017年版。

2. 中文译著（按姓名首字母排列）

[21] 〔美〕阿图罗·埃斯科瓦尔：《遭遇发展：第三世界的形成与瓦解》，汪淳玉、吴惠芳、潘璐译，社会科学文献出版社2011年版。

[22] 〔英〕安东尼·吉登斯：《民族-国家与暴力》，胡宗泽、赵力涛译，生活·读书·新知三联书店1998年版。

[23] 〔美〕盖伊·彼得斯：《美国的公共政策——承诺与执行》，顾丽梅、姚建华等译，复旦大学出版社2008年版。

[24] 〔美〕克利福德·格尔茨：《地方知识》，杨德睿译，商务印书馆2016年版。

[25] 〔美〕孔飞力：《叫魂：1768年中国妖术大恐慌》，陈兼、刘昶译，上海三联书店2016年版。

[26] 〔德〕马克斯·韦伯：《经济与社会》（第二卷·上册），阎克文译，上海人民出版社2010年版。

[27]〔英〕迈克·希尔、〔荷〕彼特·休普:《执行公共政策》,黄健荣等译,商务印书馆 2011 年版。

[28]〔美〕迈克尔·曼:《社会权力的来源》,刘北成、李少军译,上海人民出版社 2007 年版。

[29]〔美〕乔纳森·R. 汤普金斯:《公共管理学说史:组织理论与公共管理》,夏镇平译,上海译文出版社 2010 年版。

[30]〔美〕约翰·博德利:《发展的受害者》,何小荣、谢胜利、李旺旺译,北京大学出版社 2011 年版。

[31]〔美〕詹姆斯·C. 斯科特:《国家的视角:那些试图改善人类状况的项目是如何失败的》,王晓毅译,社会科学文献出版社 2012 年版。

[32]〔美〕詹姆斯·C. 斯科特:《农民的道义经济学:东南亚的反叛与生存》,程立显、刘建等译,译林出版社 2013 年版。

七、中文论文

1. 期刊论文(按姓名首字母排列)

[1] 艾云:《上下级政府间"考核检查"与"应对"过程的组织学分析:以 A 县"计划生育"年终考核为例》,载《社会》2011 年第 3 期。

[2] 柏必成:《我国运动式治理的发生机制:一个宏观层面的分析框架》,载《学习论坛》2016 年第 7 期。

[3] 曹东勃、宋锐:《克服县域治理中的官僚主义》,载《文化纵横》2019 年第 5 期。

[4] 曹正汉:《中国上下分治的治理体制及其稳定机制》,载《社会学研究》2011 年第 1 期。

[5] 陈恩:《常规治理何以替代运动式治理——基于一个县计划生育史的考察》,载《社会学评论》2015 年第 5 期。

[6] 陈海嵩：《新〈环境保护法〉中政府环境责任的实施路径——以环保目标责任制与考核评价制度为中心的考察》，载《社会科学家》2017年第8期。

[7] 陈辉、陈晓军：《内容形式化与形式内容化：精准扶贫工作形式主义的生成机制与深层根源》，载《中国农村观察》2019年第3期。

[8] 陈明明：《作为一种政治形态的政党—国家及其对中国国家建设的意义》，载《江苏社会科学》2015年第2期。

[9] 陈水生：《从压力型体制到督办责任体制：中国国家现代化导向下政府运作模式的转型与机制创新》，载《行政论坛》2017年第5期。

[10] 陈振明：《西方政策执行研究运动的兴起》，载《江苏社会科学》2001年第6期。

[11] 陈家建：《督查机制：科层运动化的实践渠道》，载《公共行政评论》2015年第2期。

[12] 陈家建：《政府会议与科层动员——基于一个民政项目的案例研究》，载《甘肃行政学院学报》2017年第5期。

[13] 狄金华：《通过运动进行治理：乡镇基层政府的治理策略——对中国中部地区麦乡"植树造林"中心工作的个案研究》，载《社会》2010年第3期。

[14] 丁煌、定明捷：《国外政策执行理论前沿评述》，载《公共行政评论》2010年第1期。

[15] 董保华：《论我国劳动争议处理立法的基本定位》，载《法律科学》2008年第2期。

[16] 都阳、蔡昉：《中国农村贫困性质的变化与扶贫战略调整》，载《中国农村观察》2005年第5期。

[17] 范小建：《中国特色扶贫开发的基本经验》，载《求是》2007年第23期。

[18] 封丽霞：《解析行政立法中的部门本位主义》，载《中国党政干部论坛》2005年第8期。

[19] 冯仕政：《中国国家运动的形成与变异：基于政体的整体性解释》，载《开放时代》2011年第1期。

[20] 高冬梅：《新中国建立初期弱势群体及其社会救助研究》，载《中共党史研究》2005年第4期。

[21] 龚为纲：《项目制与粮食生产的外部性治理》，载《开放时代》2015年第2期。

[22] 古学斌、张和清、杨锡聪：《地方国家、经济干预和农村贫困：一个中国西南村落的个案分析》，载《社会学研究》2004年第2期。

[23] 郭小聪、吴高辉：《第一书记驻村扶贫的互动策略与影响因素——基于互动治理视角的考察》，载《公共行政评论》2018年第4期。

[24] 郭珍、吴宇哲：《耕地保护制度执行过程中的"目标替代"——基于多任务代理模型的研究》，载《经济学家》2016年第6期。

[25] 何得桂、党国英：《西部山区避灾移民搬迁政策执行偏差及其影响研究——以陕南为例》，载《青海社会科学》2015年第5期。

[26] 何绍辉：《论扶贫开发的政治与治理逻辑——以红村定点扶贫为例》，载《中国农村研究》2015年第1期。

[27] 何庄：《论明清的繁文之弊及其成因》，载《档案学通讯》2006年第3期。

[28] 贺璇、王冰：《运动式治污：中国的环境威权主义及其效果检视》，载《人文杂志》2016年第10期。

[29] 侯桂红：《共和国党政公文制度探析（1949—1966）——以河北省石家庄专区为例》，载《首都师范大学学报》2009年第1期。

［30］胡波：《20世纪中国民本思想研究述评》，载《学术月刊》2001年第5期。

［31］胡联、汪三贵：《我国建档立卡面临精英俘获的挑战吗？》，载《管理世界》2017年第1期。

［32］胡晗、司亚飞、王立剑：《产业扶贫政策对贫困户生计策略和收入的影响——来自陕西省的经验证据》，载《中国农村经济》2018年第1期。

［33］黄承伟：《中国扶贫开发道路研究：评述与展望》，载《中国农业大学学报（社会科学版）》2016年第5期。

［34］黄岩、胡贞：《外发工厂：拆分型劳动体制下留守女工的兼业生产》，载《妇女研究论丛》2020年第1期。

［35］黄宗智：《制度化了的"半工半耕"过密型农业（上）》，载《读书》2006年第2期。

［36］黄宗智：《制度化了的"半工半耕"过密型农业（下）》，载《读书》2006年第3期。

［37］黄宗智：《集权的简约治理原则——中国以准官员和纠纷解决为主的半正式基层行政》，载《开放时代》2008年第2期。

［38］贾俊雪、秦聪、刘勇政：《"自上而下"与"自下而上"融合的政策设计——基于农村发展扶贫项目的经验分析》，载《中国社会科学》2017年第9期。

［39］金太军、赵军峰：《基层政府"维稳怪圈"：现状、成因与对策》，载《政治学研究》2012年第4期。

［40］景跃进：《党、国家与社会：三者维度的关系——从基层实践看中国政治的特点》，载《华中师范大学学报（人文社会科学版）》2005年第2期。

［41］景跃进：《将政党带进来——国家与社会关系范畴的反思与重构》，载《探索与争鸣》2019年第8期。

[42] 匡耀求、黄宁生：《中国水资源利用与水环境保护研究的若干问题》，载《中国人口·资源与环境》2013年第4期。

[43] 蓝伟彬：《运动式治理何以常态化——以"瘦肉精"专项整治为例》，载《特区经济》2012年第11期。

[44] 李博、左停：《遭遇搬迁：精准扶贫视角下扶贫移民搬迁政策执行逻辑的探讨——以陕南王村为例》，载《西北农林科技大学学报（社会科学版）》2016年第4期。

[45] 李博、左停：《谁是贫困户？精准扶贫中精准识别的国家逻辑与乡土困境》，载《西北农林科技大学学报（社会科学版）》2017年第4期。

[46] 李放春：《苦、革命教化与思想权力——北方土改期间的"翻心"实践》，载《开放时代》2010年第10期。

[47] 李里峰：《土改中的诉苦：一种民众动员技术的微观分析》，载《南京大学学报》2007年第5期。

[48] 李棉管：《技术难题、政治过程与文化结果——"瞄准偏差"的三种研究视角及其对中国"精准扶贫"的启示》，载《社会学研究》2017年第1期。

[49] 李永友、沈坤荣：《我国污染控制政策的减排效果——基于省级工业污染数据的实证分析》，载《管理世界》2008年第7期。

[50] 李小云、于乐荣、齐顾波：《2000—2008年中国经济增长对贫困减少的作用：一个全国和分区域的实证分析》，载《中国农村经济》2010年第4期。

[51] 李小云、徐进、于乐荣：《中国减贫四十年：基于历史与社会学的尝试性解释》，载《社会学研究》2018年第6期。

[52] 李小云、陈邦炼、唐丽霞：《精准扶贫：中国扶贫的新实践》，载《中央党校学报》2019年第5期。

[53] 李小云、吴一凡、武晋：《精准脱贫：中国治国理政的新实

践》，载《华中农业大学学报（社会科学版）》2019年第5期。

[54] 梁若冰：《财政分权下的晋升激励、部门利益与土地违法》，载《经济学（季刊）》2010年第1期。

[55] 林盼：《"父爱主义"的延展及其机制——以20世纪六七十年代上海国营企业精简职工为例》，载《开放时代》2019年第4期。

[56] 林雪霏：《扶贫场域内科层组织的制度弹性——基于广西L县扶贫实践的研究》，载《公共管理学报》2014年第1期。

[57] 刘骥、熊彩：《解释政策变通：运动式治理中的条块关系》，载《公共行政评论》2015年第6期。

[58] 刘军强：《资源、激励与部门利益：中国社会保险征缴体制的纵贯研究（1999—2008）》，载《中国社会科学》2011年第3期。

[59] 刘军强、谢延会：《非常规任务、官员注意力与中国地方议事协调小组治理机制——基于A省A市的研究（2002—2012）》，载《政治学研究》2015年第5期。

[60] 刘斐丽：《地方性知识与精准识别的瞄准偏差》，载《中国农村观察》2018年第5期。

[61] 刘燃：《中央巡视工作新方针及其实践导向》，载《求是》2014年第5期。

[62] 刘效仁：《淮河治污：运动式治理的败笔》，载《生态经济》2004年第8期。

[63] 刘愿：《"大跃进"运动与中国1958—1961年饥荒——集权体制下的国家、集体与农民》，载《经济学（季刊）》2010年第3期。

[64] 毛绵逵、李小云、齐顾波：《参与式发展：科学还是神化？》，载《南京工业大学学报（社会科学版）》2010年第2期。

[65] 倪星、原超：《地方政府的运动式治理是如何走向"常规化"的？——基于S市市监局"清无"专项行动的分析》，载《公共行政评论》2014年第2期。

[66] 倪星、王锐：《从邀功到避责：基层政府官员行为变化研究》，载《政治学研究》2017 年第 2 期。

[67] 欧阳静：《运作于压力型科层制与乡土社会之间的乡镇政府：以橘镇为研究对象》，载《社会》2009 年第 5 期。

[68] 欧阳静：《"维控型"政府：多重结构中的乡镇政府特性》，载《社会》2011 年第 3 期。

[69] 欧阳静：《压力型体制与乡镇的策略主义逻辑》，载《经济社会体制比较》2011 年第 3 期。

[70] 欧阳静：《论基层运动型治理——兼与周雪光等商榷》，载《开放时代》2014 年第 6 期。

[71] 欧阳静：《基层治理中的策略主义》，载《地方治理研究》2016 年第 3 期。

[72] 欧阳静：《政治统合制及其运行基础——以县域治理为视角》，载《开放时代》2019 年第 2 期。

[73] 〔美〕裴宜理：《重访中国革命：以情感的模式》，李寇南、何翔译，载《中国学术》2001 年第 8 期。

[74] 彭正德：《土改中的诉苦：农民政治认同形成的一种心理机制——以湖南省醴陵县为个案》，载《中共党史研究》2009 年第 6 期。

[75] 仇叶：《从配额走向认证：农村贫困人口瞄准偏差及其制度矫正》，载《公共管理学报》2018 年第 1 期。

[76] 渠敬东、周飞舟、应星：《从总体支配到技术治理——基于中国 30 年改革经验的社会学分析》，载《中国社会科学》2009 年第 6 期。

[77] 冉冉：《"压力型体制"下的政治激励与地方环境治理》，载《经济社会体制比较》2013 年第 3 期。

[78] 任星欣、余嘉俊、施祖麟：《制度建设中的运动式治理——对运动式治理的再思考》，载《公共管理评论》2015 年第 2 期。

[79] 任星欣：《运动式治理与制度建设：中国改革开放时期经济制度变革的组合拳模式》，载《公共行政评论》2020年第1期。

[80] 荣敬本：《"压力型体制"研究的回顾》，载《经济社会体制比较》2013年第6期。

[81] 宋世明：《遏制"部门职权利益化"趋向的制度设计》，载《中国行政管理》2002年第5期。

[82] 孙力：《我国公共利益部门化生成机理与过程分析》，载《经济社会体制比较》2006年第4期。

[83] 孙立平、王汉生、王思斌、林彬、杨善华：《改革以来中国社会结构的变迁》，载《中国社会科学》1994年第2期。

[84] 孙笑侠、郭春镇：《法律父爱主义在中国的适用》，载《中国社会科学》2006年第1期。

[85] 唐皇凤：《常态社会与运动式治理——中国社会治安治理中的"严打"政策研究》，载《开放时代》2007年第3期。

[86] 唐贤兴：《中国治理困境下政策工具的选择——对"运动式执法"的一种解释》，载《探索与争鸣》2009年第2期。

[87] 唐贤兴：《政策工具的选择与政府的社会动员能力——对"运动式治理"的一个解释》，载《学习与探索》2009年第2期。

[88] 田先红：《从维权到谋利——农民上访行为逻辑变迁的一个解释框架》，载《开放时代》2010年第6期。

[89] 田毅鹏、李珮瑶：《计划时期国企"父爱主义"的再认识——以单位子女就业政策为中心》，载《江海学刊》2014年第3期。

[90] 汪全胜：《行政立法的"部门利益"倾向及制度防范》，载《中国行政管理》2002年第5期。

[91] 汪三贵：《在发展中战胜贫困——对中国30年大规模减贫经验的总结与评价》，载《管理世界》2008年第11期。

[92] 王刚、白浩然：《脱贫锦标赛：地方贫困治理的一个分析框

架》，载《公共管理学报》2018年第1期。

[93] 王汉生、王一鸣：《目标管理责任制：农村基层政府的实践逻辑》，载《社会学研究》2009年第2期。

[94] 王沪宁：《社会资源总量与社会调控：中国意义》，载《复旦学报（社会科学版）》1990年第4期。

[95] 王辉：《运动式治理转向长效治理的制度变迁机制研究——以川东T区"活禽禁宰"运动为个例》，载《公共管理学报》2018年第1期。

[96] 王洛忠、刘金发：《从"运动型"治理到"可持续型"治理：中国公共治理模式嬗变的逻辑与路径》，载《未来与发展》2007年第5期。

[97] 王培：《力戒文风中的形式主义》，载《人民论坛》2019年第11期。

[98] 王绍光：《学习机制与适应能力：中国农村合作医疗体制变迁的启示》，载《中国社会科学》2008年第6期。

[99] 王绍光：《学习机制、适应能力与中国模式》，载《开放时代》2009年第7期。

[100] 王绍光：《国家治理与基础性国家能力》，载《华中科技大学学报（社会科学版）》2014年第3期。

[101] 王晓毅：《精准扶贫与驻村帮扶》，载《国家行政学院学报》2016年第3期。

[102] 王瑜：《论脱贫攻坚中的悬崖效应及其对策》，载《延安干部学院学报》，2018年第5期。

[103] 王雨磊：《数字下乡：农村精准扶贫中的技术治理》，载《社会学研究》2016年第6期。

[104] 王雨磊：《农村精准扶贫中的技术动员》，载《中国行政管理》2017年第2期。

[105] 王雨磊：《村干部与实践权力——精准扶贫中的国家基层治理秩序》，载《公共行政评论》2017 年第 3 期。

[106] 王雨磊：《技术何以失准？——国家精准扶贫与基层施政伦理》，载《政治学研究》2017 年第 5 期。

[107] 王雨磊：《缘情治理：扶贫送温暖中的情感秩序》，载《中国行政管理》2018 年第 5 期。

[108] 韦长伟、贾晓光：《社会冲突解决中的"花钱买稳定"策略研究》，载《吉首大学学报（社会科学版）》2015 年第 9 期。

[109] 魏程琳、赵晓峰：《常规治理、运动式治理与中国扶贫实践》，载《中国农业大学学报（社会科学版）》2018 年第 5 期。

[110] 吴高辉：《双重异化——中国精准扶贫中形式主义悖论的多案例比较》，载《甘肃行政学院学报》2019 年第 2 期。

[111] 吴晓林：《"小组政治"研究：内涵、功能与研究展望》，载《求实》2009 年第 3 期。

[112] 吴晓林：《结构依然有效：迈向政治社会研究的"结构—过程"分析范式》，载《政治学研究》2017 年第 2 期。

[113] 向俊杰：《中央政府四项一票否决绩效考核制度的政治学分析》，载《学术交流》2010 年第 9 期。

[114] 谢立中：《结构—制度分析，还是过程—事件分析？——从多元话语分析的视角看》，载《中国农业大学学报（社会科学版）》2007 年第 4 期。

[115] 谢小芹：《"接点治理"：贫困研究中的一个新视野——基于广西圆村"第一书记"扶贫制度的基层实践》，载《公共管理学报》2016 年第 3 期。

[116] 谢岳：《文件制度：政治沟通的过程与功能》，载《上海交通大学学报（哲学社会科学版）》2007 年第 6 期。

[117] 邢成举、李小云：《精英俘获与财政扶贫项目目标偏离的研

究》，载《中国行政管理》2013年第9期。

[118] 邢成举：《压力型体制下的"扶贫军令状"与贫困治理中的政府失灵》，载《南京农业大学学报（社会科学版）》2016年第9期。

[119] 邢成举、李小云：《超越结构与行动：中国特色扶贫开发道路的经验分析》，载《中国农村经济》2018年第11期。

[120] 邢成举：《痕迹管理异化与脱贫攻坚中的目标转移》，载《贵州社会科学》2019年第6期。

[121] 徐岩、范娜娜、陈那波：《合法性承载：对运动式治理及其转变的新解释——以A市18年创卫历程为例》，载《公共行政评论》2015年第2期。

[122] 徐明强、许汉泽：《运动其外与常规其内："指挥部"和基层政府的攻坚治理模式》，载《公共管理学报》2019年第2期。

[123] 许汉泽、李小云：《精准扶贫背景下农村产业扶贫的实践困境——对华北李村产业扶贫项目的考察》，载《西北农林科技大学学报（社会科学版）》2017年第1期。

[124] 许汉泽、李小云：《精准扶贫背景下驻村机制的实践困境及其后果——以豫中J县驻村"第一书记"扶贫为例》，载《江西财经大学学报》2017年第3期。

[125] 许汉泽、徐明强：《"任务型乡贤"与乡村振兴中的精英再造》，载《华南农业大学学报（社会科学版）》2020年第1期。

[126] 薛澜、李宇环：《走向国家治理现代化的政府职能转变：系统思维与改革取向》，载《政治学研究》2014年第5期。

[127] 燕继荣：《服务型政府VS"保姆国家"》，载《南风窗》2008年第1期。

[128] 燕继荣：《解放思想：与"运动思维"诀别》，载《同舟共进》2008年第6期。

[129] 杨爱平、余雁鸿：《选择性应付：社区居委会行动逻辑的组

织分析——以 G 市 L 社区为例》，载《社会学研究》2012 年第 4 期。

[130] 杨光斌、乔哲青：《论作为"中国模式"的民主集中制政体》，载《政治学研究》2015 年第 6 期。

[131] 杨华、袁松：《行政包干制：县域治理的逻辑与机制——基于华中某省 D 县的考察》，载《开放时代》2017 年第 5 期。

[132] 杨华、袁松：《中心工作模式与县域党政体制的运行逻辑——基于江西省 D 县调查》，载《公共管理学报》2018 年第 1 期。

[133] 杨涛：《探讨大饥荒的成因：集权、计划失误与政治行为的影响》，载《经济学（季刊）》2010 年第 3 期。

[134] 杨志军、彭勃：《有限否定与类型化承认：评判运动式治理的价值取向》，载《社会科学》2013 年第 3 期。

[135] 杨志军：《运动式治理悖论：常态治理的非常规化——基于网络"扫黄打非"运动分析》，载《公共行政评论》2015 年第 2 期。

[136] 叶良海、张春丽：《精准扶贫痕迹化管理的异化及其矫正》，载《广西社会科学》2019 年第 9 期。

[137] 叶敏：《从政治运动到运动式治理——改革前后的动员政治及其理论解读》，载《华中科技大学学报》2013 年第 2 期。

[138] 叶青、苏海：《政策实践与资本重置：贵州易地扶贫搬迁的经验表达》，载《中国农业大学学报（社会科学版）》2016 年第 5 期。

[139] 殷浩栋、汪三贵、郭子豪：《精准扶贫与基层治理理性——对于 A 省 D 县扶贫项目库建设的解构》，载《社会学研究》2017 年第 6 期。

[140] 游伟、谢锡美：《"严打"政策的回顾与科学定位》，载《华东政法大学学报》2004 年第 1 期。

[141] 于建嵘：《基层工作切莫陷入事务主义》，载《人民论坛》2019 年第 S1 期。

[142] 原超、李妮：《地方领导小组的运作逻辑及对政府治理的影

响——基于组织激励视角的分析》，载《公共管理学报》2017 年第 1 期。

[143] 臧雷振、徐湘林：《理解"专项治理"：中国特色公共政策实践工具》，载《清华大学学报（哲学社会科学版）》2014 年第 6 期。

[144] 曾令发：《任务型组织的发展：从新公共管理到整体型治理》，载《学海》2007 年第 4 期。

[145] 翟文康、徐国冲：《运动式治理缘何失败：一个多重逻辑的解释框架——以周口平坟为例》，载《复旦政治学评论》2018 年第 1 期。

[146] 赵旭光：《"运动式"环境治理的困境及法治转型》，载《山东社会科学》2017 年第 8 期。

[147] 张分田、张鸿：《中国古代"民本思想"内涵与外延刍议》，载《西北大学学报（哲学社会科学版）》2005 年第 1 期。

[148] 张富文：《中华人民共和国成立初期治理统计报表过多问题初探》，载《中共党史研究》2017 年第 3 期。

[149] 张华青：《社会公共管理必须从运动化范式走向常态化范式》，载《探索与争鸣》2003 年第 11 期。

[150] 张康之、李圣鑫：《历史转型条件下的任务型组织》，载《中国行政管理》2006 年第 11 期。

[151] 张凌云、齐晔：《地方环境监管困境解释——政治激励与财政约束假说》，载《中国行政管理》2010 年第 3 期。

[152] 章元、许庆：《农业增长对降低农村贫困真的更重要吗？——对世界银行观点的反思》，载《金融研究》，2011 年第 6 期。

[153] 邹璟璟：《一个农业人口大国的工业化之路：中国降低农村贫困的经验》，载《经济研究》2011 年第 11 期。

[154] 周彬彬：《人民公社时期的贫困问题》，载《经济研究参考》1992 年第 1 期。

[155] 周常春、刘剑锋、石振杰：《贫困县农村治理"内卷化"与参与式扶贫关系研究——来自云南扶贫调查的实证》，载《公共管理学报》2016年第1期。

[156] 周飞舟：《从汲取型政府到"悬浮"型政府——税费改革对国家与农民关系之影响》，载《社会学研究》2006年第3期。

[157] 周飞舟：《锦标赛体制》，载《社会学研究》2009年第3期。

[158] 周黎安：《晋升博弈中政府官员的激励与合作：兼论我国地方保护主义和重复建设长期存在的原因》，载《经济研究》2004年第6期。

[159] 周黎安：《中国地方官员的晋升锦标赛模式研究》，载《经济研究》2007年第7期。

[160] 周黎安：《行政发包制》，载《社会》2014年第6期。

[161] 周黎安：《"官场+市场"与中国增长故事》，载《社会》2018年第2期。

[162] 周望：《中国"小组"政治组织模式分析》，载《南京社会科学》2010年第2期。

[163] 周雪光：《基层政府间的"共谋现象"——一个政府行为的制度逻辑》，载《社会学研究》2008年第6期。

[164] 周雪光：《威权体制与有效治理：当代中国国家治理的制度逻辑》，载《开放时代》2011年第10期。

[165] 周雪光：《运动型治理机制：中国国家治理的制度逻辑再思考》，载《开放时代》2012年第9期。

[166] 周雪光：《从"黄宗羲定律"到帝国的逻辑：中国国家治理逻辑的历史线索》，载《开放时代》2014年第4期。

[167] 周志忍、徐艳晴：《基于变革管理视角对三十年来机构改革的审视》，载《中国社会科学》2014年第7期。

[168] 朱光磊、张志红：《"职责同构"批判》，载《北京大学学

报（社会科学版）》2005年第1期。

[169] 朱光磊：《中国政府职能转变问题研究论纲》，载《中国高校社会科学》2013年第4期。

[170] 朱晓燕、王怀章：《对运动式行政执法的反思——从劣质奶粉事件说起》，载《青海社会科学》2005年第1期。

[171] 竺乾威：《改革的逻辑：机构改革的回顾与展望》，载《复旦公共行政评论》2012年第2期。

2. 论文集析出论文（按姓名首字母排列）

[172] 何道峰、卫丽莉：《小额信贷与中国扶贫开发方式的变革》，见中国扶贫基金会编：《中国扶贫论文精粹（下）》，中国经济出版社2001年版。

[173] 马明洁：《权力经营与经营式动员———一个"逼民致富"的案例分析》，见清华大学社会学系编：《清华社会学评论（特辑）》，鹭洲出版社2000年版。

[174] 李实、〔美〕古斯塔夫森：《80年代末中国贫困规模和程度的估计》，见中国扶贫基金会编：《中国扶贫论文精粹（上）》，中国经济出版社2001年版。

[175] 刘文璞：《中国农村的贫困问题》，见中国扶贫基金会编：《中国扶贫论文精粹（上）》，中国经济出版社2001年版。

[176] 孙立平：《"过程—事件分析"与对当代中国农村社会生活的洞察》，见清华大学社会学系主编：《清华社会学评论（特辑）》，鹭洲出版社2000年版。

[177] 孙若梅：《世界银行在中国扶贫的调查报告》，见《社会扶贫中的政府行为调查报告》，中国经济出版社2001年版。

[178] 孙若梅、孙同全：《联合国开发计划署在中国扶贫调查报告》，见《社会扶贫中的政府行为调查报告》，中国经济出版社2001年版。

［179］孙若梅：《联合国儿童基金会在中国扶贫的调查报告》，见《社会扶贫中的政府行为调查报告》，中国经济出版社 2001 年版。

3. 学位论文（按姓名首字母排列）

［180］管田欣：《社会主义生产体制中的小组自治：郝建秀小组的个案分析（1956—1966）》，中国人民大学硕士论文，2015 年。

［181］马伊里：《合作困境的组织社会学分析———一项关于政府机构间孤岛现象生成机理的研究》，上海大学博士论文，2006 年。

［182］欧阳群涛：《Y 镇的维稳："一票否决"下的乡镇治理研究》，南昌大学公共管理学院论文，2011 年。

［183］许汉泽：《行政主导型扶贫治理研究———以武陵山区茶乡精准扶贫实践为例》，中国农业大学博士论文，2018 年。

［184］张传玉：《从管治到服务：乡村关系的转型———以免除农业税前后 S 镇乡镇干部"包村"为例》，华中师范大学硕士学位论文，2007 年。

八、英文文献（按姓名首字母排列）

［1］Alice L. Miller, "The CCP Central Committee's Leading Small Groups", *The China Leadership Monitor*, No.26, 2008.

［2］Benjamin Van Rooij, "Implementation of Chinese Environmental Law: Regular Enforcement and Political Campaigns", *Development and Change*, 37(1), 2006, pp.57-74.

［3］Christopher Pollitt, "Joined-up Government: a Survey", *Political Studies Review*, Vol.1, 2003, pp.34-49.

［4］Christian Göbel, "Uneven Policy Implementation in Rural China", *The China Journal*, No.65, January 2011, pp.53-76.

［5］Chris Ansell and Alison Gash, "Collaborative Governance in Theory and Practice", *Journal of Public Administration Research and Theory*, Vol. 18, No.4 (Oct., 2008), pp.543-571.

[6] Jie Gao, "Governing by goals and numbers: a case study in the use of performance measurement to build state capacity in China", *Public Administration and Development*, Dev.29, 2009, pp.21-31.

[7] John Kennedy and Dan Chen, "State Capacity and Cadre Mobilization in China: The Elasticity of Policy Implementation", *Journal of Contemporary China*, Vol.111, 2018, pp.1-13.

[8] Kenneth Lieberthal, "Introduction: The Fragmented Authoritarianism Model and Its Limitations", in Kenneth Lieberthal and Lampton (ed), *Bureaucracy, Politics and Decision-making in Post-Mao China*, Berkeley: University of California Press, 1988, pp.1-30.

[9] Kevin J. O'Brien, Lianjiang, "Selective Policy Implementation in Rural China", *Comparative Politics*, Vol. 31, No. 2. (Jan., 1999), pp. 167-186.

[10] Lipsky M., *Street-level Bureaucracy*, New York: Russell Sage Foundation, 1980.

[11] Nicole Ning Liu, Carlos Wing-Hung Lo, Xueyong Zhan, Wei Wang, "Campaign-Style Enforcement and Regulatory Compliance", *Public Administration Review*, Vol.75, Issue1, 2015, pp.85-95.

[12] Perri 6, "Joined-Up Government in the Western World in Comparative Perspective: A Preliminary Literature Review and Exploration", *Journal of Public Administration Research and Theory*, Vol.14, No.1 (Jan., 2004), pp.103-138.

[13] Perry E. J, "From Mass Campaigns to Managed Campaigns: Constructing a New Socialist Countryside", in Heilmann S.and Perry E.J (ed),

Mao's Invisible Hand: *The Political Foundations of Adaptive Governance in China*, Cambridge: Harvard University Press, 2011.

[14] Peter Smith R. and Van de Ven Andrew H, "Development Processes of Cooperative Inter - organizational Relationship", *Academy of Management Review*, Vol.19, No.1, 1994, pp.90-118.

[15] Pressman, J. L. and Wildavsky, A. B., *Implementation*: *How Great Expectation in Washington are Dashed in Okaland*, Berkeley: University of California Press, 1973.

[16] Tom Christensen and Per Lægreid, "The Whole-of-Government Approach to Public Sector Reform", *Public Administration Review*, Vol.67, No.6(Nov.-Dec., 2007), pp.1059-1066.

[17] Thomas B. Smith. "The Policy Implementation Process", *Policy Sciences*, No.4, 1973, pp.197-209.

附录 A 本文主要访谈对象

[1] 林县政府副县长 KDS，访谈时间：2018 年 11 月 8 日，2018 年 11 月 15 日，2019 年 8 月 4 日。

[2] 林县扶贫局副局长、脱贫办副主任 QB，访谈时间：2018 年 11 月 16 日。

[3] 林县脱贫攻坚指挥部办公室/扶贫局干部 FGZ，访谈时间：2019 年 7 月 19 日。

[4] 林县脱贫攻坚指挥部办公室/扶贫局干部 ZGB，访谈时间：2018 年 11 月 16 日。

[5] 林县农林科技局干部 DGB，访谈时间：2018 年 11 月 12 日。

[6] 桥镇党委书记 WDM，访谈时间：2018 年 7 月 25 日，2019 年 7 月 31 日。

[7] 桥镇副镇长 WZZ，访谈时间：2018 年 7 月 17 日。

[8] 桥镇党政办公室副主任 LL，访谈时间：2017 年 7 月 17 日。

[9] 桥镇党政办公室干部 LNS，访谈时间：2018 年 7 月 20 日。

[10] 桥镇党政办干部 CGB，访谈时间：2019 年 7 月 24 日。

[11] 桥镇脱贫指挥部办公室/扶贫办公室主任 HWX，访谈时间：2018 年 7 月 20 日，2019 年 7 月 24 日，2019 年 8 月 1 日。

［12］桥镇脱贫指挥部办公室/扶贫办公室干部 ZLN，访谈时间：2018 年 7 月 19 日。

［13］桥镇脱贫指挥部办公室/扶贫办公室干部 ZMM，访谈时间：2019 年 7 月 27 日，2019 年 8 月 1 日，2019 年 8 月 3 日。

［14］桥镇社会综合治理办公室主任 ZZR，访谈时间：2019 年 8 月 1 日，2019 年 8 月 2 日。

［15］桥镇社会综合治理办公室副主任 LF，访谈时间：2018 年 7 月 18 日。

［16］桥镇集镇办主任 ZZR，访谈时间：2019 年 8 月 2 日。

［17］桥镇 LQ 村党支部书记 LQZS，访谈时间：2019 年 7 月 30 日。

［18］桥镇 SX 村委会主任 WZR，访谈时间：2019 年 8 月 1 日。

［19］桥镇 QL 村党支部书记 QLZS，访谈时间：2019 年 7 月 30 日。

［20］贫困户 PKH1，访谈时间：2018 年 7 月 22 日。

［21］搬迁户 BQH-1，访谈时间：2019 年 7 月 27 日。

［22］搬迁户 BQH-2，访谈时间：2019 年 7 月 27 日。

［23］桥镇 HY 村领航合作社副经理 LHFJL，访谈时间：2018 年 7 月 21 日。

［24］干部入户录音整理资料 LZZ-20180717，访谈时间：2018 年 7 月 17 日。

［25］干部入户录音整理资料 KDS-20181112，访谈时间：2018 年 11 月 12 日。

附录 B 林县 W 型地貌特征图片

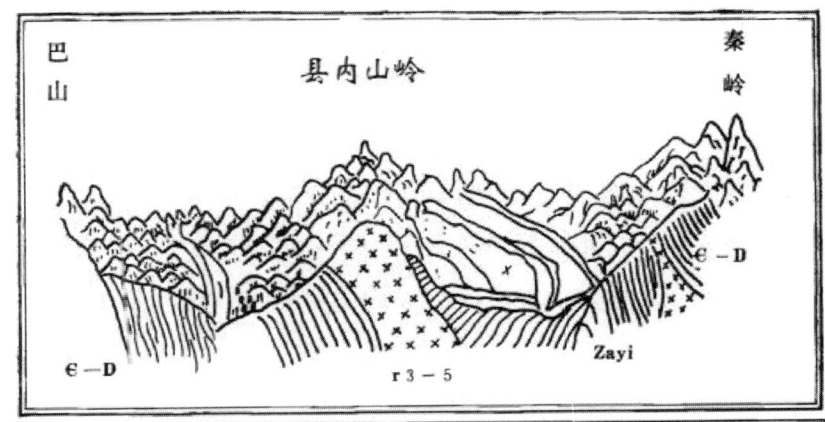

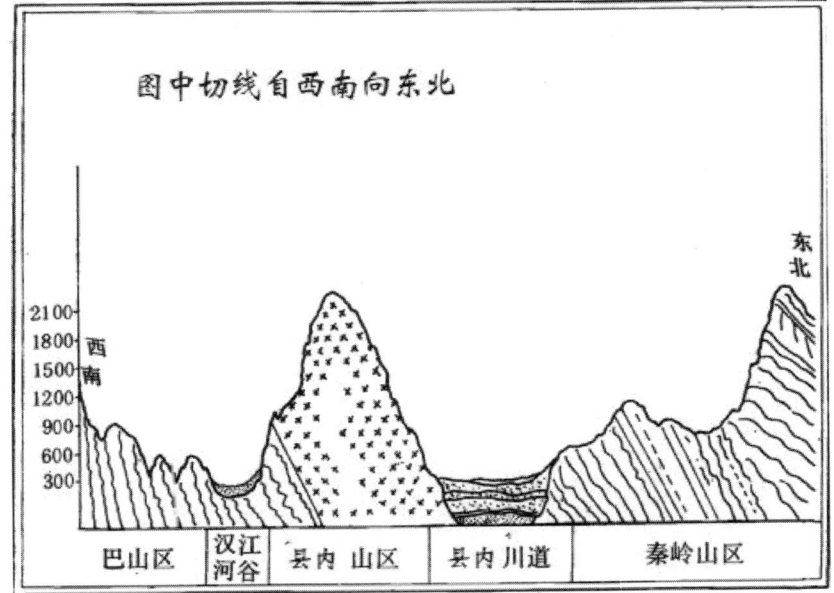

图片来源：林县县志编纂委员会：《林县县志》，陕西人民出版社 1991 年版，第 64—65 页。

附录 C 桥镇驻地地貌特征图片

图中左上角向远处延伸的山谷就是桥镇通往林县县城的道路。右下位置白墙青顶建筑为桥镇扶贫搬迁集中安置楼房；左邻白墙红顶建筑围起来的区域就是桥镇党委、政府大院。大院没有围墙，是一片开放的空间。

图片来源：2018 年 11 月 20 日，笔者拍摄于桥镇政府大院后的半山腰。

后 记

"子在川上曰:'逝者如斯夫!不舍昼夜。'"想来时光确如白驹过隙,自2020年6月博士毕业已两年有余,自2018年7月第一次到林县开展调研,已经过去了四年有余。很多事情即便不是沧海桑田,也是日新月异,发生了很大变化。

值得欣慰的是,经过修改,这篇脱胎于博士论文的书稿也终于付梓。从内容上看,书稿最初设想的内容和最终呈现的文字,已经迥然相异。近年来,学术界的迭代更新大概以两三年为一小台阶,三五年为一大台阶,关于当代中国地方政府的研究也是突飞猛进。如此想来,这篇书稿的内容可能也已经落后于学术前沿远矣。日后如若见笑于大方之家,也当为幸事。只是从构思、调研、写作、修改,到外审、答辩、再修改,我本人对这篇书稿感慨颇多——其中有艰辛有快乐,有理智有困惑,有陷入困局的焦灼,有师友提供帮助的感动。在文字变成铅字的时候,我希望能够向所有帮助过我的人表达诚挚的谢意。

首先,要感谢我的导师景跃进教授。从2015年给景老师第一次发邮件,到2016年如愿进入清华大学攻读博士学位,很多事情好像还是昨天一般,清晰可见。在四年时间里,景老师教给了我很多做学问的方法,也教给了我很多观察社会、观察中国政治发展的切身体悟。特别是关于中国政治体制"病理学分析"与"生理学分析"的区分,关于概念分析的逻辑思维，关于党政体制的研究视野，在很大程度上塑造了这篇书稿的基本底色，使书稿的大方向不至出现重大偏差。在写作的过程中，从选题到最后定稿，前前后后有两年时间，景老师在其中付出了非常大的心血。记得在2019年，我写一章，老师看一章，不断反馈新的修改意见。如果没有景老师耐心细致的教导，很难想象我能完成这个困难重重的任务。景老师是一个纯粹的学者，是我学习的榜样，严谨细致的治学态度、清清爽爽的为人风格，对我产生了深刻的影响。

在攻读博士学位的四年里，很多老师给我提供过帮助。特别是清华大学政治学系的张小劲老师、任剑涛老师、应星老师、谈火生老师、刘瑜老师、孟天广老师、胡悦老师，每次向他们请教，都受益颇深，感谢他们在学术研究这条道路上给我指引；也感谢政治学系在生活、学习、求职过程中给我提供的各种帮助。清华大学政治学系强调"中国情怀、国际视野和科学方法"，"在比较政治的视野中分析中国政治"是清华大学政治学系传递给我的重要立场。以精准扶贫为案例分析地方政府的组织与行为，发掘中国政治体制在政策执行领域的比较优势，应该也是这一立场的体现。在论文的外审和答辩过程中，中国人民大学公共管理学院的孙柏瑛老师、北京大学政府管理学院的何增科老师提出了很多宝贵意见，让我顺利通过答辩，向他们表示真诚的感谢。

现在回过头去想一想，自己以"中国政治""案例研究"这些关键词为基础开展研究也算是有根有源。在中国人民大学中共党史系读硕士期间，导师宋少鹏教授就经常告诫我们，做研究要脚踏实地、接触研究对象，不讲"似是而非的空话"。所以，我才会到北京市档案馆抄了两个月的档案，尝试用一手资料写论文。这是我第一次跳出以往的思维惯性，以经验为基础观察分析社会。尽管硕士论文很稚嫩，在人大党史系学到的一些知识性内容也大多已经淡忘，但这种立足实际的研究态度和研究思路却一直影响我至今。

这本书稿立足田野调查，我要真诚地感谢为我提供帮助的扶贫干部和农民朋友。扶贫干部的工作非常辛苦，加班加点、没白没黑，赶着时间节点去完成各种各样的工作任务。同时他们又非常热心，很乐意提供各种材料，这些材料构成了这篇书稿的基础。农民朋友都很朴实、很真诚，很欢迎我去他们家里坐一坐、聊一聊，说说生活中的变化。尽管受制于学术匿名化的要求，不能在文中透露他们的信息，但我还是希望向他们表达敬意和谢意。严格来说，扶贫干部和农民朋友才是这篇书稿的作者，他们把文章写在了祖国的大地上，我只是一个旁观者、一个记录者，记录下这些人在祖国大地上的工作和生活。

在博士期间，徐浩然、李莉、徐晓全、廖幸谬、褚向磊、张丽娜等师兄师姐给了我很多帮助。王薪喜、康曦、张聪、刘子夜、王涛、肖齐家，大家一起上课、一起讨论，让我深感同窗友谊。特别是与齐家同住一个屋檐下，课业之余我们会天南海北地闲聊，反思消费主义、批判帝国霸权、分析权力支配、探究婚姻关系、预测生活变迁。现在想想，这真是令人开心的人生时刻。在调研过程中认识了李博、李卓、王添、徐卫周以及其他好多来自全国各大高校的研究同辈，大家是"上山下乡"的同伴。感谢解琦、李百主、周翔、李政、钱友缘等前同事，尽管我脱离了"政法干警队伍"，但往日并肩作战的情义值得怀念，也许在另外一个平行世界里，我应该还在检察院工作，按部就班地完成自己的工作任务。特别感谢许汉泽、张杰、郭斐、郑浩、崔久鹏，我们同道多年，友谊深远。另外，还要感谢很多相识已久但无法逐一列明的老朋友，当写作陷入僵局，感谢他们愿意听听我的牢骚和埋怨。

博士毕业以后，有幸能够以师资博士后的身份到南开大学周恩来政府管理学院政治学系工作。作为政治学研究的重镇，南开大学在中国政府与政治研究领域具有非常深厚的学术积累和学界声望，其实证、中观的研究风格，与我在博士阶段接受的学术训练异曲同工，都能够切入中国政治研究的核心要义。入职以后，合作导师朱光磊教授以及政治学系主任郭道久教授等诸位师长、同仁给我提供了很多工作和生活上的便利，让我可以安心做科研。这本书稿的出版也得到了南开大学文科发展基金项目的资助。特此勉励自己负重涉远，以成绩回报前辈的支持与鼓励，给南开大学的政治学发展添砖加瓦。

最后，要特别感谢我的家人。我少时家境贫寒，弱冠即负笈远行，从蒙山脚下、沂水河畔一路走来，途径南京、北京，最终落脚天津，中间称不上百转千回，但也算是曲曲折折。我的父母和姐姐、姐夫，他们都是普通的山东人，骨子里透着山东人的勤奋简朴、忠厚老实。他们在物质和精神上的帮助与鼓励，是我能够一直走下去的精神动力。感谢我的妻子李昕一女士和我的岳父母，感谢他们的认可和支持。更重要的，感谢他们让我结束了漫长的漂泊状态，在新的城市里有了归属感和安全感，在万家灯火中有了自己的那一盏。

徐明强

初稿·2020 年 5 月 17 日

二稿·2022 年 8 月 15 日